Japan ist offen

Chancen
für deutsche
Unternehmen

Springer
*Berlin
Heidelberg
New York
Barcelona
Budapest
Hongkong
London
Mailand
Paris
Santa Clara
Singapur
Tokio*

Heinz Riesenhuber · Josef Kreiner
Herausgeber

Japan ist offen

Chancen für deutsche Unternehmen

Mit 9 Abbildungen
und 26 Tabellen

Springer

Prof. Dr. Heinz Riesenhuber
Bundeshaus
Charles-de-Gaulle-Str. 6
D-53113 Bonn

Prof. Dr. Josef Kreiner
Universität Bonn
Japanologisches Seminar
Regina-Pacis-Weg 7
D-53113 Bonn

Redaktion:
Dr. Günther Distelrath und Dr. Robert Horres

Das Umschlagbild stellte Herr Dr. Heinz Götze zur Verfügung

ISBN 3-540-64286-2 Springer-Verlag Berlin Heidelberg New York

Die Deutsche Bibliothek – CIP-Einheitsaufnahme
Japan ist offen: Chancen für deutsche Unternehmen / Hrsg.: Heinz Riesenhuber; Josef Kreiner. – Berlin; Heidelberg; New York; Barcelona; Budapest; Hongkong; London; Mailand; Paris; Santa Clara; Singapur; Tokio: Springer, 1998
    ISBN 3-540-64286-2

Dieses Werk ist urheberrechtlich geschützt. Die dadurch begründeten Rechte, insbesondere die der Übersetzung, des Nachdrucks, des Vortrags, der Entnahme von Abbildungen und Tabellen, der Funksendung, der Mikroverfilmung oder der Vervielfältigung auf anderen Wegen und der Speicherung in Datenverarbeitungsanlagen, bleiben, auch bei nur auszugsweiser Verwertung, vorbehalten. Eine Vervielfältigung dieses Werkes oder von Teilen dieses Werkes ist auch im Einzelfall nur in den Grenzen der gesetzlichen Bestimmungen des Urheberrechtsgesetzes der Bundesrepublik Deutschland vom 9. September 1965 in der jeweils geltenden Fassung zulässig. Sie ist grundsätzlich vergütungspflichtig. Zuwiderhandlungen unterliegen den Strafbestimmungen des Urheberrechtsgesetzes.

© Springer-Verlag Berlin Heidelberg 1998
Printed in Germany

Die Wiedergabe von Gebrauchsnamen, Handelsnamen, Warenbezeichnungen usw. in diesem Werk berechtigt auch ohne besondere Kennzeichnung nicht zu der Annahme, daß solche Namen im Sinne der Warenzeichen- und Markenschutz-Gesetzgebung als frei zu betrachten wären und daher von jedermann benutzt werden dürften.

Einbandgestaltung: Erich Kirchner, Heidelberg
SPIN 10674990   42/2202-5 4 3 2 1 0 – Gedruckt auf säurefreiem Papier

Geleitwort des Bundeskanzlers
Dr. Helmut Kohl

Im Zeitalter der Globalisierung wird die Zukunft des Standorts Deutschland ganz wesentlich von unserem Verhältnis zu Japan beeinflußt. Gemeinsam mit den USA und Deutschland nimmt es eine führende Position im Weltexport ein. Nicht zuletzt seine bedeutende Rolle als Brückenkopf für den gesamten asiatischen Raum macht es für deutsche Unternehmen besonders interessant.

Auf deutscher Seite besteht ein erheblicher Bedarf an zuverlässigen Informationen über den Wirtschaftspartner Japan. Die Verringerung dieser Informationslücken wird dazu beitragen, daß deutsche Unternehmen ihre Chancen auf dem japanischen Markt vermehrt nutzen können und die wirtschaftliche Kooperation beider Länder weiter verbessert wird.

Daher begrüße ich die Initiative der Herausgeber des vorliegenden Werks, die Möglichkeiten des japanischen Marktes einem breiten Publikum näherzubringen. Beide, Bundesforschungsminister a.D. Prof. Heinz Riesenhuber und Prof. Josef Kreiner vom Japanologischen Seminar der Universität Bonn, machen sich bereits seit vielen Jahren um die deutsch-japanische Zusammenarbeit verdient. Ich bin sicher, daß sie auch mit diesem Band dazu beitragen werden, die deutsche Wirtschaft zu einem verstärkten Japan-Engagement zu ermutigen.

Bonn, den 17. Dezember 1997

Vorwort – Prof. Dr. Heinz Riesenhuber

„Japan ist offen" – das ist zunächst eine Behauptung. Das vielfach noch vorherrschende Bild von Japan ist anders: Eine geschlossene Gesellschaft, von einzelnen Firmen beherrschte Vertriebskanäle, langwierige Verhandlungsführung, nationale Standards – insgesamt: Ein schwieriger Markt!

Dieses Bild war vor zwanzig oder auch vielleicht auch noch vor zehn Jahren nicht ganz falsch. Aber selbst damals waren deutsche Firmen aus ganz unterschiedlichen Branchen erfolgreich im Markt, mit guten Umsätzen, mit hohen Wachstumsraten, mit teilweise exzellenten Erträgen, und dies in so unterschiedlichen Branchen wie Autozulieferer und Haarpflege, Chemie und Bekleidung.

Spätestens seitdem die *bubble economy*, die große Seifenblase, geplatzt ist, seit dem Einbruch der Grundstückspreise und der Aktienkurse, stellt Japan sich um. Die Deregulierung greift, von den Finanzen bis zur Telekommunikation. Die Übernahme internationaler Standards läuft, etwa im Maschinenbau, in Japan nicht langsamer als in Deutschland. Auch ausländische Firmen können exzellente Mitarbeiter gewinnen, bis hin zu Absolventen der ersten Universitäten des Landes.

„Japan ist offen" – aber lohnt es sich? Für viele scheint China heute attraktiver, bei seinen hohen wirtschaftlichen Wachstumsraten.

Aber Japan erwirtschaftet noch immer über 70 Prozent des Bruttosozialprodukts in Südostasien. Ein Prozent Wachstum in Japan sind über acht Prozent Wachstum in China. Und viele Firmen, die sich im japanischen Markt durchgesetzt haben, dringen leichter in andere südostasiatische Märkte ein.

Wir haben erfahrene Wissenschaftler eingeladen, das alte Stereotyp von Japan mit der heutigen Wirklichkeit zu vergleichen, die veränderten Rahmenbedingungen zu analysieren sowie neue Marktchancen und Unternehmensstrategien aufzuzeigen.

Und zugleich haben wir in Japan erfolgreiche deutsche Unternehmen eingeladen, von ihren Erfahrungen zu berichten, in Produktion und Dienstleistung, und in der Zusammenarbeit mit dem Staat. Dabei setzt sich jedes der Unternehmen aus seiner Erfahrung mit einer gängigen Annahme auseinander – daß ausländische Dienstleister nicht akzeptiert seien, daß japanische Standards unhandlich seien, daß eine Asien-Strategie ohne Japan aussichtsreich sei.

„Japan ist offen" – das Buch entwirft sicher nicht das Bild einer idealen Welt. Aber wir wollen die vorhandenen Chancen zeigen, aus der wissenschaftlichen Analyse des heutigen Japan, und vor dem Hintergrund konkreter Erfahrungen deutscher Unternehmen. Eine Reihe der Unternehmen arbeitet im Deutsch-Japanischen Kooperationsrat für Hochtechnologie und Umwelttechnik (DJR), den Bundeskanzler Kohl mit Ministerpräsident Miyazawa im Dezember 1994 gegründet hat. Die

Mehrzahl der Wissenschaftler ist dem Deutschen Institut für Japanstudien in Tokyo (DIJ) verbunden, das Ansehen und hohe Kompetenz gewonnen hat seit seiner Gründung vor knapp zehn Jahren (1988) – unter dem Gründungsdirektor Prof. Kreiner, mit dem ich die Ehre habe, dieses Buch gemeinsam herauszugeben. Allen Autoren, ihren Mitarbeitern und Kollegen sowie den in der Redaktionsarbeit unermüdlich tätigen Mitarbeitern Dr. Günther Distelrath und Dr. Robert Horres vom Japanologischen Seminar der Universität Bonn ist herzlich zu danken.

Die vorliegende Arbeit behandelt grundlegende Strukturveränderungen, die Öffnung einer eigenständigen Wirtschaftskultur für wachsende internationale Verflechtung. Unser Gegenstand ist nicht die aktuelle Turbulenz auf den südostasiatischen Finanzmärkten, nicht die Anstrengung der japanischen Regierung zur Belebung der Konjunktur. Wir setzen darauf, daß mittelfristig Japan und die anderen Volkswirtschaften in der Region den Wachstumspfad wiederfinden. Der Stratege steigt dann ein, wenn die Aktien niedrig stehen.

Denn eins ist zuzugeben: „Japan ist offen" will nicht erbauliche Beschreibung sein. Wir wollen Unternehmer aus Deutschland ermutigen, sich in einem sehr großen und wichtigen Markt zu engagieren und durchzusetzen. Wir wollen sie auch ermutigen, Partner in einem großen Land zu finden, in dem Deutschland Ansehen und Zuneigung genießt; in einem Land, das in Wirtschaft, aber auch in Wissenschaft, Kultur und Politik für uns ein entscheidender Partner ist in einer offenen Welt.

Inhaltsverzeichnis

Geleitwort... V
Helmut Kohl

Vorwort... VII
Heinz Riesenhuber

Teil I: Neue Möglichkeiten im Zeitalter offener Märkte

Sektion A: Japan – Stereotyp und Wirklichkeit

Der Zugang zum japanischen Markt ist heute leichter als je zuvor................... 5
Josef Kreiner

Japans industrielle Organisation: Industriepolitik, Arbeitsbeziehungen
und Unternehmenskonstellationen... 17
Günther Distelrath

Von der gruppenorientierten Arbeitsbiene zum modernen Individuum:
Japans Werte im Wandel.. 35
Hans Dieter Ölschleger

Sektion B: Veränderte Rahmenbedingungen für das Japan-Engagement

Japans Stellung in Ost- und Südostasien: Ist Japan für Deutschland noch ein
attraktiver Markt und Wirtschaftspartner in der Region?............................ 57
Werner Pascha

Technologie und industrielle FuE: Der Standort Japan als Chance.................. 71
Robert Horres

Konsumgüterdistribution: Suche nach leistungsstarken Partnern und einer
zukunftsweisenden Arbeitsteilung... 89
Hendrik Meyer-Ohle

Sektion C: Neue Marktchancen und Unternehmensstrategien

Wachstumsmarkt Japan – Aktuelle Entwicklungen im japanischen
Telekommunikations- und Informationssektor.. 109
Edzard Janssen

Die rechtliche Bewältigung von Marktzugangsproblemen 121
Heinrich Menkhaus

'*In Search of Excellence*': Strategische Neuorientierungen in
Japans Unternehmen 137
Daniel Dirks

Teil II: Erfahrungsberichte deutscher Unternehmen in Japan

Sektion A: Produktion und Vermarktung

Erfahrungen eines mittelständischen Unternehmens in Japan: TRUMPF 159
Jörg Raupach

Eine Asien-Strategie ohne Japan wäre kurzsichtig: OSRAM 167
Johann Müllauer

Mit Engagement, Vertrauen und Risikobereitschaft zum Erfolg in Japan:
KARL MAYER Textilmaschinenfabrik 173
Ingo Mayer

Markterschließung sowie technische Standards und Normen insbesondere
in der Umwelttechnik: Die Erfahrungen von SIEMENS in Japan 181
Alfred Felder

Kommunikationsfähigkeit und Kreativität als Voraussetzung für den Erfolg
in Japan: TRIUMPH 193
Christian Thoma

Sektion B: Service- und Dienstleistungsstrukturen

Service bei High-Tech Produkten in Japan:
OMICRON Vakuumphysik 201
Martin Detje

Aufbau von Dienstleistungs- und Servicestrukturen in Japan:
BAYERISCHE VEREINSBANK 209
Peter Baron

Informatisierung bewirkt eine strukturelle Öffnung japanischer
Unternehmen: SAP... 217
Shigeru Nakane

Erfahrungen mit der japanischen Bürokratie:
TÜV Rheinland 227
Robert Günther

Sektion C: Kooperationen mit Staat und Unternehmen

Der Eintritt in den japanischen Telekommunikationsmarkt:
DEUTSCHE TELEKOM... 235
Christian Braden

Ein Beispiel für erfolgreiche deutsch-japanische Zusammenarbeit:
DAIMLER-BENZ 241
Klaus-Dieter Vöhringer

Mit Geduld und Stehvermögen zum größten ausländischen Chemie- und
Pharma-Unternehmen in Japan: HOECHST.. 249
Horst Waesche

Erfolgreiche Kooperation mit japanischen Unternehmen:
ROBERT BOSCH GmbH 255
Horst Wittmoser

Teil III: Schlußbetrachtung

Die Japan-Initiative der deutschen Wirtschaft.. 263
Hans-Olaf Henkel

In Japan führen Ausdauer und Beharrlichkeit zum Erfolg 269
Ruprecht Vondran

Das Besondere an den deutsch-japanischen Beziehungen: Die Funktion der
Sonderinstrumente bei der gegenseitigen Öffnung Japans und Europas 275
Thilo Graf Brockdorff

Die neuen Chancen in Japan nutzen 285
Heinz Riesenhuber und Josef Kreiner

Anhang: Informations- und Beratungsangebote sowie deutsche Infrastruktur in Japan

Deutsche Industrie- und Handelskammer in Japan 295

Bundesstelle für Außenhandelsinformation... 303

Deutsches Institut für Japanstudien (DIJ) der Philipp-Franz-von-Siebold-Stiftung, Tokyo 315

OAG Tokyo (Deutsche Gesellschaft für Natur- und Völkerkunde Ostasiens) 319

Deutsche Schule Tokyo Yokohama.. 321

Deutsche Schule Kobe... 325

Evangelische Gemeinde Deutscher Sprache Tokyo Yokohama..................... 329

Deutschsprachige katholische Kirchengemeinde St. Michael, Tokyo............ 331

Informationen zu den Autoren.. 333

Teil I:
Neue Möglichkeiten im Zeitalter offener Märkte

**Sektion A:
Japan – Stereotyp und Wirklichkeit**

Der Zugang zum japanischen Markt ist heute leichter als je zuvor

Josef Kreiner

„Japan ist offen." Diese These, die auch den Titel des vorliegenden Buches bildet, steht im Widerspruch zu vielen geläufigen Vorstellungen über Japan, über seine Kultur und Gesellschaft wie auch bezüglich der Zugangsmöglichkeiten zu seinen Märkten. Dennoch erweisen sich vor allem in jüngerer Zeit alle Pauschalurteile, die eine Abschottung und Unzugänglichkeit Japans unterstellen, bei näherer und fachkundiger Betrachtung als unzutreffend. Es ist das besondere Anliegen dieses Buches, Stellungnahmen und Analysen von Wissenschaftlern, die mit den aktuellen Verhältnissen in Japan wirklich vertraut sind, sowie von im Japangeschäft erfahrenen Managern und Praktikern deutscher Unternehmen vor Ort in gebündelter Form vorzustellen. Aus diesen Beiträgen, die sich in einem weiten Rahmen von einer Gesamtbewertung der Bedeutung des japanischen Marktes für die deutsche Industrie in Asien, über Japans Industrie- und Technologiepolitik, seine Konsum- und Distributionsstrukturen sowie die Unternehmenskonstellationen und Unternehmensstrategien bis hin zu Detailbetrachtungen von Märkten und Einstiegsmöglichkeiten bewegen, können wir in der Gesamtsicht eine deutliche Bestätigung finden: Japan ist offen und bietet deutschen Unternehmen vielfältige, teilweise bisher sträflich ungenutzte Chancen.

Wie im folgenden noch genauer dargestellt wird, ist Japan in seiner gesamten Geschichte immer ein der Außenwelt eher zugewandtes Land gewesen und hat sich niemals der Einführung ausländischer Gedanken oder Produkte verweigert. Eine Ausnahme von dieser Regel stellten allerdings die spezifischen Bedingungen der unmittelbaren Nachkriegszeit dar, als Japan die Importe auf das absolut notwendige Minimum reduzierte. In mehreren Schritten wurden seit den frühen 60er Jahren bis zur Mitte der 80er Jahre sowohl tarifäre als auch nicht-tarifäre Hemmnisse abgebaut und beseitigt. Berücksichtigt man noch die in jüngster Vergangenheit vollzogenen Deregulierungsmaßnahmen, kann heute ohne jeden Zweifel konstatiert werden, daß der Markteintritt in Japan nicht schwieriger oder komplizierter ist als in anderen Auslandsmärkten (beispielsweise in Amerika oder Europa). Die deutsche Wirtschaft hat bezüglich ihres Engagements in Japan einen gewaltigen Nachholbedarf. Ein klarer, unverstellter Blick auf die aktuelle Lage in Japan soll daher deutsche Unternehmen dazu ermuntern, das gegenwärtig weit offenstehende „Fenster" neuer Möglichkeiten im Japangeschäft zu nutzen.

Abbildung 1: Weltkarte nach Bruttosozialprodukt

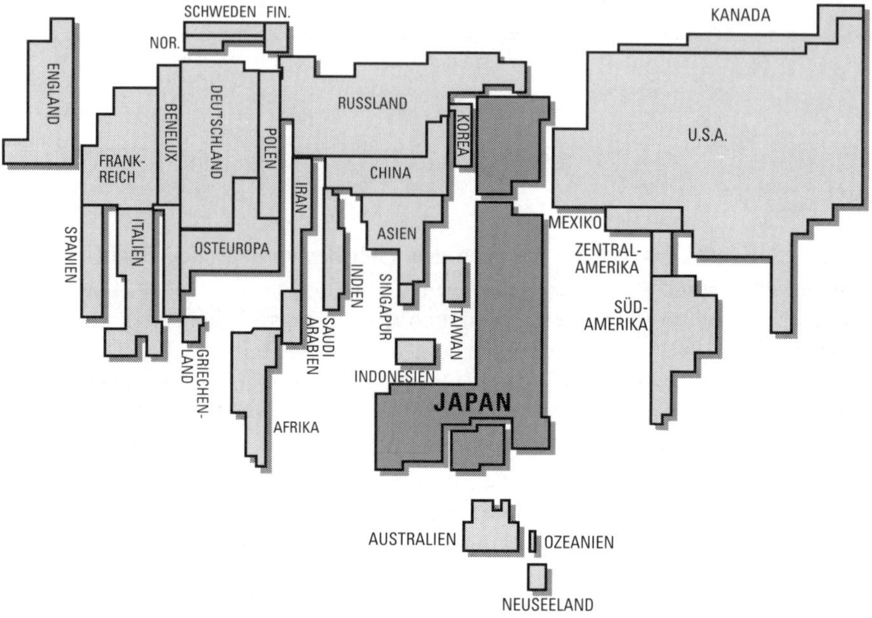

Quelle: Nach einer Idee von Tokunô 1989

1 Japan ist und bleibt der mit Abstand wichtigste Markt in Asien

Die 125 Millionen Einwohner des japanischen Archipels, die sich hauptsächlich in den großen Ballungszentren um Tokyo, Osaka-Kyoto und Nagoya konzentrieren, erwirtschaften ein jährliches Bruttoinlandsprodukt von umgerechnet etwa 4,5 Billionen US-Dollar. Japan ist damit nach den USA die zweitgrößte Volkswirtschaft der Welt und nimmt in Asien eine absolut überragende Stellung ein. Nicht weniger als 60 Prozent der Wirtschaftsleistung des gesamten asiatischen Kontinents werden in Japan erbracht, das nur 3,8 Prozent der Bevölkerung Asiens ausmacht. Betrachten wir nur die sehr dynamische Region Ost- und Südostasiens, so fällt die Relation sogar noch deutlicher aus: Mehr als 70 Prozent der Wirtschaftsleistung dieser Region, die das große, im Aufbruch befindliche China, die „kleinen Tiger", Korea und die Wachstumszentren in Südostasien umfaßt, wird in Japan erarbeitet.

Da fast 60 Prozent des japanischen Inlandsprodukts für den privaten Verbrauch verwendet werden, ist hier ein ungeheuer großes Marktpotential gegeben, in das, wie gesehen, alle übrigen Märkte im restlichen Ost- und Südostasien mehr als zweimal hineinpassen. Ferner wächst die Wirtschaft Japans in absoluten Zahlen stärker als die jedes anderen Landes in der gesamten Region. Japan hat in den vergangenen 15 Jahren – die lange Rezessionszeit der frühen 90er Jahre miteingerechnet – ein durchschnittliches jährliches Wachstum von über 3 Prozent erreicht. Auch wenn man für die Zukunft eine leichte Abschwächung auf Werte von durchschnittlich zwischen zwei und drei Prozent vermutet, müßte beispielsweise Chinas Wirtschaft, da sie etwa siebenmal kleiner ist als die japanische, jährliche Steigerungen von 15 bis 20 Prozent verzeichnen, um absolut mit Japans Wachstum mithalten zu können. Japan wird also auch in Zukunft noch sehr lange der mit weitem Abstand größte und aufnahmefähigste Markt in Asien bleiben.

Daran ändern auch die jüngsten Anpassungen im japanischen Finanzsektor nichts. Japans Banken und Wertpapierhäuser hatten bekanntlich durch das Platzen der Spekulationsblase (*bubble economy*) zu Anfang der 90er Jahre erhebliche Mengen an nicht einbringbaren Forderungen (*bad loans*) angehäuft. Bereits seit langem war erwartet worden, daß eine gewisse Anzahl der am stärksten angeschlagenen Finanzinstitute aus dem Markt ausscheiden würde. Der Zusammenbruch von Yamaichi Shoken und verschiedener anderer Banken und Aktienmakler bezeichnet dabei keineswegs eine unkontrollierte Krisenerscheinung, sondern einen vom japanischen Finanzministerium eng überwachten Transformationsprozeß mit dem Ziel, Japans Finanzsektor für die in naher Zukunft geplante vollständige Deregulierung (*big bang*) fit zu machen. Es ist zwar richtig, daß in der ersten Hälfte der 90er Jahre die Probleme des Finanzsektors nicht ohne Auswirkungen auf die "reale Wirtschaft" Japans geblieben sind. Die gegenwärtigen Anpassungsprozesse haben jedoch keinerlei Einfluß auf das allgemeine Wirtschaftswachstum und (in unserem Zusammenhang hier allein wichtig) erst recht nicht auf Japans Aufnahmefähigkeit für Importe.

Alle Analysten sind sich vielmehr darüber einig, daß sich Japans "reale" Wirtschaft gegenwärtig am Ende einer Umstrukturierungsphase befindet, in der die Binnennachfrage die Rolle der Warenexporte als Wachstumsmotor ersetzt hat. Das schlägt sich in einer Expansion des Dienstleistungssektors und in einem Wandel der Struktur der Importe nieder. Der Anteil der Rohstoffe und Lebensmittel an den Importen, der früher einmal bei 80 Prozent lag, ist erheblich zurückgegangen, während die Fertigwaren inzwischen mehr als 55 Prozent der Gesamtimporte ausmachen (OAV 1996: 221). Bedenkt man ferner, daß die Änderung der Währungsrelationen, d. h. die Wertsteigerung des Yen, die Importe erheblich verbilligt hat, so werden insgesamt die Umrisse der riesigen neuen Potentiale an Marktchancen in Japan deutlich.

2 Der Mythos von der Abschottung Japans

Die Vorstellung einer Verschlossenheit und Unverständlichkeit Japans hat sich nachweislich in der Zeit des Höhepunktes der Aufklärung in Europa gebildet und hängt eng mit dem damals aufkommenden Gefühl der Überlegenheit der Europäer zusammen. So heißt es etwa bei Christoph Meiners („Über die Natur der Völker im südlichen Asien, auf den ostindischen und Südsee-Inseln, und in den Südländern", 1790), die Japaner seien als Angehörige der „altaischen Rasse" zu Innovationen unfähig, seien nachahmend und „haben einen gänzlichen Mangel an Erfindungskraft und von wissenschaftlichem Geiste". In früheren Phasen des seit dem 16. Jahrhundert bestehenden Kontaktes zwischen Europa und Japan ist Japan dagegen als Vorbild für eine harmonische Gesellschaft und eine Welt des Friedens für ein Europa betrachtet worden, das immer wieder in den Wirren des Krieges versank (Näheres zum Bild Japans in der europäischen Geistesgeschichte vgl. Kreiner 1989). Tatsächlich ist Japan niemals, wie man sich seit dem Höhepunkt der Aufklärung am Ende des 18. Jahrhunderts so oft exotisierend vorstellte, ein isoliertes, abgeschlossenes, kulturell einheitliches und gesellschaftlich homogenes Land gewesen.

2.1 Japan ist nie ein isoliertes und homogenes Land gewesen

Wohl ist Japan ein Inselland, doch liegt es am Schnittpunkt wichtiger Verkehrs- und Kulturströme: vom asiatischen Kontinent über die koreanische Halbinsel nach Südwest-Japan, vom Amurland über Sachalin und Hokkaidô nach Nordost-Japan, und schließlich von Südost-Asien über den Kuroshio-Meeresstrom und die Inselbrücken der Philippinen, Taiwans und der Ryûkyû nach Süd-Japan. Bereits in frühgeschichtlicher Zeit waren dies Einwanderungswege verschiedener Völker und Kulturen, als deren Mischung sich das heutige Japan zeigt. Es gibt daher auch keinen einheitlichen physischen Typ des Japaners. Der deutsche Arzt und Japanforscher Erwin Baelz unterschied bereits Ende des letzten Jahrhunderts den verhältnismäßig großgewachsenen, schlanken und feingliedrigen Typ mit ovalem Gesicht, prägnanten Zügen und tiefschwarzem Haar von dem kleinen, stämmigen Typ, vielleicht sogar mit krummen Beinen, rundem und flachem Gesicht, dessen Haarfarbe bis zur Bräune spielt.

In den einzelnen Regionen Japans finden sich verschiedenste Mischungen dieser physischen Typen. Ebenso ist Japan regional von der Geschichte sehr unterschiedlich geprägt worden. So ist der Nordosten ab dem Kantô-Gebiet (um Tokyo) lange Zeit kolonialer Siedlungsraum gewesen, in dem hierarchisch gegliederte Familienverbände von Großgrundbesitzern und – bis zur Landreform von 1946 – ärmliche Pächter vorherrschten. In Westjapan, mit dem alten Kernland Kansai um Kyoto und Osaka, dagegen gab es seit jeher freie Bauern mit Kleingrundbesitz, deren Dorfgemeinschaften sich durch demokratische Strukturen, intensiven Landbau und sehr frühe Geldwirtschaft auszeichneten. Dennoch gibt es auch einige allgemeine Züge der japanischen Kultur und Gesellschaft. Im Zusammenhang mit der in diesem Buch behandelten Fragestellung erscheinen mir zwei Merkmale der Erwähnung wert: der hohe Stellenwert, der allem „Fremden" in der japanischen Weltanschauung zugeschrieben wird, und die nicht zuletzt darauf fußende historische Offenheit Japans fremden Kultureinflüssen gegenüber.

Im Weltbild der japanischen Volksreligion und dem daraus hervorgegangenen Shintô gibt es wie auch in der dem Shintô eng verwandten Weltsicht des Taoismus und schließlich sogar im Buddhismus Japans die zentrale Vorstellung, irgendwo jenseits des Meeres läge ein paradiesisches Land. Von dort sind der Überlieferung nach am Anfang aller Zeiten, aber auch noch in späterer Zeit, alle wichtigen kulturellen Errungenschaften zu den Menschen gekommen oder gebracht worden: der Gebrauch des Feuers etwa oder der Reisanbau und die Zitrusfrüchte. Besucher aus dieser „Anderen Welt" werden bei wichtigen Festen im Jahreslauf als gern gesehene Gäste empfangen und in Maske und Verkleidung dargestellt. Noch heute ist viel von diesen grundlegenden Vorstellungen zu spüren. Beispielsweise schwingt in der Bezeichnung *hakurai* („von Übersee gekommen") für hochwertige Konsumwaren noch eine hohe Wertschätzung für im Ausland gefertigte Güter mit.

Als Japan vor über 400 Jahren erstmals mit Europa in Verbindung trat, fanden im 16. Jahrhundert, das geradezu als „europäisches Zeitalter" in Japan bezeichnet werden kann, abendländische Waren und Lebensgewohnheiten begeisterte Aufnahme. Das Christentum blühte, die Waffentechnik wurde europäisiert, man schlief in Betten, trank Rotwein aus venezianischem Glas und liebte europäische Kleidung. Zwischen dem 17. Jahrhundert und dem Jahr 1854, als Japan von den „Schwarzen Schiffen" des US-Admirals Perry zur Öffnung des Landes gezwungen wurde, trat eine weitgehende Isolierung Japans gegenüber den meisten westlichen Mächten ein. Diese war jedoch, zumindest teilweise, auch durch das zwischenzeitlich sehr geringe Interesse der Europäer an Japan hervorgerufen worden. Den Begriff der „Abschließung" hat ein Europäer, der deutsche Arzt und Japanforscher Engelbert Kämpfer aus Lemgo in Westfalen, der sich in den Jahren 1690–1692 im Auftrag der Vereinigten Ostindischen Kompanie in Japan aufhielt, in seinen Schriften geprägt. Erst durch die Rückübersetzung von Kämpfers Essay ins Japanische um 1811 wurde der Begriff *sakoku* („Landesabschließung") in Japan bekannt, und in Reaktion darauf erst auch eine „Öffnung des Landes" in Japan selbst vehement diskutiert.

Als nach einer handelsliberalen Einstellung der japanischen Regierungen zwischen 1868 und den 1930er Jahren die japanische Handelspolitik in der unmittelbaren Nachkriegszeit starke protektionistische Tendenzen aufwies, ist vielfach eine historische Kontinuität der Abschottung behauptet worden. Heute jedoch, nachdem sich der Protektionismus als vorübergehende Erscheinung herausgestellt hat, sollten wir eher von einer prinzipiellen, historisch langfristigen Offenheit Japans ausgehen.

2.2 Die protektionistischen Nachkriegsjahrzehnte

Die in Teilen protektionistische Handelspolitik Japans in den drei Jahrzehnten nach Ende des Zweiten Weltkrieges ist durch massive Eingriffe der USA zustandegekommen. Als Japan unmittelbar nach dem Kriege unter starker Inflation, einem erheblich schwankenden Außenwert des Yen und einer tiefroten Zahlungsbilanz litt, entsandte die amerikanische Regierung im Jahre 1949 den Chicagoer Bankier Joseph Dodge, der bereits zuvor die Währungsreform in Deutschland überwacht hatte, nach Tokyo. Dodge integrierte den Yen ins Bretton-Woods-System, indem er ihn mit einer Austauschrate von 360:1 fest an den Dollar band. Um diesen Yen-Kurs (der zunächst vielen zu optimistisch erschien und sich erst später als angemessen, ja sehr vorteilhaft für Japan herausstellte) zu stützen, mußte die japanische Zahlungsbilanz unbedingt zumindest annähernd ausgeglichen gestaltet, und die inflationstreibende Wirkung des Importüberhanges ausgeschaltet werden.

Neben einer Vielzahl weiterer Maßnahmen verordnete Dodge zu diesem Zweck den Japanern ein „Devisen- und Außenhandelskontrollgesetz" (Zahlungsbilanzkontrollgesetz), das jegliche Importtätigkeit einer strikten behördlichen Kontrolle unterwarf. Vierteljährlich mußten danach von der japanischen Regierung Importhöchstgrenzen festgelegt werden. Da prinzipiell alle Importe mit den damals noch geringen japanischen Exporten bezahlt werden mußten, bestand natürlich ein Interesse der japanischen Industrie wie auch der Wirtschaftspolitik, „unnötige" Konsumgüterimporte zu vermeiden und das Augenmerk auf technologisch wichtige Investitionsgüter zu legen. Das Zahlungsbilanzkontrollgesetz war trotz einiger zwischenzeitlicher Reformen und Abänderungen bis ins Jahr 1980 in Kraft.

Der (im Gegensatz zu allen übrigen Bereichen) auch heute noch starke japanische Agrarprotektionismus geht ebenfalls auf die amerikanische Besatzung zurück, als man mit der Landreform von 1946 durchschnittlich sehr kleine landwirtschaftliche Betriebsgrößen schuf, deren geringe Produktivität recht bald Schutzmaßnahmen notwendig machte. Nicht in den Ursachen, wohl aber in den Auswirkungen stellt dies allerdings eine Parallelerscheinung zur europäischen Agrarpolitik dar.

Im Jahre 1950 reagierte die japanische Regierung auf den Vorstoß Dodges mit dem „Auslandskapitalgesetz": Um einen raschen Ausverkauf der damals extrem kapitalschwachen japanischen Industrie zu verhindern, schränkte man insbesondere die Beteiligungsmöglichkeiten an japanischen Unternehmen für Ausländer, aber auch die Niederlassungsfreiheit mit diesem Gesetz erheblich ein. Damit besaß diese kaum die Chance, die haushohe technologische Überlegenheit der USA sowie der Europäer auszugleichen. Denn durch die neue Gesetzeslage bestanden nur sehr begrenzte Möglichkeiten des Imports von Investitionsgütern. Für ausländische Unternehmen blieb meist nur der Verkauf von Patenten nach Japan, für die japanischen Unternehmen anstelle der Kooperation nur der billige Nachbau ausländischer Vorbilder. Diese besondere Struktur der ersten drei Nachkriegsjahrzehnte war also wesentlich durch die japanisch-amerikanischen Beziehungen, genauer die amerikanischen Einflußmöglichkeiten sowie die Reaktion der Japaner darauf, bestimmt worden.

2.3 Die Ära der Handelskonflikte

In Vorbereitung des Beitritts Japans zur OECD im Jahre 1964 erfolgte zwar eine erste Staffel von Handelsliberalisierungen (vgl. Ho 1973), dennoch blieben Japans Handelshemmnisse relativ hoch (im Vergleich zu anderen OECD-Ländern). Die japanische Regierung hielt an der für Japans Exporte zunehmend günstiger werdenden Yen-Dollar-Rate von 360:1 ebenso fest wie an verbliebenen Handelsregulierungen – eine Praxis, die auch in Japan hinterfragt wurde. Bedeutete sie doch, daß dem ungehinderten Wachstum der Industrie eindeutig Vorrang vor der Lebensqualität der Bevölkerung gegeben wurde. Die USA schritten erstmals ein, als Anfang der 70er Jahre Japans Handelsbilanzüberschüsse die Marke von einem Prozent des Bruttosozialprodukts überschritten.

US-Präsident Richard Nixon kündigte 1971 wegen großer Probleme mit der Handelsbilanz, mit Inflation und Arbeitslosigkeit in Amerika die feste Bindung des Dollars an den Goldpreis und damit das System von Bretton Woods auf. Da dies bedeutete, daß auch die feste Bindung des Yen an den Dollar aufgehoben war, sprach man in Japan vom „Nixon-Schock" und mußte bei freiem Floaten der Währungen eine nahezu stetige Aufwertung des Yen bis hin zum historischen Hoch vom April 1995 (Yen-Dollar 79,85:1) hinnehmen. Um ihre stark negative Handelsbilanz mit Japan zu verbessern, drängten die USA neben diesen währungspolitischen Maßnahmen, aber auch in einer Reihe von Handelsgesprächen, auf eine Senkung der japanischen Zölle, auf die Beseitigung nicht-tarifärer Handelshemmnisse und auf japanische Exportbeschränkungen. Ab Mitte der 70er Jahre trat die Europäische Gemeinschaft mit ähnlichen Forderungen an Japan heran.

Die Handelsgespräche fanden sowohl im Rahmen des GATT (heute WTO), als auch auf bilateraler Ebene statt. Obwohl insbesondere die USA mit massiver Rhetorik die Gespräche begleiteten und der japanischen Seite wiederholt mangelnde Bewegung und Bereitschaft vorwarfen, zeigen die Zahlen jedoch, daß Japan recht zügig zu einer sehr weitgehenden Öffnung seiner Märkte bewegt werden konnte. Die Fälle von Importquotierungen bei Industrieprodukten etwa sanken zwischen 1970 und 1981 von 35 auf 5 Produkte, einen Wert niedriger als der der USA. Ebenso sank während der absoluten Hochphase der Handelsgespräche zwischen 1977 und 1981 die Zollbelastung (d.i. Zolleinkünfte anteilig an den Gesamtimporten) in Japan auf Werte (nämlich auf 2,5 Prozent gegenüber Werten der USA von 3,2 Prozent und der EU von 2,6 Prozent), die auch heute noch niedriger liegen als in allen übrigen Industrieländern (vgl. El-Agraa 1988: 58–59).

2.4 Heute ist Japan das am wenigsten protektionistische Industrieland

Neben dem Bereich der Quoten und Zölle hat Japan seit langem auch bei den sogenannten nicht-tarifären Handelshemmnissen (also bei technischen Vorschriften und bürokratischen Hindernissen) reagiert: Insbesondere mit den sogenannten „Gesetzen zur Nichtdiskriminierung" aus der Mitte der 80er Jahre konnten sehr viele der Probleme hauptsächlich im Bereich von nicht kompatiblen technischen Normen ausgeräumt werden. Ferner hat in Japan seit Mitte der 80er Jahre, weit früher und in vielen Bereichen umfangreicher als etwa in Deutschland, geradezu ein Boom von Privatisierungen und Deregulierungsbestrebungen eingesetzt. Jährlich werden neue umfangreiche Deregulierungspläne von der Regierung nicht nur herausgegeben, sondern in vielen Fällen auch umgesetzt (vgl. OECD 1996:68).

Liberalisierung und Deregulierung (*kisei kanwa*) sind in der rezenten wie gegenwärtigen Diskussion in Japan sehr positiv besetzte Begriffe. Die öffentliche Meinung hat in Japan bereits vor zwanzig Jahren einen Wegfall der Handelshemmnisse freudig begrüßt, was erklärt, warum dem amerikanischen und europäischen Druck so schnell nachgegeben wurde. Der Protektionismus Japans in den Nachkriegsjahrzehnten ist häufig übertrieben dargestellt worden und zudem, wie oben bereits ausführlich dargestellt, das Ergebnis einer Notlage nach dem Kriege sowie erheblicher amerikanischer Einflußnahme gewesen. Heute ist diese Phase verminderter Zugangsmöglichkeiten nach Japan jedoch beendet: Japan ist offen, es ist am wenigsten protektionistisch, hat die wenigsten Handelshemmnisse und Eintrittshürden unter allen Industrieländern.

3 Die deutsche Präsenz in Japan verstärken

Seit Jahrzehnten weisen die deutsch-japanischen Wirtschaftsbeziehungen ein erhebliches Ungleichgewicht auf. War früher vor allem die extrem unausgeglichene bilaterale Handelsbilanz das größte Problem, so fehlt es heute hauptsächlich an einem langfristigen Engagement auf dem japanischen Markt, was sich an der Höhe der Direktinvestitionen ablesen läßt. Die Situation im deutsch-japanischen Handel hat sich insbesondere deshalb entspannt, weil sich durch die veränderten Wechselkurse in den letzten Jahren die deutschen Exporte nach Japan verbilligt, sowie umgekehrt die japanischen Importe nach Deutschland verteuert haben. Am deutlichsten zeigte sich dies bei den Kraftfahrzeugen, wo die deutschen Importe aus Japan teilweise mit zweistelligen Prozentpunkten zurückgingen, wohl hauptsächlich deshalb, weil die Attraktivität dieser Produkte beim deutschen Verbraucher sich wesentlich auf ein günstiges Preis-Leistungsverhältnis stützte.

Umgekehrt weisen bei den deutschen Exportprodukten nach Japan nach den chemischen Erzeugnissen die Kraftfahrzeuge die höchsten Steigerungsraten auf. Pkw der gehobenen Mittelklasse und Oberklasse machen heute fast 40 Prozent der deutschen Exporte nach Japan aus. Der gute Absatz erklärt sich neben den gesunkenen Endpreisen vor allem aus dem hervorragenden Image, das insbesondere die deutschen Fahrzeughersteller in Japan aufbauen konnten. Wir haben es also gegenwärtig mit zum Teil wechselkursbedingten Erfolgen von bereits seit langem in Japan etablierten deutschen Spitzenunternehmen zu tun, aber noch nicht mit einem Engagement der deutschen Wirtschaft in der eigentlich möglichen Breite. Das zeigt sich auch an den kumulierten deutschen Direktinvestitionen in Japan, die nur ein Fünftel des japanischen Engagements in Deutschland ausmachen und noch hinter denen der Niederlande oder der Schweiz rangieren (OAV 1996: 226–227). Die gegenwärtige Präsenz der deutschen Wirtschaft in Japan entspricht also keineswegs den gegebenen Möglichkeiten und sollte zügig verstärkt werden.

3.1 Eine Tradition freundschaftlicher Beziehungen

Gegenwärtig können die Deutschen und ihre Produkte noch mit einer besonderen Wertschätzung rechnen, die sich aus der Rolle herleitet, die die Deutschen für Japan auf seinem Weg ins moderne Zeitalter gespielt haben. In der zweiten Hälfte des letzten Jahrhunderts, als Japan sich bemühte, in den Wissenschaften wie auch ökonomisch vom Westen zu lernen, kamen viele Einflüsse aus Deutschland. Gerade das Wirken deutscher Gelehrter als Vertragslehrer in Japan oder als Betreuer japanischer Stipendiaten in Deutschland hat ein bestimmtes, sehr positiv besetztes Deutschlandbild in Japan entstehen lassen. Mit Deutschland verbindet Japan eine in großen Teilen parallel verlaufene Geschichte (Feudalismus, starker Partikularismus, der in Zentralismus umschlug) und die Erfahrung der späten Industrialisierung, ganz abgesehen von der Geschichte dieses Jahrhunderts mit Krieg und Wiederaufbau. Deutschland hat aus all diesen Gründen einen guten Ruf in Japan, vor allem in bezug auf die Qualität seiner Industrieerzeugnisse und seiner Forschung (weniger leider in bezug auf Design und Service). Das sind wichtige Punkte, an die anzuknüpfen es sich lohnt.

Heute ist noch der ideale Zeitpunkt dafür: Die Generation der Japaner, die heute in leitenden Stellungen in Wirtschaft, Verwaltung und Wissenschaft tätig sind, hat vielfach in ihrer Studienzeit noch Deutsch als Pflichtfach gelernt und oft auch in Deutschland studiert. Aus vielen, auch individuellen Gründen verbindet sich bei ihnen das allgemeine Deutschlandbild mit starken persönlichen, durchweg angenehmen Erinnerungen an die Jugendzeit. Diese Lage wird sich in Zukunft leider rasch ändern: Nach dem Zweiten Weltkrieg entwickelten sich die Vereinigten Staaten zunehmend zum bevorzugten Ziel für Studienaufenthalte im Ausland. Gegenwärtig wird im Zusammenhang mit der japanischen Universitätsreform der zweijährige allgemeinbildende Kurs abgeschafft. Damit fällt auch die bisher geforderte zweite Fremdsprache (vielfach wurde Deutsch gewählt) als Pflichtfach weg.

Das heißt, daß, während in Europa der Trend zur zweiten oder sogar schon dritten Fremdsprache in der Ausbildung bzw. der Berufsvorbereitung geht, in Japan künftig Englisch als einzige Fremdsprache dominieren wird. Die Auslandsstudien in Deutschland gehen bereits jetzt zurück. Eine derzeit noch wahrnehmbare geistige Bindung an Deutschland wird also über kurz oder lang wegfallen, kann aber momentan noch zum Imageaufbau in Japan genutzt werden. Wenn man etwa bedenkt, wie der amerikanische General Motors Konzern mit seiner Marke „Opel" die Produktwerbung in Japan lange Jahre sehr eng auf ein positives Deutschlandbild zugeschnitten hat (technische Qualität, Verläßlichkeit, Vertrauen), wird man deutschen

Unternehmen von ähnlichen Strategien nicht abraten wollen. Erwähnenswert ist hier ebenfalls die große Nachfrage nach Bad Reichenhaller Speisesalz, nachdem im Sommer 1997 das Salzmonopol als letztes Staatsmonopol auslief. Der Geschmack machte es für jeden Gourmet zu einem „*must*", darüber hinaus schreibt man dem deutschen Salz eine wertvolle gesundheitsfördernde Wirkung zu.

3.2 Die neue deutsche Japanexpertise

In der Bundesrepublik hat sich im Bereich der Japanstudien an den Universitäten vieles zum Besseren gewendet. Die deutsche Japanologie kann zwar auf eine lange Geschichte und hervorragende Ergebnisse verweisen, ihr Schwerpunkt war aber zu lange auf die philologische Erforschung der japanischen (klassischen) Literatur als Spiegel der Kultur gerichtet. In Einzelfällen wird alle darüber hinausgehende Forschung und Lehre zwar immer noch von eingefleischten Japan-Philologen abgelehnt, doch hat die Übernahme des anglo-amerikanischen Vorbildes der gesellschaftswissenschaftlich ausgerichteten „area studies" in die Japanforschung wie auch in die japanbezogene Ausbildung auch an deutschen Universitäten zu erfolgreichen Neu- und Umstrukturierungen geführt.

Seit den 70er Jahren werden an mindestens der Hälfte jener 16 deutschen Universitäten, die das Fach Japanologie anbieten, wirtschafts- und gesellschaftswissenschaftlich orientierte Studiengänge (in Kombination mit BWL, VWL, Wirtschaftsgeschichte, Politologie oder Soziologie, auch als Diplomabschluß) angeboten. Ein sehr stark nachgefragter Diplom-Übersetzerstudiengang ist in Bonn eingerichtet worden. Die Auseinandersetzung mit Problemen des gegenwärtigen Japan auf der Grundlage von exzellenten Sprach- und Landeskenntnissen ist also nicht nur möglich, sie ist Tatsache geworden. Zahlreiche Absolventen dieser Studiengänge sind in europäischen und japanischen Unternehmen tätig, vielleicht noch zu wenige in deutschen.

Auf Vorschlag der Wissenschaft und Drängen der Wirtschaft ist 1988 vom damaligen BMFT (heute BMBF) auf dem Wege einer Stiftung das Deutsche Institut für Japanstudien in Tokyo gegründet worden, das jungen Wissenschaftlern die Möglichkeit zu Forschungen im Lande selbst, ohne Unterrichtsbelastung, bietet. Stipendien- und Praktikaprogramme vieler deutscher Stellen, oft in Zusammenarbeit mit Japan, fördern das Niveau der jungen deutschen Japanexpertise ebenso. Wurde lange über das offensichtliche Ungleichgewicht zwischen der japanischen Deutschland-Expertise und unserem Wissen bzw. Ausbildungsstand über Japan geklagt, so neigt sich nun möglicherweise die Waage etwas zu unseren Gunsten. Nicht nur Amerika, sondern auch Deutschland hat heute ein Reservoir von jungen, auch in ökonomischen Dingen geschulten Fachleuten mit hervorragenden Sprachkenntnissen, die sich in Japan wie Fische im Wasser bewegen können.

4 Die aktuellen Chancen nutzen

Wie aus den vorstehenden Ausführungen hervorgeht, ist Japan der mit Abstand wichtigste Markt in Asien und wird es auch noch auf lange Zeit bleiben. Japan ist überdies – und dies ist einer breiten Öffentlichkeit immer noch nicht bewußt geworden – seit mindestens zehn Jahren das Land mit dem niedrigsten Protektionsniveau im nicht-agrarischen Bereich unter allen Industriestaaten, setzt dem Markteintritt also nur sehr geringe formale Hürden entgegen. In den letzten Jahren sind ferner durch eine Reihe von Deregulierungsmaßnahmen viele bürokratische Hindernisse abgebaut worden, so daß im Hinblick auf diese Rahmenbedingungen der japanische Markt zumindest nicht schwieriger zu bearbeiten ist als andere Überseemärkte auch. Verbindet man diese Schlußfolgerung mit den benannten Tatsachen, daß die Japaner – ob als Konsumenten oder Mitarbeiter – sich neuen Dingen aus dem Ausland keineswegs verweigern, sondern diesen eher zugewandt sind, daß Deutschland und seine Produkte nach wie vor einen guten Ruf in Japan besitzen und daß in Deutschland inzwischen ein beachtliches Potential an jungen Japanfachleuten aufgebaut worden ist, so wäre es meiner Meinung nach ein historisches Versäumnis, wenn die sich aktuell im Japangeschäft bietenden großen Chancen nicht genutzt würden.

Literatur

El-Agraa, Ali M. (1988): *Japan's Trade Friction – Realities or Misconception?* New York: St. Martin's Press.
Ho, Alfred K. (1973): *Japan's Trade Liberalization in the 1960s*. White Plains: Internaional Arts and Sciences Press.
Kreiner, Josef (1989): „Das Bild Japans in der europäischen Geistesgeschichte". In: *Japanstudien – Jahrbuch des Deutschen Instituts für Japanstudien der Philipp-Franz-von-Siebold-Stiftung*, Bd. 1. München: Iudicium. S. 13–42.
OAV Ostasiatischer Verein (1996): *Wirtschaftshandbuch Asien-Pazifik 1996*. Hamburg.
OECD (1996): *OECD Economic Surveys: Japan 1996*, Paris.
Tokunô, Izumi (1989): „kabâ CG zuhan" [CG-Umschlagillustration]. In: Ohmae, Kenichi: *Heisei Ishin - Zero-Based Organization and Constitution*. Tokyo: Kodansha.

Japans industrielle Organisation: Industriepolitik, Arbeitsbeziehungen und Unternehmenskonstellationen

Günther Distelrath

Um die richtigen Wege nach Japan und in Japan selbst die richtigen Vorgehensweisen zu finden, muß an allererster Stelle eine realistische Grundvorstellung dessen gegeben sein, was die industriellen Strukturen in Japan bestimmt, in welchen Rahmen sich also das Japan-Engagement einzuordnen hat. Daher soll hier zunächst geklärt werden, in welchen Bereichen der industriellen Beziehungen, der Industriepolitik und der Unternehmenskonstellationen spezifische Strukturen und Entwicklungen zu beachten sind, und worin die innere Logik derselben besteht. Es soll aber ebenso deutlich gemacht werden, in welchen Bereichen es unangemessen wäre, von japanischen Besonderheiten auszugehen.

In Deutschland werden vielfach in der Öffentlichkeit Meinungen über Japan vertreten, die sich sehr stark von den Positionen der neueren wirtschafts- und sozialwissenschaftlichen Japanforschung unterscheiden. Dies mag vor allem daran liegen, daß – wie bei vielen anderen Themen auch – die öffentliche und journalistische Meinungsbildung der wissenschaftlichen Diskussion (manchmal um viele Jahre) hinterherhinkt. Bezüglich des Wissens um die industrielle Organisation in Japan besteht mit Sicherheit ein derartiger Rückstand, der möglichst zügig ausgeglichen werden muß.

In der Wissenschaft haben wir in den letzten beiden Jahrzehnten eine heftige Debatte bezüglich sowohl des allgemeinen Charakters, als auch vieler Einzelmerkmale des industriellen Systems in Japan geführt. Kontroversen traten nicht nur zwischen den deutschen bzw. europäischen Forschern auf, sondern in paralleler Weise auch in Japan selbst, wo man heute ebenfalls viele Dinge anders sieht als früher. Als Ergebnis der Debatte liegen nun neue Grundpositionen und Einschätzungen vor, die sich auf eine Fülle von Befunden stützen können und von der überwiegenden Mehrheit der Experten wie auch mehrheitlich in Japan selbst geteilt und unterstützt werden.

Ein ganz wichtiges, lange strittiges Problem war die Frage nach der kulturellen Gebundenheit der Arbeitsbeziehungen, der Fertigungsstrukturen, der Beziehungen der Unternehmen untereinander oder auch des Verhältnisses von Staat und Wirtschaft in Japan. Wir gehen heute nicht mehr, wie noch vor zwanzig Jahren, davon aus, daß hier ganz spezifisch japanische kulturelle Einflußfaktoren prägend sind. Was unsere Sicht änderte, war eine Fülle von ökonomischen, soziologischen und historischen Analysen und Fallstudien, die die Unterschiede zu hiesigen Strukturen manchmal nur als geringfügig erscheinen ließen, im Falle von signifikanten Besonderheiten aber stets Bestimmungsfaktoren ebenso historisch mittelfristigen wie rationalen Ursprungs nachwiesen.

Uns kamen aber auch günstige Umstände zugute, die – was in den Sozialwissenschaften höchst selten ist – uns laborversuchsähnliche Forschungsbedingungen boten. Als nämlich Mitte der 80er Jahre japanische Automobilfirmen damit begannen, u. a. in den USA Fabriken zu gründen, die exakt, bis in die Modellfolgen und einzelne Arbeitsabläufe hinein, nach Vorbildern in Japan errichtet wurden (sogenannte Schwesterfabriken), war der lange ersehnte Testfall da. Entgegen den ursprünglichen Befürchtungen der japanischen Automobilhersteller, ob sich denn amerikanische Arbeiter, insbesondere solche, die bereits an feste Arbeitsplatzbeschreibungen gewohnt waren, an die flexible japanische Fertigung gewöhnen würden, ergaben sich sowohl im Output der Fabriken, als auch bei den in den begleitenden Forschungen untersuchten Gruppenprozessen keine nennenswerten Unterschiede (Shimada 1989). Kulturelle Besonderheiten fielen als Ursachen für japanische Produktionsvorteile also aus, wie auch kurz darauf die Schöpfer des Begriffs „lean production" völlig richtig erkannten (Womack, Jones, Roos 1991).

Wenn unter Würdigung des heutigen Forschungsstandes genau unterschieden wird, welche Elemente beständig in den gewachsenen Strukturen beheimatet sind, und welche anderen flüchtig, zufällig oder auch nur imaginär existierten, kann durch eine aktuell vertretbare Sicht auf die japanische Industrieorganisation der Anpassungsbedarf vor und während des Japan-Engagements genauer bestimmt werden. Japan wird, wie es sich bei einer solchen Vorgehensweise herausgestellt hat, weit weniger fremdartig und exotisch erscheinen. Werfen wir also einen etwas genaueren Blick auf die Ausprägungen von Industriepolitik, Arbeitsbeziehungen und Unternehmenskonstellationen in Japan.

1 Die japanische Industriepolitik hat sich stark gewandelt

Die Wirtschaftsbürokratie in Japan, insbesondere das Ministerium für Handel und Industrie (MITI), genießt weltweit einen geradezu legendären Ruf. Diesen verdankt es wohl hauptsächlich einer Gruppe von Politikern und Wissenschaftlern in den USA, die seit den frühen 80er Jahren eine verstärkte industriepolitische Rolle der eigenen Regierung forderten und als Paradebeispiel für eine solche das japanische MITI hochhielten (Johnson 1982). Die große Beachtung des MITI enthielt aber immer auch sehr viel Kritik, da man innerhalb der japanischen Industriepolitik eine enge Verflechtung von Industrie und Staatsbürokratie mutmaßte und in einer solchen Allianz unfaire Wettbewerbsvorteile erkannte.

Eine lange Zeit gängige und von manchen fälschlicherweise bis heute vertretene Sicht war die, daß das Verhältnis von Staat und Wirtschaft in Japan fundamental anders als in westlichen Gesellschaften organisiert sei. Diese Andersartigkeit bildete eine der wesentlichen Implikationen des Schlagwortes „Japan AG". Wie jedes Vorurteil enthält auch diese Vorstellung eine Reihe von wahren Tatbeständen. Es muß aber genau unterschieden werden, wann und in welchem Umfang von einer symbiotischen Beziehung von Staat und Wirtschaft in Japan gesprochen werden kann.

1.1 Die Ära des Staatszentrismus

Die Grundlagen für eine starke Führungsrolle der japanischen Ministerialbürokratie über einzelne Unternehmen und ganze Branchen, die man vielleicht als „klassische japanische Industriepolitik" bezeichnen kann, wurden zur Zeit des Zweiten Weltkrieges sowie kurz danach gelegt. Vor dem Krieg ist in Japan kein höherer staatlicher Interventionismus als in Amerika und Europa zu finden, und auch ab Mitte der 70er Jahre bedeutet, wie im Folgenden gezeigt wird, Industriepolitik in Japan kaum etwas anderes als hierzulande. Bei der „klassischen japanischen Industriepolitik" handelt es sich also um ein klar zeitlich abgrenzbares Phänomen der drei Jahrzehnte unmittelbar nach dem Krieg und damit natürlich um Verhältnisse, die bereits seit zwanzig Jahren der Vergangenheit angehören.

Wie alle kriegführenden Nationen ging auch Japan spätestens ab den ausgehenden 30er Jahren zu einer staatlich geführten Kommandowirtschaft über. In der Kriegswirtschaft machen allein schon der absolute Vorrang der Ressourcenzuteilung an die Rüstungsindustrie sowie einsetzende Engpässe bei der Nahrungsmittelversorgung eine planwirtschaftliche Organisation notwendig. In den USA, die schon aus geographischen Gründen in einigen Bereichen hier eine Ausnahme bildeten, wie auch in Westeuropa kehrte man, wie bekannt, recht zügig zu einer überwiegend marktwirtschaftlich geprägten Ordnung zurück. Nicht so in Japan. Die USA als alleinige Besatzungsmacht mischten sich unmittelbar nach dem Krieg kaum in die Wirtschaftspolitik der japanischen Regierungen ein und blieben zunächst bei der Vorstellung, Japan in einem schwachen, deindustrialisierten Zustand zu belassen.

Den „New Dealers" in der amerikanischen Regierung wie auch den amerikanischen Besatzungsbehörden in Japan war es denn auch kein Dorn im Auge, daß die ersten japanischen Nachkriegs-Regierungen sozialistisch dominiert waren. Nach den Erfahrungen mit dem Ultra-Nationalismus und Militarismus der Kriegszeit war die japanische Öffentlichkeit vorwiegend links orientiert, und auch die Formulierung der Wirtschaftspolitik wurde weitgehend von marxistischen Ökonomen übernommen, die an den Universitäten bereits vor dem Zweiten Weltkrieg die Oberhand gewonnen hatten. Die wichtigste programmatische Schrift zur damaligen Wirtschaftspolitik legte 1946 der führende marxistische Ökonom Arisawa Hiromi mit seinem Artikel *Nihon keizai no hakyoku o sukuu mono* („Was die japanische Wirtschaft aus ihrer katastrophalen Lage retten kann") vor. Darin schlug er als Mechanismus zur Initialzündung des Wiederaufbaus eine Anlehnung an die sowjetische

GOSPLAN-Politik vor, also eine auf staatlicher Ressourcenzuteilung für die Industrie basierende Reindustrialisierung (Arisawa 1990).

Arisawa nannte sein Konzept für Japan *keisha seisan hôshiki* (wörtlich: „Neigungsproduktionsweise"). Er forderte damit eine Kohle- und Stahl-Vorzugspolitik, innerhalb derer durch direkte staatliche Investitionen zunächst die Schwerindustrie vorangetrieben werden sollte. Diese wiederaufgebaute Schwerindustrie sollte dann nach und nach die Nachfrage auch in anderen Teilen der Wirtschaft erhöhen und somit die gesamte zunächst sehr negative Entwicklung der unmittelbaren Nachkriegswirtschaft hin zu einer Aufschwungtendenz „neigen". Die Umsetzung der Arisawaschen Konzepte in Regierungspolitik hatte zwei wesentliche Effekte:

Erstens zementierte sie die aus der Kriegswirtschaft erwachsenen vertikalen Beziehungen zwischen den Unternehmen und der Ministerialbürokratie. Jedes Unternehmen hatte sich in diesem sehr stark auf staatliche Zuteilungen und Finanzierungen ausgerichteten System – wie schon im Krieg – einer Behörde, einem Ministerium beziehungsweise der Abteilung eines Ministeriums zuzuordnen, um bestmöglich berücksichtigt zu werden oder überhaupt überleben zu können. Es bildete sich der Begriff *genkyoku* („zuständiges Amt"), der in dieser planwirtschaftlichen Phase die wichtigste Koordinate für die Unternehmen darstellte, eben weil der eigene Handlungsspielraum von der Zuordnung und Zuteilung von einem „zuständigen" Ministerium abhing. Umgekehrt konnte aus Sicht der Verwaltung eine derartige umfassende Planung und Abstimmung nur von intakten, kontinuierlich existierenden Ministerien erfolgen. Arisawas GOSPLAN-Politik bedingte daher das nahezu ununterbrochene Fortbestehen der Planungsstäbe der Kriegswirtschaft und bedeutete auch eine personelle Kontinuität innerhalb der Ministerialbürokratie. Die Wirtschaftspolitik der ersten Nachkriegsjahre bewirkte also eine staatszentristische Struktur, wie es sie vor dem Zweiten Weltkrieg nie gegeben hatte.

Die zweite Auswirkung dieser Politik war eine galoppierende Inflation, da bei sehr niedrigen regulären Steuereinnahmen die Investitionen in Stahl und Kohle nur über die Notenpresse und viele ausgelagerte Nebentöpfe des Regierungshaushaltes zu finanzieren waren. Neben der Anwendung der Trueman-Doktrin auf Japan, also dem Aufbau Japans als starken antikommunistischen Block in Ostasien, waren es vor allem diese Inflationsgefahren, die ein massives Einschreiten der Amerikaner provozierten. Im Februar 1949 kippte Joseph Dodge als amerikanischer Beauftragter in allen Wirtschafts- und Währungsfragen für Japan die gesamte Arisawasche Politik der Defizitfinanzierung, zwang die Japaner mit einem Haushaltssicherungsgesetz über Jahrzehnte zu einem ausgeglichenen Budget und öffnete Japan zum Weltmarkt mit einem (sich später für Japan als sehr vorteilhaft erweisenden) festen Dollar-Yen-Kurs von 1:360. Dodge griff jedoch nicht in die quer zu den rechtlichen Bestimmungen stehenden einseitigen vertikalen Abhängigkeitsverhältnisse zwischen Unternehmen und Ministerien ein.

1.2 Hochwachstum als Entbürokratisierungs-Mechanismus

Die amerikanische Politik in Japan verstärkte zunächst die vertikalen Strukturen dadurch, daß man ein Zahlungsbilanzkontrollgesetz oktroyierte, welches die Importe einer strengen behördlichen Aufsicht unterwarf. Um die gerade erst gewonnene Stabilität des Yen nicht zu gefährden, sollten die (hauptsächlich aus Investitionsgütern bestehenden und daher bei relativer technischer Rückständigkeit für die Unternehmen im Aufschwung äußerst wichtigen) Importe ausschließlich mit den (damals noch geringen) japanischen Exporten bezahlt werden. In diesem Gesetz liegt, wie im vorangegangenen Beitrag erwähnt, eine der wesentlichsten Ursachen für den japanischen Protektionismus in den ersten Nachkriegs-Jahrzehnten. Das Zahlungsbilanzkontrollgesetz bedingte jedoch im Inneren starke behördliche Kontrollen bei jeglicher Importtätigkeit der Unternehmen, insbesondere bei der damals nur durch Importe durchzuführenden Modernisierung des Maschinenparks der Unternehmen, und damit eine verstärkte Abhängigkeit.

Diese durch eine (ungewollte) gemeinsame Anstrengung von Marxisten und Amerikanern geschaffene „klassische japanische Industriepolitik" blieb bis in die frühen 60er Jahre weitgehend ohne jedes Korrektiv. Zu Beginn der 60er Jahre wehrten sich erstmals Privatunternehmen gegen die übermächtige Bürokratie. Die damals noch sehr kleinen japanischen Automobilhersteller, allen voran Honda Shôjirô, widerstanden den Fusionierungsplänen des MITI erfolgreich und widersprachen dessen damaliger Auffassung, daß mehr als ein (später korrigiert auf zwei bis drei je Marktsegment, also Pkw, Lkw, etc.) japanischer Hersteller auf dem Weltmarkt nicht überleben könne (Mutô 1990). Mit dem Beitritt Japans zu OECD und GATT fielen einige Handelsschranken, die weit mehr als den Zugang ausländischer Unternehmen zum japanischen (Konsumgüter-) Markt die Investitionsgüterimporte der heimischen Industrie behindert hatten. Das sich stabilisierende Hochwachstum und damit das Anwachsen von Renditen und Rücklagen der Unternehmen war jedoch die wichtigere Ursache für den Emanzipationsprozeß der japanischen Industrie von der staatlichen Bevormundung.

Seit dem Kriege hatte nämlich die gesamte japanische Großindustrie – ebenfalls bedingt durch ein Gesetz der Amerikaner, das wir im Folgenden noch betrachten wollen – am Tropf des Finanzministeriums gehangen. Investitionen wurden hauptsächlich durch Kredite von Privatbanken finanziert, da die Eigenkapitaldecke auch der Großindustrie nur sehr dünn, und der Kapitalmarkt unterentwickelt war. Die Banken standen ihrerseits durch ihren eigenen Kapitalmangel, aber auch durch die oben schon beschriebenen vertikalen Strukturen, die *genkyoku*-Funktionen, in enger Abhängigkeit zum Finanzministerium beziehungsweise zur Nationalbank. Die steigenden Export-Einnahmen wurden vom Management der großen japanischen Firmen nun Zug um Zug genutzt, die eigene Unabhängigkeit zu stärken. Spätestens ab Mitte der 70er Jahre können wir in den allermeisten Branchen kaum noch von vertikalen Strukturen (im hier gemeinten Sinne) sprechen.

1.3 Die interne Kritik in Japan war die heftigste

Im Jahre 1975 veröffentlichte einer der bereits damals führenden Ökonomen Japans, Komiya Ryûtarô, eine vernichtende Kritik der „klassischen japanischen Industriepolitik". Diese Kritik ist mittlerweile in einer umfassenden Aufsatzsammlung (Komiya, Okuno, Suzumura 1984) ausformuliert und diese wiederum zügig ins Englische übertragen worden (Komiya, Okuno, Suzumura 1988). Der Umstand, daß diese Kritik nicht nur auf wissenschaftlicher Ebene breite Zustimmung erhielt, sondern auch auf die Formulierung der Industriepolitik in Japan selbst erheblichen Einfluß genommen hat, wird dadurch verdeutlicht, daß Komiya, der ehemals schärfste Kritiker, 1988 zum Leiter der Forschungsabteilung des MITI berufen wurde. Komiyas Kritik wurde ab Mitte der 70er Jahre vor allem deshalb sogar von einigen wichtigen Ministerien aufgenommen und zur Verbesserung der Strategie genutzt, weil sich in der Hochwachstumsphase, wie gerade gesehen, die Einflußmöglichkeiten dieser Ministerien bereits erheblich reduziert hatten.

Komiya widersprach 1975 dem bis dahin etablierten und in der japanischen Öffentlichkeit weithin nicht hinterfragten (ja im Ausland bisweilen bis heute als Stereotyp vorhandenen) Selbstverständnis der großen Ministerien, nämlich daß ihre Planungs- und Kontrollaktivitäten Basis und Voraussetzung des japanischen Wirtschaftswunders gewesen seien. Bei allen bis dahin insbesondere im Export erfolgreichen Produkten und Branchen, wie im Automobil- und Motorradbau, bei Uhren, Consumer Electronics etc., hatte es, laut Komiyas bis heute unwidersprochener Analyse von 1975, kaum staatliche Förderung, sondern eher defensive Fusionierungskonzepte gegeben. Demgegenüber waren die weitaus überwiegenden Aktivitäten und Gelder in „Alt-Industrien" wie Stahl, Kohle und Schiffbau geflossen, da hier bei zurückgehenden Umsätzen der politische Druck des Arbeitsplätze-Arguments am größten gewesen sei. Industriepolitik war damit für Komiya in Japan nichts anderes als in anderen Industrieländern, nämlich hauptsächlich auf (technologisch) „rückwärtsgerichtete" Rettungsmaßnamen ausgelegt (eine Analyse, die hierzulande nur allzu aktuell erscheint).

Tatsächlich ist in Japan trotz einer aufgeregten Diskussion der Komiyaschen Thesen kein einziges wirklich ernstzunehmendes Argument dagegen aufgetaucht. Die Kritik Komiyas stellte für die mit der industriellen Planung betrauten Ministerien eine sehr viel größere Herausforderung als die damals erstmals aus dem Ausland kommenden Kritiken dar, da letztere eine übersteigerte Führungsrolle und Effizienz der Ministerien unterstellten, während Komiya mit guten Gründen ihnen genau dies absprach. Wie gesagt ist dieser Vorwurf der fehlenden Effizienz an die „klassische japanische Industriepolitik" bis heute in Japan unwiderlegt. Zu klären bleibt hier lediglich die Frage nach alternativen Erklärungen für die „japanische Erfolgsstory". Wir verweisen hier auf das „*late-comer*"-Phänomen Japans, das ist die Tatsache, daß man bis Mitte der 80er Jahre Vorteile aus der Adaption ausländischer Technologie ziehen konnte. Dies allerdings in einem sehr eigentümlichen Prozeß, der eben nur zum Teil aus dem billigen Nachbau bestand und zum anderen Teil völlig neuartige industrielle Fertigungsmethoden hervorbrachte.

1.4 Neue Flexibilität, neue Erfolge und neue Grenzen

Seit den späten 70er Jahren gelangte man in der japanischen Industriepolitik, insbesondere im MITI, das seine seit dem Krieg bestehenden vertikalen Funktionen nahezu gänzlich verloren hatte, zu der Auffassung, daß sich eine fördernde Rolle der Ministerialbürokratie nunmehr auf horizontale Aufgaben, oder, wie man es nannte, „Querschnittsaufgaben" zu beziehen habe. Dieser Wechsel des Selbstverständnisses trat im Verantwortungsbereich anderer Ministerien erst mit einiger Verspätung auf – etwa anläßlich der Deregulierung der Finanzmärkte und der „Gesetze zur Nicht-Diskriminierung" durch nicht-tarifäre Handelshemmnisse in der Mitte der 80er Jahre. In einigen wenigen Bereichen ist dieser Prozeß bis heute nicht abgeschlossen. Letzteres vor allem bei der Aufsicht über die Banken, die traditionell große Probleme mit der Eigenkapitalquote haben und seit der jüngsten Rezession in erheblichen Schwierigkeiten sind, in der Versicherungsbranche und der Telekommunikation, wo sich allerdings seit dem Frühjahr 1997 weitere Deregulierungsschritte abzeichnen. Im gesamten Bereich der Industrie (im engeren Sinne) finden wir jedenfalls seit fast zwei Jahrzehnten keine vertikale Industriepolitik mehr vor, sondern allenfalls der deutschen Forschungspolitik recht ähnliche Technologie-Förderungsprogramme.

Die ersten Schritte in dieser neuen, flexibleren Ausrichtung waren zunächst sehr erfolgreich. Diese Erfolge beruhten vor allem darauf, daß man die Zeichen der Zeit in Japan am schnellsten erkannte, und auf der engen Verzahnung der japanischen mit der amerikanischen Volkswirtschaft (Japan und die USA sind gegenseitig die mit Abstand wichtigsten Handelspartner füreinander). Hauptsächlich wegen dieser engen Verzahnung reagierte die japanische Industrie und die neue japanische Technologie-Förderungspolitik sehr viel schneller auf technologische Entwicklungen, bei denen die USA große Vorsprünge aufzuweisen hatten.

Das MITI legte, als erste größere Maßnahme innerhalb der neuen Strategie, im Jahre 1977 ein Programm zur Aufholung des amerikanischen Vorsprungs in der Halbleiter- und Computerindustrie auf (Prestowitz 1988). Alle japanischen Elektronikhersteller konnten sich bis zur Marktreife an diesem Projekt beteiligen. Im MITI analysierte man sehr genau die Entwicklungszyklen der Halbleitergenerationen und fand dabei recht zügig die Lücke, in die die japanische Industrie vorstoßen konnte. Insbesondere die Strategie, gerade in Rezessionsphasen mit aller Macht in die Entwicklung einer neuen Chipgeneration zu investieren, um dann bei wieder anlaufender Weltkonjunktur als erster mit dem neuen Produkt auf den Märkten vertreten zu sein, erwies sich als sehr erfolgreich. Die Entwicklungszusammenarbeit der japanischen Hersteller erfolgte dabei nur innerhalb einer Phase, die vom MITI als wesentlich für den großen Sprung nach vorn diagnostiziert worden war. Ab dem Jahre 1982, als das Projekt beendet war, und bereits recht heftige Konkurrenz unter den japanischen Herstellern selbst einsetzte, waren die Ingenieure jedes Unternehmens wieder auf sich allein gestellt. Den bekannten überwältigenden Erfolg dieses Projektes verdankten die Japaner übrigens an nicht unwesentlicher Stelle der Tatsache, daß die europäischen und insbesondere die deutschen Unternehmen diese Entwicklung verschließen. Auch die deutsche Technologiepolitik ist in diesem Zusammenhang wiederholt kritisiert worden.

Direkte, in Weltmarktanteilen greifbare Erfolge in der Technologie- und Forschungsförderungspolitik, wie sie heute in Japan in recht ähnlicher Weise wie in Europa betrieben wird, stellten sich jedoch nicht sehr häufig ein. Bei den Nachfolgern des Halbleiterprojektes von 1977–1982, bei denen man kein bereits fest etabliertes Vorbild vor Augen hatte, waren eher mäßige bis schlechte Resultate zu verzeichnen. Der größte Flop etwa der letzten Jahre waren wohl die breit angelegten Bemühungen der Entwicklung und Forcierung eines eigenen Standards beim hochauflösenden Fernsehen. Politik und Verwaltung können eben nur in seltenen Ausnahmefällen antizipieren, was auf den Märkten geschieht. Gleichwohl kann die Teilnahme an Projekten im Einzelfall natürlich sehr sinnvoll sein (vgl. HOECHST AG: 252–253). Jedenfalls findet sich heute, und dies ist das wichtigste Ergebnis in der hier gegebenen Argumentation, in Japan keine andere Industriepolitik und kein anderes Verhältnis von Staat und Wirtschaft als etwa in Deutschland. Die Vorstellung von der „Japan AG" gehört, so sie überhaupt jemals voll gültig war, in eine ferne Vergangenheit und ist heute eher hinderlich beim Verständnis der japanischen Wirtschaft und der eigenen Handlungsoptionen.

2 Die japanischen Arbeitsbeziehungen – anders aber rational

Zu lange ist ein falsches Bild von der Funktion der Arbeit in Japan vertreten worden. Man stellte sich vielfach die japanischen Unternehmen als „Betriebsfamilien" vor, in die die japanischen „Gruppenmenschen" ihre Arbeit ohne nennenswerte eigene Partikularinteressen einbrachten. Der japanische Arbeiter oder Angestellte sei, so dachte man lange, aufgrund kultureller Faktoren psychisch individuell allein dem Erfolg seines Unternehmens verpflichtet, er opfere sich für diesen Erfolg förmlich auf und sei deshalb das ungleich idealere, wenn auch artfremde „Produktionsmittel". Zu diesem Bild haben ohne Zweifel die japanbezogenen Wissenschaften selbst beigetragen, indem sie, beginnend mit Abegglens bekanntem Buch „The Japanese Factory" (1958) in heute antiquierter Weise vorwiegend an der „Kultur" des Arbeitslebens und weniger an betriebswirtschaftlichen und historischen Einflußgrößen interessiert waren. Die japanbezogenen Wissenschaften haben aber auch – und dies leider ohne durchschlagende Einwirkung auf das allgemeine Meinungsbild in Deutschland – dieses Bild einer umfassenden Revision unterzogen. Nach dieser Veränderung unserer Einschätzung verbleiben sicherlich einige grundlegende Unterschiede zur Situation hierzulande. Die veränderte Sicht kann aber dazu beitragen, erstens die exakte Ausprägung dieser Unterschiede zu erkennen und nutzbar zu machen sowie zweitens diese Unterschiede einzuordnen, also sie zu relativieren.

2.1 Lebenslange Beschäftigung und Senioritätsprinzip

Das bekannteste Charakteristikum der japanischen Arbeitsbeziehungen, nämlich das der lebenslangen Beschäftigung und des Senioritätsprinzips bei der Entlohnung, ist bereits recht frühzeitig relativiert worden. Levine (1965) wies bereits sehr bald nach Erscheinen der genannten, bis heute äußerst populären Darstellung Abegglens[1] nach, daß diese beiden Charakteristika nur für ein Drittel der japanischen Arbeitsverhältnisse maßgeblich waren. Damals ebenso wie heute sind in Japan nur die Arbeiter und Angestellten der Großunternehmen unter diesen Bedingungen beschäftigt. Ebenso frühzeitig wurde die Vorstellung widerlegt, daß es sich bei diesen Dingen um kulturell bedingte, in langen historischen Abläufen entwickelte Einflußgrößen handele. Innerhalb der sogenannten *„Japanese Factory Debate"* jener Jahre konnte nämlich Taira (1970) klar aufzeigen, daß sich lebenslange Beschäftigung und Senioritätsprinzip bei der Entlohnung in ihren ersten Anfängen in den 20er Jahren entwickelten und ihre volle Ausprägung erst in den 50er Jahren erhielten. Seither hat die Forschung in diesem Bereich, insbesondere anläßlich der ausgeweiteten handelspolitischen Kontroversen bezüglich der Rolle Japans in der Weltwirtschaft, z. B. im Verlauf der Diskussion um das *„social dumping"*-Argument, weitere Klärung erfahren. Im folgenden sei nun kurz dargestellt, was heute als gesichertes Wissen betrachtet werden kann.

In der Vorkriegszeit, aber auch in den 50er Jahren war dies noch keineswegs unüblich, funktionierten die Arbeitsbeziehungen weitgehend nach dem „Hire-and-Fire"- Prinzip. Arbeiter und Angestellte wurden eben bei Bedarf eingestellt, gehalten oder auch entlassen. Japan unterschied sich diesbezüglich in seiner industriellen Frühzeit in keiner Weise von den anderen Industrienationen mit dem Unterschied, daß nach deutschem Vorbild unter ähnlichen politischen Vorzeichen recht frühzeitig im Jahre 1911 eine Fabrikgesetzgebung eingeführt wurde. Mit den ersten Anfängen in den 20er Jahren in komplexer Verstrickung mit dem Beginn der Zulieferproduktion, die nachfolgend erörtert wird, zeichnete sich zunehmend die Entwicklung ab, daß einzelne industrielle Großunternehmen versuchten, die ingenieurwissenschaftliche Expertise fest an sich zu binden. Diese Expertise wurde nämlich kaum durch die damals noch sehr vereinzelten ingenieurwissenschaftlichen Hochschulen und Fakultäten bereitgestellt, sondern mußte in den Firmen selbst erarbeitet werden. Um diese, in den Firmen selbst herangezogenen technischen Führungskräfte zu halten, wurde von einigen Industriebetrieben das System der lebenslangen Beschäftigung verbunden mit dem Senioritätsprinzip bei der Entlohnung eingeführt. In Japan wird der unterliegende Mechanismus zuweilen als „Geiselprinzip" bezeichnet.

Man zahlte den Neuankömmlingen von Universitäten und Fachhochschulen zunächst ein relativ geringes Gehalt aus, um ihnen in späteren Jahren, nach Erwerb der hauptsächlich in firmeninternen Abläufen erworbenen Qualifikationen über dem

---

[1] Inzwischen allerdings in stark überarbeiteter Form vorliegend; Abbeglen; Stalk 1985

Marktpreis liegende Vergütungen zukommen zu lassen. Mit dieser, erst nach vielen Jahren der Betriebszugehörigkeit erfolgenden vollen Entgeltung der Leistungen der jungen Arbeitskräfte nahm man diese quasi als „Geisel" und sicherte sich also deren Verbleib im Unternehmen, nachdem man in ihre Schulung investiert hatte. Ebenso wurden so auch die älteren und erfahrenen Kräfte, die nun proportional über ihren Leistungen entlohnt wurden, bis zum Pensionsalter von 55 Jahren im Unternehmen gehalten.

Es entstand also „lebenslange Beschäftigung" verbunden mit einer Staffelung der Höhe der Einkommen nach Jahren der Betriebszugehörigkeit. Lebenslange Beschäftigung und Senioritätsprinzip stellen also kein Abbild einer spezifisch japanischen kulturellen Determiniertheit dar und sind somit keineswegs Ausdruck einer familienähnlichen Bindung an ein Unternehmen beziehungsweise einer strikten Altershierarchie, sondern rationale Antworten auf die Bedingungen des Mangels an technisch qualifizierter Arbeit. Weil das so ist, werden diese Methoden unter andersartigen Bedingungen auch zurückgebildet, wie dies ja gegenwärtig auch geschieht. Es gab auch immer eine Zahl von Korrektivinstrumenten, die den von lebenslanger Beschäftigung und Senioritätsprinzip gemilderten Wettbewerb unter Gleichaltrigen belebten oder auch die Erfolge eines Unternehmens an alle Beteiligten paritätisch umlegten. Zu diesen Instrumenten gehören besondere Karriereschienen im Unternehmen für die Besten sowie die Bonus-Zahlungen.

2.2 Firmengewerkschaften

Auch die japanischen Firmengewerkschaften haben keine sehr tiefen Wurzeln in der japanischen Tradition. Erstmals treten ihre Vorläufer während des Zweiten Weltkrieges in der Form von patriotischen Betriebsvereinigungen auf. In ihrer heute noch bestehenden Ausprägung sind Firmengewerkschaften seit den späten 50er Jahren existent. Ihr Auftreten verdankte sich jedoch nicht der Schwäche der japanischen Industriegewerkschaften, wie man vermuten könnte, sondern eher deren Stärke und Militanz. Die 50er Jahre in Japan sind nämlich noch gekennzeichnet von einem sehr hohen Organisationsgrad der Arbeiterschaft (60 Prozent) in vorwiegend linken Gewerkschaften, welche wiederum in dem streng marxistischen Dachverband *Sôhyô* zusammengefaßt waren.

Arbeitskämpfe waren damals häufig und nahmen vielfach auch gewalttätige Formen an, insbesondere weil sie nicht nur auf Lohnforderungen u.ä. ausgerichtet waren, sondern oft auch eine politische, nämlich kommunistische Stoßrichtung besaßen. Die heftigsten Auseinandersetzungen fanden über Jahre hinweg beim Autohersteller Nissan statt, wo sich Gewerkschaften und Management besonders unversöhnlich gegenüberstanden. Um zu geregelten, ungestörten Produktionsabläufen zurückkehren zu können, gingen in der Folge ebenso wie Nissan auch andere Großunternehmen dazu über, als Alternative zur linken Industriegewerkschaft eigene, auf ihr Unternehmen begrenzte Firmengewerkschaften aufzubauen beziehungsweise vorhandene, nicht ideologisch gebundene Gruppen zu stärken.

Das Jahr 1960 bezeichnet das Ende der mächtigen japanischen Industriegewerkschaften. Diese Gewerkschaften beteiligten sich in den Jahren 1959 und 1960 unter anderem mit politischen Streiks an der landesweiten Protestbewegung der Linken gegen die Verlängerung des Sicherheitsvertrages mit den USA. Gleichzeitig fanden Monate andauernde Streiks im Konflikt um den Arbeitsplatzerhalt im niedergehenden japanischen Kohlebergbau statt. Auf die Niederlage in beiden Bereichen folgte der schnelle Niedergang der Industriegewerkschaften, zumal diese mit ihrer starken politischen Ausrichtung die unmittelbaren Interessen der allermeisten Beschäftigten im beginnenden japanischen Hochwachstum kaum noch vertraten. Seit den frühen 60er Jahren stellte sich aus diesen Gründen eine Vorherrschaft der Firmengewerkschaften ein. Ohne hier Vor- und Nachteile der Gewerkschaftsformen zu diskutieren, wollen wir festhalten, daß die japanischen Firmengewerkschaften in einer spezifischen historischen Situation entstanden sind, vorwiegend die Aufgabe der effektiven Interessenvertretung ihrer Mitglieder haben und somit keineswegs eine andersartige mentale Haltung der japanischen Arbeitnehmer zu ihren Unternehmen kennzeichnen.

2.3 Flache Hierarchien, flexible Fertigung

Das Aufkommen der Firmengewerkschaften, die durchweg eine dem Management zugewandte und kooperative Haltung einnahmen, trug zweifellos dazu bei, daß feste Arbeitsplatzbeschreibungen in Japan die Ausnahme blieben, und sich somit flexible Fertigungsgruppen etablieren konnten. Ohne die in japanischen Unternehmen im Vergleich etwa zu den USA und Deutschland weit flacheren Hierarchien und weit geringeren Einkommensunterschiede zwischen Management und Arbeiterschaft wäre aber diese Entwicklung kaum möglich gewesen. Die egalitäre Einkommensverteilung war durch die, 1949 von den USA in Japan eingeführte stark progressive Einkommensbesteuerung zustande gekommen, während vor dem Kriege die sozialen Unterschiede in Japan weit größer gewesen waren. Der sogenannte „firmeninterne Sozialismus" der modernen japanischen Unternehmung entstand ebenfalls durch von der Besatzungsmacht nach dem Zweiten Weltkrieg gesetzten Bedingungen, die wir im nächsten Kapital erörtern wollen.

Die natürlich nicht grundsätzliche, aber doch relativ zu den Verhältnissen in Deutschland deutlich merkliche soziale Egalität unter den Stammbelegschaften vieler japanischer Firmen, die ihren Ausdruck eben vielfach in lebenslangen Beschäftigungen und einer Staffelung der Höhe der Einkommen nach Jahren der Betriebszugehörigkeit findet, hat jedoch dort ihre Grenze, wo ein Unternehmen nicht mehr ausschließlich aus Generalisten besteht, sondern ebenso aus Menschen, die Qualifikationen bereits von außen mit in das Unternehmen einbringen. Seitdem japanische Unternehmen in einigen Branchen in voller Breite zum technologischen Stand in Amerika und Europa aufgeschlossen oder diesen gar überflügelt haben, und seitdem sie dadurch vor der Anforderung stehen, eigene Grundlagenforschungen und Innovationssprünge voranzutreiben, ist die Einrichtung von spezialisierten

Forschungs- und Entwicklungsabteilungen unabdingbar geworden. Dies erforderte eigene Karrierewege für die Ingenieure und Experten und damit eine tendenzielle Auflösung der spezifischen Form der japanischen Arbeitsbeziehungen.

3 Horizontale Verflechtung, Zulieferer und schlanke Fertigung

Die japanischen *Keiretsu*, im Unterschied zu den ansonsten weltweit vorherrschenden Konzernstrukturen horizontal und informell miteinander verbundene Unternehmensverbände, haben seit der Zeit der großen japanischen Exporterfolge erhöhte Aufmerksamkeit auf sich gezogen. Insbesondere weil in diese Unternehmensgruppen auch immer eine große Zahl von Zulieferbetrieben einbezogen waren und die Art der Beziehungen zwischen Endherstellern und Zulieferern die japanischen Produktivitätsvorteile der letzten Jahrzehnte überhaupt erst ermöglichte (das sogenannte *Kanban*-System oder in englischer Terminologie: *Just-in-time production*), vermutete man oft eine spezifisch japanische Ausprägung der Unternehmensverflechtung. Als erstaunlichstes und in den heimischen Verhältnissen in Deutschland kaum denkbares Merkmal glaubte man die Ein- oder Unterordnung einzelner Unternehmen unter übergreifende Ziele und Strategien zu erkennen. Ein fairer Wettbewerb mit diesen *Keiretsu* schien insbesondere auf dem japanischen Markt selbst, wo sich von diesen dominierte Distributionskanäle noch hinzugesellten, kaum möglich.

Die mit den *Keiretsu*-Strukturen einhergehenden gewaltigen Probleme, die nach dem Platzen der japanischen *bubble economy* und der nachfolgenden tiefen Rezession seit 1991 sichtbar geworden sind, lassen uns jedoch heute einen wesentlich veränderten Blick auf die horizontale Verflechtung, ihre Ursprünge, ihre Funktionsweise wie auch ihre Zukunft werfen. Tatsächlich sind die *Keiretsu* immer nur eine Notlösung gewesen, und heute können wir ihr nahes Ende erwarten. Auch die Erfindung der Just-in-time-Produktion entstammt derselben Notlage, hat allerdings, wie bekannt, inzwischen auch außerhalb Japans eine derartige Verbreitung gefunden, daß in einigen Bereichen die Japaner regelrecht mit den eigenen Waffen geschlagen wurden.

3.1 Die Amerikaner schufen die horizontalen Strukturen

Vor dem Zweiten Weltkrieg herrschten in Japan ebenso wie bei den Arbeitsbeziehungen (vgl. oben) auch in den Unternehmenskonstellationen Verhältnisse vor, die uns sehr vertraut und in marktwirtschaftlichen Ordnungen normal erscheinen: Neben einer Vielzahl unabhängiger Firmen und Unternehmerpersönlichkeiten bildeten die erfolgreichsten Unternehmen Konzernstrukturen heraus mit einer Holdinggesellschaft an der Spitze und einer Anzahl von Tochtergesellschaften, deren Kapitalmehrheit von diesen gehalten wurde. Diese Konzerne nannte man *Zaibatsu*.

Sie wurden ausnahmslos von Eigentümerfamilien kontrolliert. Etwas an die Situation im heutigen Südkorea erinnert die Tatsache, daß die mächtigsten vier dieser Familienkonzerne (Mitsui, Mitsubishi, Sumitomo und Yasuda) weite Teile von Industrie und Finanzwelt beherrschten. Dieser Situation entsprach auch eine, im völligen Unterschied zum Nachkriegs-Japan sehr ungleiche Einkommensverteilung, sowohl in der Gesellschaft insgesamt als auch innerhalb der Unternehmen.

Neben der Landreform, die den Großgrundbesitz der Vorkriegszeit beendete, sehr kleine landwirtschaftliche Betriebsgrößen schuf und damit für den bis heute bestehenden japanischen Agrarprotektionismus verantwortlich ist, war die Zerschlagung der *Zaibatsu*, der Vorkriegskonzerne, die wichtigste und folgenreichste Maßnahme der amerikanischen Besatzungszeit nach dem Kriege. Die Amerikaner hielten damals die *Zaibatsu* für im hohen Maße mitverantwortlich für den japanischen Militarismus und den Gang in den Zweiten Weltkrieg. (Neuere historische Untersuchungen bestätigen dies eher nicht.) Die Besatzungsmacht entflocht die früheren Tochterfirmen der Konzerne, zerschlug damit die *Zaibatsu* und verbot den früheren Eigentümerfamilien jedwede unternehmerische Tätigkeit. Damit sich die Konzerne langfristig nicht wiedergruppieren konnten, verboten die Amerikaner die Rechtsform der Holdinggesellschaft.

Diese Entscheidung hatte sehr weitreichende Konsequenzen, ja sie schuf die bis heute dominanten Unternehmenskonstellationen. Einerseits war die *Zaibatsu*-Zerschlagung dafür verantwortlich, daß sich seit den frühen 50er Jahren in jeder Branche und bei fast jedem Produkt zwischen drei und zehn in etwa gleich starke Wettbewerber die Marktanteile teilten. Später nannte man dieses Phänomen „*face-to-face competition*". Sicherlich war die resultierende extreme Wettbewerbsintensität im Lande selbst verantwortlich für die späteren Exporterfolge. Diese starke Wettbewerbsintensität seit der Wiederaufbauphase führte dazu, daß die Unternehmen nahezu keinerlei Rücklagen bilden konnten, sondern Gewinne stets in vollem Umfang reinvestierten. Daraus ergab sich zunächst eine hohe Abhängigkeit von den Banken und letztlich, da diese unter ähnlichen Bedingungen arbeiteten, vom Finanzministerium.

Zweitens führte diese Maßnahme zu einer *de facto* Machtübernahme des angestellten Managements auf breiter Front. Genau wie sich in der Gesamtgesellschaft die heutigen egalitären Strukturen u. a. durch die von den Amerikanern im Jahre 1949 eingesetzte Steuergesetzgebung entwickelten, ist für die flachen Hierarchien innerhalb der Unternehmen, auch die Einkommen betreffend, jener Umbruch der Nachkriegszeit verantwortlich. Dieses angestellte Management in Firmen, die ihre Eigentümer verloren hatten, sah als Ersatz für die fehlenden Rücklagen, also in einer Zeit starken Kapitalmangels, sein Heil in der Allianz mit anderen Firmen, häufig frühere Mitglieder des gleichen *Zaibatsu*. Die daraus hervorgehenden, meist durch gegenseitigen Aktienbesitz abgesicherten, nun so genannten *Keiretsu* entstanden also in einer Notsituation, die durch rechtliche Vorgaben der USA hervorgerufen worden war. Ebenso ist die starke Marktorientiertheit der japanischen Unternehmensstrategien (im Sinne einer relativ geringeren Gewinnorientierung) durch diese Machtübernahme des angestellten Managements zu erklären.

3.2 Just-in-time Produktion und kontinuierliche Innovation

Bereits in den frühen 30er Jahren lag die Fertigungstiefe bei japanischen Herstellern weit niedriger als in Europa, und Zulieferproduktion machte bereits 12 Prozent des industriellen Outputs aus. Dies lag neben der hergebrachten „dualen Struktur" der japanischen Wirtschaft, das ist das Vorherrschen einer Vielzahl von Kleinbetrieben neben einigen großen Konzernen bei nur wenigen mittelgroßen Unternehmen, an den (oben besprochenen) in den 20er Jahren einsetzenden Phänomenen der lebenslangen Beschäftigung und des Senioritätsprinzips bei der Entlohnung. Da man in den Großunternehmen, um die Facharbeiter, Techniker und Ingenieure zu halten, über die gesamte Dauer der Betriebszugehörigkeit insgesamt höhere Löhne als auf dem allgemeinen Arbeitsmarkt zahlte, lohnte sich rasch der Einkauf von Halbfertigprodukten von kleinen Zulieferbetrieben.

Die Entwicklung der Just-in-time-Produktion ist einerseits vor diesem Hintergrund der in breitem Umfang vorhandenen, billigen Zulieferangebote zu sehen. Andererseits war es die genannte extreme Kapitalknappheit der Hersteller bei gleichzeitigem heftigen Wettbewerb in den 50er Jahren, die Anlaß dazu gab, die Zulieferleistungen möglichst effizient einzusetzen und die eigenen Kosten, beispielsweise bei der Lagerhaltung, auf ein Minimum zu reduzieren. Zuerst bei der Firma Toyota ging man deshalb dazu über, anstelle der teuren Lagerhaltung neben den Fertigungsstraßen auf markierten Plätzen Schilder aufzuhängen, auf die Namen und Produkt der Zulieferfirmen sowie die genaue Uhrzeit der Anlieferung geschrieben wurden. Das japanische Wort für diese Schilder ist *Kanban*; abgeleitet entstand der Begriff „*Kanban*-System". Bei Toyota, wie auch bei den anderen Firmen, die dies übernahmen, agierte man damals natürlich noch keineswegs in dem Bewußtsein, hier eine völlig neue Stufe der Fertigungsorganisation betreten zu haben. Man sah das *Kanban*-System eher als Notmaßnahme, die solange weiterhelfen sollte, bis ein ähnlicher Status, wie man ihn bei den damals weit überlegenen europäischen und amerikanischen Produzenten vorfand, erreicht sei.

Ebenfalls unter den Bedingungen eines erheblichen Rückstandes der japanischen Industrie gegenüber den USA und Europa entstand die kontinuierliche Innovation, im Japanischen *kaizen* genannt. *Kaizen* ist ein Kunstwort, das von der Wissenschaft in Japan geschaffen wurde (Imai 1992), während sich die Pioniere dieser Innovationsform in den Betrieben selbst zunächst nicht bewußt waren, etwas Neuartiges zu tun, und daher dafür auch keinen besonderen Begriff verwendeten. Technologische Neuerungen kamen in Japan bis in die jüngere Vergangenheit hinein hauptsächlich aus dem Ausland. Ursächlich durch das Zahlungsbilanzkontrollgesetz der Amerikaner von 1949 verursacht, war jedoch lange Zeit der direkte Import ausländischer Fertigungstechnik oder auch der Zukauf von Patenten nicht im erforderlichen Umfang möglich, während dies vor dem Krieg noch häufig erfolgt war.

Den japanischen Herstellern blieb nach dem Krieg lange Zeit gar nichts anderes übrig, als europäische und amerikanische Fertigprodukte möglichst genau und möglichst kostengünstig nachzubauen sowie die eigene Fertigungstechnik nicht durch große technologische Sprünge, sondern durch eine Vielzahl kleinster Anpassungen und Verbesserungen (*kaizen* heißt wörtlich übersetzt „Verbesserung") effizienter zu machen. Das Vorschlagswesen und ähnliche involvierte Mechanismen funktionierten dabei in Japan besser als so mancher Versuch hierzulande, dies nachzuahmen, weil in Japan bei weit geringeren Einkommensunterschieden zwischen Management und Arbeitern über entsprechende individuelle Anreize hinaus die direkte Partizipation am Unternehmenserfolg weit eher ersichtlich, da offensichtlich in höherem Maße gegeben war.

3.3 Wandel und Wiederannäherung

Seit jedoch ab etwa Mitte der 80er Jahre bei einer großen Vielzahl von Produkten der technologische Vorsprung des westlichen Auslandes aufgeholt oder sogar überboten ist, und im heutigen Hochlohnland Japan Kostenvorteile keineswegs mehr leicht zu erringen sind, spielt *kaizen* eine deutlich abnehmende Rolle. Kleinste Verbesserungen können eben, sobald man sich an der Frontlinie der technischen Entwicklung befindet, personell gut ausgestattete Forschungs- und Innovationsabteilungen nicht mehr ersetzen. Eben deshalb ist man in den führenden industriellen Unternehmungen in Japan seit einiger Zeit parallel zu den angestammten Strukturen mehr und mehr dazu übergegangen, FuE-Abteilungen aufzubauen oder zu verstärken. Dies ist natürlich mit einem tendenziellen Niedergang von lebenslanger Beschäftigung und Senioritätsprinzip verbunden, weil die von außerhalb des Unternehmens hereingenommene Expertise anderen Gesetzen gehorcht. Dabei ist freilich nicht zu übersehen, daß einige Errungenschaften, wie etwa der Produktmanager, der auch diese „neuen" Aktivitäten verantwortlich mit dem direkten Produktionsprozeß verknüpft, nach wie vor höchst sinnvoll sind und wohl auch bleiben werden. Nicht zuletzt weil sich in den innovativsten, momentan hauptsächlich in Amerika befindlichen „westlichen" Unternehmen nach der Übernahme japanischer Strukturen ein ähnliches Mischungsverhältnis einstellt, müssen wir davon ausgehen, daß sich die technischen Innovationsprozesse weitgehend angeglichen haben.

Ähnliches gilt für die Zulieferleistungen. Europäische und amerikanische Firmen, die Just-in-time praktizieren, haben die japanischen Vorsprünge größtenteils aufgeholt. Sowohl in Japan als auch hierzulande ist freilich einzuschränken, daß die Kostenvorteile durch das Just-in-time-System teilweise auf einer simplen Externalisierung von Kosten (die Lagerhaltung auf der Autobahn) beruhen, und daß dieser Prozeß unter ökologischen Gesichtspunkten sicher nicht unbegrenzt auszudehnen ist. Zudem haben wir in Japan einen fortlaufenden Prozeß der Verbesserung der technischen Qualität der Zulieferleistungen, der viele der früher einmal extrem von nur einem Hersteller abhängigen Zulieferungsunternehmen unabhängiger und selbstbewußter gemacht hat. Diese Qualitätssteigerung der Zulieferung nähert die japanischen Verhältnisse zunehmend u. a. unserer deutschen Situation an. Die damit einhergehenden Diversifizierungsbemühungen der japanischen Zulieferindustrie können nunmehr auch recht zuversichtlich beim Japan-Engagement genutzt werden, da in vielen Fällen ein Zukauf von „freien", nicht fest an ein *Keiretsu* gebundenen Zulieferleistungen möglich geworden ist.

Auch im Bereich der Unternehmenskonstellationen findet gegenwärtig eine deutliche Wiederannäherung an aus deutscher Sicht gewohnte und verständlichere Verhältnisse statt. Im Sommer 1997 beschloß das japanische Parlament die Wiedereinführung der Rechtsform der Holdinggesellschaft. Der langfristige Hintergrund für diese Gesetzesänderung ist sicherlich der Umstand, daß die *Keiretsu* immer kaum mehr als ein Notbehelf waren, der – wie gesehen – durch die amerikanische Besatzungspolitik notwendig geworden war. Kurzfristig gab aber sicherlich den entscheidenden Anstoß, daß die horizontale Verflechtung, insbesondere der wechselseitig verschachtelte Aktienbesitz sich während der *bubble economy* beziehungsweise der nachfolgenden Rezession als extrem krisenanfällig erwiesen hat. Eine der Ursachen für die enorme Spekulationsblase ist sicherlich in dem Umstand zu sehen, daß Firmen, die im Besitz von bereits hoch- oder überbewerteten Aktien waren, mit deren Börsenkursen als Sicherheit am Kapital- und Grundstücksmarkt spekulierten. Dies steigerte wiederum die eigenen Börsennotierungen, was erneut die Besitzer dieser Werte zur Spekulation verleitete. Die horizontalen Strukturen und der verschachtelte Aktienbesitz begünstigten also stark das sich wechselseitige Aufschaukeln der Aktienpreise wie auch der Bodenpreise. Ebenso bedingten sie auch die Tiefe des Sturzes nach dem Platzen der *bubble economy*.

Die Wiedereinführung der Holdinggesellschaft, die ab Dezember 1997 wirksam geworden ist, soll nun dazu dienen, mehr Stabilität in den Kapitalmarkt zu bringen, die Restrukturierung der Unternehmen zu erleichtern und die Bankenkrise zu beheben. Als Vorbild und Erklärungsbeispiel für die „neue" Rechtsform werden in der japanischen Presse immer wieder deutsche Konzernstrukturen angeführt. Obwohl bereits erste Auswirkungen zu erkennen sind, bleibt abzuwarten, wie schnell die neue Gesetzeslage die Unternehmenspolitiken auf breiter Front beeinflussen wird. Die Überschaubarkeit der japanischen Unternehmenskonstellationen aus deutscher Sicht wird aber ebenso wie die Entscheidungsfähigkeit der Japaner bei Kooperationen wohl bald erhöht werden.

4 Fazit

Zusammenfassend läßt sich feststellen, daß die Industrieorganisation in Japan niemals so verschieden von den Verhältnissen in Deutschland gewesen ist, wie oft angenommen wurde. Ferner haben sich teilweise bereits seit längerem, teilweise in jüngster Zeit Veränderungen eingestellt, die Japan den Strukturen u. a. in Deutschland nähergebracht haben, ebenso wie hierzulande inzwischen ja auch manches, beispielsweise bei der Organisation der Fertigung, von Japan übernommen wurde. Japan ist also nicht nur in der Handelspolitik, die im vorangegangenen Beitrag erörtert wurde, sondern auch in der Industriepolitik, den Arbeitsbeziehungen und den Unternehmenskonstellationen ein offener, mit vergleichbaren Mechanismen ausgestatteter industrieller Standort geworden.

Bereits in den 70er Jahren fand ein umfassender Wandel in der japanischen Industriepolitik statt, der eine Abkehr von staatszentrierten, vertikalen Strukturen bedeutete und heute in eine Vorherrschaft der Forschungs- und Technologieförderungspolitik eingemündet ist, die der deutschen prinzipiell nicht unähnlich ist. Die besondere Ausprägung der Arbeitsbeziehungen, bestehend aus lebenslanger Beschäftigung, Senioritätsprinzip bei der Entlohnung und Firmengewerkschaften ist erst in den späten 50er Jahren als rationale Antwort auf eine spezifische historische Situation und zudem nur in einem Teil der Wirtschaft dominant geworden. Es gibt nachweislich keine speziellen kulturellen Determinierungen, die die Arbeitskraft in Japan grundsätzlich von anderen unterscheiden würde. Die allgemeine Tendenz der japanischen Arbeitsbeziehungen ist ferner eine, die, wenngleich langsam, wegführt von diesen Formen und sich den in Deutschland bekannten annähert.

Einige der wichtigsten Erfolgsfaktoren der japanischen Wirtschaft, wie etwa die Just-in-time-Produktion, *kaizen* und das Ausmaß der Zulieferproduktion sind kurz vor und insbesondere nach dem Zweiten Weltkrieg entstanden und bildeten ursprünglich Reaktionen der Unternehmen auf Kapitalmangel und ein niedriges technologisches Niveau. Auch die horizontalen Unternehmenskonstellationen, hinter denen vielfach eine verschworene „Japan AG" vermutet wurde, entstammen hauptsächlich von den USA in der Nachkriegszeit gesetzten Bedingungen und werden sich möglicherweise schon bald in die Richtung von Konzernstrukturen umwandeln. Es gibt folglich gegenwärtig kaum noch einen Grund – abgesehen freilich von der Sprache und den Sitten des Landes, auf die man sich bei jeglichem Auslands-Engagement einstellen muß – die industriellen Strukturen in Japan als grundsätzlich andersartig und schwierig, geschweige denn als undurchdringlich zu betrachten.

Wir können also insgesamt in bezug auf Handlungsoptionen und Handlungsbedarf vor und während des Japan-Engagements resumieren, daß erstens der Einfluß der Staatsbürokratie fast überall vernachlässigbar geworden ist, daß zweitens japanische Angestellte vielfach noch die „japanische" Form von Beschäftigung und Entlohnung erwarten, zunehmend jedoch im Unternehmen vertikal mobil werden wie auch die Firma wechseln, und daß drittens aus einem ganzen Bündel von Gründen viele Verflechtungen zwischen den Firmen aufgebrochen oder loser geworden sind, was alle Formen der Kooperation von der Handelsvertretung über Forschungskooperationen bis hin zur Zulieferung sehr erleichtert hat.

Literatur

Abegglen, James C. (1958): *The Japanese Factory*. Glencoe: Free Press.
Abegglen, James C. und Georg Stalk jr. (1985): *Kaisha – The Japanese Corporation*. Tokyo: Tuttle.

Arisawa, Hiromi (1990): *Nihon keizai no hakyoku o sukuu mono* [Was die japanische Wirtschaft aus ihrer katastrophalen Lage retten kann]. In: Sugihara, Shirô u. a. (Hg.): *Nihon no keizai shisô yonhyakunen* [400 Jahre ökonomische Theorie in Japan]. Tokyo: Nihon Keizai Hyôronsha. S. 378–379. [Originalpubl. Tokyo 1946.]

Imai, Masaaki (1992): *Kaizen – Der Schlüssel zum Erfolg der Japaner im Wettbewerb.* 5. Aufl. München: Wirtschaftsverlag Langen. [Erstaufl. 1991, englische Erstaufl. 1986.]

Johnson, Chalmers (1982): *MITI and the Japanese Miracle – The Growth of Industrial Policy 1925–1975.* Stanford: Stanford University Press.

Komiya, Ryûtarô; Masahiro Okuno; Kôtarô Suzumura (Hg.) (1984): *Nihon no Sangyô Seisaku* [Die japanische Industriepolitik]. Tokyo: Tokyo Daigaku Shuppankai.

Komiya, Ryûtarô, Masahiro Okuno und Kôtarô Suzumura (Hg.) (1988): *Industrial Policy of Japan.* Tokyo und San Diego: Academic Press.

Levine, Solomon B. (1965): „Labor Markets and Collective Bargaining in Japan". In: Lockwood, William W. (Hg.): *The State and Economic Enterprise in Japan – Essays in the Political Economy of Growth.* Princeton: Princeton University Press. S. 633–667.

Mutô, Hiromichi (1984): „Jidôsha sangyô" [Die Automobilindustrie]. In: Komiya, Ryûtarô; Masahiro Okuno; Kôtarô Suzumura (Hg.): *Nihon no Sangyô Seisaku* [Die japanische Industriepolitik]. Tokyo: Tokyo Daigaku Shuppankai, S. 277–296. [Englische Version vgl. oben: Komiya, Okuno, Suzumura 1988.]

Prestowitz, Clyde V. jr. (1988): *Trading Places – How We Allowed Japan to Take the Lead.* New York: Basic Books.

Shimada, Haruo (1989): *Hyûmanuea no keizaigaku* (The Economics of Humanware). Tokyo: Iwanami Shoten.

Taira, Koji (1970): *Economic Development and the Labor Market in Japan.* New York und London: Columbia University Press.

Womack, James P.; Daniel T. Jones.; Daniel Roos (1991): *Die zweite Revolution in der Automobilindustrie – Konsequenzen aus der weltweiten Studie aus dem Massachusetts Institute of Technology.* Frankfurt und New York: Campus. [englischspr. Original: *The Machine That Changed the World.* New York: Rawson Associates 1990.]

Von der gruppenorientierten Arbeitsbiene zum modernen Individuum: Japans Werte im Wandel

Hans Dieter Ölschleger

1 „Der Japaner" als westliches Klischee

Beginnen wir die folgende Betrachtung bei uns: Wir betrachten uns nur allzu gerne als „moderne" Menschen. Das kennzeichnende Merkmal dieses „modernen Menschen" ist eine Geisteshaltung, die sich im Verlauf der gesellschaftlichen Entwicklung, geprägt vor allem durch die Industrialisierung mit all ihren Begleiterscheinungen wie Bildungsexpansion, Urbanisierung oder dem tiefgreifenden Wandel in der Beschäftigungsstruktur herausgebildet hat. Idealtypisch betrachtet ist dieser „moderne Mensch" Individualist, er akzeptiert keine überkommenen Standes- oder Schichtengrenzen, und er gesteht anderen Menschen oder Kollektiven wenig bzw. kein Mitspracherecht bei seiner Lebensführung zu. Hier seien nur die wichtigsten der postulierten Charakteristika genannt, und damit jene, die als Hauptunterscheidungsmerkmale zu nicht-modernen Mentalitätsstrukturen aufgeführt werden. Um es kurz zu fassen: der Mensch von heute „lebt" jene Werte, die als „moderne" sozial anerkannt sind. Dieses Muster der Wertorientierungen wird als *das* Charakteristikum der westlichen Industriegesellschaften betrachtet. Auch wenn die empirische Sozialforschung gezeigt hat, daß die Situation hier unendlich viel komplexer ist, faßt diese Beschreibung zumindest unser Selbstbild – unser Autostereotyp – treffend zusammen.

Und dann ist da noch „der Japaner". Man darf mit Fug und Recht behaupten, daß keine andere Nation auf dieser Erde für die Angehörigen der westlichen Industrienationen ein solches Rätsel darstellt wie die Japaner. Wir können hier darauf verzichten, diese Behauptung mit Zitaten zu belegen; jeder, der sich in der populärwissenschaftlichen Literatur zu Japan auskennt, wird sich an Aussagen erinnern, deren Tenor um die Unverständlichkeit, die Andersartigkeit und die grundsätzliche Einmaligkeit der japanischen Gesellschaft und Mentalität kreist. Allein schon der Hinweis darauf, daß die Japaner als einzige Gesellschaft der nicht-abendländischen Welt die vollständige Entwicklung zur Industrienation erfolgreich geschafft haben, ist eigentlich nur aus dem Erstaunen eines Angehörigen des westlichen Kulturkreises zu verstehen, der bis vor kurzem völlig sicher sein konnte, sich auf dem Höhepunkt welthistorischer Entwicklung zu befinden. Daß es die Japaner geschafft haben, ebenfalls diese Höhe zu erklimmen, macht sie natürlich zu einem Rätsel – und bedarf in einer solchen Sicht der Dinge der Erklärung. Ausgehend von der durchaus richtigen Annahme, daß wirtschaftliches Verhalten nur erklärbar wird durch Rekurs auf die Mentalität der gesellschaftlichen Akteure, wird bei dieser Erklärung das Denken des Individuums als wichtiger Einflußfaktor betrachtet. Sozialer und wirtschaftlicher Wandel wird immer auch im Zusammenhang mit einer Veränderung der sozialen Mentalität gesehen, und damit: mit Werten und Einstellungen. Werte als 'innere' Führungsgrößen des menschlichen Tuns und Lassens, die überall dort wirksam werden, wo nicht biologische 'Triebe', Zwänge oder 'rationale' Nutzerwägungen den Ausschlag geben" (Klages 1984: 9–10) sind zu einem wichtigen Bestandteil soziologischer Betrachtung geworden. Ob es um Unterschiede in Einstellungen und Verhalten, um vermeintliche oder reale gesellschaftliche Krisen und deren Bewältigung geht, immer wieder werden Werte und Wertewandel als erklärende Momente ins Feld geführt.

Insofern ist es also nicht verwunderlich, daß unsere Betrachtungsweise der japanischen Gesellschaft die soziale Mentalität des Japaners in den Mittelpunkt stellt. Die Sicht Japans in der westlichen Welt ist auch heute noch allzuoft geprägt von der Annahme, daß „der Japaner" – ohne Unterschiede nach Geschlecht, Region, sozialer Schicht oder Bildungsstand – gekennzeichnet sei durch mangelnde Individualität und stark hierarchisches Denken. Dies sind die Kernpunkte eines stereotyp geprägten Japanbildes, dessen wesentliche formalen Bestimmungen sich in den folgenden Postulaten zusammenfassen lassen:

- Das Postulat der Homogenität: Die japanische Gesellschaft wird als kulturell und sozial homogen betrachtet. Regionale, soziale und individuelle Unterschiede werden nicht zur Kenntnis genommen.
- Das Postulat der Ahistorizität: Die Essenz des Japanertums wird als unveränderlich und seit Urzeiten bestehend betrachtet. Alle Veränderungen, die sich im Verlaufe der Geschichte in Japan beobachten lassen, betreffen nur das oberflächliche Bild, die Essenz bleibt bestehen.
- Das Postulat der Einmaligkeit: Die japanische Kultur und Gesellschaft unterscheiden sich grundlegend von allen anderen Kulturen und Gesellschaften dieser Erde.

So gelingt es, einen tiefgreifenden Gegensatz zu den eher individualistisch und egalitär eingestellten Angehörigen der westlichen Industrienationen aufzubauen und zu perpetuieren. Obwohl „der Japaner" einen Prozeß der Modernisierung durchlaufen hat, der in allen äußeren Merkmalen dem westlichen entspricht, sieht man ihn immer noch seinen ewig-traditionellen Werten von Kollektivismus, Hierarchie, Ordnung, Pflicht und Disziplin verhaftet. Mehr noch, diese als unveränderlich erachteten Eigenschaften eines im Grunde ahistorischen (da keinen geschichtlichen Veränderungen unterworfenen) japanischen Nationalcharakters werden oft zur Erklärung für die phänomenale wirtschaftliche Entwicklung herangezogen.

Vielfach wird im öffentlichen Meinungsbild der Wahrheitsgehalt dieses Komplexes von Annahmen kaum in Frage gestellt. Sicher ist im Kern jedes Stereotyps auch ein Körnchen von Wahrheit anzutreffen. Ebenso sicher ist aber auch, daß die soziale Funktion von Stereotypen nicht darin liegt, die gesellschaftliche und historische Realität abzubilden: „Der Japaner" wird vielmehr zu einem „Anderen", dessen gesellschaftliche Funktion darin besteht, uns in seiner Andersartigkeit zu zeigen, wie wir *nicht* sind und vor allem nicht zu sein haben. Die hier kursorisch beschriebene Sicht Japans sagt also letzten Endes mehr über die Angehörigen der westlichen Kulturen aus denn über die Japaner. Das folgt logisch aus der ordnungsstiftenden Aufgabe von Stereotypen. Dennoch sei im folgenden die Frage nach dem Wahrheitsgehalt der immer wieder gehörten Klischees über den Japaner und die japanische Gesellschaft erlaubt. Eine Reihe von empirischen Untersuchungen hat nämlich gezeigt, daß von den drei oben angeführten Postulaten *keines* zu halten ist. Weder ist die japanische Gesellschaft auf der Ebene der sozialen Mentalität homogen, noch finden wir einen unveränderlichen Kern von „Japanizität", noch ist die japanische Gesellschaft in ihren Bestimmungen einmalig. Um diese Aussagen positiv zu fassen: Es gibt durchaus Unterschiede zwischen den Individuen auf der Ebene der Werte und Einstellungen; es kann gar keine Rede davon sein, daß alle Japaner hierarchisch eingestellte Kollektivisten sind, denen das Gruppenwohl über alles geht; schließlich lassen sich in der sozialen Mentalität historische Veränderungen zeigen, deren Ablauf, Bedingtheiten und Ergebnisse mit den Veränderungen in westlichen Gesellschaften zu vergleichen sind. Diese Belege anhand empirischer Aussagen zu illustrieren ist die Aufgabe der folgenden Ausführungen.

2 Lebensmittelpunkte: Von der Arbeitsbiene zum Familienmenschen?

Hartnäckig hält sich das Bild des Japaners, vor allem des japanischen Mannes, der sein Leben ganz in den Dienst der Arbeit stellt, endlose Stunden in der Firma verbringt, auf seinen ohnehin kärglich bemessenen Urlaub verzichtet und – wenn es denn soweit ist – klaglos den Tod durch Überarbeitung (*karôshi*) erleidet. Selbst seine Freizeit verbringt er eher bei einem unter psychohygienischen Aspekten zu sehenden Trinkgelage mit Kollegen und Vorgesetzten als mit seiner Familie. Um es auf den Punkt zu bringen: Sein Lebensmittelpunkt ist die Arbeit – und an diese reicht an Bedeutung nichts heran.

Dieses Bild ist jedoch falsch. Aufschluß über die relative Wichtigkeit dreier wichtiger Lebensbereiche, nämlich „Familie", „Arbeit" und „Vergnügen", für die Japaner im Jahre 1993 gibt eine Umfrage, deren Ergebnisse zum Jahreswechsel 1993/94 in der *Asahi Shinbun* veröffentlicht wurden. Befragt, welchen dieser drei Bereiche man als den Mittelpunkt seines Lebens betrachte, antwortete man folgendermaßen:

Tabelle 1: Mittelpunkt des Lebens 1993 (Angaben in %)

Altersstufe	Geschlecht	Familie	Vergnügen	Arbeit
20–24	M	9	51	3
	F	27	28	8
25–29	M	31	38	9
	F	50	15	6
30–34	M	47	28	12
	F	68	13	5
35–39	M	52	18	13
	F	77	9	7
40–49	M	46	19	17
	F	65	9	8
50–59	M	42	17	24
	F	54	16	12
über 59	M	33	19	16
	F	45	17	12

Quelle: *Asahi Shimbun* (Morgenausgabe) 01.01.1994, Ausgabe Tokyo, S. 20–21.

Als erstes sticht hier ins Auge, daß in nahezu allen Altersgruppen, und das ungeachtet des Geschlechts, die Familie die zentrale Stellung im Leben einnimmt, gefolgt vom Vergnügen und dann erst von der Arbeit. Nur in den Gruppen der über-40jährigen Männer entscheiden sich die Befragten in größerem Umfang für die Arbeit, aber selbst hier nimmt die Familie den unbestrittenen Spitzenplatz ein. Man hat Mühe, dieses Ergebnis in Einklang zu bringen mit dem Bild des Japaners als „Arbeitsbiene". Ebenso auffällig ist die Wahl der Antwortgabe „Vergnügen" in der jüngsten Altersgruppe, und hier wiederum bei den Männern. Erst in dem Alter, in dem man gemeinhin zu heiraten pflegt, verschiebt sich die Betonung zu „Familie".

Über die Tatsache hinaus, daß die Arbeit unbestritten *nicht* der Lebensmittelpunkt der Japaner ist, läßt diese Umfrage natürlich weitere Möglichkeiten der Interpretation offen. Haben wir es hier mit dem Ergebnis eines Wertewandels zu tun, sprich: hat sich die relative Bedeutung von Arbeit in Japan gewandelt, wofür die Altersabhängigkeit der Antworten spricht? Oder sehen wir hier das Ergebnis von lebenszyklischen Veränderungen in den Werten und Einstellungen des Individuums? So wäre es möglich, daß für die jüngeren Befragten „Vergnügen" aufhört, im Mittelpunkt des eigenen Lebens zu stehen, wenn man daran geht, eine Familie zu gründen. Und die älteren Männer gehören zu jener Gruppe, die, oft in verantwortungsvoller Position, am stärksten ins Berufsleben integriert sind. Aus einer einzelnen Umfrage kann man diese Fragen nur schwerlich beantworten. Ziehen wir allerdings andere repräsentative Umfragen in Japan für einen Vergleich heran, können wir uns einer Antwort annähern.

Vor allem die Ergebnisse von Befragungen, die in zeitlichen Abständen von einigen Jahren mit ähnlichem oder identischem Fragetext wiederholt worden sind, scheinen auf eine Bestätigung der ersten Interpretation hinauszulaufen, nämlich daß wir es hier mit einem Werte- und Einstellungswandel in der japanischen Gesellschaft zu tun haben. Abbildung 1 zeigt die Ergebnisse einer Frage nach der relativen Bedeutung von Freizeit und Arbeit aus den Jahren 1973 bis 1993.

Abbildung 1: Relative Wichtigkeit von Arbeit und Freizeit, 1973–1993 (Angaben in %)

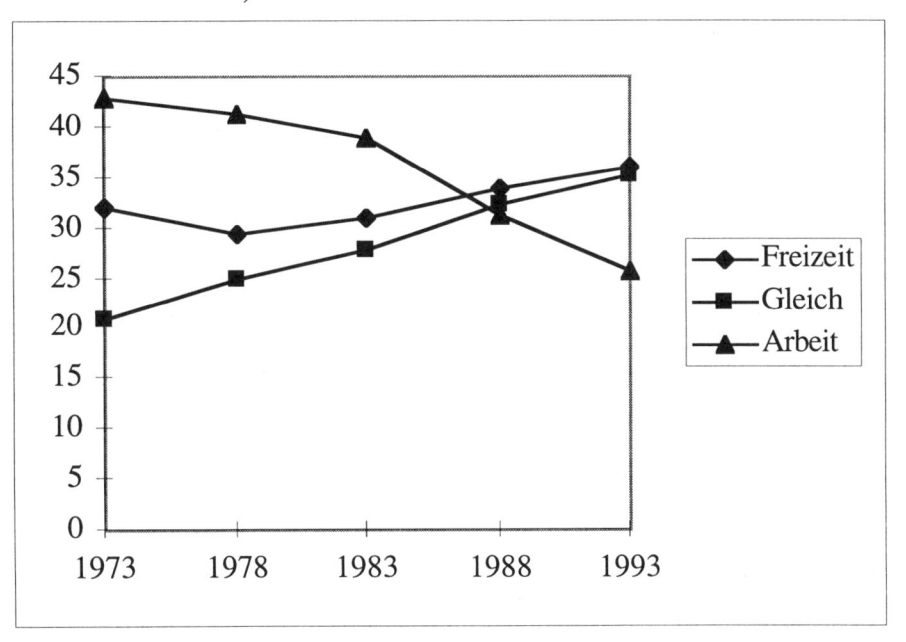

Quelle: NHK Yoron Chôsabu 1991: furoku 16; NHK Hôsô Bunka Kenkyûsho 1994: 62

Über den Zeitraum von zwanzig Jahren hinweg verändert sich der Anteil derjenigen, die der Freizeit die größte Bedeutung beimessen, nicht bedeutsam. Allerdings steigt der Anteil der Befragten, für die Arbeit und Freizeit von gleicher Wichtigkeit sind, während die Arbeit als wichtigster Lebensinhalt demgegenüber deutlich abfällt.

Dieses Bild wird auch bestätigt, wenn man Umfragen unter japanischen Jugendlichen betrachtet. Finden im Jahre 1977 noch 30,5 Prozent der befragten Jugendlichen ihre persönliche Erfüllung ausschließlich in der Arbeit, sinkt dieser Prozentsatz bis 1988 auf 21,5 Prozent. Der von Beginn an höhere Anteil derjenigen, die sich für das außerberufliche Leben entscheiden, wächst dagegen von 48,5 Prozent auf 56,7 Prozent an (Sômuchô Seishônen Taisaku Honbu 1989: 60, 64).

Parallel dazu zeigt sich, daß die Arbeit für immer mehr Japaner lediglich zu einem Mittel wird, das dem Erwerb des Lebensunterhalts dient. Allein in den elf Jahren zwischen 1977 und 1988 steigt der Anteil derjenigen, die nur arbeiten, um Geld zu verdienen, um genau 10 Prozentpunkte auf 64,5 Prozent, während der Anteil der Jugendlichen, welche die Arbeit als Vehikel der Selbsterfüllung sehen oder als Möglichkeit, seine Pflicht als Mitglied der Gesellschaft zu erfüllen, von 34,5 Prozent auf 25,75 Prozent respektive von 10,9 Prozent auf 7,0 Prozent zurückging (Sômuchô Seishônen Taisaku Honbu 1989: 60, 64).

Daß der Arbeit gegenüber den anderen Lebensbereichen nicht mehr die überragende Bedeutung beigemessen wird, belegen auch die Ergebnisse einer repräsentativen Umfrage, die im Auftrag des Deutschen Instituts für Japanstudien landesweit im Jahre 1991 durchgeführt worden ist. Bei einem Interessenskonflikt zwischen den Belangen der Firma und denen der Kernfamilie – dargestellt in dieser Umfrage durch die Versetzung eines Familienvaters in eine weit entfernte Zweigstelle und der dadurch gegebenen Unumgänglichkeit einer räumlichen Trennung von der Familie – entscheiden sich nur 36,7 Prozent für die stillschweigende Annahme der Versetzung und immerhin 44,3 Prozent der Befragten für einen Protest. Allgemeiner befragt erachten es mehr als 67 Prozent der Antwortenden für wichtig, daß ein Unternehmen bei der Versetzung eines Angestellten an einen entfernten Ort in erster Linie die Wünsche des Betroffenen berücksichtigt und nicht die Erfordernisse des Unternehmens. Und mehr als 57 Prozent halten es für richtig, bei privaten Verabredungen überraschend anfallende Überstunden abzulehnen. Insgesamt hat es also den Anschein, daß den Interessen des Individuums, und hier sind in erster Linie die Familie und die Freizeit zu nennen, ein Vorrang vor denen des Unternehmens eingeräumt wird (Ölschleger et al. 1994: 109).

Um das bisher Gesagte zusammenzufassen: Es gibt gewichtige Indizien dafür, daß der soziale Konsensus, Arbeit und die damit zusammenhängenden Eigenschaften wie Fleiß, Durchhaltevermögen, Energie usw. als Werte an sich zu betrachten, einer stetigen Aufweichung unterzogen worden ist, und andere Lebensbereiche gleichberechtigt an ihre Seite treten, sie an Bedeutung für das Individuum sogar zu überholen beginnen.

Verliert die Arbeit also deutlich an Bedeutung als zentraler Wert für die Japaner, stellt sich natürlich die Frage, welcher Lebensbereich in dieses entstehende Vakuum eindringt. Wenn wir noch einmal kurz Tabelle 1 betrachten, wird deutlich, daß es die Familie ist, die von fast allen Altersgruppen und beiden Geschlechter gleichermaßen mit beträchtlichem Vorsprung als Mittelpunkt des Lebens angesehen wird.

Das erscheint auf den ersten Blick nicht verwunderlich, da der Familie für die japanische Gesellschaft seit geraumer Zeit eine zentrale Stellung zugeschrieben worden ist. Empirische Befunde deuten aber darauf hin, daß auch die Bedeutung dieser für das menschliche Leben zentralen Kleingruppe einem Wandel unterworfen worden ist, und sie sich für das Individuum mittlerweile anders darstellt als das noch vor einigen Jahrzehnten der Fall gewesen ist. Standen zumindest in der Gesetzgebung bis zum Ende des Zweiten Weltkriegs die Interessen des Familienverbandes (*ie*) als Gruppe im Vordergrund – nicht zuletzt durch die Versuche des Staates, das Familienmodell der *samurai*-Schicht für die gesamte Nation verbindlich zu machen –, so rückte in der Nachkriegszeit das Individuum *qua* Individuum mit eigenen Interessen nach vorne und wird nunmehr zum zentralen Faktor für das Familienleben. Das alte Familiensystem mit übermäßiger Betonung der ununterbrochenen Abstammungslinie, autoritärer Stellung des (in der Regel männlichen) Familienvorstandes, Nachfolge durch den erstgeborenen Sohn und Unterordnung des Individuums unter die Belange der Gruppe wurde durch die Besatzungsmacht schlichtweg aufgehoben und – zumindest gesetzlich – durch eine Kernfamilienkonzeption ersetzt, die nach dem westlichen Vorbild modelliert worden war (vgl. etwa Neuss-Kaneko 1990: 81ff.).

Wie sehr sich auch für das Individuum diese neue Familienkonzeption durchgesetzt hat, zeigen die Ergebnisse einer Befragung, die seit 1953 in der in Fünfjahresabständen wiederholten Untersuchung zum japanischen Nationalcharakter (*Nihonjin no kokuminsei chôsa*) mit identischem Wortlaut gestellt worden ist: die Frage nach der Zustimmung zur Adoption als einem Mittel, die ungebrochene Abstammungslinie der Familie zu sichern, was einer lange praktizierten Tradition entspricht (Tôkei Sûri Kenkyûsho Kokuminsei Chôsa Iinkai 1970, 1975, 1982, 1992).

Das Ergebnis könnte kaum eindeutiger sein: Der Adoption wird immer weniger Bedeutung beigemessen, womit zumindest indirekt der Schluß zulässig ist, daß auch die Vorstellung einer ungebrochenen Abstammungslinie – als zentraler Punkt einer „traditionellen" Familienkonzeption – an Wichtigkeit verliert. Die in die Tabelle eingezeichneten Striche sollen zusätzlich die Abnahme dieser Wichtigkeit innerhalb der einzelnen Kohorten verdeutlichen. Wir sehen hier also einen Einstellungswandel sowohl innerhalb der einzelnen Generationen als auch zwischen den Generationen.

Ein vergleichbarer Bedeutungsschwund läßt sich auch für andere Einstellungen nachweisen, die mit der Familie der Vorkriegszeit verbunden waren. Die Partnerwahl zeigt sich mittlerweile in einem ähnlich hohen Grad von emotionalen Erwägungen des Individuums bestimmt, wie das in den westlichen Industrienationen der Fall ist. Diese Emotionalisierung steht in direktem Gegensatz zur früheren Praxis zumindest der gehobeneren sozialen Schichten Japans, in denen familienbezogene Interessen auch bei der Eheschließung die wichtigste Rolle spielten, und das Individuum mit seinen Wünschen deutlich zurücktrat. Im Jahre 1991 nach den Gründen für eine Eheschließung befragt, halten nur 56,6 Prozent der Antwortenden die Fortsetzung der Familie für (eher) wichtig; dem Wunsch der Eltern nach einer Hochzeit oder einer eher abstrakten gesellschaftlichen Erwartung messen lediglich 35 Prozent respektive 34,4 Prozent der befragten Japaner Bedeutung zu. Demhingegen ist für mehr als 93 Prozent der Befragten Liebe ein wichtiger Heiratsgrund, und 89,8 Prozent glauben, daß durch das Zusammensein mit einem Menschen, dem man vertrauen kann, das Leben leichter wird (vgl. dazu Ölschleger et al. 1994: 103ff.).

Dieser Einstellungswandel wird auch im Verhältnis der „Liebeshochzeiten" zu den arrangierten Hochzeiten (siehe Tabelle 2) deutlich. Der Anteil der arrangierten Ehen zeigt sich hier proportional zur Dauer der Ehe: Je länger die Eheschließung zurückliegt, um so größer ist die Wahrscheinlichkeit, daß sie auf Veranlassung der Eltern und durch einen Vermittler (nak™do) zustandegekommen ist: eine Praxis, welche die Interessen der beiden beteiligten Familienverbände widerspiegelt, also den eher traditionellen japanischen Vorstellungen entsprochen hat.

Tabelle 2: Anteil der „Liebeshochzeiten" und arrangierten Hochzeiten nach Dauer der Ehe (Angaben in %)

Ehejahre	„Liebeshochzeiten"	arrangierte Hochzeiten
0	58	40
3	59	40
6	52	48
10	47	52
15	37	60
20	29	68
25	25	71
30	16	74

Quelle: Nihon Hôsô Kyôkai 1978, S. 37

Zum Zeitpunkt dieser Befragung (1978) beträgt der Anteil arrangierter Ehen noch insgesamt 58 Prozent und überwiegt damit den der „Liebeshochzeiten" (38 Prozent) beträchtlich. Dieses Verhältnis verkehrt sich aber bis zum Jahre 1991: Nur noch 29,3 Prozent der Befragten klassifizieren ihre eigene Ehe als arrangiert. Demgegenüber geben 64,7 Prozent an, aus Liebe geheiratet zu haben (Population Problems Research Council 1992: 16).

Fassen wir die Betrachtungen dieses Abschnitts kurz zusammen. Die Bedeutung der Arbeit, jenes Lebensbereichs, der bisher für das Individuum in der japanischen Gesellschaft als zentral erachtet wurde, schwindet zusehends und wird von der Wichtigkeit anderer Lebensbereiche überholt. Für die Gruppe der noch nicht Verheirateten scheint hier die Freizeit im Vordergrund zu stehen, für alle anderen Altersgruppen ist es aber eindeutig die Familie. Die Einstellungen gegenüber der Institution „Familie" haben sich ebenfalls gewandelt. Die Eheschließung hört auf, die Interessen der daran beteiligten Familienverbände widerzuspiegeln, und die Interessen der beiden Individuen treten in den Vordergrund. Deutlich gemacht wird dies durch die zunehmende Wichtigkeit, die emotionalen Gründen für eine Eheschließung beigemessen wird. Damit stoßen wir auf ein Phänomen, das auch in den westlichen Industrienationen als ein zentrales Element in der Entwicklung des

Familienlebens betrachtet und im Rahmen der gesellschaftlichen Individualisierung diskutiert wird (vgl. dazu etwa Shorter 1975). Hiermit wird ein Problem angesprochen, das in der Diskussion der Besonderheiten des japanischen Individuums immer wieder einen wichtigen Platz einnimmt: die (mangelnde) Individualität. Wie verhält sich der Japaner in und gegenüber jenen Gruppen, denen er angehört? Der Betrachtung dieser Problematik ist der nächste Abschnitt gewidmet.

3 Das Individuum und die Gruppe

Als eines der wichtigsten Charakteristika der Modernisierung in den westlichen Industriegesellschaften wird die Individualisierung angesehen, die Loslösung des Einzelnen aus Gruppenzwängen und -bezügen. Im Falle Japans ist das anders. Hartnäckig hält sich hier die Sicht einer Nation ohne Individualität. Wäre dem wirklich so, hätten wir in der japanischen Gesellschaft den Beweis dafür vorliegen, daß Individualisierung in den westlichen Gesellschaften nicht die notwendige Begleiterscheinung der Herausbildung einer bestimmten Gesellschaftsformation ist, sondern lediglich durch partikuläre historische Faktoren erklärt werden kann.

Bereits im Jahre 1952, also in einer Zeit noch vor dem Einsetzen des wirtschaftlichen Hochwachstums, machte eine landesweite Befragung von 2.671 Japanern deutlich, daß die so oft unterstellte Einheitlichkeit japanischer Meinungen nicht der Realität entspricht, und daß durchaus Einstellungen vertreten werden, die auf dahinterliegende individualistische Wertvorstellungen schließen lassen. Nach dem Ziel ihres Lebens befragt, antworten 45 Prozent mit: „finanzielle Sicherheit durch eigene Arbeit", 9 Prozent entscheiden sich für die Antwort: „das eigene Leben leben" und immerhin 6 Prozent vertreten das eher als hedonistisch zu bezeichnende Ziel: „in den Tag hinein leben, ohne an morgen zu denken". Demgegenüber sind mit 4 Prozent nur ein kleiner Teil der Befragten bereit, unter Hintansetzen der eigenen Interessen alles im Dienste der Allgemeinheit zu tun (Stoetzel 1955: 252).

Ein vergleichbares Ergebnis zeigt eine Frage aus der schon erwähnten Untersuchung zum japanischen Nationalcharakter (*Nihonjin no kokuminsei chôsa*) (siehe Tabelle 4).

Über Umfragen der einzelnen Jahre hinweg zeigt sich ein deutlicher Anstieg der Wichtigkeit der Einstellung, sein Leben nach eigenen Vorstellungen zu führen. Der Anteil der 20–24jährigen, die diese Meinung vertreten, steigt zwischen 1953 und 1988 um immerhin 23 Prozentpunkte. Innerhalb der Alterskohorten hingegen können wir keine nennenswerten Veränderungen feststellen. Von der Gruppe der im Jahre 1953 20–24jährigen stimmen bei der ersten Umfrage 34 Prozent zu und bei der letzten 33 Prozent (jetzt in der Altersgruppe 55–59 Jahre). Dies ist ein gewichtiges Indiz für einen intergenerationalen Werte- und Einstellungswandel.

Tabelle 3: Wahl der Vorgabe „Leben nach eigenen Vorstellungen führen" zwischen 1953 und 1988 (Angaben in %)

Alter	1953	1958	1963	1968	1973	1978	1983	1988
20–24	34	38	45	51	53	52	49	57
25–29	23	34	38	42	48	54	48	47
30–34	29	36	33	38	44	43	47	41
35–39	21	22	31	31	41	42	44	43
40–44	15	23	30	37	40	39	38	45
45–49	14	21	23	28	35	33	37	41
50–54	14	21	22	23	30	39	28	37
55–59	12	19	25	29	32	37	30	33

Fragetext: „Es gibt unterschiedliche Einstellungen zum Leben. Von welcher der aufgeführten glauben Sie, daß sie ihrem Gefühl am ehesten entspricht?
c. Nicht an Geld oder Ruhm denken, sondern ein Leben führen, das den eigenen Vorstellungen entspricht."
Anm.: Ab 1973 werden die Altersgruppen über 59 Jahre nur noch gemeinsam angeführt. Da die Prozentzahlen hier nicht aussagekräftig sind, werden sie nicht abgebildet.

Quelle: Tôkei Sûri Kenkyûsho Kokuminsei Chôsa Iinkai 1970, 1975, 1982, 1992

Tabelle 4: Fragebatterie 10 der Umfrage des Deutschen Instituts für Japanstudien, 1991 (Angaben in %)

Frage	10.1	10.2	10.3	10.4	10.5	10.6
wichtig	19,5	45,2	18,7	47,0	43,3	47,3
eher wichtig	39,5	36,5	43,2	38,0	37,6	41,9
keine Entscheidung	11,1	5,6	10,0	4,9	5,6	3,4
eher unwichtig	17,7	5,8	14,1	4,3	5,4	3,7
unwichtig	8,2	2,0	8,1	1,9	2,7	1,2
keine Antwort	4,0	5,0	5,9	3,9	5,5	2,5

Fragetext: „Für wie wichtig halten Sie es, daß
10.1 man aufgetragene Aufgaben ohne Widerspruch ausführt?
10.2 man in allen Situationen eigene Entscheidungen fällen kann?
10.3 man bei Diskussionen Kompromisse schließen kann, auch wenn sie der eigenen Meinung widersprechen?
10.4 man sich bemüht, das Leben nach eigenen Vorstellungen zu gestalten?
10.5 man andere Menschen nach ihren eigenen Vorstellungen leben läßt?
10.6 man sich bemüht, den Regeln der Gruppe, der man angehört (Z. B. Schule, lokale Gesellschaft, Unternehmen) zu folgen?"

Quelle: Ölschleger et al. 1994, S. 400f.

Nach der Wichtigkeit, die das Individuum seiner Autonomie bzw. seiner Einbindung in die soziale Umwelt beimißt, fragt eine Fragebatterie in der Umfrage des Deutschen Instituts für Japanstudien. Fragetext und Ergebnisse der Grundauszählung zeigt Tabelle 4.

Die Ergebnisse dieser Fragebatterie zeigen deutlich, daß die Annahme des japanischen Individuums als absolut gruppenbezogen wohl nicht zu halten sein wird. Besonders jenen Items, die als Indikatoren für eine individualistische Wertorientierung gelten dürfen (10.2, 10.4 und 10.5) wird eine hohe Wichtigkeit zugesprochen. Es sind im allgemeinen die Männer, für welche die individualistischen Werte eine größere Bedeutung besitzen. Je niedriger der Bildungsstand der Befragten, um so seltener wird diesen Items Wichtigkeit zugesprochen, und steigt die Tendenz, sich nicht entscheiden zu können.

Ein ebenso interessanter Punkt ergibt sich aus der Tatsache, daß für einen nicht unbeträchtlichen Teil der Antwortenden *sowohl* individualistische *als auch* kollektivistische Wertorientierungen von Bedeutung sind. Dies wird in der abgebildeten Grundauszählung bereits angedeutet und in Kreuztabellierungen vieler Fragebatterien deutlich. Um nur ein Beispiel zu nennen: Es ist für 69,1 Prozent derjenigen Befragten, die es für (eher) wichtig halten, den Kollegen gegenüber die eigene Meinung deutlich zum Ausdruck bringen, ebenso wichtig, der Mehrheitsmeinung der Gruppe zu folgen. Dies macht die Annahme wahrscheinlich, daß die Zusammenhänge zwischen den Variablen komplexer sind, als vielerorts in der japanbezogenen Literatur angesprochen. Das japanische Individuum wird entweder als kollektivistisch oder aber als individualistisch beschrieben, und ein möglicher Wandel verläuft eindimensional von einem Pol dieses Gegensatzpaares zum anderen. Es scheint vielmehr so zu sein, daß sich der Wertewandel in der japanischen Gesellschaft der Nachkriegszeit nicht durch den Austausch traditioneller durch moderne Werte vollzogen hat, sondern daß es zur Herausbildung von Wertemischungen oder -synthesen kam. Ein nicht unbeträchtlicher Anteil der Befragten der Umfrage des Deutschen Instituts für Japanstudien im Jahre 1991 vertritt die Wichtigkeit von Wertorientierungen, die sich für den in westlich-philosophischen Kriterien Denkenden als konfligierend darstellen. Man möge sich allerdings davor hüten, hier eine Besonderheit der japanischen Gesellschaft zu sehen. Eine Entwicklung solcher Wertesynthesen ist auch in der deutschen Gesellschaft festgestellt worden (siehe unten).

Spätestens auf dieser Analyseebene zeigt sich, daß „der Japaner" nicht pauschal als Konformist oder Individualist zu bezeichnen ist. Die japanische Bevölkerung läßt sich vielmehr nach Wertorientierung in die folgenden Typen einteilen:

- Der Individualist, der individualistischen Werten eine hohe und kollektivistischen Werten eine geringe Bedeutung zumißt. Überdurchschnittlich vertreten unter Männern, in den jüngeren Altersgruppen und bei den Höhergebildeten. Eher in Großorganisationen und in moderneren Bereichen des Erwerbslebens anzutreffen; lehnt das Leben in Gruppen nicht ab, spricht sich aber deutlich gegen hier-

archische Strukturen aus, die seine Selbstentfaltung behindern könnten. Für den Individualisten besitzt die Familie die größte Bedeutung.
- Der Konformist, der lediglich konformistische Werte vertritt: Eher unter Frauen, den höheren Altersgruppen und den weniger Gebildeten sowie in Kleinbetrieben und in traditionell geprägten Erwerbsbereichen anzutreffen. Dieser Typ vertritt Wertorientierungen und Einstellungen, die als traditionell gelten dürfen. Vertritt nicht die gleiche Leistungsorientierung wie die anderen Wertetypen, wohl aber verstärkt patriarchalische Einstellungen.
- Der Integrierte, für den sowohl individualistische als auch kollektivistische Wertorientierungen wichtig sind: Überrepräsentiert unter Männern, bei höheren Altersgruppen und Personen mit niedrigem Bildungsstand sowie in kleinen bis mittleren Betrieben oder in traditionellen Berufen. Vertritt sowohl moderne als auch traditionelle Werte und Einstellungen. Hierarchische Strukturen und Gruppen treffen bei ihm auf relativ hohe Akzeptanz. Ist seinem Unternehmen gegenüber loyal, fühlt eine hohe Verantwortung gegenüber der Familie und unterstützt geschlechtsspezifisches Rollenverhalten.
- Der Unengagierte, für den beide Wertdimensionen relativ unbedeutsam sind: Findet sich eher in den jüngeren Altersstufen und seltener bei den höher Gebildeten. Ist in der Produktion und in mittleren bis großen Unternehmen überrepräsentiert. Identifiziert sich weder mit modernen, noch mit traditionellen Werten.

Der Anteil dieser einzelnen Gruppen an der Grundgesamtheit beträgt: Individualist 22,3 Prozent, Konformist 21,0 Prozent, Integrierter 32,1 Prozent und Unengagierter 19,4 Prozent.

Zusammenfassend kann vermerkt werden, daß sich in der japanischen Nachkriegsgesellschaft ein Werte- und Einstellungswandel in Richtung Individualismus und Selbstentfaltung feststellen läßt. Dies zeigt sich an der steigenden Bedeutung einer selbstverantwortlichen Lebensführung und der Loslösung aus traditionellen Gruppenbezügen. Dieser Wandel ist allerdings nicht durch das Ersetzen traditioneller Werte durch moderne erfolgt, sondern durch Wertesynthesen, was zu einer Pluralisierung der Wertemuster geführt hat. „Der Japaner" – so es ihn denn überhaupt gibt – ist also nicht Kollektivist oder Individualist, sondern man findet unter *den Japanern* vielmehr Individualisten, Kollektivisten, Wertesynthetiker und schließlich solche, denen traditionelle und moderne Werte und Einstellungen gleichermaßen unwichtig sind.

4 Von Über- und Unterordnung

Das zweite grundlegende Strukturmerkmal der japanischen Gesellschaft soll, nach oft gehörter Meinung, eine Überbetonung von hierarchischen Strukturen sein. Bereits die US-amerikanische Ethnologin Ruth Benedict weist darauf hin, daß zum Verständnis Japans das Konzept des „to take one's proper station" unabdingbar sei, und vermerkt dann: „Their reliance upon order and hierarchy and our faith in freedom and equality are poles apart and it is hard for us to give hierarchy its just due as a possible mechanism" (Benedict 1954: 43). Und Jahrzehnte später gründet die japanische Ethnologin Nakane Chie ihre Theorie des Funktionierens der japanischen Gesellschaft auf das Prinzip des „relativen Rangs" (Nakane 1973: 31ff.). Hier sei allerdings die gleiche Frage gestellt wie bereits im Zusammenhang mit dem postulierten Kollektivismus des japanischen Individuums: Haben wir es hier wirklich mit einem a-historischen Strukturmerkmal der japanischen Gesellschaft zu tun, oder kann man auch in der Wertschätzung hierarchischer Beziehungen Veränderungen feststellen?

Beginnen wir mit der Gleichheit bzw. der Ungleichheit der Geschlechter in Japan und der Differenzierung der Geschlechtsrollen. Ein nahezu klassisch zu nennender Indikator für den Grad der geschlechtlichen Egalität in einer Gesellschaft ist die Zustimmung in der Bevölkerung zur „traditionellen" Zuweisung des häuslichen Bereiches an die Frau und des außerhäuslichen (sprich: gesellschaftlichen) an den Mann. Hier zeigen sich seit dem Ende des Zweiten Weltkriegs in Japan deutliche Veränderungen. Stimmten im Jahre 1973 noch 39,2 Prozent aller Befragten (41,1 Prozent der Männer und 37,4 Prozent der Frauen) einer solchen Rollenteilung zu, sinkt im Jahre 1988 dieser Anteil auf 25,0 Prozent (28,1 Prozent der Männer und 22,4 Prozent der Frauen). Im gleichen Zeitraum steigt die Zustimmung zu einer Berufstätigkeit der Ehefrau auch beim Vorhandensein von Kindern von 20,3 Prozent (Männer: 16,4 Prozent; Frauen 23,5 Prozent) auf 33,3 Prozent (Männer: 27,8 Prozent; Frauen: 37,9 Prozent).[1]

Auch in den World Youth Surveys findet sich eine ähnliche Frage. Im Jahre 1977 stimmen noch 50,4 Prozent der befragten Jugendlichen der Aussage zu, daß der Mann seiner Arbeit nachzugehen habe, während die Frau sich um das Haus kümmern solle. Dieser Anteil fällt über 44,5 Prozent im Jahre 1983 auf 30,6 Prozent im Jahre 1988, während die ablehnenden Antworten von 31,7 Prozent über 35,5 Prozent auf 43,7 Prozent steigen (Sômuchô Seishônen Taisaku Honbu 1989: 80).

Ein ähnlicher Wandel in der Geschlechtsrollenzuweisung macht sich auch bei den Einstellungen gegenüber Frauen im Erwerbsleben bemerkbar. Im Jahre 1991 war es nur 27,7 Prozent der Befragten in der Umfrage des Deutschen Instituts für Japanstudien unangenehm, wenn ihr direkter Vorgesetzter eine Frau wäre, und lediglich 27,9 Prozent stimmen der Auffassung zu, daß, stünden für eine bestimmte berufliche Position ein Mann und eine Frau zur Verfügung, in jedem Falle der Mann genommen werden sollte. Hierbei sind es vor allem die Frauen, die in jeder Altersgruppe die egalitäre Meinung vertreten. Bei den Männern wird die traditionel-

---

[1] Diese Daten aus der NHK-Untersuchung zum Sozialbewußtsein der Japaner (Nihonjin no ishiki chôsa) sind unpubliziert und wurden dankenswerterweise vom NHK Hôsô Bunka Kenkyûjo Yoron Chôsabu zur Verfügung gestellt.

lere Haltung vor allem von den Angehörigen der höheren Altersgruppen eingenommen (Individualität und Egalität in Familie und Unternehmen 1991: 52ff).

Auch für den Bereich der Familie läßt sich eine stetige Aufweichung des traditionellen Geschlechtsrollenverständnisses aufzeigen. Der Anteil der Japaner, die es für selbstverständlich erachten, daß der Mann in der Küche hilft und sich um die Kinder kümmert, steigt zwischen 1973 und 1988 von 53,2 Prozent auf 72,3 Prozent an (NHK Yoron Chôsabu 1991). Andere im Haushalt anstehende Aufgaben werden in der Umfrage des Deutschen Instituts für Japanstudien 1991 ebenfalls von der Mehrzahl der befragten Japaner als gemeinschaftliche gesehen: die Entscheidungsfindung in Familienangelegenheiten (Zustimmung: 94,7 Prozent), die Betreuung kranker und gebrechlicher Familienmitglieder (60,6 Prozent), die Erziehung der Kinder (79,2 Prozent) und in stark eingeschränktem Maße auch die Verwaltung des monatlichen Einkommens (42,35 Prozent) sowie der Ersparnisse (47,8 Prozent). Bei den beiden letzten Punkten gilt es zu bedenken, daß gerade diese Aufgaben traditionell in den Bereich der Ehefrau fielen (Individualität und Egalität in Familie und Unternehmen 1991: 38ff.).

Die lange Zeit in der japanischen Gesellschaft vorherrschende Rollenteilung „Mann = Arbeit und gesellschaftliches Leben, Frau = Familie und Heim" scheint im Schwinden begriffen. Es sind vor allem die Frauen, die jüngeren Altersgruppen und die höher Gebildeten, die in verstärktem Maße diese Einstellung ablehnen. In der Familie zeigen sich Anzeichen für eine Entwicklung hin zu einer gleichberechtigten Partnerschaft, und auch im Erwerbsleben wird die Stellung der Frau zunehmends gestärkt. Diese beiden Aussagen gelten zumindest auf der Ebene der Einstellungen.

Neben dem Geschlechtsrollenverständnis findet sich eine weitere Dimension der Egalität ohne Zweifel in der Arbeitswelt. Legt man die Tatsache zugrunde, daß ohne Hierarchien eine moderne arbeitsteilige Gesellschaft nicht denkbar ist, muß man hier Egalität als die Gleichheit von Chancen des Zugangs zu allen Positionen innerhalb dieser Hierarchie sehen, was letztlich bedeutet, „persönlich nicht zu verantwortende Unterschiede zwischen den Menschen nicht zu einer Grundlage sozial bewerteter Unterschiede zu machen" (Meulemann 1992: 102). Die Zuweisung von Positionen erfolgt nunmehr aufgrund erworbener Merkmale, die Herkunft aus einer bestimmten sozialen Schicht, Klasse oder Kaste spielen *idealiter* keine Rolle mehr.

Als erstes bietet sich hier die Betrachtung jener Kriterien an, die nach Meinung der Japaner bei einer Beförderung zugrundegelegt werden sollten. Bei der Umfrage des Deutschen Instituts für Japanstudien 1991 zeigen sich die eher traditionellen Kriterien, die auch heute noch als zentrale Stützen des sog. japanischen Beschäftigungssystems gelten, in ihrer Bedeutung weit überflügelt durch andere, die durchaus als „modernere" zu bezeichnen sind: Askriptive Beförderungskriterien treten hinter individuell erworbenen Fähigkeiten und Fertigkeiten zurück. Mehr als 80 Prozent der Befragten plädieren dafür, die Arbeitsleistung bei einer möglichen Beförderung zu berücksichtigen, und 88 Prozent sehen in den (potentiellen) Fähigkeiten eines Angestellten ein wichtiges Kriterium. Das Geschlecht hingegen sollte lediglich für 19,5 Prozent der Befragten eine Rolle spielen; für 31,8 Prozent sollte der *gakureki* (schulischer und universitärer Ausbildungsgang, wobei dem Prestige der besuchten Ausbildungsstätten eine besondere Rolle zukommt) von Bedeutung sein, und das Alter ist für 46,5 Prozent wichtig. Eine Position zwischen den beiden Extremen nimmt hier die Dauer der Zugehörigkeit zum Unternehmen ein: Immerhin 61,5 Prozent der Befragten möchten diese als Kriterium bei einer Beförderung herangezogen wissen. Eine mögliche Erklärung für die Wichtigkeit dieses Merkmals könnte darin liegen, daß in der Zugehörigkeitsdauer ein Indikator für während der Arbeit erworbene Fähigkeiten gesehen werden kann, womit dieses Kriterium ohne Zweifel zu den erworbenen zu rechnen wäre (Individualität und Egalität in Familie und Unternehmen 1991: 25ff.).

Als Zusammenfassung dieser Ausführungen zur Egalität in der japanischen Gesellschaft kann man vermerken, daß sich in den hier betrachteten Dimensionen von „Egalität" eine Abkehr von traditionellen Hierarchien anzudeuten scheint. In der Familie geht der Trend eindeutig in Richtung Partnerschaft zwischen Ehemann und Ehefrau mit größerer Bedeutung der gemeinschaftlichen Erledigung der anfallenden Aufgaben. In der Arbeitswelt werden erworbene Fähigkeiten deutlich bevorzugt gegenüber askriptiven Merkmalen.

5 Wertewandel in der japanischen Nachkriegsgesellschaft

Verlassen wir damit die Ebene des Individuums und versuchen, die bisher vorgestellten Daten in einen größeren Rahmen zu stellen, indem wir einige allgemeinere Aussagen über den Wandel der sozialen Mentalität in der japanischen Gesellschaft machen.

Die Veränderungen der Werte und Einstellungen lassen sich unter zwei Stichwörtern zusammenfassen: *Individualisierung* und *De-Hierarchisierung*. Bezieht man diese Aussage auf die Ebene der sozial verbindlichen Selektionsstandards – der gesellschaftlich propagierten Werte –, wird darüber sicher kein Dissens entstehen. Reformen der Gesetzgebung, der öffentlichen Erziehung und der Wirtschaft in der direkten Nachkriegszeit, initiiert von den Besatzungsmächten unter der Führung der USA, strebten eine Demokratisierung des gesellschaftlichen Systems Japans an unter totaler Umkehrung der ethischen und moralischen Anschauungen. Ziel dieser Reformen war die Schaffung eines freien, d. h. durch keinerlei Gruppenzwänge eingeschränkten Individuums. Die Ergebnisse einer Fülle von Meinungsumfragen zeigen allerdings, daß sich die hier vertretenen Grundsätze auch auf der Ebene der Mentalitätsstruktur zumindest in Teilen der Bevölkerung durchzusetzen begonnen haben. Im Verlaufe der Entwicklung kommt es zu einer Pluralisierung der Wertemuster auch durch Kombination scheinbar widersprüchlicher Werteorientierungen im Denken des Individuums.

Die Auswertung einer Fragebatterie der Untersuchungen zum japanischen Nationalcharakter (*Nihonjin no kokuminsei chôsa*) hilft, die allgemeine Richtung des Wertewandels in Japan einzuschätzen. Abbildung 2 zeigt die Veränderungen, die sich seit 1930 in der allgemeinen Einstellung gegenüber dem Leben feststellen lassen.

Abbildung 2: Autoritäre, akquisitive und libertäre Wertorientierungen in Japan 1930–1993 (Angaben in %)

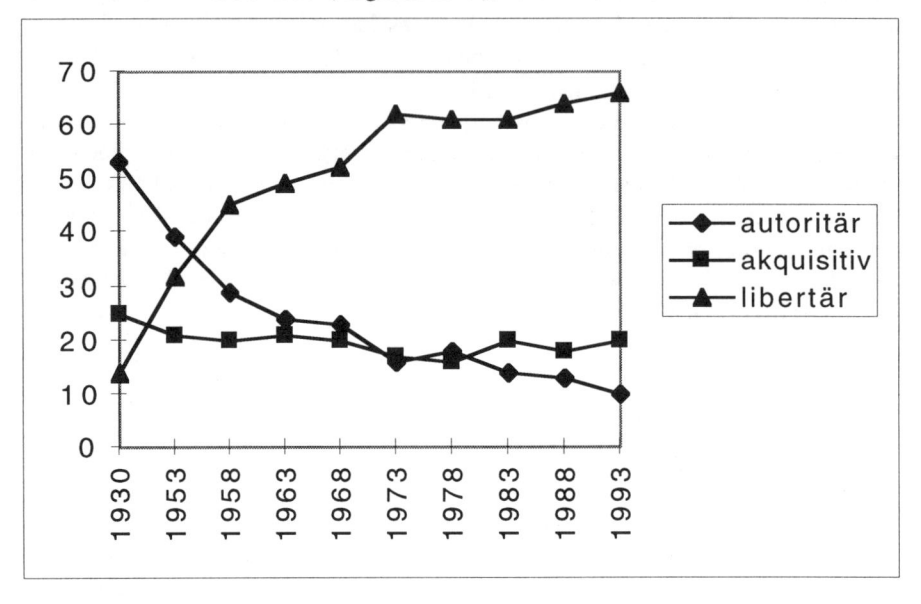

Fragetext: „Es gibt unterschiedliche Einstellungen zum Leben. Von welcher der aufgeführten glauben Sie, daß sie Ihrem Gefühl am ehesten entspricht?
1. Hart arbeiten und reich werden;
2. intensiv lernen und sich einen guten Namen erwerben;
3. nicht an Geld oder Ruhm denken, sondern ein Leben führen, das den eigenen Vorstellungen entspricht;
4. jeden Tag sorglos und fröhlich leben, so wie er kommt;
5. allen Übeln der Welt widerstehen und ein reines und gerechtes Leben führen;
6. niemals an sich selbst denken, sondern alles im Dienst für die Gesellschaft tun."
Anm.: Die Ergebnisse der Anwortvorgaben 1. und 2. wurden zur Gruppe der akquisitiven Werte zusammengefaßt, 3. und 4. zu den libertären und 5. und 6. zu den autoritären.
Quelle: Tôkei Sûri Kenkyûsho Kokuminsei Chôsa Iinkai 1994, Flanagan 1982.

Man sieht hier ein deutliches Zunehmen von libertären Wertorientierungen (darunter solche der Selbstentfaltung und des Individualismus), während autoritäre – zu denen auch konformistische gerechnet werden – an Bedeutung verlieren (vgl.

dazu Flanagan 1982: 426ff.). Lediglich die Gruppe der akquisitiven Wertorientierungen bleibt in ihrer Wichtigkeit nahezu unverändert.

Hier ergeben sich interessante Anknüpfungspunkte für einen Vergleich mit anderen Industrienationen. Viele empirische Sozialforscher sind sich mittlerweile darüber einig, daß man in der Mehrzahl der modernen Gesellschaften einen allgemeinen Trend weg von traditionellen Orientierungen gegenüber Status, Arbeit, Ordnung und Hierarchie und hin zu modernen Werten der Selbstentfaltung, des Hedonismus, der Spontaneität und der geschlechtlichen Egalität beobachten kann (vgl. etwa Kmieciak 1976: 461ff.). Es gibt gewichtige Indizien dafür, daß ein vergleichbarer Trend auch in der japanischen Gesellschaft festzustellen ist.

Besonders deutlich werden die Parallelen, wenn man Abbildung 2 vergleicht mit der Entwicklung der Erziehungswerte in der Bundesrepublik Deutschland (Klages 1993: 202). Auch hier läßt sich eine deutliche Höherbewertung der Wichtigkeit von persönlicher Unabhängigkeit (Anstieg von 28 Prozent der Antworten im Jahre 1951 bis auf 68 Prozent 1989) auf Kosten von Gehorsam und Unterordnung (Rückgang von etwa 25 Prozent bis auf unter 10 Prozent) feststellen, bei gleichzeitig nahezu unveränderter Bedeutung der Ordnungswerte (um 40 Prozent), die in etwa der Gruppe der akquisitiven Werte in der Begrifflichkeit Flanagans (1982) vergleichbar sind. Beachtenswert ist allerdings der unterschiedliche zeitliche Ablauf des Wandels: Er setzt in Japan direkt nach dem Ende des Zweiten Weltkrieges ein und verläuft bis gegen Ende der fünfziger Jahre relativ rasch, während er in der Bundesrepublik Deutschland erst Mitte bis Ende der 60er Jahre an Geschwindigkeit gewinnt.

Auch in der Pluralisierung der Wertemuster zeigen sich Parallelen zwischen Japan und Deutschland. Die allgemeine Richtung des Wandels in der Bundesrepublik wird charakterisiert durch den Übergang von den sog. Pflicht- und Akzeptanzwerten (Disziplin, Ordnung, Konformismus, Leistung) zu den Selbstentfaltungswerten (Selbstverwirklichung, Individualismus und Hedonismus) (Herbert 1992: 70). Auch in der Bundesrepublik Deutschland findet man ebenso wie in Japan keinen Austausch der traditionellen Wertorientierungen durch moderne, sondern neben den Extrem- auch Mischformen. In beiden Gesellschaften sind es die Wertesynthetiker, also diejenigen, die sowohl traditionelle, als auch moderne Werte vertreten, die mit ungefähr 30 Prozent den größten Anteil an der Bevölkerung stellen (vgl. Klages 1993).

Auch wenn es zu Beginn der industriellen Entwicklung bedeutsame Unterschiede in den kulturellen Werten zwischen Europa und den Vereinigten Staaten einerseits (und selbst hier gab es Unterschiede zwischen den einzelnen Nationen) und Japan andererseits gab, so zeigen sich in den hier kurz umrissenen Entwicklungen Parallelen doch auf mindestens zwei Ebenen: in der Richtung des Wandels und in der Pluralisierung der Wertemuster. Der Verlauf, den die Entwicklung nahm, hat ähnliche Ergebnisse gezeigt: Freisetzung des Individuums aus traditionellen Gruppenbezügen und -zwängen und ein Schwinden von Hierarchien, die auf überkommenen Kriterien aufbauen. Dies zeigt Auswirkungen in allen Lebensbereichen: Wie wir gesehen haben, sind andere Dinge in den Lebensmittelpunkt des Japaners getreten, das Bild des Individuums von sich selbst und die Einstellungen gegenüber der Familie und dem Unternehmen haben sich gewandelt.

6 Abschließende Bemerkungen über das „Japanische" an Japan

Es ist eine Binsenweisheit, daß das Ergebnis eines jeden Wandlungsprozesses von der Ausgangssituation beeinflußt wird. Bedenkt man die unterschiedliche historische und soziale Situation Japans zu Beginn der Industrialisierung, wird man auch heute noch in den Werten und Einstellungen der japanischen Gesellschaft Unterschiede zu den westlichen Industrienationen erwarten müssen. Es wäre ein einseitiges Bild, wollte man es bei der Beschreibung der sozialen Mentalität nur die Parallelen zum Westen schildern.

In diesem Zusammenhang sei zuerst auf die ungebrochene Bedeutung einiger traditioneller Werte in bezug auf zwischenmenschliche Beziehungen hingewiesen. Seit 1963 wählen in fünfjährigen Abständen mehr als 60 Prozent der befragten Japaner „kindliche Pietät" (*oya-kôkô*) und mehr als 40 Prozent das „Einhalten einer moralischen Verpflichtung" (*on-gaeshi*) als die wichtigsten aus einer Liste von vier Tugenden. Das „Respektieren individueller Rechte" und „das Respektieren der Freiheit" bewegen sich um 40 Prozent (Tôkei Sûri Kenkyûsho Kokuminsei Chôsa Iinkai 1992: 528). Hier zeigt sich doch ein Beharren auf traditionellen Einstellungen, die als rein japanisch gelten, auch wenn hier sicher eine Rolle spielt, daß die Bedeutung dieser Begriffe heute nicht mehr mit jener von vor 30 Jahren übereinstimmt – also *oya-kôkô* etwa für den jüngeren Japaner des Jahres 1998 mit einem anderen ideologischen Inhalt gefüllt ist, als dies für einen Gleichaltrigen im Jahre 1963 der Fall war.

Nach den Ergebnissen des Fourth World Youth Survey finden sich selbst bei den Jugendlichen, die nach anderen Umfragen durchweg zu den eher „moderneren" Segmenten der japanischen Gesellschaft zu rechnen sind, eine ganze Reihe von diesen Unterschieden in bezug auf Familie, Arbeit, soziale Partizipation und allgemeine Einstellung gegenüber dem Leben. Während sich 75 Prozent der deutschen Jugendlichen einen Vater wünschen, dem seine Familie wichtiger ist als der Job, sind das in Japan nur 58 Prozent. 44 Prozent der befragten japanischen Jugendlichen anerkennen in dieser Umfrage Seniorität als Grund für Beförderung und Gehaltserhöhung; von den Deutschen tun das lediglich 15 Prozent. Ihre Zustimmung zur geschlechtlichen Rollenteilung äußern immerhin noch 31 Prozent der Befragten in Japan, aber nur 19,5 Prozent der in Deutschland (Sômuchô Seishônen Taisaku Honbu 1989).

In Japan sind im Gegensatz zur Bundesrepublik Deutschland die Werte der Selbstentfaltung nicht eng an eine Partizipation an politischen Entscheidungsfindungsprozessen gebunden. Mehr noch, dort scheint die Überzeugung von der Wichtigkeit einer solchen Partizipation sogar im Schwinden begriffen zu sein. 1976 hielten es mehr als 26 Prozent der japanischen Jugendlichen für richtig, sich im Falle der Unzufriedenheit mit den gesellschaftlichen Zuständen an Demonstrationen oder Streiks zu beteiligen. Zwölf Jahre später ist dieser Anteil auf 18 Prozent gesunken. In Deutschland vertraten demgegenüber im Jahre 1988 39 Prozent der Jugendlichen diese Auffassung, ein Anstieg von 7 Prozentpunkten gegenüber 1977 (Sômuchô Seishônen Taisaku Honbu 1989: 70).

Ähnliches gilt auch für die erwachsene Bevölkerung Japans. Zwischen 1973 und 1988 fiel in Befragungen des staatlichen japanischen Fernsehes NHK der Anteil derjenigen, die auf Umweltprobleme mit der Mitarbeit in Bürgerinitiativen reagieren würden, von 36 Prozent auf 25 Prozent (NHK Yoron Chôsabu 1991: furoku 21).

Viele andere Unterschiede in der sozialen Mentalität könnten hier noch Erwähnung finden. Aber dennoch sind die Parallelen zwischen Japan und den westlichen Industrienationen nicht zu übersehen. Auf struktureller Ebene gleiche „moderne" Werte gewinnen sowohl gesamtgesellschaftlich, als auch individuell an Bedeutung, während „traditionelle" Werte an Wichtigkeit einbüßen. Ähnliche Wertemuster sind in einem Prozeß der Pluralisierung entstanden und wandeln sich in parallelen Bahnen. Insofern darf *der Japaner* also durchaus in den Kreis der „modernen" Menschen aufgenommen werden.

Literatur

Benedict, Ruth (1954): *The Chrysanthemum and the Sword: Patterns of Japanese Culture.* Rutland und Tokyo: Charles E. Tuttle. [Original: Boston: Houghton Mifflin, 1946.]

Flanagan, Scott C. (1982): Changing Values in Advanced Industrial Societies: Inglehart's Silent Revolution from the Perspective of Japanese Findings. In: *Comparative Political Studies* (Beverly Hills) 14, 4, S. 403–444.

Herbert, Willi (1992): Wertstrukturen 1979 und 1987: Ein Vergleich ihrer politischen Implikationen. In: Helmut Klages, Hans-Jürgen Hippler und Willi Herbert (Hg.): *Werte und Wandel. Ergebnisse und Methoden einer Forschungstradition.* Frankfurt/M.: Campus, S. 69–99.

Individualität und Egalität in Familie und Unternehmen. Erste Ergebnisse einer im Mai 1991 in Japan durchgeführten Repräsentativumfrage. Tokyo: Philipp-Franz-von-Siebold-Stiftung, Deutsches Institut für Japanstudien (Miscellanea; 1), 1991.

Klages, Helmut (1984): *Wertorientierungen im Wandel. Rückblick, Gegenwartsanalyse, Prognosen.* Frankfurt/M.: Campus.

Klages, Helmut (1993): Value Change in Japan and (West-)Germany. In: *Japanstudien. Jahrbuch des Deutschen Instituts für Japanstudien der Philipp-Franz-von-Siebold-Stiftung* (München) 4, 1992, S. 199–208.

Kmieciak, Peter (1976): *Wertstrukturen und Wertwandel in der Bundesrepublik Deutschland.* Göttingen: Otto Schwartz.

Meulemann, Heiner (1992): Gleichheit, Leistung und der Wandel oder Nichtwandel von Werten – Warum die Wahrnehmung realisierter Gleichheit in der Bundesrepublik

Deutschland sich nicht verändert hat. In: Helmut Klages, Hans-Jürgen Hippler und Willi Herbert (Hg.): *Werte und Wandel. Ergebnisse und Methoden einer Forschungstradition.* Frankfurt/M.: Campus, S. 100–126.

Nakane, Chie (1973): *Japanese Society.* Harmondsworth: Penguin.

Neuss-Kaneko, Margret (1990): *Familie und Gesellschaft in Japan.* München: C.H. Beck (Beck'sche Reihe; 418).

NHK Hôsô Bunka Kenkyûsho (1994): 'Nihonjin no ishiki 1993' chôsa tanjun shûkei kekka [Grundauszählung der Untersuchung 'Einstellungen der Japaner im Jahre 1993']. In: Hôsô kenkyû to chôsa 44,5, S. 56–70.

NHK Yoron Chôsabu (1991): *Gendai Nihon no ishiki kôzô (Dai san ban)* [Die Einstellungsstruktur der Japaner heute. Dritte Ausgabe]. Tokyo: Nihon Hôsô Shuppan Kyôkai (NHK Books; 614).

Nihon Hôsô Kyôkai (1978): Nihon no fûfuzô [Das Bild vom Ehepaar in Japan]. In: *Yoronchôsa* (Tokyo) 10,1, S. 34–90.

Ölschleger, Hans Dieter, Helmut Demes, Heinrich Menkhaus, Ulrich Möhwald, Annelie Ortmanns und Bettina Post-Kobayashi (1994): *Individualität und Egalität im gegenwärtigen Japan: Untersuchungen zu Wertemustern in bezug auf Familie und Arbeitswelt.* München: Iudicium (Monographien aus dem Deutschen Institut für Japanstudien der Philip-Franz-von-Siebold-Stiftung; 7).

Population Problems Research Council, Mainichi Shinbun (1992): *Summary of Twenty-First National Survey on Family Planning.* Tokyo: Mainichi Shinbun.

Shorter, Edward (1975): *The Making of the Modern Family.* New York: Basic Books.

Sômuchô Seishônen Taisaku Hon-bu (1989): *A Summary Report of the World Youth Survey.* Tokyo: Ôkurashô Insatsu-kyoku.

Stoetzel, Jean (1955): *Without the Chrysanthemum and the Sword: A Study of the Attitudes of Youth in Post-War Japan.* Paris: UNESCO; New York: Columbia University Press.

Tôkei Sûri Kenkyûsho Kokuminsei Chôsa Iinkai (1970): *Dai 2 Nihonjin no kokuminsei* [2. Untersuchung zum japanischen Nationalcharakter]. Tokyo: Shiseidô.

Tôkei Sûri Kenkyûsho Kokuminsei Chôsa Iinkai (1975): *Dai 3 Nihonjin no kokuminsei* [3. Untersuchung zum japanischen Nationalcharakter]. Tokyo: Shiseidô.

Tôkei Sûri Kenkyûsho Kokuminsei Chôsa Iinkai (1992): *Dai 4 Nihonjin no kokuminsei* [4. Untersuchung zum japanischen Nationalcharakter]. Tokyo: Idemitsu Shoten.

Tôkei Sûri Kenkyûsho Kokuminsei Chôsa Iinkai (1992): *Dai 5 Nihonjin no kokuminsei* [5. Untersuchung zum japanischen Nationalcharakter]. Tokyo: Idemitsu Shoten.

Tôkei Sûri Kenkyûsho Kokuminsei Chôsa Iinkai (1994): *Kokuminsei no kenkyû dai-9-kai zenkoku chôsa – 1993-nen zenkoku chôsa* [9. landesweite Untersuchung zum japanischen Nationalcharakter – Die Umfrage des Jahres 1993]. Tokyo: Idemitsu Shoten.

Sektion B:
Veränderte Rahmenbedingungen für das Japan-Engagement

Japans Stellung in Ost- und Südostasien: Ist Japan für Deutschland noch ein attraktiver Markt und Wirtschaftspartner in der Region?[1]

Werner Pascha

Im vorliegenden Beitrag soll Japans relative Stellung innerhalb Ostasiens betrachtet werden. Pikant ist dies allein deshalb, weil andere Länder der Region seit der japanischen Rezession Anfang der 90er Jahre zu den Lieblingen der Medien avanciert sind. Wenn Pazifisch-Asien heute noch als „heißer" Zukunftsmarkt und als einer der Pole – wenn nicht der Pol – der Weltwirtschaft des 21. Jahrhunderts gehandelt wird, so ist heute meistens von China die Rede, vielleicht auch von den „kleinen Drachen" in Ost- und Südostasien, kaum aber von dem maturierten, gesättigten und immer noch als diffus „anders" und verschlossen geltenden Japan. Kann es aber aus deutscher Sicht wirklich gerechtfertigt werden, Japan als einen gegenüber anderen Ländern der Region weniger interessanten Wirtschaftspartner einzuordnen?

1 Zur Thematik: Ist Japan zu satt, zu schwierig und zu stark?

An den westlichen Unternehmen ist die oben angesprochene Stimmungsverschiebung nicht spurlos vorbeigegangen. Unternehmensberater, die mit einer Halbwertzeit von wenigen Jahren neue Megatrends aufspüren müssen, haben die Nachricht von der „Strukturkrise" in Japan begierig aufgegriffen und mit Lobeshymnen auf die nachrückenden Länder der Region verknüpft. Vor allem in Amerika ist seit einiger Zeit über eine „bypass Japan"-Strategie nachgedacht worden. In seiner simpelsten Form geht dieser Ansatz davon aus, daß die Marktzutrittshürden und die Wettbewerbsbedingungen auf dem japanischen Markt so ungünstig seien, daß man am besten gleich auf einen Versuch verzichten und sich den weniger entwickelten Märkten Ost- und Südostasiens zuwenden sollte. Auch in Japan selbst sind Befürchtungen laut geworden, man könnte zugunsten anderer Länder in der Region, etwa bei Technologiekooperationen mit dem Westen, zunehmend umgangen werden (vgl. etwa Pohl und Pape 1996: 53–54).

---

[1] Manuskript vom Juni 1997.

Wenn wir im folgenden diese Fragen aufgreifen, betrachten wir sie aus Sicht eines archetypischen Unternehmens, das Marktchancen in Asien wahrnehmen will bzw. Konkurrenz aus dieser Region in Rechnung zu stellen hat. So etwas gerät natürlich in gefährlicher Weise verallgemeinernd. Wir können hier nicht die Spezifika aller oder auch nur der wichtigsten Branchen berücksichtigen: von Finanzdienstleistungen über Schwermaschinen bis hin zu Küchenhilfen. Auch sind unterschiedliche Funktionalbereiche selbstverständlich verschieden betroffen: Für den Verkauf gilt nicht das gleiche wie für das Training von Mitarbeitern, Logistikdienste, Forschung und Entwicklung oder regionale Headquarter-Funktionen. Eigentlich müßten wir auch sauber verschiedene Formen des Engagements trennen, seien es Vertriebskooperationen, Produktionsniederlassungen oder Joint-Ventures – und dabei die Zeitrahmen kurz-, mittel- und langfristig sowie Einstieg und Erweiterung unterscheiden; dabei gelten für Großunternehmen auch noch andere Rahmenbedingungen als für Mittelständler.

Eine Berücksichtigung all dieser Punkte würde den Aufsatz sicherlich überfrachten. Es kann deshalb hier nur darum gehen, generell zu überlegen, inwieweit die Bedeutung Japans für die deutsche Wirtschaft gegenwärtig unterschätzt und die Rolle Rest-Ostasiens und -Südostasiens (im folgenden ROA) möglicherweise überschätzt wird. Inwieweit das für ein konkretes Unternehmen in einer spezifischen strategischen Position relevant ist und welche Konsequenzen dann angebracht sind, wird im Einzelfall zu klären sein. Es sei deshalb deutlich herausgestellt: Eine billige Meinung, jedes Unternehmen müsse unbedingt in Japan präsent sein oder solle – zugunsten Japans – den rest-asiatischen Markt eher meiden, wäre – genauso wie das Gegenteil – natürlich völlig fehl am Platze.

Betrachtet man die meist nur implizit unterstellte These vom relativen Bedeutungsrückgang – nicht: Bedeutungsverlust – Japans für deutsche Unternehmen im Vergleich zum Rest der Region genauer, so lassen sich drei größere Argumentationsstränge unterscheiden, mit denen hier eine Auseinandersetzung stattfinden muß:

- Der japanische Markt gehe in seiner relativen Bedeutung gegenüber Asien zurück; kennzeichnend dafür seien das geringere Wachstum und die Sättigung des Inlandsmarktes.
- ROAs Märkte seien leichter zu penetrieren als die Japans; und zwar durch geringere Kostenbelastung, weniger Zugangsbeschränkungen sowie durch weniger intensiven Wettbewerb und niedrigere Kundenansprüche.
- Ost- und Südostasien entwickelten eine wirtschaftliche Autonomie; ROA sei nicht mehr allein der „Hinterhof" einer dominanten japanischen Volkswirtschaft.

2 Japan: lange noch die mit Abstand größte Volkswirtschaft der Region

Wenn in Deutschland von dem großen Potential neuer, aufstrebender, „emergierender" Märkte in Ostasien gesprochen und dabei u. a. an Korea, Thailand, vor allem aber an China gedacht wird, so wird eine Tatsache meist leicht übersehen: Japan ist die mit weitem Abstand größte Volkswirtschaft der Region, mit dem deutlich höchsten Pro-Kopf-Einkommen verbunden mit einer außerordentlich großen Bevölkerung von gut 126 Millionen Einwohnern. Auf der Basis von 1995 (und Preisen in US Dollar) erreicht das Bruttoinlandsprodukt Chinas nur 13 Prozent des japanischen Wertes. Südkorea als zweitgrößte marktwirtschaftlich/demokratisch verfaßte Wirtschaft der Region macht nur knapp 9 Prozent der japanischen Volkswirtschaft aus (vgl. Tabelle 1).

Tabelle 1: Die Wirtschaftskraft Ost- und Südostasiens im Vergleich mit Japan (1995)

	Nominales BIP (in Mrd. US$)	in % des japanischen Wertes	1 % BIP-Wachstum in Japan entspricht (in %-Wachstum)	BIP pro Kopf (in US$)	in % des japanischen Wertes
Japan	5119,4	100,0	1,0	40.759,6	100,0
China	691,4	13,0	7,4	570,9	1,4
Hong Kong	142,9	2,8	35,8	23.048,4	56,5
Indonesien	199,9	3,9	25,6	1.020,5	2,5
Südkorea	455,6	8,9	11,2	10.169,6	24,9
Malaysia	85,5	1,6	59,9	4.275,0	10,4
Philippinen	74,1	1,4	69,1	1.058,6	2,5
Singapur	85,3	1,7	60,0	28.528,4	69,9
Taiwan	260,2	5,0	19,7	12.215,9	29,9
Thailand	166,3	3,2	30,8	2.780,9	6,8

Quelle: APEC Economic Committee (Hg.) 1996, eigene Zusammenstellung.

Oft erfolgt an dieser Stelle ein Hinweis auf die höheren Wachstumsraten der Nachfolgestaaten, die den Abstand zu Japan schrumpfen lassen. Zwar wird Japan als entwickelte „Vorneweg-Wirtschaft" längerfristig nur noch Wachstumsraten von real 1 bis 2 Prozent erzielen können, während für die „Nachfolger-Ökonomien" in guten Jahren 8–10 Prozent durchaus erreichbar sind. Trotzdem sollten keine voreiligen Schlüsse gezogen werden. Japan hat mit den 3,6 Prozent Wachstum des Jahres 1996 gezeigt, daß es bei günstigen Konstellationen unerwartet schnell verlorenes Terrain gutmachen kann (vgl. Bosse 1997: 231). Die nachfolgenden Ökonomien sind im übrigen kaum in der Lage, kontinuierlich Spitzenwachstumsraten zu erzielen. So wird Südkorea 1997 wohl nicht einmal mehr die bisher als Minimum geltenden 6 Prozent erzielen können. Nicht zuletzt sollte bedacht werden, daß der oben bereits erwähnte Größenordnungsunterschied Japans zu den anderen Volkswirtschaften bedeutet, daß diese um ein Vielfaches der japanischen Prozentzuwächse wachsen müßten, um die gleiche BIP-Ausweitung in US Dollar – letztlich die maßgebliche Größe zur Abschätzung der Zunahme des Marktpotentials – zu erreichen. Konkret: Um eine ähnliche Expansion wie bei einem Prozent Wachstum in Japan zu erfahren, müßte Chinas Wirtschaft um 7,4 Prozent wachsen (vgl. Spalte 4 in Tabelle 1). Um mit Japans 3,6 Prozent des Jahres 1996 mitzuhalten, wäre (auf der Basis der Relationen von 1995) ein Wachstumsschub von sogar 26,6 Prozent notwendig gewesen.

Für den Geschäftsmann, der mit einem bestimmten Produkt den Markt Ostasien ins Auge gefaßt hat, sind die gerade verwendeten Globaldaten selbstverständlich nur von begrenztem Interesse. Ihn interessieren Größen wie die Veränderung der Konsumausgaben oder der Anlageinvestitionen bzw. noch sehr viel weiter heruntergebrochene Brancheninformationen. Differenzierte Aussagen hierzu würden den Rahmen des Aufsatzes sprengen. Dennoch sollte nachvollziehbar sein, daß bei der bekanntlich hohen Marktdynamik in Ostasien und nicht zuletzt in Japan je nach Branche erhebliche Marktpotentiale mit markanten Zuwachsraten locken können – in Japan wie in anderen Ländern. Ein Verweis auf generelle „Sättigungstendenzen" in Japan wird dem nicht gerecht.

Tabelle 2: Die Bedeutung Japans im Vergleich zu anderen asiatischen Märkten für Unternehmen aus NRW mit Niederlassungen in Japan

Anteil am Weltumsatz	1995 (%)	2005 (%)	Veränderung (%-Punkte)
Japan	8,7	12,1	+ 3,4
Zweitwichtigstes Land	7,4	7,5	+ 0,1
Drittwichtigstes Land	3,8	6,0	+ 2,2

Quelle: Pascha und Schwarz 1996, S. 24.

Neben stagnierenden oder sogar schrumpfenden Märkten finden sich auch rasch expandierende Wachstumsmärkte mit hohem Gewinnpotential. In diversen Untersuchungen konnte nachgewiesen werden, daß viele ausländische Unternehmen in Japan beachtliche Gewinne erzielen. In einer empirischen Untersuchung nordrheinwestfälischer Niederlassungen in Japan von 1996, erstellt für die Gesellschaft für Wirtschaftsförderung Nordrhein-Westphalen, erwies sich z. B., daß trotz der vorausgegangenen Rezessionsjahre drei Viertel der Unternehmen angaben, die Gewinnschwelle erreicht zu haben; mehr als die Hälfte sprach von einer Verbesserung ihres Ergebnisses in den Jahren 1990 bis 1995, und gut 60 Prozent erwarteten eine weitere Verbesserung bis 2000 (vgl. Pascha und Schwarz 1996: 16–17). Angesichts dieser Aussagen verwundert es nicht, daß die befragten Unternehmen erwarten, Japan werde bis zum Jahr 2005, dem Zeithorizont der Studie, ihr wichtigster Markt in Asien bleiben und seinen Vorsprung gegenüber dem potentiell zweit- und drittwichtigsten Land sogar noch ausbauen (vgl. Tabelle 2).

3 Ost- und Südostasien: leichter zu „erobern" als Japan?

Oft wird ein „bypass Japan" mit dem Hinweis darauf empfohlen, die ost- und südostasiatischen Märkte seien leichter zu erobern als der japanische, so daß innerhalb einer „effizienten Allokation des Schweißes" die Anstrengungen eher auf die kleineren Volkswirtschaften der Region gerichtet werden sollten. Verschiedene Einzelargumente können unterschieden werden:

- niedrigere Kosten,
- weniger informelle Zugangsbeschränkungen,
- geringeres Niveau der Kundenansprüche und
- des Wettbewerbs.

Niedrigere Kosten. Berücksichtigt man die üblichen Geschäftskosten (Mietniveau, ortsübliche Löhne und Gehälter, Verkehr etc.), ist tatsächlich festzuhalten, daß Japan einer der teuersten Standorte der Welt ist. Diese Aussage ist jedoch in mehrfacher Weise zu ergänzen:

- Angesichts des unkontrollierten Wachstums in vielen asiatischen Metropolen sind auch dort die Kosten für (ausländische) Geschäftätigkeit in die Höhe geschossen. Mitte 1996 betrugen die Mietkosten für ein Büro in Tokyo inklusive Nebenkosten 181,74 DM pro Quadratmeter im Monat, in Hongkong aber ebenfalls bereits 152,47 DM und in Peking 117,03 DM (vgl. FAZ 26.7.1996: 37). Legt man für den Vergleich Kaufkraftparitäten zugrunde, ein zugegeben nur für begrenzte Fragen aussagefähiger Ansatz, so sind die kommerziellen Grundstücke in Tokyo inzwischen weniger teuer als in Hongkong oder gar in Singapur (vgl. Asien-Pazifik 9.6.97: 18–19). Dazu kommen in weniger wohlgeordneten Wirtschaftsgesellschaften als der japanischen schwer zu kalkulierende versteckte Kosten bzw. Risiken. Der Verkehrsinfarkt in Bangkok und die Inadäquanz anderer Infrastrukturelemente schaffen z. B. massive Opportunitätskosten, die mit den „einfachen" Marktpreisen für benötigte Güter und Leistungen noch nicht entgolten sind. Ebenfalls nicht berücksichtigt sind die in manchen Ländern hohen Kosten für Korruption – oder die Opportunitätskosten bei Nichtteilnahme an diesem gesellschaftlichen „Spiel". Teuer kann es auch werden, wenn eine erhoffte Bevorzugung durch die politischen Entscheidungsträger nicht zustandekommt oder verlorengeht. Mangelhafte Maturität von Märkten bedeutet besondere Chancen – aber eben auch hohe Risiken.

- Innerhalb Japans sind die Kostenbedingungen durchaus unterschiedlich. Meistens wird über ein Engagement am Standort Tokyo berichtet. Sofern die Art des geschäftlichen Engagements dies zuläßt, können jedoch durch ein Ausweichen auf andere Plätze erhebliche Kosten eingespart werden. Die durchschnittlichen Kosten für ein neues Büro in Tokyos Shinbashi-Geschäftsviertel betrugen Anfang 1995 12.379 Yen pro Quadratmeter im Monat, in Yokohamas Kannai aber nur 8.997 und in Osakas Umeda 8.815, von peripheren Standorten einmal ganz abgesehen. Schließlich muß selbst ein Engagement in Tokyo nicht so teuer sein wie oft kolportiert. Einsparpotentiale bieten beispielsweise die Verträge mit Mitarbeitern, etwa die Anstellung üblicherweise teurer Ausländer („expatriates") zu japanischen Konditionen und nicht als Entsandte des Mutterunternehmens. Auch beim gelegentlichen Flug heimischer Mitarbeiter können Kosten gesenkt werden. Statt eines „Repräsentationsaufenthalts" in einem der bekannt teuren Spitzenhotels bieten Hotels in der Kategorie bis 150 DM pro Nacht für Arbeitsaufenthalte durchaus akzeptable Leistungen.
- Schließlich ist die Kostensituation in Japan in ihrer zeitlichen Dynamik zu sehen. Nach den extrem hohen Preisen der *Bubble*-Ära bis 1990/91 hat sich eine Kostensenkung insbesondere bei Immobilien vollzogen, die mittlerweile die Talsohle erreicht haben könnte. Längerfristig ist und bleibt das maturierte Japan ein Hochlohn- und Hochpreisland, so daß man sich die augenblickliche Schwäche zunutze machen kann. Aufmerksam sollte registriert werden, daß einige ausländische – asiatische – Geschäftsleute bereits damit begonnen haben, interessante Premium-Immobilien auf dem noch schwachen Tokyoter Markt zu erwerben.

Weniger informelle Zugangsbeschränkungen. Ein vor allem in der amerikanischen „bypass Japan"-Diskussion oft zu hörendes Argument verweist auf die Verschlossenheit des japanischen Marktes. Gewiß fällt auf vielen japanischen Märkten der Zugang nicht unbedingt leicht. Die manchmal schwer zu durchschauende Regulierung ist ebenso in Rechnung zu stellen wie das Geflecht gemeinsamer Interessen innerhalb japanischer Firmennetzwerke. Diese Hürden treffen allerdings japanische Markteinsteiger ebenso wie Ausländer. Sie sind in vielen Fällen mit Geschick und Engagement durchaus zu umgehen. Zölle oder staatliche nichttarifäre Hemmnisse wie Importquoten spielen ohnehin kaum noch eine Rolle. Ein „bypass" wäre auch aus einer Reihe anderer Gründe voreilig:

- Die vor allem in den USA immer wieder mit großem publizistischen Aufwand geführte Debatte hat die Verschlossenheit Japans in jüngerer Zeit stark überzeichnet. Japans hohe Leistungsbilanzüberschüsse sind zum Großteil makroökonomisch bedingt. Sie spiegeln die wegen der hohen Sparquote strukturell vorgezeichneten Kapitalexportüberschüsse wider und sind nicht Beleg für ein gigantisches „Abschottungskomplott".
- Wie bereits erwähnt, erwirtschaften in Japan tätige Auslandsfirmen zum Teil beachtliche Gewinne.

- Die Barrieren, die einen Zutritt zu diesem lukrativen Markt verbauen, weisen dezidiert eine abnehmende Tendenz auf (Deregulierung, Entflechtung von fixen und damit unbeweglichen innerjapanischen Firmennetzwerken).
- In anderen ost- und südostasiatischen Ländern sind die Zugangsschranken nicht einhellig niedriger. Für Singapur mag das zwar so sein, kaum aber für Südkorea oder Vietnam. Politische Protektion, die Zugangsbarrieren radikal senkt, kann sich leicht als Bumerang erweisen. Dies erweist sich etwa am jüngsten Stimmungswandel in bezug auf China. Als besonderer „Coup" galt z. B. lange der Eintritt von VW in den für die Japaner verschlossenen chinesischen Automarkt. Inzwischen ist klar, daß erhebliche Überkapazitäten entstanden sind (vgl. Economist, 21.6.1997a: 68). Es ist nicht unwahrscheinlich, daß nach der anstehenden Liberalisierung leistungsfähige japanische Autofirmen zusätzlich in den Markt drängen, die bei den Etablierten für weitere Probleme sorgen. Möglicherweise erweist sich der erleichterte Zugang noch als „Falle", mit der Investitionen angelockt und dann gefesselt wurden, zum längerfristigen Nachteil der voreiligen Investoren. Die China-Euphorie könnte insgesamt der Sorge um ein „China syndrome" weichen, wie der Londoner Economist im Juni diesen Jahres titelte (21.6.1997b: 67). In Deutschland lautet eine Meldung mit ähnlichem Tenor: „Der Weg nach China kann teuer werden" und „Viel Rot in den Bilanzen deutscher Unternehmen" (Seidlitz 1997: 25).

Geringeres Niveau der Kundenansprüche. Eine Vermeidung Japans scheint sich dann anzubieten, wenn die Ansprüche der Abnehmer in Japan als zu hoch eingeschätzt werden und man sich von der weniger anspruchsvollen Nachfrage in Ost- und Südostasien einen regeren Absatz erwartet. In gewissem Umfang wird dieses Argument tragen, jedoch mit wesentlichen Einschränkungen: Sollen in den lukrativen Märkten lediglich Standardprodukte angeboten werden, werden andere Anbieter (bald) auf die gleiche Idee verfallen. Geschäftserfolge sind dann kaum nachhaltig. Es spricht nichts gegen die Mitnahme kurzfristiger *windfall profits*; darauf wird sich aber keine länger gültige Asienstrategie eines Unternehmens gründen können. Insoweit innovative Produkte, begehrte Positionsgüter oder anderweitig interessante Angebote vorliegen, sind sie durchaus auch für den großen japanischen Markt von Interesse. Das Wissen darum, im anspruchsvollen Japan erfolgreich zu sein, kann für den Rest Ost- und Südostasiens dann in besonderer Weise verkaufsförderlich sein.

Geringeres Niveau des Wettbewerbs. Das Argument eines weniger intensiven Wettbewerbs in ROA ist aus ähnlichen Gründen nicht stichhaltig. Kurzfristige Vorteile ersetzen nicht den Aufbau einer längerfristig haltbaren Wettbewerbsposition. Grundsätzlich wird es sehr wichtig sein, über eine „*Scout*-Stelle" in Japan zu verfügen, um nicht zu spät von den technologischen und organisatorischen Neuerungen potentiell gefährlicher Wettbewerber überrascht zu werden. Insoweit eine nachhaltige Wettbewerbsstärke innerhalb ROAs erreicht wird, ist auch der japanische Markt von Interesse. Insofern dies nicht gelingt, wird ein Erfolg in ROA nur von kurzer Dauer sein.

Um dies jedoch genauer abzuschätzen, muß gefragt werden, welche Rolle die japanische Konkurrenz in den anderen Ländern Ost- und Südostasiens auf *längere* Sicht spielen wird. Das soll im folgenden geschehen.

4 Wirtschaftsregion Ostasien: Ein ökonomisches Netzwerk unter japanischer Kontrolle?

Ausgangspunkt der folgenden Überlegungen ist die Beobachtung, daß Japans Wirtschaft zunehmende Verflechtungserscheinungen mit dem Raum Ost- und Südostasien aufweist, deren Dynamik nicht zuletzt von den starken japanischen Direktinvestitionen in die Region und von der Verlagerung von in Japan nicht mehr wettbewerbsfähigen Produktionszweigen geprägt wird. Vor diesem Hintergrund stellt sich die Frage, ob eine Strategie der Vermeidung Japans nicht möglicherweise höchstens kurzfristig greift, weil längerfristig in Ost- und Südostasien mit starker japanischer Konkurrenz zu rechnen ist.

Eine klare Antwort fällt allein deshalb nicht leicht, weil die Rolle Japans in der Region – von Vorhersagen über die zukünftige Rolle einmal ganz abgesehen – keineswegs einfach auf einen Punkt zu bringen ist. In der Literatur finden sich unterschiedliche Positionen, die sich mehr oder minder deutlich zwei Lagern zurechnen lassen:

- Die erste Gruppe argumentiert mit der Entstehung und dem Vorhandensein von Netzwerken, in denen die entscheidenden Fäden in aller Regel in der Hand von japanischen Unternehmen, Firmenkonglomeraten und möglicherweise Regierungsstellen seien.
- Die zweite Gruppe verweist darauf, daß die in jüngerer Zeit so starke Präsenz japanischer Unternehmen in Ost- und Südostasien nur vorübergehender Natur und als Teil einer „normalen" Maturierung und Internationalisierung der japanischen Wirtschaft zu sehen sei.

Kontrolle durch Japan-dominierte Netzwerke. Die Vertreter dieser These können auf die eindrucksvolle Zunahme des Handels zwischen Japan und Ost-/Südostasien, auf die Direktinvestitionen und auch auf die Technologieexporte in die Region verweisen. Dahinter stehen Japans Interesse an den aufstrebenden Märkten der Region und seine relativ große – jedenfalls im Vergleich mit anderen Industrieländern – Familiarität mit den dortigen Bedingungen. Als treibende Kraft wird aber insbesondere auf den hohen Kostendruck in Japan verwiesen, der die japanischen Unternehmen dazu zwinge, im Ausland zu produzieren, und zwar nicht nur für die dortigen Märkte, sondern für den Weltmarkt insgesamt, einschließlich des japanischen Heimatmarktes („Reimporte").

Als besonders problematisch an dieser „Regionalisierung" der japanischen Wirtschaft wird von manchen gesehen, daß die japanischen Unternehmen in den Gastländern ihre früheren Organisationsformen und Zulieferbeziehungen zu reproduzieren versuchten, oft dadurch, daß Subkontraktoren aus Japan motiviert würden, ebenfalls in der Region zu investieren und dadurch die früheren Aufgaben weiter zu übernehmen. Auch der japanische Staat, insbesondere vertreten durch das Ministerium für Handel und Industrie MITI, versuche, das Engagement japanischer Firmen zu fördern und im Zusammenspiel mit Regierungsstellen und Firmen des Gastlandes günstige Bedingungen für den japanischen Interessen dienliche Netzwerke zu schaffen. Ein Beleg wird insbesondere in der Verwendung der japanischen Entwicklungshilfe gesehen, die immer noch in besonders japanischen Interessen förderlicher Weise eingesetzt werde, mit einem Anteil von etwa 60 Prozent in der Region.

Für Unternehmen von außerhalb der Region bedeutet dies, daß ein Markteinstieg durch die dominierende japanische Präsenz ungemein erschwert wird bzw. höchstens dann Erfolg verspricht, wenn er sehr bald vorgenommen wird, solange nämlich die japanische Dominanz noch nicht unumkehrbar geworden ist. Besonders deutlich formulieren der Journalist Walter Hatch und der renommierte Ökonom Kozo Yamamura diese Position als Fazit einer neuen umfassenden Untersuchung: „Unless US and European MNCs [multinationale Unternehmen; W. P.] establish themselves more firmly in Asia, they may be gradually squeezed out by the increasingly tight and exclusive nature of this highly competitive Japanese production alliance" (Hatch und Yamamura 1996: xi).

Japans Präsenz in Ostasien als vorübergehendes Phänomen. Andere Autoren sehen das japanische Engagement in ROA sehr viel weniger dramatisch. Sie können hierfür eine Reihe von Gründen benennen:
- Obwohl das Handelsvolumen als nach wie vor gundlegendste Komponente des internationalen wirtschaftlichen Austauschs zwischen Japan und ROA seit den 80er Jahren nachhaltig zugenommen hat, relativiert sich diese Steigerung markant, wenn man sie ins Verhältnis zur generellen Handelsausweitung Japans und der anderen ostasiatischen Länder sowie zu ihren wirtschaftlichen Wachstumsraten setzt (vgl. Pascha 1993: 37–39; Frankel 1993). Rüdiger Machetzki vom Hamburger Institut für Asienkunde spricht sogar von „strong symptoms of *'bubble trade'*" (1996: 20), wobei er berücksichtigt, daß ein Teil des intraregionalen Handels nur dadurch zustande kommt, daß früher an einem Ort vertikal integrierte Produktion in verschiedene Teilprozesse zerlegt wurde, und dies lediglich zu einer entsprechenden Zunahme des Handels mit Vorprodukten führt.
- Auch die zunächst eindrucksvolle Ausweitung der japanischen Direktinvestitionen in die Region relativiert sich bei näherem Hinsehen. Insgesamt haben Japans Investitionen in die Märkte USA und Europa hinein ein deutlich höheres Volumen erreicht. Zwar haben die Investitionen nach ROA kontinuierlich und stetig, abgesehen von einem Einbruch während der Rezession der frühen 90er Jahre, zugenommen, doch gilt es dabei mindestens dreierlei zu bedenken: Erstens holt Japan in gewissem Umfang nur nach, was andere, früher maturierte

Industrieländer im Sinne einer Diversifizierung ihrer Produktionsstruktur bereits vorher unternommen haben: Noch immer beträgt Japans durchschnittlicher Produktionsanteil im Ausland erst etwa 10 Prozent, während er beispielsweise für die USA weit jenseits der 20 Prozentmarke liegt. Zweitens ist es bei einem solchen Nachholen nur natürlich, daß dabei benachbarte Länder mit ihren in den vergangenen Jahren ja beachtlichen makroökonomischen Erfolgen (Wachstum, Produktionskosten) bedacht werden. Drittens ist Japan bei der „Erschließung" der Region durch Direktinvestitionen keineswegs mehr der quantitativ dominante *Player*. Neben USA und Europa, deren Engagement in manchen Ländern der Region enttäuschend, in manchen aber auch sehr stark ist, haben sich insbesondere die ost- und südostasiatischen Volkswirtschaften selbst als bedeutsame Investoren hervorgetan.

Auch in Japan wird kontrovers darüber diskutiert, welche wirtschaftliche Rolle – wir vernachlässigen hier politische und kulturelle Bezüge – Japan in Ost- und Südostasien tatsächlich zukommt. Ein wichtiger Beitrag hierzu stammt von dem in Japan stark beachteten Ökonomen Watanabe Toshio. Er argumentiert, daß sich Ostasiens Wachstumsmuster zunehmend von Japan löse, wenn man die Statistiken des Außenhandels und der Direktinvestitionen in den 90er Jahren aufmerksam studiere; Ostasien entwickle deutliche Merkmale von „autonomen Zyklen", die das eigene Wachstum zunehmend unabhängig von der Konjunktur in den führenden Ländern der Triade machten (vgl. Yamazaki 1996: 17; auf Englisch finden sich die Thesen in Watanabe 1997: 3). Diese Position ist nicht unwidersprochen geblieben. So wird Watanabe u. a. eine verkürzte Verwendung verfügbarer Statistiken und eine Fehlbewertung der Folgen der japanischen Rezession vorgehalten (vgl. Kinoshita 1997: 14–15).

Selbst wenn man Watanabes Position für überspitzt und mit den verfügbaren Makrodaten nur schwer in Einklang zu bringen hält, bleibt doch das Problem, daß die verfügbaren Zahlen zu den intraregionalen Außenwirtschaftsaggregaten nur wenig darüber sagen, welche „Qualität" die verschiedenen Formen von Wirtschaftsbeziehungen besitzen. Die einen betonen die „Macht" der japanischen Partner in solchen Beziehungen: So argumentieren Bernard und Ravenhill (1995), daß durch die zunehmende internationale Arbeitsteilung in der Region die Länder ROAs zwar zunehmend komplexe Aufgaben übernähmen, daß die „strategischen Höhen" der Wertschöpfungskette jedoch, also Forschung & Entwicklung, Design und Strategie, weiterhin in Japan bzw. in japanischer Hand zu finden seien. Solche Thesen lassen sich bisher – und aus methodischen Gründen vielleicht überhaupt nur – anhand von Fallstudien belegen. Das besagt aber nicht, daß gegenüber den untersuchten Einzelfällen der Regelfall auch so beschaffen ist, insbesondere wenn man die zeitliche Dynamik und die prinzipielle Offenheit wirtschaftlicher Prozesse bedenkt. Interessanterweise verfolgen meistens Politikwissenschaftler das Argument, asymmetrische Machtstrukturen seien unumkehrbar bzw. würden sich längerfristig eher noch festigen (vgl. auch Cumings 1988). Aus den Wirtschaftswissenschaften heraus argumentierende Wissenschaftler vertreten dagegen häufiger die

Ansicht, längerfristig würden sich die japandominierten Netzwerke in Ostasien öffnen müssen (vgl. etwa Ernst 1994: 582) und die Länder ROAs besäßen durchaus die Chance, sich aus dem technologischen Schatten Japans und damit aus einer asymmetrischen Machtverteilung zu lösen (vgl. Hobday 1995: 201–202).

Fragen wir nach diesem Exkurs, was diese Überlegungen zur wirtschaftlichen Rolle Japans in ROA für den Zugang eines deutschen Unternehmens ebendort bedeuten.

Zum einen ist mit dem Engagement starker japanischer Wettbewerber in der Region zu rechnen. Wenn also der japanische Markt gemieden wird, um solchen Konkurrenten zu entgehen, wird ROA nur für kurze Zeit eine Alternative sein können. Von einer völligen und unumkehrbaren Entwicklung ROAs in einen japandominierten Wirtschaftsraum kann nach dem Gesagten aber wohl nicht gesprochen werden. Einerseits besitzen die betroffenen Länder Anreize, sich vor einer solchen Einseitigkeit zu schützen. Es gibt Anzeichen, daß ihnen das in Teilbereichen bereits gelingt, selbst bei technisch anspruchsvolleren Produktionsprozessen. Andererseits sind selbst aus japanischer Perspektive inflexible, für Außenseiter abgeschottete Netzwerke mit ROA aus verschiedenen Gründen nicht wünschenswert. Die japanischen Unternehmen sind z. B. dazu angehalten, stärker einheimische Unternehmen ROAs in ihre Produktionssysteme aufzunehmen. Auch vor dem Hintergrund volatiler Wechselkurse ist es für sie vorteilhaft, eine gewisse Flexibilität zu bewahren.

Unter dem Vorzeichen des gegenwärtig schwächeren Yen ist es in manchen Fällen in diesem Sinne sogar zu einer Rückverlagerung von Produktion nach Japan gekommen. Von daher haben sich überzogene Befürchtungen hinsichtlich einer „Aushöhlung" (*kûdôka*) der japanischen Wirtschaft nicht bestätigt. Es ist sogar bereits betont das Stichwort einer „Nicht-Aushöhlung" (*hikûdôka*) gefallen (vgl. Ishiyama 1996: 95). Das wohlfeile Argument, daß für Ausländer ein verstärktes Engagement in Japan – jenseits einfacher Verkaufsanstrengungen – allein deshalb nicht in Frage komme, weil die Japaner selbst „fluchtartig" das Hochkostenland Japan verließen, wird also angesichts der Komplexität der anstehenden Fragen (Wechselkursentwicklung, Qualität der Produktionsfaktoren, Verzahnung zwischen Produktion, Forschung und Marketing, Preissenkungstendenzen bei Inputfaktoren angesichts der Deregulierung) den Tatsachen nicht gerecht.

Geht man längerfristig insgesamt von offeneren japanischen Netzwerken in Ost- und Südostasien aus, so ist es für deutsche Unternehmen im übrigen attraktiv, Drittlandkooperationen mit japanischen Unternehmen in ROA ins Auge zu fassen. In einer Untersuchung der Japan-Studienstelle des Münchener ifo-Instituts wurden jüngst bereits 80 bestehende Drittlandkooperationen gezählt, von denen 43 in Asien registriert wurden (vgl. Abbildung 1; zum folgenden: Hilpert und Taube 1997). Naheliegende Motive für eine solche Zusammenarbeit liegen in der Aufteilung von Kosten und Risiken, im Zugang zu komplementären Stärken, in Verbund- oder Synergieeffekten, in Lerneffekten und in der Vermeidung von Wettbewerb. Gleichzeitig dürfen aber mögliche Konflikte auf der Zielebene, der Mittelebene und der institutionellen Ebene (Vertrauensschutz, vertragliche Absicherung) nicht unterschätzt werden. Sofern in ROA eine Kooperation angestrebt wird, in der der japanische Partner den Zugang zu Absatz- und Faktormärkten, der deutsche Partner aber Produkt- und Prozeß-*Know-how* einbringt, ist darauf zu achten, daß die grundlegende und schwer substituierbare Kernkompetenz im letzteren Bereich nicht unkontrolliert abfließt.

Abbildung 1: Regionale Verteilung deutsch-japanischer Drittlandskooperationen

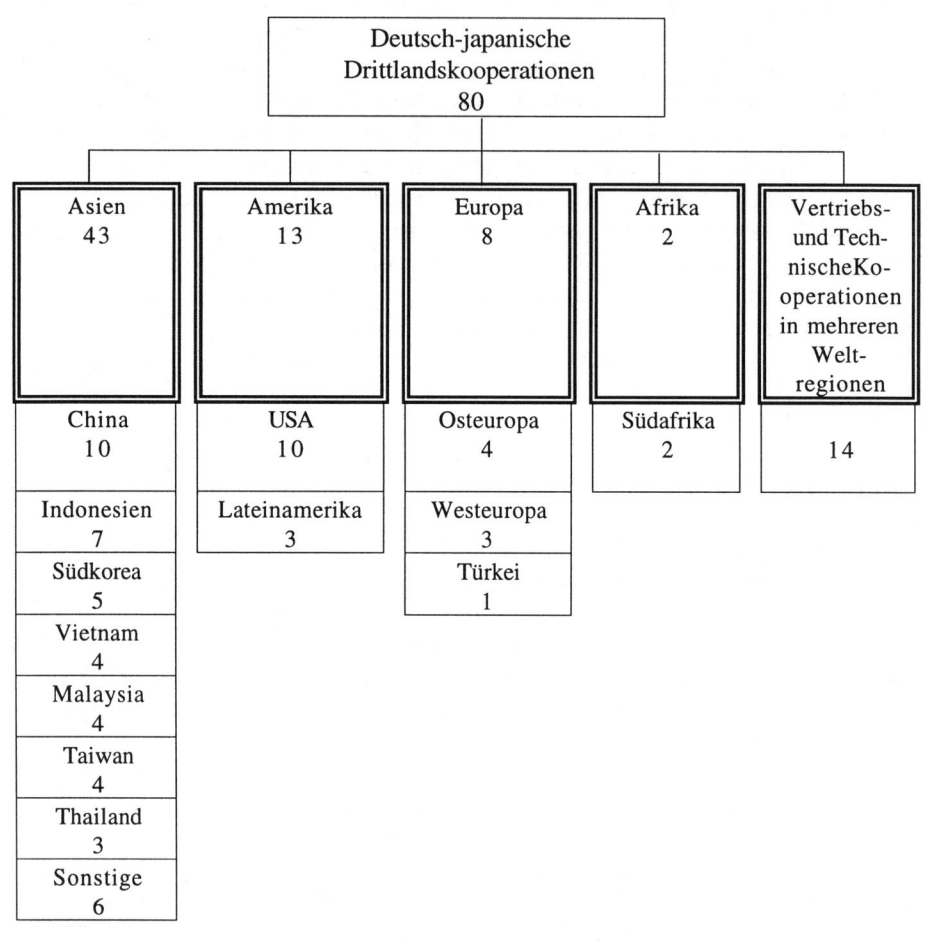

```
                    Deutsch-japanische
                   Drittlandskooperationen
                            80
   ┌──────────┬──────────┬──────────┬──────────┐
  Asien     Amerika    Europa     Afrika    Vertriebs-
   43         13         8          2       und Tech-
                                            nischeKo-
                                            operationen
                                            in mehreren
                                            Welt-
                                            regionen
  China      USA      Osteuropa  Südafrika
   10         10        4          2           14
 Indonesien Lateinamerika Westeuropa
    7         3          3
  Südkorea             Türkei
    5                    1
  Vietnam
    4
  Malaysia
    4
  Taiwan
    4
  Thailand
    3
  Sonstige
    6
```

Quelle: Hilpert und Taube 1997, S. 10.

5 Fazit

Ziehen wir abschließend ein Fazit im Hinblick auf die eingangs formulierte Frage, ob Japan gegenüber dem Rest der Region zu satt, zu schwierig und zu stark für deutsche Unternehmen sei. Im Hinblick auf die Marktsättigung ist festzuhalten, daß Japan auf lange Zeit als bei weitem größter Markt der Region und aufgrund seiner hohen Marktdynamik viele Chancen auch gegenüber den erfolgreichen, aber viel kleineren Nachbarländern bietet. Der Markt ist schwierig, besitzt aber gerade jetzt im Sinne eines *window of opportunity* Einstiegsmöglichkeiten, die so bald nicht wiederkehren dürften. Asiatische Firmen nutzen die gute Gelegenheit und den Trend zu offeneren Strukturen in Japan: Sie haben damit begonnen, japanische Firmen im Interesse eines Technologietransfers zu erwerben (vgl. Oxford Analytica 1997: 21). Das wird zwar für viele deutsche Firmen nicht von Interesse sein. Dennoch zeigt sich an diesem Beispiel, daß beherzte Strategien derzeit eine gute Chance auf Realisierung haben. Bleibt schließlich das Argument der (zu großen) japanischen Stärke. Das Problem kann nicht bestritten werden, doch bietet das Ausweichen auf den Rest Asiens längerfristig keine Perspektive: Ein verschärfter Wettbewerb – u. a. mit japanischer Konkurrenz – wird auch dort nicht zu umgehen sein. Eine überzeugende Japanstrategie ist im Rahmen einer Asienstrategie zwar nicht alles, aber ohne sie ist in nicht ferner Zukunft alles nichts.

Literatur

APEC Economic Committee (Hg.) (1996): *1996 APEC Economic Outlook*, Singapur 1996, http://www.apecsec.org.sg/.

Asien-Pazifik (1997): „Wo sind die teuersten Grundstücke in Asien?" In: *Newsletter für Wirtschaft, Politik, Technologie und Finanzen*, Jg. 3, Nr. 8 (9. Juni 1997). S. 18–19.

Bernard, Mitchell und John Ravenhill (1995): „Beyond Product Cycles and Flying Geese: Regionalization, Hierarchy, and the Industrialization of East Asia." In: *World Politics*, Vol. 45 No. 2 (1995). S. 171–209.

Bosse, Friederike (1997): „Japans Wirtschaft wuchs 1996 um 3,6%." In: *Japan Wirtschaft, Politik, Gesellschaft*. Juni 1997. S. 231–232.

Cumings, Bruce (1988): „The Origins and Development of the Northeast Asian Political Economies: Industrial Sectors, Product Cycles, and Political Consequences." In: Frederic C. Deyo (Hg.): *The Political Economy of New Asian Industrialism*. 2. Aufl. Ithaca und London: Cornell University Press. S. 136–164.

Ernst, Dieter (1994): „The Limits to the Japanese Model. The East Asian Production Networks of Japanese Electronics Firms." In: *Nord-Süd aktuell*. 4. Quartal 1994. S. 564–587.

FAZ (Frankfurter Allgemeine Zeitung) (1996): „Große Unterschiede bei den Bürokosten". 26. Juli 1996. S. 37.

Frankel, Jeffrey A.: „Is Japan Creating a Yen Bloc in East Asia and the Pacific?" In: Jeffrey A. Frankel und Miles Kahler (Hg.), *Regionalism and Rivalry*, London, Chicago: University of Chicago Press.

JETRO (Japan External Trade Organization) (1995): *Guide to Office Opening Cost in Japan – In 12 Key Cities*. Tokyo: JETRO.

Hatch, Walter und Kozo Yamamura (1996): *Asia in Japan's Embrace. Building a Regional Production Alliance*. Cambridge u. a.: Cambridge University Press.

Hilpert, Hanns Günther und Markus Taube (1997): „Deutsch-japanische Unternehmenskooperationen in Drittländern." In: *Japan Analysen Prognosen*. Ifo Institut für Wirtschaftsforschung, Nr. 131 (Mai 1997), S. 1–31.

Hobday, Michael (1995): *Innovation in East Asia. The Challenge to Japan*. Aldershot und Brookfield: Edward Elgar.

Ishiyama, Yoshihide (1996): „Nihon keizai no hikûdôka ni tsuite" [Über die Nicht-Aushöhlung der japanischen Wirtschaft]. In: *Fainansharu rebyû*. Nr. 41 (Dezember 1996). S. 95–117.

Kinoshita, Toshihiko (1997): „Hardly 'Autonomous Cycles'". In: *Look Japan*, March 1997, S. 14–15.

Machetzki, Rüdiger (1996): „Some Strategic Aspects of Economic Development in East Asia and the Role of the West." In: Wolfgang Pape (Hg.), *Shaping Factors in East Asia by the Year 2000 and Beyond. A study for the European Commission*. Hamburg: Institut für Asienkunde. S. 19–23.

Oxford Analytica (1997): „Asian Countries Acquire More Japanese Firms For Technology Transfer Purposes." In: *The Korea Economic Weekly*. Seoul. 14. April 1997. S. 21.

Pascha, Werner (1993): „Japans internationale Wirtschaftsbeziehungen zwischen Globalisierung und Regionalisierung". In: Werner Pascha, Wolfgang Seifert, Meinfried Striegnitz (Hg.), *Die Internationalisierung Japans im Spannungsfeld zwischen ökonomischer und sozialer Dynamik*, Loccumer Protokolle 57/92, Rehburg-Loccum 1993, S. 34–66.

Pascha, Werner und Rainer Schwarz (1996): *Das Engagement nordrhein-westfälischer Unternehmen mit Direktinvestitionen in Japan. Eine empirische Untersuchung*, GfW Service, Düsseldorf: Gesellschaft für Wirtschaftsförderung Nordrhein-Westfalen.

Pohl, Manfred und Wolfgang Pape (1996): „Japan at a Turning Point: Political Reform at Home – and the 'Return to Asia'?" In: Wolfgang Pape (Hg.): *Shaping Factors in East Asia by the Year 2000 and Beyond. A Study for the European Commission*. Hamburg: Institut für Asienkunde. S. 40–90.

Seidlitz, Peter (1997): „Der Weg nach China kann teuer werden". In: *General-Anzeiger*. Bonn. 8./9. Mai 1997. S. 25.

Sekiguchi, Sueo und Tanaka, Hiroshi (1996): „*Kaigai chokusetsu t™shi to Nihon keizai*" (Ausländische Direktinvestitionen und Japans Wirtschaft), Tokyo: Toyo Keizai 1996.

The Economist (1997a): „Car Jams in China", 21. Juni 1997, S. 68.

The Economist (1997b): „The China Syndrome", 21. Juni 1997, S. 67–68.

Watanabe, Toshio (1997): „Growing Alone". In: *Look Japan*, January 1997, S. 3.

Yamazaki, Shôwa (1996): „Ryôdo-koe chiteki shigen de shihai 'bâcharu kokka' no genkei" [Das Muster eines durch territoriumsüberschreitende intellektuelle Ressourcen kontrollierten „virtuellen Staates"]. In: *Asahi shinbun*. 31.10.1996. S. 17.

Technologie und industrielle FuE:
Der Standort Japan als Chance

Robert Horres

Die „Strukturkrise" in Japan wurde im Westen zum Anlaß genommen, das Ende des japanischen Erfolgs vorauszusagen. Auch in Deutschland richtete sich das Augenmerk eher auf die boomenden Volkswirtschaften des asiatisch-pazifischen Raumes. In den Vereinigten Staaten wurde über eine „bypass Japan"-Strategie nachgedacht (vgl. Pascha S. 57 f. in diesem Band). Was wären die Konsequenzen einer solchen Strategie in technologischer Hinsicht?

Japan gehört nicht nur wirtschaftlich, sondern auch technologisch zu den führenden Nationen der Welt. Technische Leistungsfähigkeit ist jedoch eine notwendige, aber selten eine hinreichende Bedingung für wirtschaftlichen Erfolg. Zu dessen Erreichen sind eine Kombination von technischem und wirtschaftlichem Können (Finanz-, Management- und Marktstrategien) gefragt. Diese Kombination wurde gerade im Falle Japans als Ursache des Erfolges gesehen. Die gegenwärtige technisch-wirtschaftliche Vormachtstellung Japans scheint jedoch nicht – wie oftmals in der Literatur beschworen – zu einer Hegemonie Japans in Ost- und Südostasien zu führen. Vielmehr deuten alle Anzeichen auf die Entwicklung eines regionalen Wirtschaftsblocks in Ost- und Südostasien hin, in dem Japan nicht unbedingt in allen Bereichen eine Führungsrolle einnehmen wird. Für Japan bilden gegenwärtig Taiwan, Singapur, Hongkong und Südkorea sowie die sich schnell entwickelnden Schwellenländer China, Thailand, Malaysia und Indonesien ein „förderliches", aber gleichzeitig auch „konkurrierendes Umfeld" (Krupp 1996: 333). Obwohl diese Länder in einigen Technologiebereichen mittlerweile durchaus mit Japan gleichgezogen haben, ist Japan in technologischer Hinsicht heute immer noch in einer dominanten Position. Das bedeutet zum einen, daß diese Länder einen Großteil ihrer Technologieentwicklung an Japan orientieren, und zum anderen, daß Technologieimporte dieser Länder stark von japanischen Direktinvestitionen bestimmt werden. Für den Technologiebereich ist eine überzeugende Japanstrategie im Rahmen einer Asienstrategie zwar nicht unabdingbar, aber ohne sie bleiben wesentliche Bestimmungsfaktoren des technischen Fortschritts in Asien und wertvolle technologische Ressourcen unberücksichtigt.

In dem vorliegenden Beitrag soll das Forschungs- und Technologiesystem des „Standorts Japan" vorgestellt, und dessen Bedeutung für Technologie und Innovation diskutiert werden.

1 Struktur von Forschung und Technologie

1.1 Entwicklung des Forschungs- und Technologiesystems

Die Struktur des japanischen Forschungs- und Technologie (FuT)-Systems weist einige Besonderheiten auf, die in großen Teilen auf die späte Entwicklung des Landes zurückzuführen sind. Um die technologische Lücke zwischen Japan und den westlichen Industrienationen zu schließen, war Japan nach dem Kriege in hohem Maße auf Technologieimporte angewiesen. Dabei ging es vorrangig um die Implementierung eines Systems industrieller Produktionstechnologie. Es mußten Technologien entwickelt werden, deren prinzipielle Machbarkeit gesichert war. Diese Entwicklungsgeschichte spiegelt sich auch in der gegenwärtigen Struktur von Forschung und Technologie in Japan wider. Kennzeichnend für die frühe Phase war der „umgekehrte Maschinenbau" (*reverse engineering*), d. h. die Methode, den Produktionsprozeß nach dem Produkt zu entwickeln. Entstanden war der „umgekehrte Maschinenbau" aus dem Bedürfnis, importierte Technologien aufzunehmen und zu verbessern und schließlich ein Produkt ohne Kenntnis von Plänen und Blaupausen lediglich auf der Grundlage eines Importproduktes herzustellen. Die umfassende Praxis des „umgekehrten Maschinenbaus" trug den Japanern in den 70er und 80er Jahren das Stigma des 'Kopisten' und 'Trittbrettfahrers' ein (Botskor 1988: 17–18). Dabei wird jedoch leicht übersehen, daß zur Umsetzung des „umgekehrten Maschinenbaus" ein ausgefeiltes System der Produktionsprozeß- und Produktentwicklung erforderlich war. Diesem System liegt – vereinfacht dargestellt – das Modell eines rekursiven Forschungsprozesses zugrunde. Bei dem rekursiven Modell geht der Weg von der Stufe der Entwicklung hin zur Anwendungsforschung. Gelegentlich erweist es sich auch als notwendig, in einem bestimmten Bereich auf die Stufe der Grundlagenforschung zurückzugehen und 'zielorientierte Grundlagenforschung' zu betreiben (Hicks 1991). Dieser für Japan charakteristische Prozeß stellt ein grundsätzlich anderes Modell dar als das in den westlichen Industrieländern propagierte lineare Modell, wo Grundlagenforschung, Anwendungsforschung und schließlich Entwicklung aufeinander aufbauen (vgl. Abb. 1). Zwar gibt es in Japan auch eine Reihe von Beispielen für das lineare Modell, das japanische System läßt jedoch eine eindeutige Präferenz für das rekursive Modell erkennen.

Abbildung 1: Modelle eines rekursiven und eines linearen Forschungsprozesses

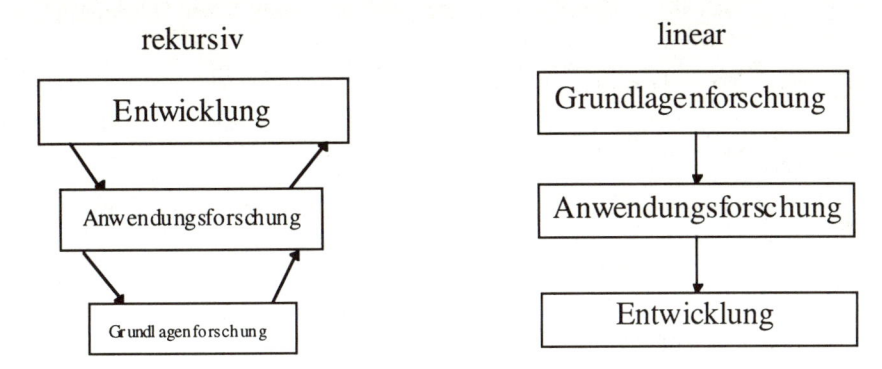

rekursiv

Entwicklung → Anwendungsforschung → Grundlagenforschung

linear

Grundlagenforschung → Anwendungsforschung → Entwicklung

Dies hatte zur Folge, daß bis zum Ende der 80er Jahre Anwendungsforschung und Entwicklung im japanischen FuT-System einen hohen Stellenwert einnahmen und die allgemeine Grundlagenforschung (z. B. Universitätsforschung) in Japan vergleichsweise schwach institutionalisiert war.

Nachdem Japan in einer Reihe von Technologiefeldern zur internationalen Spitze aufgeschlossen hat, versucht die Regierung seit Beginn der 90er Jahre vermehrt, den Schwerpunkt der staatlichen Förderung von der Anwendungs- und Entwicklungsforschung hin zur Grundlagenforschung zu verlagern.

1.2 Strukturelle Besonderheiten des japanischen FuT-Systems

Im vorhergehenden Abschnitt wurde bereits angedeutet, daß der Anteil der Grundlagenforschung an den gesamten FuE-Aufwendungen in Japan deutlich niedriger ist als in Deutschland oder den USA. Andererseits jedoch läßt sich feststellen, daß er in den letzten Jahren beständig gestiegen ist (vgl. Tab. 1). Im Gegensatz zu anderen Industrienationen wird in Japan jedoch nur ein geringer Teil der industriellen FuE von der Regierung getragen – der staatliche Finanzierungsanteil ist zudem insgesamt vergleichsweise gering (vgl. Tab. 2).

Tabelle 1: Anteil der Forschungsarten an den gesamten FuE-Aufwendungen

	Japan		Deutschland		USA	
	1989	1994	1989	1991	1989	1994
Anteil (%) der						
Grundlagenforschung	12,8	14,5	19,8	21,0	15,1	17,3
Anwendungsforschung	23,9	24,6	80,2*	79,0*	22,9	23,2
Entwicklung	63,2	69,9			62,0	59,6

*Anwendungsforschung und Entwicklung werden zusammen erfaßt.

Quelle: STA 1996, S. 393–395.

Tabelle 2: Der Fluß von FuE-Mitteln zwischen Industrie, Universitäten und Hochschulen sowie der öffentlichen Hand in ausgewählten Industrieländern (1994)

Quelle der Mittel	Verwendung der Mittel	Japan Anteil (%)	USA Anteil (%)	BRD[a] Anteil (%)	Frankreich[b] Anteil (%)	Großbritannien[c] Anteil (%)
Regierung	Regierung	99,4	100,0	95,5	89,8	82,4
	Regierung	0,5	0	3,4	5,7	10,7
	Industrie	1,2	18,6	10,8	18,3	12,4
Industrie	Industrie	98,6	81,4	85,8	69,6	72,7
	Universitäten und Hochschulen	50,3	68,1	92,3	92,7	68,7
	Universitäten und Hochschulen	3,3	5,5	7,7	3,6	7,8

a FJ 1991 b FJ 1992 c FJ 1993
Quelle: STA 1996, S. 106.

1.3 Statistische Rahmendaten zur japanischen FuT

Als statistische Indikatoren zur Bemessung des technisch-wissenschaftlichen Leistungsstandes werden in erster Linie Input-orientierte Indikatoren, wie der Anteil der in der FuE beschäftigten Personen an der Bevölkerung und der Anteil der FuE-Ausgaben am Bruttoinlandsprodukt, und Output-orientierte Indikatoren, wie die Zahl der Patentanmeldungen und die Technologiehandelsbilanz, herangezogen.

Ein Vergleich dieser Kennzahlen zwischen Japan, Deutschland und den USA zeigt keine wesentlichen Unterschiede (vgl. Tab. 3). Der Anteil des in der FuE beschäftigten Personals an der Bevölkerung ist 1993 in allen Ländern etwa gleich groß. Auch der Anteil der FuE-Aufwendungen am Bruttoinlandsprodukt zeigt ähnliche Werte, obwohl Japan hier leicht führt.

Die Technologiehandelsbilanz, ein weiterer wichtiger Indikator für die technologische Leistungsfähigkeit eines Landes, war in Japan aufgrund der schon angesprochenen Importtechnologieabhängigkeit lange Zeit defizitär. Auch heute wirken sich langfristige Lizenzverträge noch immer aus. Nach Statistiken der Management and Coordination Agency (Sômuchô) verringerte sich das Technologiehandelsbilanzdefizit jedoch seit dem Haushaltsjahr 1970 stetig, und im Haushaltsjahr 1989 war die Bilanz schließlich ausgeglichen. Eine Statistik der Bank of Japan, die nach anderen Verfahren berechnet wird, weist auf der Passivseite wesentlich höhere Werte aus. Nach dieser Statistik war die Technologiehandelsbilanz selbst im Jahr 1994 noch defizitär.

Wenn man die Stuktur des Technologiehandels betrachtet, so besteht bei den Technologieimporten weiterhin eine hohe Abhängigkeit von den USA (1994 etwa 75 Prozent). Auch die Bilanz zwischen Japan und den meisten westeuropäischen Ländern weist Defizite auf. Die Verringerung des Defizits der gesamten Technologiehandelsbilanz in den vergangenen Jahren ist in der Hauptsache auf die Steigerung japanischer Technologieexporte nach Asien zurückzuführen. Dies waren 1994 etwa 46,3 Prozent aller Technologieexporte (Sômuchô Tôkei Kyoku 1994: 55–62; Asahi Shinbunsha 1996: 247; STA 1996: 420–421).

Tabelle 3: Indikatoren zur Bemessung des technisch-wissenschaftlichen Leistungsstandes in Japan, Deutschland und den USA

	Japan	Deutschland	USA
Anteil des FuE-Personals an der Bevölkerung, 1993 (in ‰)	5,0	2,8*	3,7
Anteil der FuE-Aufwendungen am Bruttoinlandsprodukt, 1992 (in %)	2,94	2,52	2,63
Technologiehandelsbilanz (Technologieexporte/Technologieimporte) 1994 (in %)	0,63	0,48	3,96
Gesamtzahl der an Inländer erteilten Patente, Durchschnitt der Jahre 1989-1991	95.234	56.174	94.140
Anteil der Veröffentlichungen in wissenschaftlichen Zeitschriften (in %)	9,1	8,1	36,0

* 1989
Quelle: STA 1995, S. 179; 1996, S. 158, 368–375, 416–417.

Die Zahl der an Inländer erteilten Patente liegt, bezogen auf die wirtschaftlichen Rahmendaten in den einzelnen Ländern, durchaus auf einem ähnlichen Niveau. Weltweit werden führende Verfahren und Technologien hauptsächlich in den USA angemeldet. Insofern mag der Anteil der einzelnen Nationen an den US-Patentanmeldungen als Indikator dienen. Dort verdoppelte sich der japanische Anteil von 1975 (ca. 12 Prozent) bis 1992 (ca. 25 Prozent) (Asahi Shinbunsha 1996: 247).

Der Anteil Japans bei Veröffentlichungen in wissenschaftlichen Zeitschriften hat in den letzten Jahren stetig zugenommen. Der Anteil der USA ist hierbei in gewissem Umfange überrepräsentiert, da hauptsächlich englischsprachige Fachzeitschriften erfaßt werden.

2 Forschungs- und Technologiepolitik

2.1 Leitlinien der japanischen FuT-Politik

Die Aufgaben der staatlichen Forschungs- und Technologiepolitik liegen zum einen in der Bereitstellung einer staatlichen Forschungsinfrastruktur und zum anderen in der Förderung der Forschungs- und Entwicklungsaktivitäten des privatwirtschaftlichen Sektors. Dabei werden in der Regel zwei teilweise konkurrierende Ziele verfolgt (vgl. Helmschrott 1986: 84):

- *Stimulierung der Technologiediffusion*
  Vermeidung oder Verringerung der mit einem ungehinderten Technologietransfer verbundenen Nachteile (inländische wie ausländische Unternehmen und Forschungseinrichtungen). Diese Politik äußert sich bei einem Rückstand der eigenen FuE-Kompetenz in staatlichen Interventionen gegenüber dem Technologieimport (Transferpolitik). Ziele dieser Politik sind die Verringerung der technologischen Abhängigkeit vom Ausland, die Reduzierung der Kosten des Technologietransfers, der Schutz heimischer Technologien sowie die Beeinflussung der Struktur des Technologietransfers.
- *Stimulierung der Innovation bei heimischen Technologien*
  Förderung von Innovationen durch Subventionierung und steuerliche Begünstigung von FuE-Investitionen (FuE-Politik).

Diese beiden Ziele stehen jedoch in einem starken Abhängigkeitsverhältnis. Den größten Anreiz für technische Innovationen bilden mittel- und kurzfristig die erzielbaren Monopolgewinne. Eine staatliche Technologiepolitik, welche die Abschöpfung von Monopolgewinnen fördert, wirkt jedoch einer schnellen Technologiediffusion entgegen. Staatliche Rahmenbedingungen, die hingegen die Diffusion von Technologien fördern und einen ungehinderten Technologietransfer ermöglichen, bieten nur einen geringen Anreiz für die Durchführung technologischer Innovationen. Langfristig stützen sich beide Politikansätze aber gegenseitig, da letztendlich eine hohe FuE-Kompetenz der Unternehmen auch zu Kostensenkungen und Effizienzsteigerungen beim Technologietransfer führen. Somit ist ein situationsadäquates, ausgewogenes Mischungsverhältnis beider Politikansätze notwendig.

Die japanische Forschungs- und Technologiepolitik war seit jeher nicht auf die Durchsetzung rein akademischer, sondern politischer Ziele konzentriert. Sie erhebt somit den Anspruch, Strukturpolitik zu sein. Bis zur Mitte der 80er Jahre war die Verkleinerung der „technologischen Lücke" zu den westlichen Industrienationen das Hauptziel der japanischen Forschungs- und Technologiepolitik. Die technologische Abhängigkeit vom Ausland sollte verringert und die technologische Infrastruktur ausgebaut werden. Deswegen bildete die Transferpolitik neben dem Ausbau der japanischen Forschungsinfrastruktur den Schwerpunkt der japanischen FuT-

Politik. Um dies zu erreichen, stellte man die Politik ganz in den Dienst der industriellen Entwicklung und gab dieser Priorität vor allen anderen Fragen (vgl. Ostasien-Institut e.V. 1972).

Seit Beginn der 90er Jahre hat sich die Situation geändert. Die „technologische Lücke" besteht kaum mehr, im Gegenteil, Japan ist in einigen Bereichen der Hochtechnologie zur führenden Nation geworden. Auch die technologische Infrastruktur der Industrie hat mittlerweile das Niveau der westlichen Industrienationen erreicht. Dies führte dazu, daß für Japan die Bedeutung einer eigenständigen FuE ständig zunahm. Die Mittel, die bislang zur Förderung der anwendungsbezogenen Forschung und Entwicklung eingesetzt wurden, stehen nun zur Förderung grundlegender und langfristiger Projekte zur Verfügung. So erklärt sich auch die zunehmende Bedeutung der Grundlagenforschung.

2.2 Neuorientierung der Politik

Die im Januar 1992 vorgelegte 18. Empfehlung des Rates für Forschung und Technologie (Kagaku Gijutsu Iinkai) versucht, diesen Veränderungen Rechnung zu tragen, und setzt die Schwerpunkte für die künftige Forschungsförderung in folgenden Bereichen:

- Grundlagenforschung und Spitzentechnologie;
- Forschung und Entwicklung zur Verbesserung der Koexistenz der Menschen;
- Forschung und Entwicklung zur Verbesserung des Lebensstandards.

Dabei werden als Schwerpunkte die Förderung von Grundlagenforschung und die Förderung von Forschung und Entwicklung in ausgewählten Bereichen genannt. Diese ausgewählten Bereiche umfassen Schlüsseltechnologien, Umwelttechnologien und Technologien zur Erhöhung des Lebensstandards

Im Vergleich zu der vorhergehenden allgemeinen Empfehlung des Rates für Forschung und Technologie vom 27. November 1974 (Nr. 11) läßt sich feststellen, daß sich an den Schwerpunktforschungsbereichen thematisch kaum etwas geändert hat. Jedoch nehmen Grundlagenforschung, Umweltforschung und internationale Zusammenarbeit in Forschung und Technologie einen wesentlich höheren Stellenwert ein.

Die Verlagerung des Schwerpunktes der Forschungs- und Technologieförderung auf den Bereich der Grundlagenforschung oder der Umweltforschung sowie die Bestrebungen, die japanische Forschung zu internationalisieren, sind dadurch bedingt, daß einerseits die Notwendigkeit entfallen ist, Privatunternehmen in großem Umfange zu fördern, und andererseits der internationale Druck auf Japan gewachsen ist, sich mehr in internationalen Angelegenheiten zu engagieren.

Dieser Handlungsbedarf wurde auch von der Regierung erkannt. Der Premierminister muß im Prinzip zwar die Empfehlungen des Rates für Forschung und Technologie berücksichtigen, er hat aber durchaus einen Spielraum bei deren Umsetzung. Da dieser Spielraum weitgehend politisch bestimmt ist, waren für die japanische Forschungs- und Technologiepolitik neben den Empfehlungen des Rates für Forschung und Technologie auch die Richtlinien der Regierung sowie die Äußerungen von Fachausschüssen der damals regierenden Liberaldemokratischen Partei (LDP) von Bedeutung.

Die 18. Empfehlung des Rates für Forschung und Technologie hat die Revision der Allgemeinen Richtlinien zur Forschungs- und Technologiepolitik, die am 24. April 1992 vom Kabinett beschlossen wurde, stark beeinflußt. Da diese Richtlinien von den Ministerien und Behörden beachtet werden müssen, bestehen prinzipiell gute Aussichten, daß die Empfehlungen größtenteils umgesetzt werden.

Zur Verbesserung der Koordination wurde der Sonderausschuß zur Verbesserung der Infrastruktur für Grundlagenforschung und zum Ausbau internationaler Zusammenarbeit im Bereich der Forschung von der damals noch alleinregierenden LDP ins Leben gerufen. Dieser Sonderausschuß war das Zentrum der Koordinierung von Forschungsaktivitäten zwischen dem Ministerium für Handel und Industrie (MITI), dem Ministerium für Erziehung, Wissenschaft und Kultur sowie der Behörde für Forschung und Technologie. In einer Empfehlung fordert der Ausschuß die Verdoppelung des Budgets für Wissenschaft, Forschung und Technologie innerhalb von fünf Jahren.

Festzuhalten bleibt somit, daß die Inhalte der 18. Empfehlung des Rates für Forschung und Technologie sowohl von der Regierung als auch von großen Teilen der Regierungspartei gestützt wurden. Darüber hinaus wird durch eine Verdoppelung der Mittel für die Grundlagenforschung in den Schlüsseltechnologiebereichen versucht, die Inhalte der Empfehlung des Rates für Forschung und Technologie zu realisieren. Wie schon erwähnt, war bislang der Anteil der *staatlichen* Aufwendungen für Grundlagenforschung vergleichsweise gering. Durch die angestrebte Verdoppelung soll der Anteil auf ein international vergleichbares Niveau angehoben werden.

So positiv auch die Grundtendenz der 18. Empfehlung oder die Bemühungen von Regierung und LDP bewertet wurden, die Möglichkeiten zur Umsetzung der Empfehlung sah man größtenteils kritisch. Bedingt durch die Umwälzungen in der japanischen Parteienlandschaft geriet das eingespielte Gefüge von Politik, Bürokratie und Industrie ins Wanken. Sachpolitische Fragen wurden durch die Umformungen in den Parteien in den Hintergrund gedrängt (vgl. Horres und Kreiner 1992).

Die Neuorientierung der FuT-Politik macht auch gesetzliche Neuregelungen notwendig. Am 15. November 1995 trat schließlich das Grundgesetz für Forschung und Technologie (*Kagaku gijutsu kihonhô*) in Kraft und schuf einen gesetzlichen Rahmen auf der Grundlage der Empfehlungen des Rates für Forschung und Technologie. Das Gesetz regelt die Verantwortlichkeiten staatlicher Stellen für die Implementierung forschungs- und technologiepolitischer Entscheidungen. Die inhaltliche Ausgestaltung der japanischen FuT-Politik wird auf der Grundlage des Gesetzes nach Beratung durch den Rat für Forschung und Technologie im Grundlagenprogramm für Wissenschaft und Technologie (*Kagaku gijutsu kihon keikaku*) konkretisiert. Im Juli 1996 wurde das Programm vom Kabinett verabschiedet. Es sieht vor, die staatlichen Ausgaben für Wissenschaft und Forschung bis zum Jahr 2000 zu verdoppeln sowie Breite und Umfang der staatlichen Forschungsförderung stark auszuweiten.

2.3 Budget, Ziele und Instrumente

Gemessen an Bevölkerung und Wirtschaftskraft, weist Japan im Vergleich mit anderen Industrienationen nur ein geringes staatliches Budget zur Förderung von FuE auf (vgl. Tab. 4).

Tabelle 4: FuE-Aufwendungen in verschiedenen Industrieländern 1994 (in OECD-Kaufkraftparitäten, Einheit Bio. Yen)

Japan	Deutschland	USA	Frankreich	Großbritannien
13,6	7,1	30,6	4,8	4,0

Quelle: STA 1996, S. 101.

Bis zur Mitte der 80er Jahre bestand – wie schon erwähnt – ein wesentliches Ziel der japanischen FuT-Politik in der Erhöhung der Technologiediffusion zwischen den Unternehmen. Deswegen spielten Transferleistungen an einzelne Unternehmen nur eine untergeordnete Rolle (vgl. auch Tab. 2). Vielmehr legte die japanische Regierung, und hier besonders das Ministerium für internationalen Handel und Industrie (MITI), großen Wert auf die Förderung von Forschungskonsortien (*Gijutsu kenkyû kumiai*). Da die geförderten Projekte in ihrer Beantragung und in ihren Finanzierungserfordernissen sehr aufwendig waren, profitierten fast ausschließlich Großunternehmen direkt von der staatlichen Förderung. Da diese jedoch besonders im Bereich der großtechnischen Entwicklung mit einer Reihe von Subkontrakteuren zusammenarbeiten, kamen mittelbar auch mittlere und kleinere Spezialunternehmen in den Genuß staatlicher Förderung.

Das bekannteste Beispiel eines erfolgreichen Forschungskonsortiums war das VLSI (*Very Large Scale Integration*)-Projekt, das in der zweiten Hälfte der 70er Jahre unter der Ägide des zuständigen Ministeriums für internationalen Handel und Industrie (MITI) durchgeführt wurde. Bei diesem Projekt ging es um die Entwicklung von Produktionstechnologie zur industriellen Produktion von integrierten Schaltkreisen (IC). In der Folge wurde das MITI und das Instrument des Forschungskonsortiums besonders in westlichen Industrieländern als „Wunderwaffe" und als „Schlüssel des japanischen Erfolgs" gesehen. Versuche, in den USA und Europa (z. B. JESSI) ähnliche Strukturen zu implementieren, brachten, insgesamt gesehen, nicht die erwarteten Ergebnisse. Neuere Befunde belegen, daß auch viele japanische Konsortien nur bedingt erfolgreich waren und der erhoffte Technologietransfer bzw. Informationsaustausch nur in geringem Umfange zum Tragen kam (vgl. Gotô 1993: 85–110).

Die Kooperation zwischen am Markt konkurrierenden Unternehmen im Rahmen des VLSI-Projektes hat wohl in erster Linie deswegen gut funktioniert, weil erstens die grundsätzliche Machbarkeit der Technologie gesichert war, zweitens Technologien nur *upstream* entwickelt wurden (Produktionstechnologie ohne direkten Marktbezug) und drittens die beteiligten Unternehmen gleichzeitig in einem ähnlich gearteten Projekt des Ministeriums für Post und Telekommunikation engagiert waren.

Ein weiteres wichtiges Instrument der japanischen Forschungs- und Technologiepolitik, wie im übrigen der japanischen Regierungspolitik überhaupt, ist die extensive Nutzung von Beratungsgremien. Es gibt in Japan mehr als 200 Regierungskommissionen mit etwa 5.000 Mitgliedern (Shinoda 1988: 81). Die Ministerien und Ämter nehmen für diese Gremien Sekretariatsaufgaben wahr, und sie sind so frühzeitig über alle Entwicklungen informiert. Referentenentwürfe – wie in anderen Ländern üblich – sind eher die Ausnahme. Diese Beratungskommissionen erarbeiten Szenarien (*vision*), Pläne und Programme, die als lang- und mittelfristige Planungen anzusehen sind. Einzelne Entwicklungsprogramme sind zwar nicht prinzipiell an diese Szenarien gebunden, sie ordnen sich aber in der Regel diesen unter, da dadurch im Budgetierungsprozeß die Förderwahrscheinlichkeit zunimmt.

Dies gibt eine hohe Planungssicherheit, sowohl für die beteiligten Forschungs- und Entwicklungsinstitutionen als auch für die beteiligten Industrieunternehmen. Neben Experten für einzelne Sachpolitikbereiche sind in den Kommissionen auch Vertreter der betroffenen gesellschaftlichen Gruppen und Vertreter der Industrie zu finden. So wird über die Zusammensetzung der Kommissionen einerseits ein frühzeitiger Konsens und andererseits ein weitgehender Informationfluß zwischen allen Beteiligten erreicht. Die Regierung setzt die Programme der Kommissionen in Kraft, greift aber in der Regel nur im Rahmen des Diskussionsprozesses in die Inhalte ein. Die Umsetzung der Programme erfolgt durch die Bürokratie, die auch durch Vorgaben für die Kommissionen frühzeitig Einfluß auf die Programmgestaltung ausübt.

Die Ergebnisse der Beratungen und der von den Ministerien in Auftrag gegebenen Studien werden von der japanischen Regierung kostenlos oder gegen ein geringes Entgelt öffentlich zugänglich gemacht.

2.4 Neue Trends in der japanischen FuT-Politik

Mit der Neuorientierung der japanischen FuT-Politik in den vergangenen Jahren hat das MITI an Bedeutung verloren, im Gegenzug hat der Einfluß der Behörde für Wissenschaft und Technologie (STA) jedoch stark zugenommen. In diesem Zusammenhang ist auf eine Besonderheit in der Organisationsstruktur der japanischen Ministerien hinzuweisen. Die STA ist kein Ministerium im klassischen Sinne, sondern eine Behörde, die für die politische Ausgestaltung und Koordination der Querschnittsaufgabe Wissenschaft und Technologie in allen betroffenen Ministerien zuständig ist. Die gestiegene Bedeutung der STA dokumentiert auch ein Wandel bei den technologiepolitischen Inhalten: weg von konkreten, anwendungsbezogenen Forschungsaufgaben zum Aufbau einer industriellen technologischen Basis hin zu grundlegenden, langfristigen und übergreifenden Problemstellungen zur Schaffung und zum Ausbau einer öffentlichen Forschungsinfrastruktur.

Die Erhöhung der Budgets für Forschung und Technologie ermöglichte eine Reihe neuer Aktivitäten. Seit Beginn der 90er Jahre lassen sich dabei folgende Trends in der japanischen FuT-Politik ausmachen:

- *Verbesserung der staatlichen Forschungsinfrastruktur*
  Die Investitionen in eine Forschungsinfrastruktur wurden stark erweitert. Da das relative Niveau der staatlichen FuE-Investitionen gegenwärtig in Japan noch niedriger liegt als in den westlichen Industrieländern, gibt es Bestrebungen, ein vergleichbares Niveau zu erreichen.
- *Förderung von Innovation und industrieller FuE*
  Die japanische Regierung unternimmt verstärkte Anstrengungen zur Innovationsförderung (u. a. durch Anpassung des Patentrechtes) und zur Förderung industrieller FuE.
- *Internationalisierung der Forschungslandschaft*
  Darunter versteht man die Öffnung der Universitäten und staatlichen Forschungsinstitutionen für ausländische Forscher, die Förderung der Beteiligung von ausländischen Forschungseinrichtungen und Unternehmen an staatlichen Forschungsprojekten und die Öffnung von staatlichen Forschungsprogrammen und Fördermöglichkeiten für ausländische Forscher, Forschungseinrichtungen und Unternehmen.
- *Ausbau der Hochschulforschung*
  Damit einhergehend ist auch ein Umdenken im Bereich der Hochschulforschung zu beobachten. Die Verbesserung der universitären Forschungsinfrastruktur soll dabei dem vermehrten Bedarf an Grundlagenforschung Rechnung tragen.

Zusammenfassend läßt sich feststellen, daß die japanische Forschungs- und Technologiepolitik seit dem Ende der 80er Jahre einen tiefgreifenden Wandel erfahren hat. Nach der Neuorientierung liegt der Schwerpunkt nicht mehr auf der Förderung der Technologiediffusion, sondern auf der Förderung von Innovation, Grundlagenforschung und Internationalisierung.

3 Technologie und Innovation in der japanischen Industrie

3.1 Industrielle Forschung und Entwicklung

Bereits in Abschnitt 1.2 wurde angedeutet, daß die japanischen Industrieunternehmen bei den FuE-Aktivitäten quantitativ eine herausragende Rolle spielen. Sie erhalten im internationalen Vergleich nur geringe Transferleistungen.

Die FuE-Aufwendungen japanischer Unternehmen stiegen von 895 Mrd. Yen im Jahr 1971 auf 8,98 Bio. Yen im Jahr 1994 und verzehnfachten sich somit in 23 Jahren. Dabei ist der Anteil der industriellen FuE-Aufwendungen an den gesamten FuE-Aufwendungen von 66,5 Prozent im Jahr 1971 auf 72,3 Prozent im Jahr 1994 gestiegen, die Bedeutung der industriellen FuE hat somit geringfügig zugenommen, auch wenn deren Umfang seit Mitte der 80er Jahr stagnierte (STA 1996: 387). Die FuE-Aufwendungen erreichten 1991 einen Höchststand und sind in den Folgejahren leicht zurückgegangen (Sômucho Tôkei Kyoku 1995: 29; 1996: 30). Dieser Trend ist in erster Linie auf die 1992 einsetzende Rezession zurückzuführen.

Die Situation der industriellen FuE ist in den 90er Jahren von zwei gegenläufigen Trends bestimmt. Zum einen machte die Rezession nach dem Zusammenbruch der *bubble economy* und die starke Yen-Aufwertung bei japanischen Industrieunternehmen Rationalisierungen und Kostensenkungen notwendig, auch im Hinblick auf Struktur und Umfang der FuE in den Industrieunternehmen.

Gleichzeitig hatte Japan im Hinblick auf den technologischen Leistungsstand mit den führenden Industrienationen gleichgezogen und nahm in einigen Technologiefeldern sogar die Spitzenposition ein. Damit waren führende Unternehmen gezwungen, von der Strategie eines „technologischen Aufholers" zu der eines „Technologieführers" zu wechseln. Dies machte für die Unternehmen in erster Linie die Etablierung einer eigenständigen Technologieentwicklung, den Aufbau eines umfassenden Technologieportfolios und höhere Investitionen in den Bereich grundlagenorientierter Forschung notwendig.

In technologischer Hinsicht bedeutet die Position als Technologieführer eine größere Entwicklungsunsicherheit, das heißt, daß die Machbarkeit von Technologien nicht mehr gesichert war. Mit der gestiegenen Entwicklungsunsicherheit der FuE vermehrten sich so auch die finanziellen Risiken.

Neuere Untersuchungen zur Forschungsorganisation in japanischen Unternehmen zeigen, daß in der zweiten Hälfte der 80er Jahre eine Reihe von Unternehmen Forschungseinrichtungen ausgliederten, um den neugeschaffenen Institutionen durch die organisatorische Neugliederung eine höhere Eigenständigkeit zur Verfolgung grundlagenorientierter Forschungsziele zu ermöglichen. In den Jahren 1950 bis 1980 gab es im Durchschnitt etwa zehn Neugründungen pro Jahr. Seit Mitte der 80er Jahre ist ein sprunghafter Anstieg zu verzeichnen (über 70 Neugründungen im Jahr 1985) (Akashi 1995: 9).

Die Bedeutung der Grundlagenforschung in der industriellen FuE hat in den vergangenen Jahren zugenommen. Auch der Anwendungsforschung zur Erkundung neuer Verwendungsmöglichkeiten für existierende Technologien wird eine höhere Bedeutung zugemessen. Die traditionell wichtigen Bereiche Produktentwicklung und Produktverbesserung haben leicht an Bedeutung verloren (vgl. Tab. 5).

Tabelle 5: Schwerpunkte der industriellen FuE

	1988	1989	1990
Grundlagenforschung	2,6	4,1	3,2
Anwendungsforschung (Prüfung der Realisierungsmöglichkeiten bei neuen Produkten)	14,8	15,1	14,6
Anwendungsforschung (Erkundung neuer Verwendungsmöglichkeiten für existierende Technologien)	13,6	17,4	17,4
Produktentwicklung (neue Technologien)	20,5	19,9	19,7
Produktentwicklung (etablierte Technologien)	65,7	60,8	57,7
Produktverbesserung	49,9	43,2	42,2
Wechsel oder Verbesserung des Produktionsprozesses	19,7	21,7	20,5
Sonstiges	0,9	2,3	3,6

Die Summe der Anteile übersteigt 100%, da bei der Erhebung mehrere Antworten zugelassen waren.

Quelle: Akashi 1995, S. 9.

3.2 Grundlegender Wandel bei den Hochtechnologie-Industrien

In der zweiten Hälfte der 80er Jahre läßt sich in verschiedenen Bereichen eine Reihe von Entwicklungen beobachten, die von Kodama (1991) sogar als Anzeichen für eine Veränderung des technisch-ökonomischen Paradigma gewertet werden. Diese sollen im folgenden kurz skizziert werden:

- *Produzierende Unternehmen:* Seit ungefähr 1987 ist in Japan die Tendenz zu beobachten, daß bei den Hochtechnologie-Unternehmen die Investitionen für Forschung und Entwicklung mittlerweile die Anlageinvestitionen und die Betriebskosten überschreiten. Dies war 1987 etwa bei 27 von 50 führenden Unternehmen der Fall. Das heißt, daß die Hochtechnologie-Unternehmen, um ihre Marktposition zu sichern, von sich aus verstärkt in Forschung und Entwicklung, auch in Grundlagenforschung und damit in strategische Forschung investieren.

- *Unternehmensdynamik:* Es gibt einen Wandel in der Unternehmensdynamik. In der Vergangenheit korrespondierte eine Technologie mit einem Unternehmen. Heute aber ist besonders in Japan die technologische Diversifizierung so weit fortgeschritten, daß es kaum mehr möglich erscheint, die Hauptgeschäftsbereiche von den Nebenbereichen zu unterscheiden. In vielen Fällen wurde sogar das ehemalige Nebengeschäft zum Hauptgeschäft. In den USA ist die Diversifizierung eher das Ergebnis von Unternehmenszusammenschlüssen und Aufkäufen. Die japanische Diversifizierung hingegen beruht auf einer kontinuierlichen strategischen Forschung und Entwicklung.
- *Forschungs- und Entwicklungsaktivitäten:* Es läßt sich eine Veränderung bei der Entscheidungsfindung im Bereich der Forschungsinvestitionen feststellen. Investitionsentscheidungen sind nicht mehr abhängig von den zu erwartenden Erträgen. Sie funktionieren eher nach dem Surfer-Prinzip: Die Innovationswellen kommen regelmäßig auf die Unternehmen zu, und sie müssen investieren, um nicht vom Surfbrett gespült zu werden.
- *Technologie-Entwicklung:* Der Prozeß der Technologieentwicklung hat sich verändert. Es geht im High-Tech-Bereich nicht mehr um technische Durchbrüche, sondern um eine optimale Nutzung der existierenden Technologien.
- *Innovationsmuster:* Es gibt einen Wandel in den Innovationsmustern japanischer Unternehmen. Normalerweise geht man davon aus, daß technologische Innovation durch einen Durchbruch in einem existierenden Technologiefeld erzielt wird. Es läßt sich aber beobachten, daß in letzter Zeit neue Technologien eher durch eine Verschmelzung existierender Technologien entstehen (etwa Optoelektronik).
- *Technologiediffusion:* Historisch gesehen war technologischer Wandel fast immer von sozialem Wandel begleitet (industrielle Revolution). Heute jedoch ist der technologische Fortschritt so schnell, daß er, besonders in Japan, kaum mit einem institutionellen Wandel einhergeht. Das Vordringen von Informationstechnologien in fast alle Bereiche verursachte keinen tiefgreifenden sozialen Wandel.

Ob die skizzierten Entwicklungen in verschiedenen Bereichen insgesamt die Feststellung eines Paradigmenwechsels rechtfertigen, sei dahingestellt. Sicher ist, daß sie in hohem Maße zur Umformung der japanischen Industrie in eine technologieintensive Industrie beitragen.

3.3 Die Sorge der Japaner: Rezession und technologische Aushöhlung

In gewisser Hinsicht findet auch in Japan eine Standortdiskussion statt. Die Yen-Teuerung während der *bubble economy* sowie steigende Lohnkosten haben auch in Japan zu einer Abwanderung von Betrieben der verarbeitenden Industrie ins benachbarte asiatische Ausland geführt. In Japan wird diese Diskussion unter dem Begriff der technologischen „Aushöhlung" (*kûdôka*) der japanischen Wirtschaft geführt. So kam es in den 80er Jahren durch die Verlagerung von Produktionskapazitäten, durch den Aufbau von Zulieferbetrieben und durch Direktinvestitionen zu einem erheblichen Transfer von Produktionstechnologie in die umliegenden aufstrebenden Volkswirtschaften Asiens. Dies führte zu einem erhöhten Wettbewerbsdruck auf die japanischen Zulieferer.

Eine Reihe von Unternehmen sah sich daraufhin gezwungen, *up-stream* zu diversifizieren und die Hauptaktivität vom Bereich der Konsumtechnologie in den Bereich Produktionstechnologie zu diversifizieren (z. B. nicht mehr Stahl, sondern Stahlwerke). Eine weitere Strategie ist die Kontrolle von strategischen Bauteilen, die auch bei Lizenzproduktion im Ausland zu hohen Preisen aus Japan bezogen werden müssen.

Die Rezession führte zu Beginn der 90er Jahre zur Konsolidierung der FuE-Aktivitäten in Unternehmen. Nachdem bei den Unternehmen Ende der 80er Jahre verstärkt grundlagenorientierte Forschungskapazitäten geschaffen wurden, läßt sich Mitte der 90er Jahre eine Rückorientierung zu FuE-Aktivitäten mit größerer Marktnähe beobachten.

4 Fazit

Der Überblick über die Situation von Forschung und Technologie in Japan im vorliegenden Beitrag hat folgendes gezeigt:

- Japan hat im Hinblick auf den technologischen Leistungsstand in vielen Technologiebereichen mit den westlichen Industrienationen gleichgezogen.
- Die institutionellen Strukturen und der politische Rahmen der japanischen Forschungslandschaft unterscheiden sich grundlegend von denen in westlichen Industrieländern. Obwohl deutlich konvergente Tendenzen erkennbar sind, ist das japanische Forschungs- und Technologiesystem noch immer stark von den anwendungsnahen Strukturen dominiert, welche die rasante Entwicklung Japans in den vergangenen Jahrzehnten ermöglichten.
- Umstrukturierungsmaßnahmen der letzten Jahre in Politik und Wirtschaft führten zu einer Öffnung und Internationalisierung des japanischen Forschungs- und Technologiesystems.

Für deutsche Unternehmen ergeben sich aus der gegenwärtigen Situation eine Reihe von Chancen und neue Möglichkeiten zur Nutzung technologischer und innovativer Potentiale.

Die Beteiligung an staatlichen Forschungsprojekten, zum Beispiel den Forschungsprogrammen des NEDO (der Agency of Industrial Science and Technology AIST), einem Projektträger des MITI, bringen in dieser Hinsicht einige Vorteile. In Kooperation mit japanischen Unternehmen lassen sich – sozusagen auf neutralem Boden – Einblicke in Managementmethoden, Organisationsstrukturen oder Verfahrenstechniken gewinnen. Dabei sollte man auch die Ausbildungseffekte berücksichtigen. Japanische Unternehmen nutzen Forschungskonsortien, wenn diese mit der Entsendung von Personal verbunden sind, in großem Umfang zur Ausbildung von jungem Forschungspersonal.

Für eine Expansion nach Asien eignet sich der Standort Japan in hervorragender Weise. Durch Kooperationen mit japanischen Unternehmen lassen sich deren „eingefahrene Wege" in die asiatischen Länder nutzen. Beispielsweise hat ein großer Teil der technischen Elite aus der südkoreanischen Ministerialbürokratie sowie südkoreanischer Unternehmen ihre technische Ausbildung in Japan erfahren. Dabei wurden nicht nur Sachkenntnisse, sondern auch organisationelle Strukturen und technische Verfahrensweisen sowie eine gewisse „Japan-Affinität" vermittelt. Dies ist auch ein wesentlicher Grund, weswegen technologische Entwicklungen und Standards in Japan immer noch als technologischer Prüfstein in der Region gelten.

Da Japan, von der Kaufkraft her gesehen, den weitaus größten Absatzmarkt in der Region darstellt, wäre eine „bypass Japan"-Strategie kurzsichtig. Eine Asienstrategie, die dies in Betracht zieht, nutzt kostengünstige Produktionskapazitäten in den asiatischen Ländern, die ja schon auf japanische Anforderungen eingestellt sind, um auf dem japanischen Markt zu bestehen. Von der Implementierung derartiger Strategien würde auch der Standort Deutschland profitieren.

Literatur

Akashi, Yoshihiko (1995): „Nihon kigyô no kenkyû kaihatsu, gijutsu kaihatsu, seihin kaihatsu" [FuE, Technologieentwicklung und Produktentwicklung in japanischen Unternehmen]. In: Akashi, Yoshihiko und Hirofumi Ueda (Hg.): *Nihon kigyô no kenkyû kaihatsu shisutemu*. Tokyo: Tôkyô Daigaku Shuppankai.
Asahi Shinbunsha (Hg.) (1996): *Asahi Shinbun Japan Almanac 1997*. Tokyo: Asahi Shinbunsha.
Botskor, Ivan (1988): „Der Technostaat plant seine Zukunft. Technologiepolitik in Japan." In: *Aus Politik und Zeitgeschichte. Beilage zur Wochenzeitschrift Das Parlament*. B 19/88. (6. Mai 1988), S. 13–22.
Gotô, Akira (1993): *Nihon no gijutsu kakushin to sangyô soshiki* [Technische Innovation und Industrieorganisation in Japan]. Tokyo: Tôkyô Daigaku Shuppankai.
Helmschrott, Helmut (1986): *Technologietransfer und industrielle Forschung und Entwicklung in der Dritten Welt unter besonderer Berücksichtigung von Indien und Südkorea*. Köln.
Hicks, Diana: „Defining Basic Research in Japanese Companies", in *Kenkyû – gijutsu – keikaku* (The Journal of Science Policy and Research Management) 6 (1).
Horres, Robert und Josef Kreiner (1992): „Anspruch und Wirklichkeit der japanischen Forschungs- und Technologiepolitik – Eine Einführung." In: *Trends der japanischen Forschungs- und Technologiepolitik. Die 18. Empfehlung des Rates für Forschung und Technologie und ihr Echo in Politik, Wirtschaft und Wissenschaft Japans* (=Miscellanea; 3). Tokyo: Deutsches Institut für Japanstudien, S. 7–30.

Kodama, Fumio (1991): *Haiteku gijutsu no paradaimu. Makuro gijutsugaku no taikei.* Tokyo: Chûô Kôronsha.

Krupp, Helmar (1996): *Zukunftsland Japan. Globale Evolution und Eigendynamik.* Darmstadt: Wissenschaftliche Buchgesellschaft.

Ostasieninstitut e.V., Bonn (1972): *Japans technologische Strategie. Wiedergabe und Kommentar einer Studie des Ausschusses für technologischen Fortschritt des japanischen Wissenschaftsrates* (Schriftenreihe Technologien; 3). Bonn: Bundesministerium für Bildung und Wissenschaft.

Shinoda, Tôru (1988): „Shingikai – Danjo koyô kikai byôdôhô o meguru ishi kettei" [Beratungskommissionen – Willensbildung im Hinblick auf das Gesetz zur Chancengleichheit von Männern und Frauen]. In: Nakano, Minoru (Hg.): *Nihongata seisaku kettei no henyô.* Tokyo: Tôyô Keizai Shinpôsha. S. 79–110.

STA = Kagaku Gijutsuchô (Hg.) (1996): *Kagaku gijutsu hakusho. Heisei 8 nenpan* [Weißbuch für Wissenschaft und Technologie 1996] Tokyo: Ôkurashô Insatsu Kyoku.

Konsumgüterdistribution: Suche nach leistungsstarken Partnern und einer zukunftsweisenden Arbeitsteilung

Hendrik Meyer-Ohle

1 Ein Erdbeben als Chance?

Das Erdbeben im Januar 1995 brachte auch den Einzelhandel in der Stadt Kôbe zum Erliegen. Heute, nach mehr als drei Jahren, sind viele kleine Geschäfte noch nicht wieder eröffnet. Dagegen gelang es Warenhausbetreibern schnell, den Verkauf in neu errichteten Gebäuden wieder aufzunehmen.

Es überraschte jedoch, nach der Wiedereröffnung nicht nur Klagen über entgangene Umsätze zu vernehmen. Im Gegenteil, die *Chancen eines Neuanfanges* wurden von den Warenhausbetreibern ausdrücklich betont. Nach außen steigerte eine moderne Verkaufsraumgestaltung die Attraktivität der Geschäfte. Nach innen wurde die Geschäftsorganisation erneuert, Verkrustungen aufgebrochen; insbesondere auch durch die Möglichkeit, mit Hinweis auf das Erdbeben über Jahrzehnte bestehende Beziehungen zu anderen Unternehmen relativ problemlos zu lösen. Verkaufsflächen in den Geschäften, die langfristig an Pächter vermietet waren, konnten in Eigenregie übernommen oder an attraktivere Mieter übertragen werden. Lieferanten, mit denen seit Jahrzehnten Geschäftsbeziehungen bestanden, die jedoch keine eigenständigen Leistungen mehr erbrachten, wurden durch leistungsstärkere ersetzt, beziehungsweise deren Funktionen von den Warenhausbetreibern selbst übernommen (Nikkei Ryûtsû Shinbun 18.01.1996: 1).

Warenhäuser konnten sich so nicht nur von außen, sondern auch von innen erneuert präsentieren, ja, die Neuansätze wurden sogar als richtungsweisend für den gesamten japanischen Handel gewertet. In der Folgezeit verbesserte sich das Klima für Veränderungen aufgrund der nachstehenden Entwicklungen zusehends. Inzwischen bedarf es nicht mehr eines Erdbebens, die gewachsenen Strukturen des japanischen Marktes, die nicht nur von ausländischen Unternehmen als ein Hemmnis empfunden wurden, zu durchbrechen.

Tabelle 1: Veränderungen in der japanischen Konsumgüterdistribution

	Merkmale	augenblickliche Situation	Veränderungsbedarf
Warenhäuser	• Innenstadtlage • landesweit • großflächig • breites, tiefes Sortiment zu relativ hohen Preisen • schwache Preisorientierung • Bedienungsverkauf • hoher Anteil Konsignationsverkauf und von Herstellern und Großhändlern entsandtes Personal	Ergebnisse verschlechtern sich aufgrund Preisorientierung und verschärftem Wettbewerb	Stärkung der Preispolitik • Kooperation mit anderen Unternehmen, gemeinsamer Warenbezug und -lieferung • Übergang zum Verkauf auf eigenes Risiko • teilweise Einführung Selbstbedienung Kundenbedürfnisse • Erweiterung eigener Verkauf • Verlängerung Öffnungszeiten, Verringerung Urlaubstage • Verkauf gemeinsamer Warengutscheine • Eröffnung von Geschäften mit Betreibern anderer Betriebsformen und Vergnügungseinrichtungen, Überarbeitung von Geschäftsgrößen und Sortimenten Outlet-Stores zur Koordination der Lagerbestände
General Merchandising Store	• Standorte mit hoher Bevölkerungskonzentration • landesweite Filialen • großflächig • breites Sortiment mit Schwerpunkt auf Alltagsbedarf • Preispolitik wichtig	• Ergebnisse verschlechtern sich durch die Intensivierung des Wettbewerbs mit anderen Geschäftsformaten • Differenzierung von Verkaufsstätten und Unternehmen (Preis-/Sortimentsorientierung)	Stärkung der Preispolitik • Eigenmarken, Eigenimport • Low-Cost-Geschäfte Kundenbedürfnisse • Verlängerung Öffnungszeiten, Verringerung Urlaubstage • Eröffnung von Geschäften in Kombination mit Betreibern anderer Geschäftsformate und Vergnügungseinrichtungen Überarbeitung von Standorten • verstärkte Eröffnung von Geschäften „auf der grünen Wiese" (Parkplätze) • Schließung von Geschäften in Bahnhofsnähe

	Merkmale	augenblickliche Situation	Veränderungsbedarf
Convenience-Store	• hauptsächlich in Wohngebieten • durch Franchise landesweite Verbreitung • 100 qm große Verkaufsfläche, durch Handbücher standardisiert • Alltagsbedarf mit Schwerpunkt Lebensmittel • schwache Bedeutung Preispolitik • lange Öffnungszeiten • frühe Einführung POS	• expandierend • durch Zutritt neuer Unternehmen verschärft sich Wettbewerb	Kundenbedürfnisse • Angebot von Dienstleistungen z.B. Möglichkeit der Bezahlung von Gebühren Rationalisierung der Logistik • Konzentration von Geschäften in einem Gebiet • gemeinsame Auslieferungslager Großhandel • gemeinsame Auslieferung
Discount-Geschäfte	• an Ausfallstraßen Standorte, die die Errichtung einfacher Verkaufsstätten erlauben – auch in anderen leerstehenden Räumlichkeiten • fortschreitende Filialisierung • Lagerhausform • Vielfalt bei Produkten und Sortimentsbreite besonders starke Preisorientierung	• vielfältige Entwicklungen im Hinblick auf Standorte und Sortimente • Konkurrenz durch neue Verkaufsformen wie Wholesale-Club oder Import-Club	Stärkung Preisorientierung • durch Eigenmarken, Eigenimport stabile Warenversorgung Kundenbedürfnisse • Errichtung und Konzentration in Einkaufszentren, etwa Power-Zentrum
Versandhandel	• nicht stationärer Einzelhandel durch Nutzung Post und private Lieferdienste • besonders an Frauen gerichtet • im Mittelpunkt stehen gemeinsam mit Herstellern entwickelte Produkte • starke Preisorientierung	• Wachstum durch stärkere Berufstätigkeit Frauen, bessere Infrastruktur, Möglichkeit Warenrückgabe etc. • Konzentration • Zutritt ausländischer Unternehmen, Direktimport durch Verbraucher	Kundenbedürfnisse • Schnelle und zeitpunktgenaue Belieferung • Anpassung an Bedürfnisse älterer Kundengruppen Erweiterung der Kapazitäten Nutzung Multimedia
Großhandel	• Existenz einer Vielfalt von Großhandelsbetrieben je nach Hersteller, Produkt, Gebiet • vielstufig	• durch direkten Handel zwischen Herstellern und Handel Abnahme kleiner Betriebe • Restrukturierung Großhandel: Integration der zweiten und dritten Großhandelsstufe und Konzentration	Stärkung der Infrastruktur (Distributionszentren) Verbesserung Einzelhandelsunterstützung kleiner und mittelgroßer Großhändler, • Informationen über Produkte und Sortimente • Anpassung an offene Preise und neue Rabattsysteme Erweiterung der Sortimente

Merkmale	augenblickliche Situation	Veränderungsbedarf
Hersteller	• durch Yen-Stärke und Techniktransfer in das Ausland steigende Warenimporte • wachsende Einkaufsmacht des Handels schmälert Einfluß Hersteller auf Endverbraucherpreise	Angebot von niedrigpreisigen Produkten • Steigerung der Auslandsproduktion • Verkürzung der Distributionswege durch Kooperation mit dem Einzelhandel • Restrukturierung/ Zusammenschluß der affiliierten Vertriebsgesellschaften • Rationalisierung Logistik Kooperation mit dem Handel • Entwicklung Eigenmarken für Handel • QR, ECR • Stärkung Handelsunterstützung • Einführung offene Preise, Überarbeitung Rabatte

Quelle: Bearbeitet nach Keizai Dantai Rengôkai 1995.

2 Akteure unter Veränderungsdruck

In den 90er Jahren trat die japanische Konsumgüterdistribution in eine Phase der Veränderung ein, die in den japanischen Medien schon als *Revolution in der japanischen Distribution* bezeichnet wird. Entwicklungen im Umfeld führen dazu, daß sich die Akteure in der japanischen Distribution einem erheblichen Veränderungsdruck ausgesetzt sehen (RMK 1995: 31–40):

- Preisorientierte und mobilere Konsumenten haben begonnen, ihre Einkaufsstätten bewußter zu wählen.
- Die Liberalisierung der Binnenhandelspolitik und die gleichzeitige Verschärfung der Wettbewerbspolitik haben den Markteintritt für Großunternehmen erleichtert und erlauben neue Verkaufskonzepte.
- Die Yen-Stärke fördert Importe.
- Ausländische Unternehmen eröffnen Verkaufsstätten in Japan.

Die Folgen dieser Entwicklungen für die japanische Konsumgüterdistribution in den 90er Jahren sollen im folgenden im Mittelpunkt stehen. Tabelle 1 gibt einen umfassenden Überblick, wobei hier im folgenden die wichtigsten Punkte aufgegriffen und ergänzt werden. Die Reihenfolge der Darstellung ergibt sich aus den oben genannten Trends. Der *Antriebsmotor* der augenblicklichen Veränderungen ist der Einzelhandel, der den Großhandel und zunehmend auch die Marketingstrategien etablierter japanischer Hersteller beeinflußt. Abschließend werden Implikationen für die Marktbearbeitung durch ausländische Unternehmen angesprochen.

3 Ein traditioneller Einzelhandel?

1,5 Millionen Einzelhandelsgeschäfte, ein Geschäft auf nur 83 Einwohner, davon 75 Prozent mit nicht mehr als vier Beschäftigten, eine durchschnittliche Verkaufsfläche von 81 qm (STK 1996: 394): dies deutet auf eine unübersichtliche, von kleinen Geschäften dominierte Handelsstruktur hin. Jeder Besucher Tokyos oder anderer japanischer Großstädte kann diesen Eindruck leicht bestätigen. Allerdings, neben einer Vielzahl von Kleinstgeschäften fallen auch riesige Warenhäuser auf, die diejenigen in anderen Metropolen der Welt an Größe und Exklusivität häufig übertreffen. Das Bild eines – insoweit – *traditionellen* Handels wird nur von Convenience Stores durchbrochen, sehr kleinen Selbstbedienungssupermärkten, die rund um die Uhr geöffnet haben und durch ein einheitliches Erscheinungsbild hervortreten.

Meist auf die Zentren oder die touristischen Attraktionen fixiert und bei Reisen auf öffentliche Verkehrsmittel angewiesen, entgeht dem Japanbesucher in der Regel die andere Seite des japanischen Einzelhandels, die unter zumeist aus dem Amerikanischen übernommenen Bezeichnungen wie Neighborhood Shopping Center, Mall, Roadside Store, Discount Store, Category Killer, Power-Center, Super Store, General Merchandising Store, Wholesale Club, Home Center usw. firmiert. Dabei können *moderne* Betriebstypen in Japan schon auf eine lange Geschichte zurückblicken (Meyer-Ohle 1995). Erste Lebensmittelsupermärkte entstanden in den 50er Jahren, und in den 60er Jahren wurde der General Merchandising Store, eine Kreuzung aus Selbstbedienungswarenhaus und Supermarkt mit Verkaufsflächen von bis zu 20.000 qm, zum führenden Betriebstyp. Diese Supermärkte wurden in den 70er Jahren durch Hartwarendiscounter und Home Center ergänzt, zusätzlich wurde der schon genannte kleinflächige Convenience Store auf Franchise-Basis aus den USA eingeführt und entwickelte sich zur bevorzugten Einkaufsstätte von Waren des Grundbedarfs für Jugendliche und Alleinstehende. Die 80er Jahre wurden mit dem Entstehen einer Vielzahl von vergleichsweise kleinflächigen Category Killern (300–500 qm) zum Jahrzehnt des Roadside-Retailing. Fühlt man sich heute durch eine Mischung von Discountmärkten, Fast Food und Family Restaurants, Tankstellen und Glückspielhallen an vielen Ausfallstraßen an die USA erinnert, wurde allerdings die Entwicklung von großflächigen Geschäften insgesamt durch eine restriktive Gesetzgebung stark eingeschränkt. Der Marktanteil von Geschäften mit weniger als 20 Beschäftigten lag 1991 noch bei 63 Prozent, ist allerdings bis 1994 auf 60 Prozent gefallen (STK 1996: 394).

Durch die Gesetzgebung behindert wurde insbesondere die Entwicklung von Geschäften mit einer Verkaufsfläche von über 1.500 qm, für deren Neueröffnung 1973 ein langwieriges Genehmigungsverfahren eingeführt worden war. Das Gesetz für großflächige Geschäfte schützte kleine Geschäftsbetreiber, bedeutete aber häufig *auch* für existierende großflächige Geschäfte einen *Bestandsschutz* vor dem Zuzug von Wettbewerbern (Watanabe 1994: 21). Dies ermöglichte japanischen Großunternehmen des Einzelhandels in den 70er und 80er Jahren eine Strategie, die – vereinfacht – allein in einem Angebot des One-Stop-Shoppings durch breite Sortimente und Parkplätze bestand. Von dem japanischen Verbraucher wurde sie aufgrund fehlender Alternativen auch angenommen. Das aus westlicher Sicht eher *diffuse Erscheinungsbild* vieler großflächiger Geschäfte, die häufig nur noch entfernt an gleichbenannte Vorbilder in anderen Ländern erinnern, ist auf diese Tatsache zurückzuführen.

4 Großunternehmen auf dem Vormarsch

Das Gesetz für großflächige Geschäfte wurde 1992 geändert und hat die Eröffnung neuer großflächiger Geschäfte stark vereinfacht. Der Einzelhandel nutzt die neuen Möglichkeiten konsequent aus. Schon zwischen 1991 und 1994 stieg die Verkaufsfläche trotz der Aufgabe einer Reihe von kleinen Geschäften und einer nur geringen Zunahme der Umsätze um fast 11 Prozent. Konsumenten sind nach dem Ende der *bubble economy* infolge stagnierender Einkommen preisbewußter geworden und akzeptieren jetzt auch Verkaufsstätten in entfernteren Lagen und mit unattraktiver Bauweise und Ladenausstattung. Gleichzeitig erhöht sich die Mobilität zusehends. Über drei Viertel aller japanischen Haushalte besitzen inzwischen ein Auto, besonders in ländlichen Regionen ist der Einkauf mit dem Auto zum Normalfall geworden. Die Bahnhofsnähe ist damit für den Einzelhandel bei der Standortwahl nur noch von untergeordneter Bedeutung. Die rapide Erhöhung der Zahl konkurrierender großflächiger Verkaufsstätten ging einher mit einer Reduzierung der Zahl der Geschäfte von 1991 bis 1994 um fast 100.000. Sie stellt jedoch nicht nur die Existenz kleinflächiger Geschäfte in Frage, sondern auch die oben skizzierte bisherige Strategie der Großunternehmen. Die Erhöhung von Personal und Flächen durch die führenden Einzelhandelsunternehmen resultiert nicht in entsprechenden Umsatzsteigerungen. Die Gewinne sind schnell gesunken (Meyer-Ohle 1996). Angesichts eines stark intensivierten Wettbewerbs gilt es für den Einzelhandel daher, langfristige Wettbewerbsvorteile zu erschließen. Diese können etwa in einer konsequenten Ausschöpfung von Rationalisierungspotentialen zur Umsetzung einer aktiven Preispolitik liegen, oder in einer Absatzpolitik und Sortimentszusammenstellung, die sich deutlich von der der Wettbewerber abhebt.

Einen Weg in diese Richtung zeigen neben den Convenience Store-Ketten vor allem auch ausländische Einzelhändler, die verstärkt auf den japanischen Markt drängen. Toys R Us ist binnen kurzer Zeit zum umsatzstärksten japanischen

Spielzeugwarenhändler geworden und erzielt nach eigenen Angaben in allen seinen japanischen Filialen Gewinne. Andere amerikanische Einzelhändler wie etwa Sports Authority, Office Max, Home Depot, Tower Records, The GAP und L.L. Bean nutzen ebenfalls die Liberalisierung der Gesetzgebung oder sinkende Bodenpreise und dringen auf dem japanischen Markt vor (Nikkei Ryûtsû Shinbun 07.01.1997: 15). Der Erfolg dieser Unternehmen hängt nicht nur von einer attraktiven Absatzstrategie und dem Besetzen von Marktnischen ab, sondern liegt in der Durchsetzung von *umfassenden Unternehmenskonzepten*, in die Hersteller, Lieferanten und Logistikdienstleister eng integriert sind. Sogar die Organisatoren amerikanischer Einkaufszentren planen inzwischen Großprojekte in Japan. Die Restrukturierung etablierter japanischer Betreiber von Warenhäusern und Supermärkten ist dagegen noch in vollem Gange. Konfrontiert mit einem großen Neuerungsbedarf (Meyer-Ohle 1996), versuchen viele Unternehmen insbesondere dadurch Fähigkeitslücken zu schließen, indem sie enge Kooperationen mit Unternehmen anderer Distributionsstufen eingehen.

5 Konzentrationstendenzen auch im Großhandel

Die hohe Zahl von Einzelhandelsgeschäften findet im Großhandel mit 430.000 Betrieben, darunter immerhin 45 Prozent mit nicht mehr als vier Beschäftigten, ihre Entsprechung. Allerdings ist inzwischen auch die Zahl der Großhandelsbetriebe rückläufig. Nach Jahren kontinuierlicher Zunahmen sank die Zahl der Betriebe von 1991 bis 1994 um immerhin 7 Prozent (STK 1996: 394). Die Struktur des Großhandels ist komplexer als die des Einzelhandels. Es ist nach der Art der übernommenen Funktionen, Stellung in der Distributionskette und schließlich Ausmaß der Integration der Großhandelsunternehmen in die Organisation der Industrie zu differenzieren. Branchenunterschiede führen zudem dazu, daß Distributionsstrukturen praktisch für jedes Produkt einzeln untersucht werden müssen, Generalisierungen kaum möglich sind.

6 Handelshäuser mit weitverzweigten Interessen

Die prominentesten Großhandelsunternehmen Japans sind die Generalhandelshäuser (*sôgô shôsha*). Im engeren Sinn wird diese Bezeichnung nur für *neun* Unternehmen verwendet. Diese unterhalten ein weltweites Filialnetz und verfügen häufig über enge Beziehungen zu anderen japanischen Großunternehmen der Industrie und im Finanzsektor. Im Handelsgeschäft organisieren sie einen Großteil der japanischen Rohstoffimporte und wickeln für eine Reihe von japanischen Industrieunternehmen das Exportgeschäft ab. Von großer Bedeutung sind jedoch auch ihre weiteren Aktivitäten. Generalhandelshäuser koordinieren und finanzieren Großprojekte japanischer Unternehmen im Ausland, vermitteln Kooperationspartner, sind im Drittländergeschäft aktiv und fungieren generell für japanische Unternehmen als der erste Ansprechpartner bei der Aufnahme von Projekten im Ausland (ISC 1997: 30–34). Neben den Generalhandelshäusern bestehen eine Reihe von Spezialhandelshäusern, die sich jeweils auf bestimmte Warengruppen konzentrieren und dort im Import- und Exportgeschäft aktiv sind. Handelshäuser, und hier vor allem die Generalhandelshäuser, haben in letzter Zeit ihre Bemühungen weiter verstärkt, in neue Geschäftsfelder zu diversifizieren. Zurückzuführen ist dies auf eine insgesamt sinkende Bedeutung des Rohstoffimports und des interindustriellen Handels mit Rohstoffen infolge währungsbedingt sinkender Rohstoffpreise und einer zunehmenden Autonomie des verarbeitenden Gewerbes in diesem Bereich. Mit dem Aufbau eigener Strukturen durch japanische Industrieunternehmen nimmt auch die Bedeutung der Handelshäuser im Export japanischer Produkte tendenziell ab.

Die Diversifikationsfelder der Generalhandelshäuser sind vielfältig und reichen von der Errichtung von Fernsehkabelnetzen bis zur Eröffnung von Tankstellen. Verstärkt engagieren sich die Handelshäuser auch in der Distribution von Konsumgütern. Schon in den späten 60er Jahren haben Generalhandelshäuser damit begonnen, Kapitalbeteiligungen bei Lebensmittelgroßhändlern der ersten Distributionsstufe einzugehen. Gegenwärtig intensivieren sie ihr Engagement in der Binnendistribution von Lebensmitteln weiter, indem sie affiliierte Großhandelsunternehmen zusammenschließen, das Angebotssortiment verbreitern und landesweite Logistiksysteme aufbauen. Besonders deutlich zeigt sich die gewandelte Rolle der Handelshäuser in der Textildistribution. Dominierten sie früher den Rohstoffimport aus dem Ausland und den interindustriellen Handel von Halbprodukten im Inland, steht heute der Bezug von Fertigprodukten aus dem asiatischen Ausland im Vordergrund ihrer Aktivitäten. Dieser erfolgt oft in enger Kooperation mit japanischen Herstellern und Einzelhandelsunternehmen (ISC 1997: 77, 134).

7 Großhandelsstufen

Im Binnengroßhandel existieren unter der Vielzahl der Unternehmen auf der ersten Großhandelsstufe nur wenige Großhändler, die ein branchenübergreifendes Sortiment anbieten können. Auch verfügen nur wenige Großhandelsunternehmen über eine landesweite Vertriebsorganisation oder sind weitgehend unabhängig von dem Einfluß von Herstellern oder Generalhandelshäusern. Im Lebensmittelgroßhandel hat erst das Auftreten von Convenience-Stores, die über keine Lagerflächen außerhalb des Verkaufsraumes verfügen, dazu geführt, die Sortimente des Großhandels zu erweitern. Der Großhandel führte bis dahin in aller Regel nur die Produkte *einer* Branche und *nicht* die Produkte konkurrierender Hersteller. Die ersten Convenience-Store-Betreiber mußten daher mit mehr als 80 Großhändlern zusammenarbeiten. Erst ihre wachsende Bedeutung versetzte die Convenience Store Betreiber in die Lage, konkurrierende Hersteller zur Belieferung des gleichen Großhändlers zu bewegen. Auch heute unterhalten Supermarktbetreiber und Convenience Store

Ketten noch aufwendige Verteilungszentren, in die Hersteller über den Großhandel ihre Produkte liefern. Teilweise sind dies für einen Hersteller sogar je nach Produkt mehrere Großhändler. In bestimmten Branchen (Elektrogeräte, Körperpflege etc.) ist die erste Großhandelsstufe eng mit den Herstellern verknüpft. Einstmals unabhängige Großhändler wurden von der Industrie durch Kapitalbeteiligungen integriert und sind heute eher als Vertriebsgesellschaften bestimmter Hersteller zu bezeichnen.

Großhändler der zweiten und dritten Stufe sind Betriebe, die ihrerseits Waren vom Großhandel beziehen. Dies heißt jedoch nicht, daß die Ware in jedem Fall die erste Großhandelsstufe durchläuft, häufig übernimmt die erste Großhandelsstufe nur rechtlich die Waren und kümmert sich um die finanzielle Abrechnung mit den Herstellern, physisch wird die Ware direkt an die zweite Großhandelsstufe ausgeliefert. Von besonderer Bedeutung sind diese Unternehmen für die Verteilung der Waren in den ländlichen Räumen, und sie arbeiten in dieser Hinsicht eng mit den in den Großstädten agierenden Großhändlern der ersten Stufe zusammen. Die plastische Beschreibung eines regionalen Kleingroßhändlers durch Schneidewind aufgrund seiner Erfahrungen in den 70er und 80er Jahren im Vertrieb von Körperpflegeprodukten trifft wohl immer noch die Situation vieler dieser Betriebe (Schneidewind 1991: 109).

> Der Inhaber besitzt ein Häuschen mit vier, rund 15 Quadratmeter großen Zimmern. In einem der beiden oberen schläft das Inhaberehepaar, im anderen die Mitarbeiter, die auch im Haus verköstigt werden und noch bis Mitternacht einen einzelnen Artikel im ladenschlußgesetzfreien Japan zum Kunden fahren. Von den unteren beiden Räumen dient einer – neben den Treppenstufen – als Lager und der andere – offiziell der Wohnraum – bis 22.00 Uhr abends als Kontor, Besucherraum und Kommissionierungszone.

Besonders in der physischen Verteilung der Produkte spielen diese Unternehmen eine wichtige Rolle. Ihre Geschäftsbasis ist die Vielzahl kleiner Einzelhändler und anderer Gewerbetreibender, ein Markt, dessen direkte Bearbeitung für die meisten Hersteller viel zu aufwendig ist. Die Großhandelsbetriebe beschränken sich häufig auf den Vertrieb der Produkte einer Branche und machen einen Großteil ihres Umsatzes mit den Artikeln nur eines Herstellers, für den sie oft exklusiv ein bestimmtes Gebiet bearbeiten. Ihre unternehmerischen Spielräume waren und sind auch heute noch stark eingeschränkt. Die Preisgestaltung bestimmt weitgehend der Hersteller. Dies geht so weit, daß Hersteller Großhändlern Preisnachlässe rückvergüten, die diese Einzelhändlern im Rahmen von Verkaufsförderungsaktionen gewähren.

8 Distributionsstrategien der japanischen Industrie

Der Einfluß der Industrie auf Großhandel und Einzelhandel ist in Japan, wie auch schon angesprochen, noch vergleichsweise hoch. Grund hierfür sind vor allem die deutlichen Struktur- und Größenunterschiede. In der Konsumgüterindustrie dominieren in vielen Branchen drei bis fünf Unternehmen. Abnehmer ihrer Produkte sind hingegen eine Vielzahl von Handelsunternehmen der verschiedensten Stufen. In den 50er Jahren begannen japanische Industrieunternehmen – stark beeinflußt durch amerikanische Marketinglehren –, vertikale Distributionsstrategien zu entwickeln. Ihr Ziel war eine weitgehende Beeinflussung der Verkaufsparameter ihrer Produkte (Preis, Beratung, Kundendienst). Viele Hersteller waren zu diesem Zeitpunkt im Konsumgütermarkt noch nicht etabliert, das Vertrauen der Verbraucher in den Unternehmensnamen mußte erst aufgebaut werden. Zusätzlich war die Zahl der ganz neu in den japanischen Markt eingeführten Produkte hoch, und das Budget der privaten Haushalte für Neuanschaffungen begrenzt. Konsumenten waren nicht mobil, der Einzelhandel war kleinstrukturiert, und es bestanden enge Beziehungen zwischen Einzelhändlern und Konsumenten. Die Unternehmen waren an einer möglichst schnellen und flächendeckenden Verbreitung ihrer Produkte interessiert. Für die Hersteller lag so die Einbindung kleiner Einzelhändler in ihre Strategien nahe, und sie entwickelten hierfür eine Reihe von Handelspraktiken, deren Ergebnis häufig eine Quasi-Integration von Groß- und Einzelhandelsbetrieben war (Mishima 1993: 211–218). Am weitesten vorangetrieben wurden vertikale Marketingstrategien durch die Hersteller von Haushaltsgeräten, Pkw und Kosmetika. Matsushita verfügt auch heute noch über rund 21.000 formell unabhängige Einzelhandelsgeschäfte, die unter einem einheitlichen Namen auftreten und vor allem die Produkte Matsushitas verkaufen. Das Unternehmen erwirtschaftet über diese Vertriebsschiene 60 Prozent seiner Umsätze. Bei anderen Herstellern liegen die Zahlen niedriger, sind aber dennoch für die Marktbearbeitung von erheblicher Bedeutung: Toshiba 8.000 (40 Prozent), Hitachi 7.500 (35 Prozent), Sanyo 4.600 (40 Prozent), Mitsubishi Denki 3.800 (30 Prozent) (Nikkei Ryûtsû Shinbun 02.07.1996: 3).

Das Interesse an der Plazierung der eigenen Produkte in neuen Betriebstypen des Einzelhandels war lange Zeit infolge einer starken Festlegung auf die gut kontrollierbaren quasi-integrierten Absatzkanäle relativ schwach. Die Industrieunternehmen verzichteten weitgehend auf den Aufbau einer eigenen Verkaufsorganisation für die neuen Großunternehmen des Einzelhandels und räumten mit Rücksicht auf ihre affiliierten Kleingeschäfte den Supermärkten und Warenhausbetreibern nur sehr zögernd besondere Konditionen ein. Im Gegenteil, es wurde – häufig erfolgreich – versucht, bestehende Handelspraktiken auch auf die Geschäftsbeziehungen mit diesen Unternehmen zu übertragen. Dies wurde durch die meist dezentrale Beschaffungsorganisation der Großunternehmen des Einzelhandels ermöglicht, aufgrund derer diese ihre potentielle Nachfragemacht häufig nicht entfalten konnten (TSC 1996: 13).

Die Hersteller sind mittlerweile jedoch zunehmend gezwungen, ihre bisherigen Strategien zu überdenken:

- Großunternehmen des Einzelhandels gewinnen an Bedeutung, zentralisieren Einkaufsentscheidungen und versuchen, auch ausländische Bezugsquellen zu erschließen.
- die Einführung von Informationssystemen stärkt die Unabhängigkeit des Einzelhandels.
- bestimmte Betriebstypen haben sich als unverzichtbar für die Neueinführung von Produkten erwiesen, z. B. Convenience Stores aufgrund ihrer Popularität bei Jugendlichen und Alleinstehenden für Fast Food, Snacks, Getränke, Fertiggerichte.
- hohen Kosten der Aufrechterhaltung der traditionellen Vertriebsorganisation stehen tendenziell sinkende Umsätze gegenüber.

Die Hersteller reagieren auf diese Entwicklungen, indem sie für bestimmte Einzelhandelsunternehmen und Betriebsformen spezielle Vertriebsabteilungen einrichten, ihre Verkaufsgesellschaften reorganisieren und die Konditionen überarbeiten (etwa durch eine Vereinheitlichung der Rabattsysteme). Daneben werden sie offener für direkte Kooperationen mit dem Einzelhandel in bezug auf die Entwicklung von Eigenmarken bzw. Produkten, die nur in bestimmten Geschäften verkauft werden.

Entwicklungen im Umfeld sowie im Einzelhandel, Großhandel und der Industrie selbst führen dazu, daß sich die Struktur der Zusammenarbeit und der Funktionsverteilung in der japanischen Distribution stark verändert. Nicht mehr vertikale Distributionsstrategien der Hersteller, sondern zunehmend Kooperationen zwischen den Großunternehmen der verschiedenen Distributionsstufen rücken in den Vordergrund des Interesses.

9 Vertikale Integration versus strategische Allianzen und Kooperationen: Eine neue Aufgabenteilung in Sicht

Die Beziehungen zwischen den Akteuren der verschiedenen Stufen der japanischen Konsumgüterdistribution wurden in der Vergangenheit immer wieder im Rahmen der Diskussion um bestimmte Handelspraktiken aufgegriffen, die vor allem von ausländischen Unternehmen als Markteintrittshemmnis empfunden wurden:

- das System der Rückgabe von nicht oder nur schwer verkäuflicher Ware durch den Einzelhandel an den Großhandel und die Produzenten;

- die Gewährung von Rabatten, die weniger auf dem Geschäftsvolumen als vielmehr auf der Exklusivität und Langfristigkeit der Geschäftsbeziehung beruhen, und
- die Empfehlung und Durchsetzung von Preisen durch den Produzenten auf den Großhandelsstufen und im Einzelhandel.

Der Gebrauch dieser drei Verfahrensweisen wird den an der Distribution beteiligten Parteien häufig pauschal unterstellt. Tatsächlich sind jedoch große Unterschiede zwischen den einzelnen Branchen zu verzeichnen (Itô, Matsushima und Yanagawa 1991: 135). In Branchen, in denen Einzelhändler eng mit bestimmten Herstellern affiliiert sind, setzen Hersteller ihre Absatzpolitik vor allem durch die Gestaltung der Rabattgewährung um. Sie vereinbaren mit dem Einzelhändler bestimmte Umsatzziele, eine Einhaltung der von den Herstellern gewünschten Preise sowie Beschränkungen des Sortiments auf die eigenen Produkte. Die später gewährten Rabatte orientieren sich dann weniger an der absolut abgesetzten Menge als vielmehr an der Zielerreichung durch die Einzelhändler.

In anderen Branchen ist die Kontrolle des Einzelhandels nicht so stark. Während etwa die Haushaltsgerätehersteller die Dienstleistungen und die Absatzpolitik des Einzelhandels regelmäßig überprüfen, findet diese Praxis bei den Produzenten von Sportartikeln keine Anwendung. Trotz Preisempfehlungen der Hersteller sind deshalb starke Veränderungen in der Preisgestaltung festzustellen.

In der pharmazeutischen Industrie ist die Rabattgewährung für die Hersteller zur Regel geworden. Viele Produkte lassen sich nur noch mit starken Abschlägen an den Einzelhandel verkaufen, der diese entsprechend zu den von den Herstellern empfohlenen Preisen weiterverkauft. Am weitgefächertsten sind die Handelspraktiken in den Branchen, in denen die Handelsspannen besonders niedrig sind, und die Distributionswege häufig über mehrere Großhandelsstufen reichen. Hierfür finden sich Beispiele vor allem bei der Distribution von verarbeiteten Lebensmitteln und von Haushaltsartikeln des täglichen Gebrauchs. Die vielfältigen Rabatte und Ausgleichszahlungen zwischen den einzelnen Distributionsstufen komplizieren das Bild. Trotz starker Bemühungen der Hersteller, ihre empfohlenen Preise durchzusetzen, gelingt ihnen das nicht immer.

Seit dem Ende der *bubble economy* scheinen sich die Handelspraktiken deutlich zu ändern. Vor dem Hintergrund der gegenwärtigen Nachfragestagnation und einer stärkeren Hinwendung der Konsumenten zu discountierenden Betriebstypen gerät der etablierte Einzelhandel unter starken Preisdruck, den er teilweise an die vorgelagerten Distributionsstufen weitergibt. Gleichzeitig versucht die japanische Kartellbehörde durch eine striktere Anwendung des Antimonopolgesetzes, die Hersteller-Handelsbeziehungen kompetitiver zu gestalten. Grundsätzliche Veränderungen des Systems der Preisempfehlung durch den Hersteller zeigen sich deutlich in der Distribution von Lebensmitteln. Die Industrie hat hier bei einer Reihe von Produkten ein offenes Preissystem eingeführt und dem Einzelhandel die Preissetzung damit auch offiziell überlassen. Auch die Haushaltsgerätehersteller haben bei einem Teil ihrer Produkte die Preise flexibilisiert.

10 Neue Parameter der Hersteller-Handelsbeziehungen

Zunehmend werden die Beziehungen zwischen Industrie und Handel jedoch von anderen Parametern dominiert. Die Großunternehmen des Einzelhandels müssen ihre Beschaffungsaktivitäten unter starkem Wettbewerbs- und Kostendruck überarbeiten. Ein wesentlicher Bestandteil ist hierbei die Einführung moderner Informations- und Logistiksysteme. Die Vielfalt von Geschäftsbeziehungen, eine undurchsichtige Risikoverteilung, ein komplexer Informationsfluß und unklare Preiskonditionen sind mit diesen Bemühungen jedoch kaum zu vereinen. Großhändler, die keine eigenständigen Leistungen mehr erbringen, sondern allein auf der Basis von Exklusivverträgen mit bestimmten Herstellern arbeiten, werden deshalb zunehmend aus der Distributionskette verdrängt. Eine Umfrage des Verbandes der Filialunternehmen bei den Einkäufern großer Supermärkte zeigt diese Tendenz deutlich (vgl. Tabelle 2).

Tabelle 2

Der Einzelhandel braucht solche Großhändler nicht mehr, die	(%)
gegenüber Veränderungen keine Innovationsfähigkeit besitzen und lediglich von den etablierten alten Herstellern abhängig sind;	80,9
über keine Informationen verfügen;	68,1
in der Logistik und Belieferung keine hinreichende Rolle spielen;	68,1
keine eigenständigen Leistungen bringen, die weder vom Einzelhandel noch von Herstellern erbracht werden können.	40,1
nicht über unabhängiges *Know-how* im Merchandising und in der Produktbeschaffung verfügen.	38,3

Quelle: Ogata 1997: 215

Der Einzelhandel versucht jedoch, den Großhandel nicht vollständig auszuschalten. Im Gegenteil, der japanische Einzelhandel betont ausdrücklich die Notwendigkeit von Großhändlern insbesondere in der Logistik und in der Informationsversorgung (vgl. Tabelle 3). Voraussetzung ist jedoch eine landesweite Lieferungsbereitschaft der Großhandelsunternehmen und die Sicherstellung extrem kurzer Lead-Zeiten. Kann der Großhandel dieses bieten, dann haben Einzelhändler damit begonnen, ihre Beschaffungsaktivitäten auf bestimmte Großhändler zu konzentrieren und sogar teilweise den Betrieb ihrer Distributionszentren vollständig auf den Großhandel zu übertragen.

Tabelle 3

Der Einzelhandel braucht den Großhandel, weil	(%)
ein effektives, kostengünstiges Belieferungssystem ohne den Großhandel nicht vorstellbar ist;	72,7
es unentbehrlich ist, in der Informationsversorgung mit Großhändlern zu kooperieren, die über Informationen verfügen, die Hersteller und Distributeure nicht besitzen;	45,5
in der Sortimentszusammenstellung Großhändler notwendig sind.	27,3

Quelle: Ogata 1997: 216

Daneben intensivieren sich jedoch auch direkte Beziehungen zwischen Herstellern und Einzelhändlern unter Umgehung des Großhandels. Um sich von ihren Wettbewerbern abzusetzen, betreiben viele Einzelhandelsunternehmen die Differenzierung ihrer Sortimente. Ein geeignetes Mittel hierfür ist die Erhöhung des Anteils von Eigenmarken, deren Entwicklung jedoch eine Kooperation mit den Herstellern erfordert (vgl. Tabelle 4). Ort der Erstellung dieser Produkte muß nicht unbedingt Japan selbst sein. In den asiatischen Nachbarländern können Produktions-*Knowhow* der Hersteller, Marktkenntnisse des Handels und schließlich die organisatorischen Potentiale der Generalhandelshäuser durch Kostenvorteile ergänzt werden.

Tabelle 4

Zur Differenzierung von Wettbewerbern wünscht sich der Einzelhandel von Herstellern die Zusammenarbeit	(%)
in der Produktentwicklung;	76,6
in der Reorganisation der Logistik;	48,9
im Aufbau von On-Line-Informationssystemen;	44,7
in der Auseinandersetzung mit in- und ausländischen Produkten;	42,5
in der Entwicklung von Eigenmarken;	40,4
im Testmarketing;	38,3
in der Überarbeitung der Verkaufsförderung.	38,3

Quelle: Ogata 1997: 221

Ein anderes Feld der Zusammenarbeit ist die Einführung von gemeinsamen Informationssystemen, von denen sich die beteiligten Unternehmen nicht nur erhebliche Kosteneinsparungen, sondern auch Informationsvorsprünge vor Wettbewerbern versprechen. Zwar sind diese Aktivitäten häufig noch im Anfangsstadium, ihnen wird jedoch für die Zukunft erhebliche strategische Bedeutung beigemessen. Zur Zeit ist in der japanischen Konsumgüterdistribution ein intensiver Wettstreit um die Setzung von Systemstandards etwa zur Automatisierung des Bestellwesens, POS-Datenaustausch oder Regalbestückung im Gang, in den auch ausländische Hersteller, wie etwa P&G, intensiv involviert sind.

1 1 Neue Allianzen

In der Auswahl von Kooperationspartnern ist eine starke Regelmäßigkeit festzustellen. Unternehmen versuchen nicht nur, punktuell miteinander zu kooperieren, sondern streben häufig eine weiterreichende Zusammenarbeit an. Dies gilt insbesondere für Verbindungen zwischen bestimmten Einzelhandels-unternehmen und Generalhandelshäusern, wo vielfältige Möglichkeiten der Zusammenarbeit bestehen. Diese Partner gründen nicht nur Joint-Ventures zum Betrieb von Tankstellen, sondern auch zur Produktion im Ausland, der Errichtung von Einkaufszentren in China oder zum Aufbau von Logistikstrukturen (ITC 1997: 137).

Die Bezeichnung ihrer gemeinsamen Vorgehensweise als strategische Allianzen wird von den hieran beteiligten Unternehmen bisher nach Möglichkeit vermieden. Die beteiligten Unternehmen fürchten, daß sich aus einer zu großen Betonung der Zusammenarbeit Nachteile für ihre weiteren Geschäftsbeziehungen ergeben. Wettbewerber sehen jedoch durchaus stark strategische und exklusive Charakteristika in den gemeinsamen Aktivitäten bestimmter Unternehmen und reagieren entsprechend. So wurde die zeitweilige Auslistung der Produkte des Brauereiunternehmens Suntory durch den führenden Supermarktbetreiber Daiei auch als Reaktion dieses Unternehmens auf eine sich intensivierende Kooperation zwischen Itô Yôkadô und Suntory interpretiert. P&G beobachtet die Aktivitäten von Kaô zur Setzung eines industrieweiten Standards im Distributionsbereich mit starkem Mißtrauen und versucht, eigene Systeme durchzusetzen.

Die Erfolgsträchtigkeit von vertikalen Kooperationen zwischen Industrie und Handel wird in Deutschland aufgrund einer langen Geschichte von Hersteller-Handelskonflikten teilweise bezweifelt. Auch die Umfrage des japanischen Supermarktverbandes zeigt Skepsis, vor allem auf Seiten der Industrie. Über 55 Prozent der Unternehmen sehen bisher in Begriffen wie Team-Merchandising nur schöne Worte, die den wahren Sachverhalt, daß Supermarktbetreiber nur ihren eigenen Vorteil anstreben, verschleiern. Eine starke Minderheit von immerhin 40 Prozent sieht sich dagegen auf dem Weg in Beziehungen zum Handel, die eine Verbesserung gegenüber der bisherigen Situation darstellen. Besonders der zur Zeit herrschende Neuerungsbedarf und die hohen Anforderungen an die Entwicklung von Logistik- und Informationssystemen müssen als starke Triebkräfte für die Entstehung von Kooperationen gesehen werden. Die These einer künftig stärkeren Bedeutung von Kooperationen stützen auch erfolgreiche Beispiele aus dem anglo-amerikanischen Raum, die übrigens in Japan intensiv beobachtet werden, und schließlich eine Vielzahl von Kooperationen und engen Beziehungen zwischen Unternehmen in anderen Bereichen der japanischen Wirtschaft.

12 Konsequenzen für die Marktbearbeitung durch ausländische Hersteller

Aus den augenblicklichen Veränderungen in der japanischen Distribution ergeben sich bei aller Vorsicht gegenüber dem weiteren Verlauf – revolutionäre Veränderungen werden nicht das erste Mal angekündigt – auch Konsequenzen für die Marktbearbeitung durch ausländische Hersteller. Hierzu abschließend nur einige Anmerkungen.

Die Bedeutung landesweit operierender Einzelhandelsunternehmen wird zukünftig weiter steigen. Für die deutschen Unternehmen wird es deshalb zunehmend wichtiger, deren Entwicklung zu beobachten. Insbesondere sind die innovativen Einzelhandelsunternehmen zu identifizieren, denen in ihrem Bereich jeweils eine Vorreiterrolle zukommt. Von ihren japanischen Wettbewerbern werden diese Unternehmen genau beobachtet und kopiert. Informationen sind reichlich vorhanden. Nicht nur die dreimal wöchentlich erscheinende Distributionszeitung, auch mehrere Monatszeitschriften und eine Vielzahl von Buchveröffentlichungen berichten detailliert über *wirklich jede* Neuerung im japanischen Handel. Die Bedeutung einer Kenntnis der Kooperationspartner des japanischen Einzelhandels im Großhandel wird hierdurch jedoch nicht abnehmen. Deren Identifizierung wird künftig dadurch erleichtert, daß sich die unübersehbare Zahl von kleinen, oft nur regional operierenden Großhändlern deutlich verringert. Allerdings bedeuten weniger Akteure in der Distribution auch weniger potentielle Ansprechpartner!

Anders als in der Vergangenheit gründen sich die neuen Allianzen und Kooperationen weniger auf tradierte Handelspraktiken und persönliche Beziehungen, sondern dienen der Ausnutzung sich ergänzender Ressourcen und Fähigkeiten zur Schaffung von langfristigen Wettbewerbsvorteilen. Dies erfordert Zeit und Investitionen auf Seiten der Kooperationspartner und fördert erneut die Bildung von stabilen Beziehungen. In den japanischen Markt einsteigende Unternehmen sollten die Schwächen und Stärken dieser neuen Allianzen kennen. Hier können bedeutsame Anknüpfungspunkte für den Aufbau langfristiger Beziehungen liegen. Neu auf den Markt einzuführende Produkte müssen nicht nur für den japanischen Konsumenten eindeutige Vorteile mit sich bringen, sondern auch für den japanischen Einzelhandel und dessen Kooperationspartner.

Aber auch Unternehmen, die schon auf dem japanischen Markt vertreten sind, sollten ihre Strategien überprüfen, insbesondere inwieweit ihre Distributeure noch die vom japanischen Einzelhandel geforderten Leistungen erbringen können. Dabei sind auch das stärkere Preisbewußtsein von Verbrauchern sowie besonders deren erhöhte Mobilität zu berücksichtigen. Viele europäische Produkte sind bisher auf exklusive Verkaufsflächen in den japanischen Innenstädten angewiesen. Durch die schnelle Expansion großflächiger Geschäfte außerhalb der Zentren sehen sich die japanischen Städte zunehmend den gleichen Problemen ausgesetzt wie in Deutschland, nur verfügen die Stadtverwaltungen über wesentlich weniger Instrumentarien, die Stadt- und damit auch die Einzelhandelsentwicklung zu steuern.

Möglichkeiten mögen sich auch aus dem Auftreten von ausländischen Einzelhändlern in Japan ergeben. Durch die Zusammenarbeit mit diesen Einzelhändlern können eventuell Probleme mit dem japanischen Distributionssystem sozusagen durch die Hintertür umgangen werden. Der amerikanische Betreiber von Sports Authority, einem Category Killer, eröffnete mit einem Sortiment, das zu 75 Prozent aus amerikanischen Produkten bestand.

Schließlich sollte auch das Engagement japanischer Einzelhändler in Asien beobachtet werden, die dort Fuß zu fassen versuchen. Auch wenn eine Zusammenarbeit in Japan selbst nicht zustande kommt, können sich im Zuge der Internationalisierung des japanischen Einzelhandels Chancen auf Drittmärkten ergeben.

Literatur

ISC (Itôchû Shôji (kabu) Chôsabu) (1997): *Zeminâru Nihon no sôgô shôsha* [Seminar – Japans Generalhandelshäuser]. Tokyo: Tôyô Keizai Shinpôsha 1997.

Itô, Motoshige, Shigeru Matsushima und Norishiba Yanagawa (1991): „Ribêto to saiban kakaku iji kôi" [Rabatte und Maßnahmen zur Aufrechterhaltung des Wiederverkaufspreises], in: Miwa, Yoshiro und Kiyohiko Nishimura (Hg.): *Nihon no ryûtsû* [Japanische Distribution]. Tokyo: Tôkyô Daigaku Shuppankai 1991, S. 131–157.

Keizai Dantai Rengôkai (1995): *Shôhisha shikô gata no ryûtsû shisutemu no kakuritsu ni mukete* [Zur Schaffung eines verbraucherorientierten Distributionssystems]. Tokyo: Keidanren: Keizai Dantai Rengôkai 19.09.1995.

Meyer-Ohle, Hendrik (1996): „Revolution in der japanischen Distribution? Großunternehmen des Einzelhandels in einer Phase der Neuorientierung", in: *Handelsforschung 1996/97, Jahrbuch der Forschungsstelle für den Handel Berlin (FfH) e.V.* 379–397.

Meyer-Ohle, Hendrik (1995): *Dynamik im japanischen Einzelhandel.* Wiesbaden: Deutscher Universitätsverlag 1995.

Mishima, Mari (1993): „Ryûtsû keiretsuka no ronri" [Logik des Aufbaus von Distributionsnetzwerken], in: Ariga, Ken (Hg.): *Nihonteki ryûtsû no keizaigaku* [Wirtschaftslehre der japanischen Art der Distribution]. Tokyo: Nihon Keizai Shinbunsha 1993, S. 207–254.

Nairu, Tatsuhiko und David Flath (1993): „The Complexity of Wholesale Distribution Channels in Japan", in: Czinkota, Michael R. und Masaaki Kotabe (Hg.): *The Japanese Distribution System.* Chicago, Ill.: Probus 1993, S. 83–98.

Nikkei Ryûtsû Shinbun (07.01.97): Nihon shijô no 'kabe' kekkai. Nadare komu ryûtsû gaishi [Die 'Mauern des japanichen Marktes' brechen, Fremdkapital dringt ein], S. 1–5.

Nikkei Ryûtsû Shinbun (02.07.1996): „Keiretsu koeta torihiki kappatsu ni" [Den *keiretsu* übergreifenden Handel beleben], S. 3.

Nikkei Ryûtsû Shinbun (18.01.96): Kôbe kara hyakkaten ga kawaru [Von Kobe ausgehend verändert sich das Warenhaus], S. 1.

Ogata, Tomoyuki (1997): „Ankeeto chôsa ni yoru 'seihaihan senryakuteki dômei' no kanôsei" [Möglichkeiten strategischer Allianzen zwischen Handel und Herstellern anhand einer Meinungsumfrage], in: *Hanbai kakushin* 3, 1997, S. 214–223.

RMK (Ryûtsû Mondai Kenkyûkai) (1995): „Kakaku keisei no henyô to ryûtsû kakushin" [Veränderung der Preissetzung und Revolution in der Distribution], in: Miyazawa, Kenichi (Hg.): *Kakaku kakumei to ryûtsû kakushin* [Preisrevolution und Reform der Distribution]. Tokyo 1995, S. 14–150.

Schneidewind, Dieter C. (1991): *Das japanische Unternehmen*. Berlin, Heidelberg u.a.: Springer.

STK (Sômuchô Tôkeikyoku) (1996): *Nihon tôkei nenkan Heisei 9 nen* (Japan Statistical Year Book 1997). Tokyo: Nihon Tôkei Kyôkai 1996.

TSC (Tsûshô Sangyôshô Chûshô Kigyôchô Torihiki Ryûtsûka) (1996): Heisei 8 nen oroshiurigyô no gendai to kadai [Lage und Probleme des Großhandels 1996]. Tokyo: Tsûshô Sangyô Chôsakai Shuppanbu 1996.

Uehara, Yukihiko (1996): „Ryûtsû kikô no henka to mêkâ no taiô" [Veränderung der Distributionsstruktur und Reaktion der Hersteller], in: Ishihara, Takemasa und Junzô Ishii (Hg.): *Seihan tôgô* [Integration von Produktion und Handel]. Tokyo: Nihon Keizai Shinbunsha 1996, S. 141–171.

Watanabe, Tatsuro (1994): „Changes in Japan´s Public Policies Toward Distribution Systems and Marketing", in: Kikuchi, Takeshi (Hg.): *Japanese Distribution Channels*. New York: Haworth Press 1996, S. 17–33.

**Sektion C:
Neue Marktchancen und
Unternehmensstrategien**

Wachstumsmarkt Japan: Aktuelle Entwicklungen im japanischen Telekommunikations- und Informationssektor

Edzard Janssen

1 Einleitung

Japan wird im Ausland oft als das „High-Tech-Land" schlechthin angesehen. Ausländische Besucher japanischer Büros mußten jedoch noch vor wenigen Jahren überrascht feststellen, daß Computer nur in geringem Umfang eingesetzt wurden. In der Tat wies Japan Anfang der 90er Jahre einen substanziellen Rückstand gegenüber anderen fortgeschrittenen Industrieländern bei der Implementierung moderner Informations- und Kommunikationstechnik auf, z. B. beim Computereinsatz in Unternehmen und Privathaushalten, Grad der Computervernetzung etc. (vgl. z. B. Fransman 1995: 175–177). In den letzten Jahren läßt sich aber eine rasche Änderung feststellen. Der Einzug von Computern, Internet etc. in Unternehmen und Haushalten hat dazu geführt, daß der japanische Informations- und Kommunikationssektor von einer starken Wachstumsdynamik ergriffen worden ist.

Zunächst wird deshalb ein aktueller Überblick über das Marktvolumen und die Entwicklung dieses Sektors gegeben, bevor einige wachstumsintensive Bereiche (Internet, digitales TV, ISDN, Mobiltelefon) einer genaueren Betrachtung unterzogen werden. Der japanische Markt zeichnet sich aber nicht nur durch hohe Zuwachsraten aus, sondern ist auch zunehmend für ausländische Unternehmen geöffnet worden. Am Beispiel des Telekommunikationssektors wird dargestellt, welche Möglichkeiten zum Markteintritt vor dem Hintergrund von Deregulierung und Wettbewerbsentwicklung bestehen.

2 Steigendes Markt- und Investitionsvolumen

Im internationalen Vergleich nahm Japan im Jahre 1995 erstmals hinsichtlich der Investitionen in den öffentlichen Telekommunikationsbereich mit US $ 35,1 Milliarden vor den USA (US $ 32,7 Milliarden) und der Bundesrepublik Deutschland (US $ 12,4 Milliarden) die Führungsposition unter den Industrieländern ein (OECD 1997: 59).

Zur zukünftigen Entwicklung des Informations-/Telekommunikationssektors hat das Telecommunication Council, ein beratendes Gremium des japanischen Ministeriums für Post- und Telekommunikation, im Frühjahr 1997 einen Report (DKS 1997) veröffentlicht, in dem eine Vervierfachung des Marktvolumens und eine Verdoppelung der Anlageinvestitionen bis zum Jahre 2010 prognostiziert werden (siehe Tabelle 1).

Die Entwicklung in Japan wird dabei in den nächsten Jahren zum einen durch die weitere Digitalisierung, zum anderen durch die Konvergenz von Telekommunikations- und TV-Bereich gekennzeichnet werden. Gegenwärtig werden z. B. bereits Internetzugang und Telefonverkehr über das Kabel-TV-Netz angeboten.

Tabelle 1: Entwicklung von Marktvolumen und Anlageinvestitionen im Informations-/Telekommunikationssektor (1995–2010) (Einheit: Billionen Yen)

Jahr	1995	2000	2005	2010
Marktvolumen	28,6	47,7	79,5	124,5
Anlageinvestitionen	3,81	5	6,2	7,2

Anm.: Anlageinvestitionen beziehen sich auf den Telekommunikationssektor inkl. TV.
Quelle: DKS (1997).

3 Rasche Informatisierung der japanischen Wirtschaft

Anfang der 90er Jahre lagen die japanischen Unternehmen hinsichtlich des Einsatzes von Computern im internationalen Vergleich weit zurück. Viele Großunternehmen haben seitdem Beschaffungsprogramme eingeleitet, die zu einem starken Anstieg des Computerabsatzes beigetragen haben.

Tabelle 2: PC-Absatz in Japan 1993–1997 (Einheit: Millionen)

Jahr	1993	1994	1995	1996	1997*
Absatz	2,45	3,6	5,7	7,6	9,6
Anstieg (%)	10	47,2	58,3	33	26,3

Quelle: JTSKS (verschiedene Ausgaben), JT (1.7.1997) *Prognose von Dataquest Inc.

Von den insgesamt ca. 32 Millionen japanischen Arbeitnehmern im Bürobereich verfügten 1996 ca. 40 Prozent über einen PC. In den Großunternehmen steht mittlerweile 59 Prozent, in mittelständischen Unternehmen ca. 29 Prozent und in kleinen Unternehmen 21 Prozent der Büroangestellten ein PC zur Verfügung. Da in den Büros der Großunternehmen in Kürze ein Verhältnis PC zu Angestellten von annähernd 1:1 erreicht werden dürfte, werden in den nächsten Jahren vor allem mittlere und Kleinunternehmen sowie die privaten Haushalte die Nachfrage im japanischen PC-Markt tragen (Boyd 1997).

Aber nicht nur der Computerbesatz in den japanischen Unternehmen ist stark angestiegen, sondern auch der Grad ihrer Vernetzung. Waren 1995 nur ca. 35 Prozent aller Computer vernetzt, so wird für 1997 von einem Vernetzungsgrad von etwa 70 Prozent (Local Area Networks, LAN) ausgegangen (JTSKS 1997: 157).

Auch die Anbindung an das Internet spielt für japanische Unternehmen eine immer größere Rolle. Einer Umfrage vom Oktober 1995 zur Folge waren 34,4 Prozent der Unternehmen mit mehr als 2.000 Mitarbeitern an das Internet angeschlossen, weitere 26,3 Prozent beabsichtigten einen baldigen Zugang (Yûseishô 1996: 25), Intranets wurden 1996 von 17 Prozent aller Großunternehmen verwendet, weitere 8 Prozent beabsichtigten die Einführung.

4 Internet-Boom

In Japan begann das Internet im akademischen Bereich 1984 mit der Errichtung eines Netzes (Junet) zwischen Universitäten in Tokyo, dem weitere Netze 1988 (WIDE) und 1992 (SINET) folgten. Der Übergang von der akademischen zur kommerziellen Nutzung erfolgte 1992. Nach einem relativ langsamen Start hat das Wachstum des Internet in Japan seitdem selbst kühne Prognosen immer wieder übertroffen: Zwischen Juli 1993 und Januar 1997 stieg die Zahl der Internet-User von 36.000 auf ca. 7,1 Millionen an. Japan weist damit das zweitgrößte Internet hinter den USA auf, und der Internet-Boom wird sich noch weiter ausprägen. Bis zum Jahr 2000 werden bis zu 30 Millionen Japaner das Internet nutzen (Kimura 1997: 53).

Tabelle 3: Anzahl von Host-Computern in Japan (1991–1997)

Monat/Jahr	7/91	7/92	7/93	7/94	7/95	7/96	1/97
Hosts	6.657	15.557	35.639	72.409	159.776	496.427	734.406

Quelle: OECD 1997, S. 56.

Tabelle 4: Internet Access Provider in Japan

Monat/Jahr	3/94	9/94	3/95	9/95	3/96	8/96	2/97
Provider	11	24	38	110	506	1.128	1.645

Quelle: http://www.mpt.go.jp/policyreports/japanese/papers/97wp1.html, 12. Juni 1997; JTSKS 1997, S. 142

Auch die Zahl der Internet-Access-Provider ist stark angestiegen. Allerdings führt die Konkurrenz zwischen den kommerziellen Internet Providern zu sinkenden Preisen für den Internet-Zugang. Daraus resultierte einer Umfrage des Daiwa Institute of Research zufolge, daß Ende 1996 ca. die Hälfte aller Internet-Provider in Japan Verluste im operativen Geschäft verzeichneten.

Das große Interesse am Internet in Japan wird dazu führen, daß auch in den nächsten Jahren die starke Nachfrage nach PCs, Netzwerkequipment und ISDN anhalten wird. Aus europäischer Sicht sollte hinsichtlich der Entwicklung des Internet in Japan allerdings nachdenklich stimmen, daß ca. 90 Prozent des aus Japan hinausgehenden Internetverkehrs in die USA führt.

5 Digitales Fernsehen

Mit der Einführung des digitalen Satellitenfernsehens Ende 1996 ist die japanische Fernsehsenderlandschaft stark in Bewegung geraten. PerfecTV, der erste Betreiber von digitalem Satellitenfernsehen in Japan, hat im Oktober 1996 den Betrieb aufgenommen und bietet gegenwärtig 82 Fernsehkanäle an. DirecTV Japan, betrieben von einer Gruppe japanischer und amerikanischer Unternehmen, wird voraussichtlich ab Dezember 1997 142 Fernsehkanäle (davon 136 als Pay-TV) ausstrahlen und weitere 68 Radio- und 27 Datenübertragungskanäle anbieten.

Japan Sky Broadcasting Co. (JSkyB), ein digitales Satelliten TV-Unternehmen von News Corp., Softbank Corp., Sony Corp. und Fuji Television Network Inc. wird ab April 1998 einen Service mit ca. 150 TV-Kanälen offerieren. Inwieweit der japanische Konsument das Angebot von über 300 Kanälen annehmen wird, ist derzeit noch nicht abzusehen. Allerdings sind die Abonnentenzahlen von PerfecTV in den ersten Monaten (bis Ende Mai 1997 ca. 301.000 Abonnenten) hinter den Erwartungen des Unternehmens zurückgeblieben, zumal der Service anfangs für Benutzer kostenlos angeboten wurde.

Die Vielzahl neuer Fernsehkanäle und die beabsichtigte Einführung von digitalem terrestrischen Fernsehen ab dem Jahr 2000 wird die Konkurrenzsituation im japanischen TV-Markt verschärfen. Vor allem die große Anzahl der Kabelfernsehbetreiber wird sich im Wettbewerb beweisen müssen. Sie stehen vor dem Problem, zum einen in den Ausbau des Kabelnetzes (nur ca. 10 Prozent der japanischen Haushalte waren 1996 verkabelt), andererseits aber auch in die Digitalisierung ihrer Infrastruktur für neue Dienste investieren zu müssen; einige Betreiber haben z. B. bereits begonnen, Internetzugang bzw. Telefonieren via Kabel anzubieten. Da viele Unternehmen jedoch Verluste ausweisen – im Jahre 1995 z. B. 99 von 160 Unternehmen (JTSKS 1997:199) – wird der hohe Kapitalbedarf zahlreiche Betreiber vor Finanzierungsschwierigkeiten stellen. Es ist anzunehmen, daß in den nächsten Jahren eine Konsolidierung im Kabelfernsehsektor eintreten wird, eine Entwicklung, die sich auf den gesamten TV-Markt in Japan erstrecken könnte.

6 Festnetz

Die Entwicklung des Festnetzes wird in den nächsten Jahren durch Infrastrukturausbau und Aufrüstung bestehender Netze durch den Einsatz neuer Technologien gekennzeichnet sein. Dabei steht in erster Linie die Erhöhung der Bandbreite zwecks Integration von Bild-, Ton- und Datenübertragung im Sinne einer umfassenden Multimediafähigkeit im Vordergrund.

Im Festnetzbereich wird vor allem der Ausbau des Glasfasernetzes zum Endverbraucher („fiber to the home") vorangetrieben: Bis zum Jahr 2000 sollen in dieser Beziehung die Metropolregionen, bis 2005 alle Städte über 100.000 Einwohner und bis 2010 ganz Japan erfaßt werden.

Seit Ende 1996 hat Nippon Telegraph and Telephone (NTT) mit dem Aufbau eines landesweiten Computernetzes (Open Computer Network) für Multimedia-Dienste begonnen, das insbesondere für Internet und LAN zu LAN-Verbindungen genutzt werden soll. Bis Anfang 1999 wird der Zugang für Dial-up-Benutzer flächendeckend möglich sein. Ein 128 Kilobyte/pro Sekunde (Kbps)-Service soll bis dahin in ca. 200 Städten zur Verfügung stehen, während für Hochgeschwindigkeitsdienste (1,5 und 6 Megabit pro Sekunde) 1997 zunächst 15 Zugänge errichtet werden, und der weitere Ausbau je nach Bedarf erfolgen soll.

Im Gegensatz zur Bundesrepublik Deutschland fand das Integrated Services Digital Network (ISDN), in Japan INS Net (Integrated Network Service) genannt, bis zur Mitte der neunziger Jahr keine große Resonanz, obwohl der Anstoß zur Entwicklung dieses Dienstes ursprünglich von der japanischen Telefongesellschaft Nippon Telegraph & Telephone (NTT) ausging. Erst der Internet-Boom in Verbindung mit sinkenden Preisen für INS-Net-Zugang hat in jüngster Vergangenheit den Zuspruch stark erhöht: Zwischen März 1996 und März 1997 verdoppelte sich die Zahl der INS Net 64 Kbps-Anschlüsse (siehe Tabelle 5); insgesamt wurden ca. 1,25 Millionen Benutzer (März 1997) von INS Net-Diensten registriert. Damit dürfte Japan 1997 nach der Bundesrepublik Deutschland und den USA den drittgrößten ISDN-Markt weltweit aufweisen.

Tabelle 5: Entwicklung von INS Net 64 Kbps (1990–1997) (Einheit: 1.000 Anschlüsse)

Monat/Jahr	3/91	3/92	3/93	3/94	3/95	3/96	3/97
Anzahl	27,3	84,1	156,8	234,8	337,1	510,4	1030

Quelle: JTSKS 1997, S. 104; JT 24.5.1997.

7 Mobilnetz

Der japanische Mobilfunkmarkt wächst mit beachtlicher Geschwindigkeit. Mit ca. 30 Millionen Benutzern (Juni 1997) besitzt ungefähr jeder vierte Japaner mittlerweile ein Mobiltelefon bzw. Personal Handyphone System (PHS).

PHS, eine Entwicklung von NTT, wurde zunächst als ein kostengünstiges mobiles Telefon für japanische Studenten und Hausfrauen angesehen; mittlerweile hat es sich aber zu einem vielseitigen mobilen Kommunikationssystem für einen großen Kundenkreis entwickelt. Seit Aufnahme des Betriebs im Juli 1995 hat sich das System schnell in Japan durchgesetzt. Ende Juni 1997 belief sich die Anzahl von PHS-Benutzern auf 6,86 Millionen gegenüber 23,45 Millionen Besitzern von Mobiltelefonen.

Tabelle 6: Mobiltelefon- und PHS-Benutzer (1994–1997), (Einheit: Millionen)

Monat/Jahr	3/1994	3/1995	3/1996	3/1997	6/1997
Mobiltelefon	2,1	4,3	10,2	20,9	23,5
PHS	–	–	1,5	6,0	6.9
Gesamt	2,1	4,3	11,7	26.9	30,4

Quelle: http://www.mpt.go.jp/pressrelease/denki/97048d601.html, 1. Mai 1997.
http://www.mpt.go.jp/policyreports/japanese/stats/Handy-phone-imm.html, 10. Juli 1997.

Das PHS ist ein digitales Schnurlossystem, dessen Endgeräte gegenüber digitalen Mobiltelefonen eine geringere Übertragungsleistung aufweisen, dafür allerdings eine längere Standby-Fähigkeit besitzen. Die mobile Verwendungsfähigkeit ist jedoch eingeschränkt, da das System keine Benutzer erfassen kann, die sich mit Verkehrsmitteln bewegen. Aufgrund der geringen Übertragungsreichweite erfordert das PHS zur Sicherstellung einer problemlosen Kommunikation auch in Stadtgebieten ein Netz mit einer extrem hohen Dichte an Übertragungsstationen. Die relativ einfache Elektronik und der geringe Energiebedarf des PHS bewirken aber, daß die Komponenten für das Telefon und die Stationen weitaus kostengünstiger als die für Mobiltelefonsysteme sind.

Das digitale PHS weist darüber hinaus mit einer Übertragungsgeschwindigkeit von 32 Kbps gegenüber digitalen Mobiltelefonen eine erhebliche Leistungsfähigkeit bei der Übertragung von Daten auf. Seit April 1997 Jahres bieten die japanischen PHS-Betreiber NTT Personal Group, DDI Pocket Telephone und die Astel Group Datenübertragungsdienste an, wodurch die Anwendungsmöglichkeiten von PHS erheblich ausgeweitet werden. PHS kann z. B. zur Errichtung mobiler Unternehmens- und Gebäudenetze für Sprach- und Datenkommunikation eingesetzt werden. PHS-Karten für Notebook Computer ermöglichen u. a. Zugang zum Internet und das Versenden von Faxen via Personal Handyphone System. Derzeit kommen auch neuartige Endgeräte auf den Markt, die eine Kombination aus Personal Digital Assistents und PHS mit Internetzugang darstellen und gewissermaßen die erste Generation mobiler Multimedia-Geräte im Taschenformat für den Alltagsgebrauch bilden.

Wie im Festnetzbereich, so herrscht auch bei Mobilnetzen der Trend zu einer umfassenden Multimediafähigkeit durch Erhöhung der Bandbreite vor. Die NTT-Mobilfunktochtergesellschaft NTT Mobile Communications Network Inc. (NTTDoCoMo) hat z. B. angekündigt, ab dem Jahr 2000 mindestens 384 Kbps Übertragungsbandbreite anzubieten, was gegenüber der derzeit bestehenden Leistung eine 40fache Steigerung bedeutet und u. a. Videokonferenzen via Mobilnetz ermöglicht.

8 Liberalisierung des japanischen Telekommunikationsmarktes

Weitaus früher als in der Bundesrepublik Deutschland wurde in Japan bereits 1985 der Telekommunikationssektor liberalisiert. Die Monopole von NTT und Kokusai Denshin Denwa (KDD) für den inländischen bzw. internationalen Telefonverkehr wurden aufgehoben, und Wettbewerb in das öffentliche Netz eingeführt. Gleichzeitig wurde die Teilprivatisierung der bis dahin öffentlich-rechtlichen Telefongesellschaft NTT eingeleitet. Allerdings entwickelte sich danach eine jahrelange Diskussion über die fortbestehende übermächtige Marktstellung von NTT, die im Juni 1997 mit einer Parlamentsentscheidung zur Teilung des Unternehmens vorläufig beendet wurde. NTT wird 1999 in drei Unternehmen unter dem Dach einer Holdinggesellschaft aufgespalten: Eine Weitverkehrs-NTT für überregionale Dienste, die vollständig privatisiert wird und auch international agiert, sowie zwei regionale NTT-Gesellschaften: NTT Ost- und NTT-Westjapan, die auf den japanischen Inlandsmarkt beschränkt bleiben.

Trotz der starken Marktmacht von NTT sind nach 1985 mehr als 4.500 Unternehmen in den japanischen Telekommunikationsmarkt eingetreten, und der Wettbewerb hat zu einem starken Preisverfall für Telekommunikationsdienste geführt. Im Hinblick auf ausländische Marktteilnehmer lassen sich im wesentlichen zwei Entwicklungen feststellen: 1. Abbau der Beschränkungen gegen ausländisches Kapital, 2. verbesserte Absatzchancen für ausländische Hersteller von Telekommunikationsequipment.

8.1 Freier Marktzugang für ausländische Telekommunikationsunternehmen

Die japanische Telekommunikationsgesetzgebung unterscheidet zwischen Unternehmen des Typ 1, die eine eigene Infrastruktur unterhalten („Carrier"), und Unternehmen des Typs 2, die Infrastruktur für ihre Dienste leasen. In letzterer Kategorie wird noch einmal zwischen regulären und speziellen Typ 2-Unternehmen differenziert. Als spezielle Typ 2-Unternehmen werden überwiegend solche Anbieter aufgefaßt, die Dienste ins Ausland offerieren. In dieser Kategorie sind vor allem ausländische Telekommunikationsunternehmen, wie z. B. die DEUTSCHE TELEKOM, vertreten. Beschränkungen gegen ausländisches Kapital bestanden bisher bei Typ 1-Unternehmen in Höhe von 33 Prozent, bzw. bis zu 20 Prozent bei NTT und KDD, die als nationale japanische Carrier angesehen werden. Im Rahmen der Verhandlungen der World Trade Organization Anfang 1997 hat Japan zugesagt, die Kapitalrestriktion bei Typ 1-Unternehmen aufzuheben. Ab 1998 werden lediglich noch Beschränkungen gegen ausländisches Kapital bei NTT und KDD in Höhe von 20 Prozent verbleiben.

Weitere Deregulierungsmaßnahmen, wie z. B. die Zulassung von KDD zum inländischen Markt bzw. von NTT zum internationalen Markt (beide Unternehmen waren bisher jeweils auf den internationalen bzw. inländischen Markt beschränkt), und die Erlaubnis zur Anbindung von internationalen Mietleitungen an das öffentliche Netz ab 1998 werden zu einer weiteren Verschärfung des Wettbewerbs auf dem japanischen Telekommunikationsmarkt führen. In Erwartung dieser Entwicklung haben bereits zwei große japanische Typ 1-Carrier (Japan Telecom und International Telecom Japan) eine Fusion für Oktober 1997 angekündigt.

Mit dem Wegfall der Restriktionen gegen ausländisches Kapital wird Japan als zweitgrößter Markt weltweit sicherlich ein attraktiveres Ziel als bisher für ein substantielles Engagement internationaler Telekommunikationsunternehmen bilden, sei es in Form von Aufkäufen, Beteiligungen oder Allianzen. Auch japanische Unternehmen, insbesondere NTT, werden versuchen, ihre Position im internationalen Markt auf- bzw. auszubauen und den Verlust von Marktanteilen in Japan durch Auslandsaktivitäten zu kompensieren.

8.2 Telekommunikationsequipment – Verbesserte Absatzchancen für ausländische Hersteller

Bis Anfang der 80er Jahre bot der japanische Markt kaum Absatzmöglichkeiten für ausländische Hersteller von Telekommunikationsequipment, da die Telefongesellschaft NTT – zu dem Zeitpunkt noch Monopolist im inländischen Markt – überaus eng mit den japanischen Herstellern Fujitsû, Hitachi, NEC und Oki (sog. NTT-Familie) zusammenarbeitete.

Erste Risse in der festgefügten Struktur resultierten aus einem Abkommen zwischen Japan und den USA über Beschaffungsaufträge von NTT im Jahre 1980. 1981 ging NTT dann zu einem Ausschreibungsverfahren über, das derzeit im wesentlichen aus drei verschiedenen Prozeduren (sog. „Tracks") besteht, die von einfachen Beschaffungsausschreibungen bis zur Teilnahme an Forschungs- und Entwicklungsprojekten von NTT reichen. Seit 1988 hat sich das Volumen der Aufträge von NTT an ausländische Unternehmen kontinuierlich erhöht (siehe Tabelle 7). Sie stellen gegenwärtig ca. 17 Prozent des gesamten Orderumfangs dar und werden an mehr als 1.000 Unternehmen erteilt.

Tabelle 7: NTT-Aufträge an ausländische Unternehmen 1980–1996 (Einheit: Mrd. Yen)

Jahr	Umfang	Jahr	Umfang	Jahr	Umfang
1980	3,0	1986	37,1	1992	98,8
1981	4,4	1987	37,9	1993	119,0
1982	11,0	1988	41,4	1994	134,7
1983	34,8	1989	50,4	1995	161,6
1984	35,1	1990	65,6	1996	173,0
1985	36,9	1991	80,4		

Quelle: MPT (1995: 37), Nagai (1993: 26), http://www.ipo.ntt.info.co.jp/NewsE.html, 10. Juli.1997

Darüber hinaus hat NTT in den letzten Jahren zusätzlich zu den ehemaligen Mitgliedern der NTT-Familie japanische und ausländische Unternehmen in Forschungs- und Entwicklungsprojekte miteinbezogen, so u. a. IBM, Northern Telecom, Erricsson und Oracle.

Allerdings nimmt nicht nur NTT in steigendem Maße von ausländischen Unternehmen ab, sondern im besonderen Maße auch die Mitwettbewerber von NTT. Für sie besteht das Problem, auf dem japanischen Beschaffungsmarkt überwiegend auf Produkte zu treffen, die von NTT in Zusammenarbeit mit den Hauslieferanten entwickelt wurden und wenig Spielraum für eigene Verbesserungen und Weiterentwicklungen erlauben. Da die neuen Anbieter kaum über eigene substanzielle Entwicklungsressourcen verfügen, wenden sie sich bei Forschung und Entwicklung sowie bei Beschaffungsaufträgen zumeist an amerikanische Unternehmen (Janssen 1996:315).

Im Mobilfunkbereich wurde in der Vergangenheit z. B. ein amerikanisches System NTT's Konkurrenten Daini Denden (DDI) und Nihon Idô Tsûshin (IDO) eingeführt. Beide Unternehmen haben bereits angekündigt, ab 1998 den amerikanischen Code Division Multiple Access (CDMA)-Standard IS-95 zu übernehmen. Aber auch NTT DoCoMo beabsichtigt, bei der Entwicklung der nächsten Generation von Mobiltelefonsystemen mit amerikanischen und europäischen Herstellern zusammenzuarbeiten (Honma 1997: 86-87).

9 Schluß

Japan befindet sich im Informations-/Telekommunikationssektor in einer Wachstumsphase, die voraussichtlich in den nächsten Jahren nicht nur anhalten, sondern sich noch verstärken wird. Bis auf wenige Ausnahmen bestehen gesetzlich kaum noch Beschränkungen gegen ausländisches Kapital im japanischen Telekommunikationssektor. Auch im internationalen Vergleich muß Japan zu den liberalsten Märkten gezählt werden.

Die Entwicklung seit der Liberalisierung 1985 hat gezeigt, daß ausländische Unternehmen durchaus Zugang zum Telekommunikationssektor gefunden haben.

Möglichkeiten zum Einstieg in den japanischen Markt – eigenständig oder in Kooperation mit japanischen Unternehmen – sind in vielen Bereichen gegeben. Im TV-Sektor wird z. B. in Zukunft das Angebot mehrerer hundert Kanäle wettbewerbsfähige Inhalte („Content") erfordern. Vor allem amerikanische Unternehmen können hinsichtlich des Absatzes von „Content" und Beteiligungen an TV-Betreibern bereits beachtliche Erfolge in Japan vorweisen. Aber auch Internet-bezogene Technologien und Applikationen bieten ein großes Potential für innovative Unternehmen, wie der schnelle und erfolgreiche Markteintritt wiederum junger amerikanischer Unternehmen in den letzten zwei Jahren gezeigt hat. Es bleibt zu hoffen, daß sich in Zukunft auch deutsche und europäische Firmen stärker im Wachstumsmarkt Japan engagieren werden.

Literatur

Boyd, John (1997): Changes in the Japan's PC market. In: *The Japan Times*, 13.08.1997.

DKS (=Denki-tsûshin Shingikai) (1997): *Jôhô-tsûshin 21-seki bijon – 21-seki ni mukete shinshutsu subeki jôhô-tsûshin seisaku to jitsugen kanôna miraizô* [Vision für Information und Telekommunikation im 21. Jahrhundert – Die Politik und Perspektiven für Information und Telekommunikation an der Schwelle zum 21. Jahrhundert]. Tokyo: Yûseishô (Mimeo), (http://www.mpt.go.jp/policyreports/japanese/telecouncil/vision21-9706/v21-9706.html, 10. Juli 1997)

Fransman, Martin (1995): *Japan's Computer and Communication Industry – The Evolution of Industrial Giants and Global Competitiveness*. Oxford: Oxford University Press.

Honma, Jun (1997): Keitai denwa de 40baisoku no dêta tsûshin [40fach schnellere Datenübertragung bei Mobiltelefonen], In: *Nikkei Maruchimedia*, 6, 97, S. 86-91.

Janssen, Edzard (1996): Deregulierung im japanischen Telekommunikationssektor – Einflüsse auf Forschung und Entwicklung. In: *Wissenschaftsmanagement 6/1996*, S. 312–319.

JT (= The Japan Times), 1.2.1997: *PC Shipments Rose 33% in 96'*.

JT (= The Japan Times), 24.5.1997: *NTT Reaps Revenues*.

JTSKS (= Jôhô-tsûshin Sôgô Kenkyûsho) (1997): *Jôhô-tsûshin handobukku '97-nenpan* [Informations-/Kommunikationshandbuch 1997]. Tokyo: Jôhô-tsûshin Sôgô Kenkyûsho.

Kimura, Takashi (1997): Intânetto wa kakomi kata ni [Internet in umfassender Form]. In: *Nikkei Maruchimedia*, Juli 1997 (Nr. 25), S. 52–57.

MPT (Ministry of Posts and Telecommunications) (1995*): Open –Telecommunications Overview of Japan*. Tokyo: Ministry of Posts and Telecommunications, International Policy Division.

Nagai, Susumu (1993): *Deregulation of Telecommunication in Japan*. Tokyo: Hosei University, Institute of Comparative Economic Studies (ICES Working Paper No. 34).

OECD (=Organisation for Economic Co-operation and Development) (1997): *Communications Outlook 1997, Vol. 1*. Paris: OECD.

Yûseishô (1996): *Kigyônai tsûshin nettowâku no genjô* [Die gegenwärtige Lage bei Netzwerken in Unternehmen]. Tokyo: Ôkurashô Insatsu-kyoku.

Die rechtliche Bewältigung von Marktzugangsproblemen

Heinrich Menkhaus

„Es ist leichter, Waren nach Japan zu importieren und in Japan ein Unternehmen zu gründen als in Deutschland und in den USA."[1] Mit dieser Aussage überraschte Hans Peter Stihl, der Präsident des Deutschen Industrie- und Handelstages, zugleich Inhaber des gleichnamigen deutschen Unternehmens, das Weltmarktführer für Motorsägen ist, bei einem Interview mit der führenden japanischen Wirtschaftszeitung Nihon Keizai Shinbun am 26. Januar 1996 in Tokyo Journalisten und Zuhörer. Was für ein Unterschied zu den üblichen Stellungnahmen, die Japan als verschlossen und kostspielig charakterisieren. Und mit was für einem Gewicht, denn das Unternehmen Stihl ist seit 1964 in Japan vertreten, seit 1990 sogar mit einer eigenen Tochtergesellschaft, und diese ist die weltweit profitabelste Niederlassung des Unternehmens.

Eine solche Aussage veranlaßt natürlich zu der Frage, ob alles, was wir bis jetzt über Japan gehört haben, überhaupt richtig ist. Die Beantwortung dieser Frage bleibt der Gesamtschau des vorliegenden Bandes überlassen. Hier soll nur gezeigt werden, welche institutionalisierten Wege es für Ausländer bei der Bewältigung von Marktzugangsproblemen in Japan gibt und wie diese Wege beschritten werden können. Dem wird eine kurze Einführung zum Thema Marktöffnung in Japan vorausgeschickt.

1 Marktöffnungsprogramme

Seit 1975 wird verstärkt über Marktzugangsfragen diskutiert. Der Grund ist klar: Damals wuchsen die Exportüberschüsse in den Handelsbilanzen Japans auch mit den westlichen Industrienationen dramatisch. Diese wurden von Anfang an nicht nur auf eine erhöhte Wettbewerbsfähigkeit der japanischen Industrie oder nachlassende Wettbewerbsfähigkeit der westlichen Industrienationen zurückgeführt, sondern auch auf die bewußte Weigerung Japans, ausländische Produkte und Dienstleistungen ins Land zu lassen. Eines der oft kolportierten Beispiele ist die Ablehnung der Zulassung ausländischer Wintersportgeräte mit der Begründung, der japanische

---

[1] Pressemeldung der Deutschen Industrie- und Handelskammer in Japan vom 26.1.1996. Im folgenden werden nur japanbezogene Quellen in europäischen Sprachen zitiert.

Schnee sei anders. Die mit derartigen Argumentationen im Ausland provozierte Frustration führte zu zunehmendem politischen Druck auf Japan, der nach US-amerikanischem Vorbild mit der griffigen Formel vom „Japan Bashing" belegt wurde.

Die Klagen richteten sich gegen drei Bereiche. Zunächst gegen zu hohe Zölle. Zweitens gegen die später als nicht-tarifäre Handelshemmnisse zusammengefaßten juristischen Instrumente des Wirtschaftsverwaltungsrechts: Importverbote, Einfuhrkontingente, Genehmigungsvorbehalte, Anmeldungs- und/oder Registrationserfordernisse, Ausschreibungsverfahren, technische Standards, Zertifizierungsverlangen, mangelnde Transparenz der rechtlichen Regelungen, deren Umsetzung mit sog. Verwaltungsanleitungen und die verzögerte Bearbeitung von Anträgen. Und drittens gegen strukturelle Besonderheiten der japanischen Gesellschaft, die als Handelshemmnisse empfunden wurden: ausgeprägte Neigung zur Autarkie, Vorrang etablierter Handelsbeziehungen, besondere Vorsicht im Umgang mit Ausländern, mangelnde Fremdsprachenkenntnisse, hohes Qualitätsbewußtsein usw.

Diese Dreiteilung ist zunächst nicht überraschend, weil sie in fast allen Rechtsordnungen nachvollziehbar ist. Die Diskussion litt aber von Anfang an daran, daß die Frage, ob es in Japan quantitativ mehr Regularien gab oder gibt als in den anderen Industrienationen, nie befriedigend beantwortet wurde. Der bloße Vergleich der Anzahl bestehender Genehmigungsvorbehalte – wie vereinzelt geschehen – reicht dafür nicht aus. Für den dritten Bereich der geltend gemachten Handelshemmnisse, also die strukturellen Besonderheiten der japanischen Gesellschaft, erwies sich die einzig mögliche Angriffsrichtung, nämlich das Erzwingen von Rechtsänderungen, nur bedingt geeignet. Außerdem waren viele der in diesem Bereich geäußerten Vorwürfe teilweise ähnlich absurd wie die Argumentation der japanischen Seite ihren Schnee betreffend, weil sie eher auf Mängel und Versäumnisse der Beschwerdeführer selbst hindeuteten.

Trotzdem wurde den Klagen von japanischer Seite ab 1977 mit teilweise fieberhaft zusammengestellten Marktöffnungsprogrammen begegnet. Eine umfassende Zusammenstellung all dessen, was mit diesen bisher 24 Programmen seit jener Zeit geändert wurde, ist nicht existent, wohl auch unmöglich[2]. Wichtige Meilensteine in diesem Prozeß waren der zweite ad hoc Untersuchungsrat für Verwaltungsangelegenheiten (*Dai niji rinji gyôsei chôsakai*) 1980, die erste ad hoc Konferenz zur Förderung der Verwaltungsreform (*Dai ichiji rinji gyôsei kaikaku suishin shingikai*) 1985, der Maekawa-Report von 1986, die zweite ad hoc Konferenz zur Förderung der Verwaltungsreform (*Dai niji rinji gyôsei kaikaku suishin kyôgikai*) 1988, der Bericht der gleichnamigen dritten ad hoc Kommission 1992, der Hiraiwa-Report 1993, der von der Regierung Hosokawa Morihiro 1995 angestoßene dreijährige Plan zur Förderung des Abbaus der Regulierungen (*Kisei kanwa suishin*

---

[2] Eine Übersicht für die Jahre 1982 bis 1986 bietet Scheer, die Marktöffnungsprogramme von 1989 und 1992 behandelt Schwarz. Zum Ganzen siehe Ministry of International Trade and Industry, Measures for Promoting Foreign Direct Investment in Japan 1990 und 1991, ab 1992 jährlich herausgegeben von Japan External Trade Organization unter demselben Titel.

keikaku), welcher mit der im März 1997 verkündeten 3. Revisionsstufe endete und die von der Regierung Hashimoto 1996 ins Leben gerufene, sich auf die sechs zentralen Lebensbereiche Verwaltung, Finanzsystem, Wirtschaftsstruktur, Soziale Sicherheit, Struktur der öffentlichen Finanzen und Erziehung erstreckende Kommission für Verwaltungsreform (Gyôsei Kaikaku Iinkai).

Wie erkennbar, tauchte im Laufe der Zeit für die projektierten Rechtsreformen der Begriff *kisei kanwa* auf. Das kann mit „Lockerung von Beschränkungen" übersetzt werden, wird aber allgemein als das japanische Pendant für den Begriff Deregulierung benutzt. Unter diesem aber werden nun wieder die unterschiedlichsten Sachverhalte verstanden, weil es eine Legaldefinition des Begriffes nicht gibt. Zum Teil wird damit nur der Abbau der Beschränkungen gegenüber Ausländern beim Marktzugang in Japan erfaßt, andererseits aber auch die Erleichterung des Marktzugangs für Japaner und Ausländer gleichermaßen. Schließlich wird darunter auch die vollständige rechtliche Umstrukturierung von Märkten, bei der noch gar nicht klar ist, ob sie sich wirklich als Erleichterung des Marktzugangs auswirkt, subsumiert. Mitunter wird sogar als Deregulierung verkauft, was eindeutig zusätzliche Regulierung erfordert und sich zum Nachteil von Dritten auswirkt, nur weil es einer Partei zum Vorteil gereicht. Bestes Beispiel dafür sind die Japanisch-US-amerikanischen Halbleiterabkommen, in denen den USA ein bestimmter Marktanteil in Japan garantiert wurde, was natürlich anderen Lieferanten wegen des Erfordernisses des Erreichens des Marktanteils der US-Amerikaner auf diesem Markt behinderte.

Beim „Japan Bashing" waren die Vereinigten Staaten von Amerika immer vorneweg. Sie kämpften zeitweise auf vier verschiedenen Ebenen gleichzeitig: Internationale und bilaterale Abkommen, MOSS, SII und Super Clause 301. Bei MOSS handelte es sich um die Market Oriented Sector Selective Talks, die ausschließlich den Marktzugang US-amerikanischer Produkte auf einem bestimmten Markt im Auge hatten. Bei der Japan-US Working Group on the Structural Impediments Initiative (kurz SII) ging es um das bisher einmalige Vorhaben, die strukturellen Verschiedenheiten der beiden Volkswirtschaften auszugleichen, um Wettbewerbsnachteile zu beseitigen. Die Super Clause 301 schließlich war der große Rundumschlag, der dem US Trade Representative ermöglichte, auf der Grundlage der Handelsbilanzen der USA mit anderen Staaten unfaire Handelspartner zu identifizieren und gegen diese Vergeltungsmaßnahmen einzuleiten.

Von diesem Vorpreschen der US-Amerikaner hat Europa manchmal, aber – wie gesehen – durchaus nicht immer profitiert. Um aber den USA das Feld nicht allein zu überlassen und den Dialog insbesondere zwischen Japan und der – seinerzeit noch – Europäischen Gemeinschaft zu Fragen des Marktzugangs zu institutionalisieren, hat der 1972 von den in Japan vertretenen europäischen Auslandshandelskammern geschaffene European Business Council Branchen-Komitees gegründet, die sich mit Marktzugangsfragen befassen, und deren Forderungen direkt oder über die Europäische Union in die Deregulierungsdiskussion in Japan eingespeist werden[3]. Daneben gab es vereinzelt auch noch rein deutsche Aktivitäten. So ging es in mehreren deutsch-japanischen Finanzgesprächen um die stärkere Berücksichtigung deutscher Anbieter von Finanzdienstleistungen.

2 Institutionalisierte Bewältigung von Marktzugangsproblemen

2.1 Multilaterale und bilaterale Übereinkommen

Der Bereich des internationalen Wirtschaftsverkehrs, der heute durch multilaterale und/oder bilaterale Abkommen geregelt wird, ist kaum noch zu überblicken. Vielen dieser Abkommen ist Japan beigetreten. Hier sei als Beispiel nur das Allgemeine Zoll- und Handelsabkommen genannt, das eher unter seinem englischen Namen General Agreement on Tariffs and Trade (kurz GATT) bekannt. In der Uruguay-Runde des GATT wurde dem Grundsatz des Vorrangs der Verzollung vor dem Importverbot Rechnung getragen. Das hatte auch Auswirkungen auf Japan. Dieses hat sich im sog. Marrakesh-Abkommen vom 15. April 1994, das die zollrechtlichen Ergebnisse der Uruguay-Runde enthält, verpflichtet, in Verwirklichung dieses Grundsatzes das Importverbot für Reis zugunsten einer Kombination von Einfuhrkontingenten und Verzollung aufzugeben. Auch im Bereich des Imports von Schuhen und anderen Lederwaren, wo es die Kombination von Importquoten und Zöllen seit langem schon gab, ist es zur Vereinbarung einer erheblichen, sich stufenweise über fünf Jahre hinziehenden Reduzierung der Zollsätze gekommen[4]. In beiden Bereichen hatte Japan ein nachhaltiges innenpolitisches Interesse an der Beibehaltung der Handelshemmnisse.

Auch das Streitschlichtungsverfahren der Welthandelsorganisation, das mit Abschluß der Uruguay-Runde in der Vereinbarung über Regeln und Verfahren zur Beilegung von Streitigkeiten festgelegt wurde, hat schon seine Wirkung entfaltet. In dem von der Europäischen Union, den Vereinigten Staaten von Amerika und Kanada beantragten Verfahren ging es um die Besteuerung von Spirituosen in Japan. Diese war so ausgerichtet, daß die japanischen Produkte preisgünstig verkauft werden konnten, während die ausländischen Produkte einer hohen Alkoholsteuer ausgesetzt waren. Hier wurde im Juli 1996 geurteilt, daß Japan diese Art der ungleichen Besteuerung bis 1998 aufzugeben habe.

---

[3] Vgl. den von Januar 1990 bis Januar 1993 vom EBC herausgebenen Newsletter bzw. die EBC News-Seiten in den European Union News, erscheint auf monatlicher Basis seit August 1996. In den Jahren 1995 und 1996 ist der EBC auch mit einem eigenen White Paper über Marktzugangsprobleme in Japan in Erscheinung getreten.

[4] Im einzelnen vgl. Japan Tariff Association.

2.2 Nationale Rechtsreformen

Aus der großen Anzahl grundlegender Reformen ganzer Rechtsgebiete in den letzten Jahren sei hier nur der Bereich der Finanzmärkte angesprochen. Hier ist es schon in mehreren Etappen, die durch die Jahreszahlen 1980/81 und 1993 gekennzeichnet werden können, zu einer erheblichen Umstrukturierung gekommen. Gegenwärtig befindet sich Japan in einer neuerlichen Reformphase, die unter Anknüpfung an den britischen Big Bang aus dem Jahre 1986 der Japanische Big Bang (kin'yû dai kaikaku) genannt wird. Hier wurden Devisenbeschränkungen weitgehend aufgehoben, das alles dominierende Trennungssystem, das für jede Art von Finanzdienstleistern einen anderen Geschäftsbereich absteckt, aufgeweicht, neue Finanzdienstleistungen zugelassen und die gesetzliche Zinsbindung abgeschafft[5]. Die Reform des Aufsichtsrechts hat zur Schaffung einer Wertpapieraufsichtsbehörde geführt, und die Übertragung der Aufsicht über das Bankgeschäft auf eine eigenständige Behörde steht bevor.

Gerade auf dem Finanzmarkt sind Erfolge beim Marktzugang ausländischer Unternehmen zu verzeichnen. Wegen des in Japan geltenden Trennungssystems, das auch eine Trennungslinie zwischen dem Bank- und Wertpapiergeschäft zieht, war ausländischen Finanzinstituten der Betrieb einer Wertpapiergesellschaft in Japan untersagt, wenn sie schon die Zulassung zum Bankgeschäft in Japan innehatten. Dies wirkte sich insbesondere bei Banken in Ländern mit dem sog. Universalbanksystem, wie z. B. der Bundesrepublik Deutschland, nachteilig aus, weil in diesen Ländern der Finanzdienstleister Bank fast alle Finanzdienstleistungen anbieten kann, in Japan aber nur zum sog. Bankgeschäft zugelassen war. Einer Initiative der Bundesrepublik Deutschland ist es zu verdanken, daß als erste die Tochtergesellschaft einer deutschen Bank 1986 zum Wertpapiergeschäft in Japan unter der Bedingung zugelassen wurde, daß 50 Prozent der Anteile der neuen Gesellschaft nicht von der Mutterbank gehalten werden.

Eine institutionalisierte Beteiligung von Ausländern bei diesen Reformen ist keineswegs selbstverständlich. Dennoch konnten sich auch hier verschiedene Interessengruppen Gehör verschaffen. So etwa das Institute of Foreign Bankers in Japan oder die beiden EBC Komitees Banking und Securities, deren Anregungen teilweise direkt über die EU oder über die Mitgliedstaaten an das gesetzgebende Organ in Japan gerichtet waren. Institutionalisiert war die Beteiligung von Ausländern aber ausdrücklich im oben angesprochenen Reformplan der Hosokawa-Regierung. Bei diesem wurden jeweils im März eines Jahres beginnend mit März 1995 für drei Jahre Reformen verkündet, auf die die Ausländer im Herbst des Jahres reagieren konnten.

---

[5] Im einzelnen vgl. Yamauchi 1987, Menkhaus 1990a und 1990b, ders. 1994a und 1994b.

2.3 Außenhandelsrat

Bei der Diskussion allgemeiner Fragen der japanischen Wirtschaftsstruktur mit Ausländern wird in Japan zwischen Fragen des Handels und der Dienstleistungen auf der einen und Fragen der (Direkt-)Investitionen nach Japan auf der anderen Seite unterschieden. Entsprechend hat man zwei verschiedene Organe dafür geschaffen.

Mit den allgemeinen Fragen des Handels und der Dienstleistungen beschäftigt sich das 1991 eingerichtete Einfuhrkomitee (Yûnyû Kyôgikai) des zum Geschäftsbereich des Ministeriums für Handel und Industrie zählenden, schon 1970 gegründeten Außenhandelsrat (Bôeki Kaigi). Das Komitee hat bis jetzt acht Sitzungen absolviert[6]. Der Ausschuß zählt unter seinen Mitgliedern auch immer mehrere Ausländer, gegenwärtig z. B. Vertreter der Vereinigten Staaten von Amerika und der Europäischen Union. Wie die Konferenz die von ihr behandelten Fragen aufgreift, ist nicht ganz klar. Eingaben können über den EBC an die EU und weiter an den Außenhandelsrat erfolgen. Die Protokolle werden nicht veröffentlicht, sind aber durch den jeweiligen ausländischen Repräsentanten im Komitee erhältlich. Eine Statistik über bis jetzt aufgegriffene Fragen und ihre weitere Bewältigung liegt nicht vor. Auch fehlt ein System des Weiterverfolgens vom Einfuhrkomitee ausgesprochener Empfehlungen.

Als ein vom Einfuhrkomitee aufgegriffenes Problem sei hier nur die Berechtigung von Rechtsanwälten, die nicht in Japan, sondern im Ausland zugelassen sind, als Parteivertreter bei in Japan stattfindenden Schiedsgerichtsverfahren erwähnt. Insoweit galt bisher, daß unabhängig des vom Schiedsgericht anzuwendenden nationalen Rechts wegen der Verortung des Schiedsgerichts in Japan nur in Japan zugelassene Rechtsanwälte als Parteivertreter postulationsfähig waren. Diese Beschränkung im Bereich rechtlicher Dienstleistungen ist aufgehoben worden. In Japan über eine Sonderzulassung verfügende sog. Rechtsanwälte ausländischen Rechts können nunmehr als Parteivertreter eines Schiedsgerichtsverfahrens in Japan ebenso auftreten, wie jeder andere in einer fremden Jurisdiktion zugelassene Rechtsanwalt. Inwieweit speziell das Einfuhrkomitee auf diese Reform Einfluß hatte, ist nicht bekannt, zumal das Problem verschiedenen Gremien unterbreitet wurde.

2.4 Investitionsrat

Mit Kabinettsbeschluß von 1994 wurde der Rat für japangerichtete Investitionen (Tainichi Tôshi Kaigi) ins Leben gerufen. Dieser Rat befaßt sich mit allgemeinen Fragen der ausländischen (Direkt)investitionen in Japan[7] und ist im Geschäftsbereich des Wirtschaftsplanungsamtes verortet. Der Rat besitzt als Untergliederung ein Expertenkomitee, in dem neben acht Japanern als Vertretern einschlägig tätiger

---

[6] Ministry of International Trade and Industry, Minutes of the Meetings of the Import Board, 1-8.
[7] Yearbook of the Japan Investment Council und JIC Yearbook Update 1997.

japanischer Institutionen sechs Repräsentanten ausländischer Organisationen mitarbeiten. Hervorzuheben sind die Mitgliedschaften der Vertreter der US-amerikanischen Auslandshandelskammer in Japan, sowie des EBC im Expertenkomitee. Der Rat bzw. sein Expertenkomitee haben bis zum Jahre 1997 insgesamt sieben Sitzungen abgehalten.

Die Tagesordnung des Rates wird bestimmt durch Vorschläge des Expertenkomitees, die wiederum zurückgehen auf Eingaben von Unternehmen, Auslandshandelskammern usw. Als ein Beispiel sei erwähnt, daß das EBC Investment Committee, das sich einige Zeit mit Fragen der Verschmelzung und Akquisition von Unternehmen in Japan befaßt hatte[8], im Jahre 1996 zu einer Präsentation der Probleme und Lösungsvorschläge in diesem Bereich vor dem Expertenkomitee gebeten wurde. Einige der dort vorgebrachten Vorschläge sind vom Rat später aufgegriffen und als Empfehlungen an das Kabinett weitergegeben worden. Teilweise haben diese Vorschläge schon in Form von Rechtsreformen Berücksichtigung gefunden, wie z. B. Änderungen bei der Verschmelzung von Gesellschaften, obwohl diese im Augenblick noch nicht in Kraft sind. Leider gibt es keine Statistik über die Anzahl der Eingaben und der in ihnen behandelten Probleme. Eine Methode des Wiederaufgreifens von Empfehlungen, die noch keine Berücksichtigung gefunden haben, besteht nicht.

2.5 OTO

Im Gegensatz zu allgemeinen Problemen des Außenhandels und Dienstleistungsverkehrs auf der einen Seite und zu allgemeinen Problemen japangerichteter Investitionen andererseits, werden konkrete Einzelfragen zu Marktzugangshindernissen sowohl für den Bereich Handel/Dienstleistungen als auch Investitionen vom 1982 eingerichteten *Shijô kaihô mondai kujô shori taisaku honbu* bearbeitet. Diese zum Geschäftsbereich des Wirtschaftsplanungsamtes zählende Behörde ist besser unter der aus der englischen Übersetzung Office of Trade and Investment Ombudsman abgeleiteten Abkürzung OTO bekannt[9]. Organisatorisch verfügt sie über zwei Einrichtungen: Verwaltung und *Shijô kaihô mondai kujô shori suishin kaigi*[10] (Rat zur Förderung der Bewältigung von Marktzugangsproblemen), einem Gremium bestehend aus Wissenschaftlern, Unternehmensführern und sog. ausländischen Sachverständigen, unter denen die Europäische Union gegenwärtig mit einer Person ebenso vertreten ist wie die Vereinigten Staaten und die Republik Korea.

---

[8] European Business Community, Restructuring in Japan - M & A Opportunities.
[9] The Secretariat of OTO, Guide to OTO.
[10] Bis 1993 Shijô Kaihô Mondai Shori Shimon Kaigi.

Beschwerdeweg

Es gibt zwei Beschwerdewege. Im ersten, seit 1982 bestehenden, wird ein Einzelfall erörtert. Dieser kann vom beim Marktzugang behinderten – auch im Ausland ansässigen – Unternehmen direkt vorgetragen werden. Das Unternehmen kann sich aber auch vertreten lassen, bei ausländischen Unternehmen insbesondere durch Botschaften oder Auslandshandelskammern. Seit der Einrichtung dieses Verfahrens sind bis April 1997 555 Beschwerden bearbeitet worden. Die meisten davon, nämlich 321, gehen auf japanische Beschwerdeführer selbst zurück. Von den restlichen Anträgen kamen aus den Vereinigten Staaten von Amerika 83 und von Mitgliedstaaten der Europäischen Union 98. Dabei ging es in 168 Fällen um Importe aus den Vereinigten Staaten und in 162 Fällen aus der Europäischen Union. Die Bundesrepublik Deutschland war mit 62 Importfällen das am stärksten vertretene Land der EU. In regelmäßigen Abständen berichtet das Büro öffentlich über den Stand der Eingaben und die Art der Handhabung[11].

Auf diese Weise ist bis Ende 1996 die Bearbeitung von 538 Beschwerden beendet worden. In etwa der Hälfte aller Fälle wurde der Beschwerde durch Marktzulassung des Produktes oder der Dienstleistung abgeholfen. In weiteren 10 Prozent wurde die Beschwerde auf andere Weise erledigt. Im Hinblick auf den Rest blieb die Behinderung erhalten. Auf die Bundesrepublik Deutschland bezogen sehen die Zahlen ähnlich aus: Von den bis Ende 1996 61 Beschwerden mit Produkten aus Deutschland wurden 28 im Sinne der Marktöffnung beschieden.

Als Beispiel sei eine deutsche Eingabe der jüngsten Zeit dargestellt. Es ging um Krankenhausbetten. Bei Ausschreibungen der staatlichen bzw. kommunalen Krankenhäuser, aber auch im Verkehr der Krankenhausaufsichtsbehörden untereinander war immer wieder verlangt worden, daß die zu beschaffenden Krankenhausbetten von einem bestimmten Lieferanten sein müßten oder das Bett jedenfalls den technischen Spezifika der Betten dieses Anbieters zu entsprechen habe. Um auf Nummer sicher zu gehen, bestellten deshalb viele Krankenhäuser gleich die Betten des in Rede stehenden Unternehmens, dessen Marktanteil mit über 70 Prozent deshalb auch nicht überraschend ist. Der japanische Vertragshändler eines deutschen Krankenhausbettlieferanten wandte sich daraufhin an das OTO mit der Bitte, darauf hinzuwirken, daß für die Anforderung an Krankenbetten abstraktere technische Spezifikationen genannt und insbesondere die Nennung des Namens des Wettbewerbers unterbleibe. Die ersten Reaktionen der vom OTO mit Bitte um Stellungnahme angegangenen Ministerien für Soziales und Erziehung waren nicht ermutigend: Die Anforderungen an die Betten seien abstrakt genug und deshalb wolle man sie nicht ändern. Das wird aber sicher nicht das letzte Wort in der Sache sein.

In den letzten Jahren nimmt die Zahl der Beschwerden in diesem Verfahren kontinuierlich ab. Ob dafür die Öffnung des im Anschluß zu behandelnden zweiten

---

[11] The Secretariat of OTO, Acceptances and Processing of Grievances, leider nicht durchnummeriert.

Beschwerdeweges, die mangelnden Erfolgsaussichten einer Beschwerde oder die Abnahme von Behinderungen verantwortlich sind, ist noch nicht untersucht.

Beschwerdeverfahren

Das zweite Verfahren ist erst 1993 hinzugekommen. Danach muß ein Problem nicht in die Form einer die Identifikation des betroffenen Unternehmens zulassenden Einzelfallbeschwerde gekleidet werden, sondern kann losgelöst von einem konkreten Einzelfall dem Rat vorgetragen werden. Dabei dürfte die Abgrenzung der Zuständigkeiten zwischen dem Rat des OTO und dem weiter oben genannten Außenhandel- und Investitionsrat mitunter schwierig sein.

Dem OTO-Rat sind bis März 1997 240 Beschwerden vorgelegt worden, von denen er bisher 104 einer konkreten Empfehlung an die Regierung zugeführt hat. Der Rat veröffentlicht in unregelmäßiger Reihenfolge die Ergebnisse seiner Tätigkeit in drei verschiedenen Reihen: Empfehlungen[12], Antworten der zuständigen Behörden[13] und Wiedervorlagen[14]. Besonders hervorzuheben ist, daß der Rat sich konsequent die Umsetzungen seiner Empfehlungen ansieht und nicht erfolgte Umsetzungen erneut aufgreift[15].

Auch bei diesem zweiten Verfahren sind wiederum die ausländischen diplomatischen Vertretungen und Auslandshandelskammern antragsberechtigt. Bisher sind aber nur fünf Anträge, die alle aus dem Jahr 1995 stammen, von deutschen Stellen eingereicht worden. Eine von der Deutschen Industrie- und Handelskammer betreute Beschwerde aus dem Jahre 1995 soll hier als Beispiel kurz dargestellt werden. Es ging um den Import von Seide. Für dieses Material hat Japan mit den beiden Haupterzeugerländern China und Süd-Korea Einfuhrkontingente vereinbart. Um deren Einhaltung sicherzustellen, erkannte der japanische Zoll nur Ursprungszertifikate von Erzeugerländern an. Ursprungszertifikate von Handelsnationen hingegen wurden zurückgewiesen. Das zwang die Händler ihre Bezugsquellen preiszugeben. Die Beschwerde verlangte deshalb die Anerkennung von Ursprungszeugnissen auch aus Handelsnationen. Nach dem Studium der diesbezüglichen Rechtslage in der EU, die Ursprungszeugnisse von Handelsnationen ausreichen läßt, versprach das zuständige Ministerium für Handel und Industrie fortan auch solche Ursprungszeugnisse anzuerkennen.

---

[12] The Secretariat of OTO, Recommendation on Market Access Issues as concerns Standards, Certifications and others, bisher 6 Ausgaben.
[13] The Secretariat of OTO, Policy Actions on Market Access Issues as concerns Standards, Certifications and others, bisher 6 Ausgaben.
[14] Office of Market Access, Follow-up to the Report of the Market Access Ombudsman Council, bisher 2 Ausgaben 1996 und 1997.
[15] Secretariat of the OTO, Further Follow-up on the Recommendations on the Market Access Issues by the Market Access Ombudsman Council, May 12, 1997.

2.6 CHANS

Zu den regelmäßig an die Adresse Japans erhobenen Vorwürfen zählt die Benachteiligung ausländischer Bieter bei der Angebotsabgabe für öffentliche Ausschreibungen[16]. Hier lauert eine Fülle von Problemen, die damit beginnen, daß die Ausschreibungen nur zum Teil übersetzt werden[17] und ausländische Bieter oft auch mit den rechtlichen Rahmenbedingungen für die spätere Lieferung bzw. Dienstleistung nicht vertraut sind, was sich natürlich beim Angebot auswirkt. Abhilfe soll hier ein neues Verfahren schaffen, das *Seifu chôtatsu kujô shori taisei* (System der Bewältigung von Beschwerden zum öffentlichen Beschaffungswesen)[18] genannt wird.

Das dafür 1996 errichtete Amt, mit dem auch auf der Grundlage der englischen Übersetzung: „Office for Government Procurement Challenge System" kaum verständlichen Abkürzung CHANS, entspricht einer Verpflichtung aus dem im Rahmen der Uruguay-Runde des GATT neuverhandelten Übereinkommens über das öffentliche Beschaffungswesen. In den beim Wirtschaftsplanungsamt verorteten Verfahren ist die Erhebung einer Einzelfallbeschwerde für den Fall vorgesehen, daß es bei Ausschreibungen von Gebietskörperschaften und denen einiger anderer öffentlich-rechtlicher Körperschaften zu Problemen gekommen ist.

Leider sind nicht alle öffentlich-rechtlichen Körperschaften sowie Produkte bzw. Dienstleistungen erfaßt. Die Ausschreibung muß einen gewissen Mindestumfang haben und als Antragsteller kann nur ein als Bieter oder potentieller Bieter betroffenes Unternehmen auftreten. Sollte danach dieses Amt unzuständig sein, bleibt der Beschwerdeweg zum OTO offen. Erfahrungen mit der neuen Institution sind noch nicht vorhanden. Es gab bisher nur eine Beschwerde seitens eines US-amerikanischen Unternehmens bei der Ausschreibung von Mobilfunksystemen für die japanische Polizei. Die Beschwerde wurde nicht aufgegriffen, weil es sich um einen durch das o.g. Abkommen zugelassenen Ausnahmebereich handelt.

2.7 JIS

Ebenso breiten Raum bei der Diskussion von Marktzugangsproblemen in Japan nehmen die technischen Standards ein. Von ausländischer Seite wird immer wieder vorgetragen, Standards für bestimmte Materialien und Werkstoffe seien bewußt nicht geschaffen worden, um ausländische Wettbewerber von vornherein vom Markt fernzuhalten, bei anderen Standards sei bewußt eine vom internationalen Standard abweichende Norm verwendet worden, um die ausländischen Unternehmen

---

[16] Vgl. das seit 1995 erscheinende Jahrbuch zum öffentlichen Beschaffungswesen hrsg. vom Prime Ministers Office.
[17] So aber European Union, Official Journal, Series S, seit Januar 1997 auch als CD-ROM erhältlich.
[18] Economic Planning Agency, A Guide to the New System of Complain Review Procedures for Government Procurement.

zu einer kostenträchtigen Umstellung der Produktion zu zwingen und schließlich, daß die Zertifizierung nach japanischen Standards nicht durch ausländische Prüforganisationen erfolgen könne.

Die JIS (Japan Industrial Standard)-Normen sind mittlerweile sehr weit ausgebaut, weichen aber an einigen Stellen von internationalen Vorgaben, wie z. B. ISO (International Standards Organisation)-Normen, CEN (European Committee for Standardization)-Normen usw. ab. Trotzdem ist ein erheblicher ausländischer Einfluß auf die japanischen Standards zu verzeichnen, was an den Erfordernissen der japanischen Industrie selbst liegt, die auf Export und damit auf international einheitliche Standards angewiesen ist.

Eine andere Möglichkeit zur ausländischen Einflußnahme auf den Inhalt der Standards ist die Teilnahme an den Komitees für die Erarbeitung bzw. Änderung der Standards in Japan. Das japanische Ministerium für Handel und Industrie übersendet auf regelmäßiger Basis auch Einladungen an Ausländer zur Teilnahme an den Sitzungen der für Er- oder Überarbeitung gegründeten Arbeitskreise[19], die von der Deutschen Industrie- und Handelskammer durch ihre Monatszeitschrift „Japan Markt" weitergegeben werden. Leider werden diese Einladungen oft so kurzfristig vor dem Termin versandt, daß eine Teilnahme erschwert wird.

Tatsächlich nehmen aber Vertreter ausländischer Unternehmen an diesen Arbeitskreisen teil. Eine Statistik fehlt hingegen oder wird nicht zur Verfügung gestellt. Da die Verhandlungen auf Japanisch geführt werden, sind die ausländischen Unternehmen in aller Regel durch japanische Mitarbeiter vertreten.

2.8 SG

Von großer Bedeutung für die Vermarktung von Produkten sind die sog. Prüfzeichen. Diese werden von Verbänden, Gütegemeinschaften, Arbeitskreisen usw. vergeben, wenn ein Produkt die vorher festgelegten technischen Eigenschaften erfüllt. Diese Prüfzeichen kann in Japan grundsätzlich auch ein ausländisches Produkt erwerben. Ein gutes Beispiel ist das sog. Safety Goods (SG)-Zeichen, vergeben mit Genehmigung des Ministeriums für Handel und Industrie für die technische Sicherheit.

Zuständig ist die *Anzen seihin kyôkai* (englisch: Consumer Product Safety Organization). Auch diese Organisation lädt auf regelmäßiger Basis Ausländer zur Teilnahme an den Arbeitsgemeinschaften ein, die die Sicherheitserfordernisse festlegen oder verändern. Auch diese Einladung wird in der Zeitschrift „Japan Markt" der Deutschen Industrie- und Handelskammer in Japan weitergegeben; auch hier sind die Einladungen indes oft zu kurzfristig.

Trotzdem nehmen an diesen Verfahren Vertreter ausländischer Unternehmen teil. Bis jetzt sind für 109 Produkte Sicherheitsstandards erarbeitet worden. Seit 1987

---

[19] Ministry of International Trade and Industry, News form MITI Standards Information Center, zuletzt Nr. 138/1997.

ist die Teilnahme von Ausländern an den Arbeitskreisen möglich. Damals ging es um das 76. Produkt, Luftpumpen für Fahrräder. In den folgenden 34 Arbeitskreisen für die Erarbeitung von neuen Sicherheitsstandards nahmen an 19 Arbeitskreisen Vertreter ausländischer Unternehmen teil. Die Bundesrepublik Deutschland war in 16 dieser Gremien vertreten. Leider erfaßt die Statistik nur die Arbeitskreise für die Neuerarbeitung von Standards, nicht deren Änderung.

2.9 DIHKJ

Aus dem oben Gesagten ist schon deutlich geworden, daß die Deutsche Industrie- und Handelskammer als einer vom japanischen Ministerium für Handel und Industrie anerkannten Auslandshandelskammer das Recht zur Vertretung von Beschwerdeführern in einigen der genannten institutionalisierten Verfahren zusteht. Aber auch sofern dieses direkte Vertretungsrecht nicht besteht, gehört die Bearbeitung von Marktzugangsproblemen ausweislich der in diesem Band enthaltenen Darstellung von Arbeitsweise und Dienstleistungen der DIHJK zu den zentralen Aufgaben der Rechtsabteilung, die den einzuschlagenden Weg kennt und auch direkt bei den japanischen Entscheidungsträgern vorsprechen kann.

3 Ergebnis und Ausblick

Die Bewältigung von Marktzugangsfragen ist institutionalisiert. Ob die Anzahl der beschreitbaren Wege und ihre Strukturierung sinnvoll ist, kann bezweifelt werden, zumal für den Ausländer oft nicht erkennbar wird, welchen Weg zu beschreiten sich denn nun lohnt. Teilweise entsteht der Eindruck, die japanische Regierung habe die Anzahl der Wege bewußt aufgebläht, um ihre Aktivität zu dokumentieren. Oder war hier wieder das Gerangel zwischen den Ministerien verantwortlich?

Ausweislich der angegebenen Zahlen werden die institutionalisierten Verfahren von Ausländern auch genutzt. Ob das im wünschenswerten Umfang geschieht, ist nicht vollständig aufklärbar. Insbesondere fehlt es an Statistiken über die Eingaben bei Außenhandels- und Investitionsrat. Aber auch über die Teilnahme von Ausländern an JIS-Komitees ist nichts Zuverlässiges bekannt. Der bislang ungeklärte Rückgang der Beschwerdezahlen in dem 1. Beschwerdeverfahren des OTO wird duch die Zunahme derselben im 2. Beschwerdeverfahren des OTO mehr als kompensiert.

Der Erfolg bei Inanspruchnahme der aufgezeigten Wege läßt sich nicht abschließend bewerten. Viele sind so jungen Datums, daß eine Beurteilung noch unmöglich ist. Wieder fehlt es teilweise auch an statistischem Material. Die im Rahmen der OTO-Verfahren erhobenen Daten lassen aber ebenso einen Erfolg vermuten, wie die bloße Anzahl der seit Jahren auf fast allen Rechtsgebieten zu beobachtenden Änderungen.

Durch Beschreitung der institutionalisierten Wege haben Ausländer auf die Umgestaltung der Rahmenbedingungen für die Wirtschaft in Japan Einfluß genommen. Es ist auch ein offenes Geheimnis, daß der ausländische Druck durch reformwillige Kräfte in Japan in weitgehende Rechtsreformen umgemünzt wurde, die auch den japanischen Wettbewerbern zugute kommen. Bei Reformvorhaben der letzten Zeit im Bereich des Finanzrechts wird sogar deutlich gesagt, daß sie wegen der Gefahr des Abwanderns der Märkte erfolgen. Neuregelungen sind in der Mehrzahl der Fälle naturgemäß im Unternehmensinteresse erfolgt.Vergeblich sucht man Ansätze zur Verbesserung von Sozialstandards, die in Japan nicht so hoch sind. Das Ausland hat also durch das Verlangen nach mehr Marktöffnung rechtliche Neustrukturierungen mitangeregt, die Japan bereits eine wesentlich bessere Wettbewerbssituation verschafft haben und weiterhin verschaffen werden.

Literatur

Delegation of the European Commission in Japan (1996–1997): *European Union News.* Tokyo: Delegation of the European Commission in Japan 1996–1997.
Deutsche Industrie– und Handelskammer in Japan (1996): *Pressemitteilung vom 26.1.1996.*
Economic Planning Agency (1996): *A Guide to the New System of Complaint Review Procedures for Government Procurement.* Tokyo: Economic Planning Agency.
European Business Community (EBC) (1990–1993): *Newsletter.* Tokyo: EBC 1990–1993.
European Business Community (1993): *Restructuring in Japan – M & A Opportunities? – The Second EBC Investment Conference, Tokyo, 25th November 1993.* Tokyo: European Business Community 1993.
EBC (1995): *White Paper 1995.* Tokyo: EBC 1995.
EBC (1996): *White Paper 1996.* Tokyo: EBC 1996.
European Union, Official Journal, Series S.
Japan External Trade Organization (JETRO) (1992–1996): *Measures for Promoting Foreign Direct Investment in Japan.* Tokyo: Japan External Trade Organisation 1992–1996.
Japan Investment Council (1995): *Yearbook of the Japan Investment Council No. 1/1995.* Tokyo: Japan Investment Council 1995.
Japan Investment Council (1996): *Yearbook of the Japan Investment Council No. 2/1996.* Tokyo: Japan Investment Council 1996.
Japan Investment Council (1997): *Government Actions and Options for Promoting Inward Investment in Japan – The JIC Yearbook Update 1997.* Tokyo: Japan Investment Council 1997.
Japan Tariff Association (1997): *Customs Tariffs Schedules of Japan.*, Tokyo: Japan Tariff Association 1997.
Menkhaus, Heinrich (1990a): Die Bedeutung der devisenrechtlichen Regelungsmechanismen für die internationale Verbreitung des Yen, in: *Japanstudien – Jahrbuch des Deutschen Instituts für Japanstudien der Philipp-Franz-von-Siebold-Stiftung,* Band 1 (1989), S. 211–236.

Menkhaus, Heinrich (1990b): „Internationalisierung und Liberalisierung der japanischen Finanzmärkte?", in: Ernst Lokowandt (Hg.), *Referate des 1. Japanologentages der OAG in Tokyo.* München: iudicium 1990.

Menkhaus, Heinrich (1994a): „Die Struktur der japanischen Finanzmärkte nach dem 1. April 1993 – Das Ende des Trennungssystems?", in: *Asiatische Studien – Etudes Asiatiques* XLVIII, 1, 1994, S. 595–602.

Menkhaus, Heinrich (1994b): „Das Japanische im japanischen Finanzrecht." In: Heinrich Menkhaus (Hg.): *Das Japanische im japanischen Recht.* München: iudicium. S. 281-315.

Ministry of International Trade and Industry (MITI) (1990 und 1991): *Measures for Promoting Foreign Direct Investment in Japan.* Tokyo: Ministry of International Trade and Industry 1990 und 1991.

Ministry of International Trade and Industry (1991-1996): *Minutes of the Meetings of the Import Board.* Tokyo: Ministry of International Trade and Industry (1991-1996) (unveröffentlicht).

Ministry of International Trade and Industry (1997): *News form MITI Standards Information Center.* Tokyo: Ministry of International Trade and Industry 1997.

Office of Market Access (1996): *Follow-up to the Report of the Market Access Ombudsman Council.* Tokyo: Office of Market Access 1996.

Office of Market Access (1997): *Follow-up to the Report of the Market Access Ombudsman Council.* Tokyo: Office of Market Access 1997.

Prime Minister's Office, Councillor's Office on External Affairs (1995): *Japans Government Procurement – Policy and Achievements. Annual Report 1995.* Tokyo: Prime Minister's Office.

Prime Minister's Office, Councillor's Office on External Affairs (1997): *Japans Government Procurement – Policy and Achievements. Annual Report 1997.* Tokyo: Prime Minister's Office.

Scheer, Matthias K. (1986): *Japans Importförderung – Rechtliche und Administrative Aspekte* (Sonderausgabe der Reihe Japanwirtschaft). Düsseldorf: Deutsch-Japanisches Wirtschaftsförderungsbüro 1986.

Schwarz, Rainer (1995): *Maßnahmen der japanischen Regierung zur Förderung von Importen und Direktinvestitionen von 1989 und 1992* (Duisburger Arbeitspapiere zur Ostasienwirtschaft Nr. 19/1995). Duisburg: Gerhard Mercator Universität Duisburg, Fachbereich Wirtschaftswissenschaften/Forschungsinstitut für wirtschaftlich-technische Entwicklungen in Japan und im Pazifikraum e.V. 1995.

The Secretariat of OTO, Coordination Bureau, Economic Planning Agency (ohne Jahresangabe): *Guide to OTO.* Tokyo: The Secretariat of OTO.

The Secretariat of OTO, Coordination Bureau, Economic Planning Agency (seit 1982): *Acceptances and Processing of Grievances.* Tokyo: The Secretariat of OTO, seit 1982.

The Secretariat of OTO, Coordination Bureau, Economic Planning Agency (1993-1997): *Recommendation on Market Access Issues as concerns Standards, Certifications and others.* Tokyo: The Secretariat of OTO 1993–1996.

The Secretariat of OTO, Coordination Bureau, Economic Panning Agency (1993-1997): *Policy Actions on Market Access Issues as concerns Standards, Certifications and others.* Tokyo: The Secretariat of OTO (1993–1996)

The Secretariat of OTO (1997): *Further Follow-up on the Recommendations on the Market Access Issues by the Market Access Ombudsman Council.* Tokyo: The Secretariat of OTO 1997.

Yamauchi, Koresuke (1987): „Die Trennung von Banken und Effektenfirmen in Japan" In: Koresuke Yamauchi (Hg.), *Beiträge zum japanischen und ausländischen Bank- und Finanzrecht* (Veröffentlichungen des japanischen Instituts für Rechtsvergleichung 10). Tokyo: Universitätsverlag Chuo 1987. S. 217–233.

In Search of Excellence: Strategische Neuorientierungen in Japans Unternehmen

Daniel Dirks

1 Die Unternehmen in kritischer Situation

Das Ende des japanischen Unternehmensmodells scheint eingeläutet zu sein. Auch im siebten Jahr nach dem Platzen der *bubble economy* mit ihren außerordentlichen Wertzuwächsen im Finanz- und Grundstücksbereich in der zweiten Hälfte der 80er Jahre lassen die Hiobsbotschaften nicht nach. Japans Unternehmen gelten als wenig profitabel, leiden unter den Folgen zu hoher Investitionen in Produktionskapazitäten und tragen die Konsequenzen einer Personalpolitik, die kaum auf individuelle Leistungsfähigkeit und Kompetenz sondern vielmehr auf Gruppenorientierung, Anpassertum und senioritätsbezogene Entlohnungs- und Karrieresysteme gesetzt hat (Haslam u. a. 1996: 22–30; Tezuka 1997: 90–91; s. ausführlich Dirks 1996a: 329–331).

Die lange Rezession, politischer Deregulierungsdruck und die mittlerweile weitgehende Öffnung des japanischen Marktes für ausländische Produkte und Dienstleistungen bedrohen ernsthaft das System enger Beziehungen zwischen Politik, Bürokratie und Wirtschaft (Sugawara 1997: A01), die Zahl der gemeldeten Unternehmenszusammenbrüche erreicht Rekordhöhen (Nihon Keizai Shinbun 22.01.1997: 3), und ein weiterer Anstieg der Arbeitslosigkeit erscheint – zumindest auf kurze Sicht – „unvermeidbar" (Tezuka 1997: 92). Selbst der Vormarsch japanischer Firmen auf ausländischen Märkten scheint, wenn auch nicht gestoppt worden zu sein, so doch ins Wanken zu geraten, da mehr und mehr Mißerfolgsfälle bekannt werden (Nihon Keizai Shinbun 09.05.1997: 3).

2 Widersprüchliche Signale

Bleibt somit festzuhalten, daß das japanische Unternehmens- und Managementmodell sich im Nachhinein als ineffizient, wenig innovativ und damit letztlich unzeitgemäß erweist? Ist den Kritikern zuzustimmen, die darauf verweisen, daß der wirtschaftliche Erfolg Japans und seiner Firmen in erster Linie auf günstige Rahmenbedingungen, ein allgemein hohes, weltweites Wirtschaftswachstum oder etwa niedrige Finanzierungskosten, zurückzuführen und nicht als Resultat guten Managements und effektiver Organisationsstrukturen zu werten ist (Haslam u. a. 1996: 22)? Basierte das große Interesse an Japans Wirtschaft im Westen in den vergangenen 15 Jahren eher auf einer Panikreaktion angesichts eigener (westlicher) Unvollkommenheiten denn auf einer realen Bedrohung durch ein neuartiges, nachhaltig produktives System aus Fernost (Stewart 1996: 11)?

Eine zustimmende Antwort auf diese Fragen fiele leicht, wären da nicht eine Reihe von gegenläufigen Daten und Entwicklungen, welche die gegenwärtige Situation Japans in einem wesentlich günstigeren Licht erscheinen lassen. Für die letzten drei Bilanzperioden vermeldet der gesamte verarbeitende Sektor kontinuierlich steigende Gewinne vor Steuern; erfolgreiche Kostensenkungsmaßnahmen haben die *break-even* Schwelle in vielen Betrieben deutlich gesenkt, so daß inzwischen annähernd 20 Prozent aller börsennotierten Unternehmen in wichtigen Industriezweigen wie Automobilbau, Telekommunikation, Elektroindustrie und selbst im Schiffbau für das abgelaufene Geschäftsjahr 1996 (Bilanzstichtag 31.03.97) Rekorderträge vermelden (Nikkei Weekly 24.03.1997: 7).

Gleichzeitig schneidet die japanische Wirtschaft im internationalen Arbeitslosigkeitsvergleich trotz mehrjähriger Nachfragekrise und einem drastischen Yen-Anstieg bis 1995 sehr gut ab. Während in Deutschland die Arbeitslosenmarke von 11 Prozent mittlerweile überschritten ist, stieg dieses Barometer in Japan zu keinem Zeitpunkt über 3,3 Prozent im Jahresdurchschnitt (OECD 1996: 34). Selbst die befürchteten Auswirkungen des Preisverfalls im Wertpapier- und Grundstückssektor auf die Realökonomie sind bislang größtenteils ausgeblieben, so daß umstritten ist, inwiefern der industrielle Teil der Volkswirtschaft überhaupt von den Problemen im Finanzbereich betroffen ist (Noguchi 1994: 317–325).

- Wie sollen diese zum Teil völlig konträren Signale und Meinungen aus und über Japan sinnvoll bewertet und eingeordnet werden?
- Welches sind die wirklich relevanten Entwicklungen und Problemfelder; was ist neu, was hat sich verändert, bzw. was ist auf dem Weg dorthin?
- Wie *erfolgreich* sind die japanischen Unternehmen bei der Umstrukturierung und Neugestaltung ihrer Geschäftsstrategien und Organisationssysteme?

Dies sind die Leitfragen für die folgenden Ausführungen zu aktuellen Entwicklungen in der japanischen Unternehmenslandschaft, wobei das Gesamtbild aufgrund der gebotenen Kürze notwendigerweise skizzen- und beispielhaft bleiben muß.

3 Relevante Bewertungsindikatoren

Bei der Bewertung eines Unternehmens (-modells) und seiner zukünftigen Erfolgspotentiale stellt sich die Frage nach den relevanten Aspekten, die für eine solche Beurteilung herangezogen werden sollen. Gleichzeitig ist von Bedeutung, in welchem systematischen Zusammenhang diese Elemente oder Problemfelder zueinander stehen und inwieweit ein Unternehmen einen direkten Einfluß auf ihre Gestaltung und Entwicklung nehmen kann.

Abbildung 1 bietet ein allgemeines Analyseschema an, mit dem Bewertungsindikatoren geordnet und zueinander in Bezug gesetzt werden können.

Abbildung 1: Systematik relevanter Unternehmensfelder und ihre Verknüpfungen

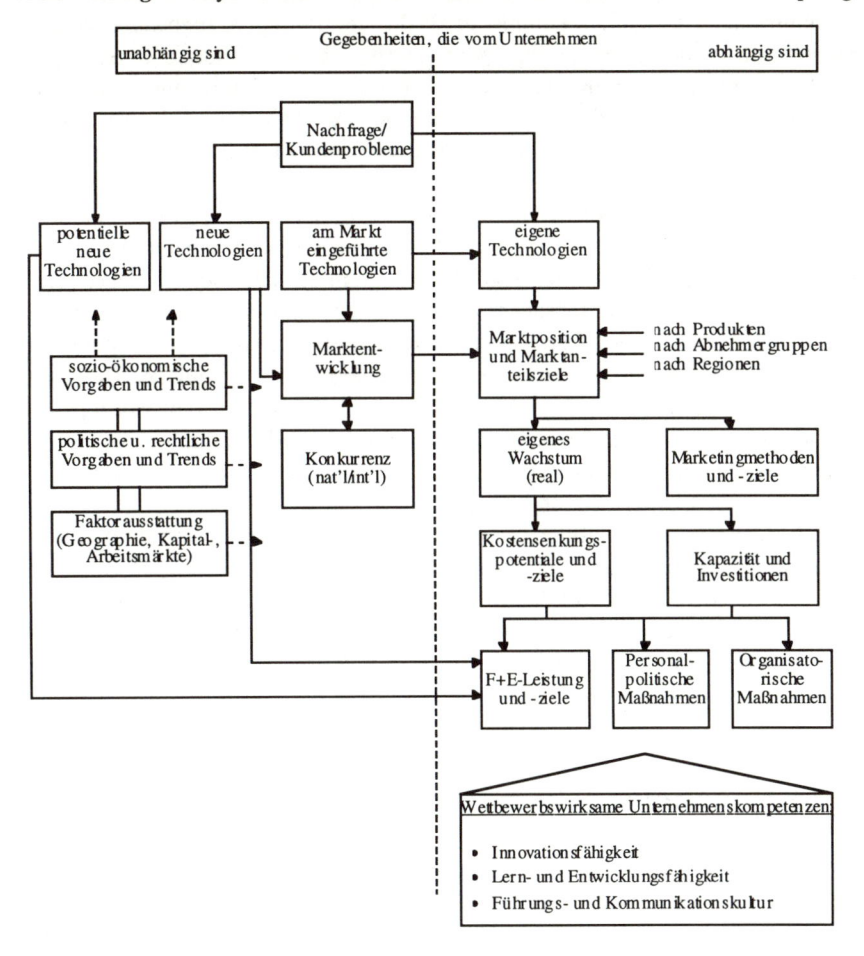

```
                    Gegebenheiten, die vom Unternehmen
unabhängig sind                                          abhängig sind

                         ┌───────────────┐
                         │   Nachfrage/  │
                         │ Kundenprobleme│
                         └───────────────┘

┌──────────┐  ┌──────────┐  ┌──────────┐   ┌──────────┐
│potentielle│  │  neue    │  │am Markt  │   │ eigene   │
│  neue    │  │Technolo- │  │eingeführte│   │Technolo- │
│Technolog.│  │  gien    │  │Technolog.│   │  gien    │
└──────────┘  └──────────┘  └──────────┘   └──────────┘
                                                         ─── nach Produkten
┌────────────┐                ┌──────────┐  ┌──────────┐ ─── nach Abnehmergruppen
│sozio-ökon. │                │ Markten- │  │Marktposit│ ─── nach Regionen
│Vorgaben u. │                │ wicklung │  │u. Markt- │
│  Trends    │                │          │  │anteilsz. │
└────────────┘                └──────────┘  └──────────┘

┌────────────┐                ┌──────────┐  ┌──────────┐  ┌──────────┐
│politische u│                │Konkurrenz│  │ eigenes  │  │Marketing-│
│rechtliche  │                │(nat'l/   │  │Wachstum  │  │methoden  │
│Vorgaben u. │                │  int'l)  │  │  (real)  │  │und -ziele│
│  Trends    │                └──────────┘  └──────────┘  └──────────┘
└────────────┘
┌────────────┐                              ┌──────────┐  ┌──────────┐
│Faktoraus-  │                              │Kostensen-│  │Kapazität │
│stattung    │                              │kungspo-  │  │und Inves-│
│(Geographie,│                              │tentiale  │  │titionen  │
│Kapital-,   │                              │und -ziele│  │          │
│Arbeitsm.)  │                              └──────────┘  └──────────┘
└────────────┘

                              ┌──────────┐  ┌──────────┐  ┌──────────┐
                              │F+E-Leist-│  │Personal- │  │Organisa- │
                              │ung und   │  │politische│  │torische  │
                              │ -ziele   │  │Maßnahmen │  │Maßnahmen │
                              └──────────┘  └──────────┘  └──────────┘

                    ╱─────────────────────────────────────╲
                   │ Wettbewerbswirksame Unternehmenskompetenzen │
                   │  • Innovationsfähigkeit                     │
                   │  • Lern- und Entwicklungsfähigkeit          │
                   │  • Führungs- und Kommunikationskultur       │
                    ╲─────────────────────────────────────╱
```

Quelle: in Anlehnung an Gälweiler 1987, S. 31.

Entscheidend für ein Verständnis und für eine angemessene Beurteilung der aktuellen Situation, in der sich japanische Unternehmen derzeit befinden, ist neben einer Abschätzung der Entwicklung des allgemeinen Unternehmensumfeldes und der strategischen wie operativen Reaktionsalternativen hierauf auch die Berücksichtigung vorhandener Organisationskulturen sowie tradierter Lern- und Innovationssysteme. Diese Faktoren können als unternehmenseigene Kompetenzen oder Erfolgspotentiale aufgefaßt werden, die in dem Maße zu echten Wettbewerbsvorteilen werden, wie sie einen positiven Beitrag zum (letztlich quantitativ meßbaren) Unternehmenserfolg beizusteuern in der Lage sind und für die Konkurrenz nicht oder nur schwer kopier- bzw. imitierbar bleiben (Malik 1992: 115–122). Diese Diskussion ist naturgemäß wesentlich komplexer als die Zuordnung verfügbarer Daten zu den Einzelbestandteilen einer Vergleichssystematik wie in Abbildung 1. So ist in diesem Zusammenhang zum Beispiel die Rolle von Unternehmenskontrolle (*corporate governance*) und Interessengruppen (*stakeholder*) zu behandeln, eine Diskussion, die in der prinzipiell notwendigen Ausführlichkeit hier allerdings nicht erfolgen kann.

Andererseits ist eine Berücksichtigung solcher (vermeintlich) *weicher* Faktoren gerade für einen internationalen Vergleich, der bei einer Analyse japanischer Unternehmen zumindest implizit immer gegeben ist, essentiell. Hier soll es daher nicht darum gehen, einen Vergleichsansatz gegenüber einem anderen zu bevorzugen, das hieße, *harte* gegen *weiche* Daten und Interpretationen auszuspielen. Vielmehr sollen *beide Seiten* zu ihrem Recht kommen, indem zunächst auf der Basis der obigen Grundsystematik aktuelle Fakten zu den zentralen unternehmensbezogenen Entwicklungsfeldern vorgestellt werden, bevor eine Gesamtbewertung unter Hinzuziehung der seit langem diskutierten Frage erfolgt, was denn eigentlich das *Japanische* an japanischen Unternehmen ist.

Analog zu der in Japan üblichen Begriffsverwendung von „Restrukturierung" (*risutorâ*) als einer in erster Linie auf den Personalbereich bezogenen Strategie sollen hier entsprechend *personalbezogene* Aspekte im Vordergrund stehen. Abschließend werden noch einige Anmerkungen zur Zukunft des japanischen Unternehmens und zur Bedeutung, die dies alles für die Wettbewerbsfähigkeit deutscher Unternehmen in Japan hat, gegeben.

4 Ein zunehmend komplexes Umfeld

Die Einsicht, daß es sich bei dem weltweit zu verzeichnenden wirtschaftlichen Aufschwung der 80er Jahre letztlich um eine „Scheinkonjunktur" (Malik 1992: 80) gehandelt hat, läßt sich gleichermaßen in Japan für die 90er Jahre nach dem Ende der *bubble economy* konstatieren. Ungelöste Strukturfragen wie die steigende Verschuldung der öffentlichen Haushalte und die überbordenden Soziallasten wurden lediglich verdeckt, bzw. haben sich, über kontinuierlich defizitäre Staatsbudgets, eher noch verschärft. Neben einer dramatischen Verschlechterung der öffentlichen Finanzlage infolge einer ganzen Reihe massiver Konjunkturbelebungsprogramme in den letzten Jahren steht die japanische Industrie heute am Ausgang einer rund sechsjährigen Phase, in der sie mit nur geringfügigen (nominalen) Wachstumsraten, deflationären Tendenzen auf den Absatzmärkten und einer kontinuierlichen, teilweise deutlich überschießenden Yen-Aufwertung zu kämpfen hatte (Dirks 1997b: 156–157).

Der mit dieser Veränderung der *terms of trade* einhergehenden Verschlechterung der relativen Wettbewerbsfähigkeit durch einen automatischen Anstieg der Produktions- (Lohn-) Stückkosten läßt sich nur schwer und keinesfalls konfliktfrei begegnen. Produktivitätsreserven im verarbeitenden Bereich sind in vielen Fällen bereits ausgereizt; gleichzeitig kommt eine Senkung der Personalkosten durch Entlassungen in größerem Umfang aufgrund rechtlicher, aber auch politischer und letztlich öffentlicher, d. h. PR-bezogener Gründe, kaum in Betracht (Usui und Colignon 1996). Außerdem darf nicht übersehen werden, daß aufgrund der demographischen Entwicklung Japans hin zu einer *alternden Gesellschaft* die Unternehmen in absehbarer Zeit mit einem Anstieg der Konkurrenz um knapper werdende junge, gut ausgebildete Arbeitskräfte konfrontiert sein werden (Dirks 1996a: 341–345). Um so wichtiger ist es, gerade im Personalbereich, behutsam mit einer Restrukturierung vorhandener Praktiken und Leistungen umzugehen

Schließlich kommt eine Verlagerung von Wertschöpfungsaktivitäten ins Ausland zur Ausnutzung von Kostenunterschieden in Betracht. Zahlreiche japanische Unternehmen sind hier in den letzten Jahren auch aktiv geworden, wenngleich der Internationalisierungsgrad der japanischen Wirtschaft, gemessen am Anteil der Auslandsfertigung an der Gesamtfertigungsleistung oder der Import- und Exportquoten am Bruttoinlandsprodukt, im Vergleich mit Deutschland oder den USA noch weit zurückliegt (OECD 1996, Anhang *Basic Statistics: International Comparisons*; Tsûshô Sangyôshô 1997: 18). Die Gründe hierfür sind vielfältiger Natur. Die bereits angeführte relativ hohe Rate an offenkundigen Mißerfolgsfällen ist allerdings zu einem nicht unbeträchtlichen Teil verbunden mit Schwierigkeiten bei der Einbindung der Auslandsniederlassungen in das Umfeld vor Ort (Rekrutierungsprobleme, Aufbau eines zuverlässigen Zuliefernetzes usw.) und einem zunehmenden Konkurrenzdruck gerade auch in den asiatischen Nachbarländern.

5 Deregulierung und Regulierung erhöhen die Wettbewerbsintensität und schaffen neue Märkte

Schließlich sind noch zwei weitere Entwicklungsbereiche zu erwähnen, die den Komplexitätsgrad des Unternehmensumfeldes wesentlich erhöhen und damit einen direkten Einfluß auf die zukünftige firmenstrategische Ausrichtung haben. Auf der einen Seite sind hier die (erweiterten) Marktöffnungs- und Deregulierungsinitiativen der japanischen Regierung zu nennen, die in zahlreichen Branchen, etwa der Bauindustrie, der Distribution, dem Gesundheitswesen und der Telekommunikationsindustrie, zu einer erkennbaren Senkung der Markteintrittsbarrieren und damit zu einer spürbaren Erhöhung der Wettbewerbsintensität geführt haben. Unter dem Aspekt der Deregulierung ist auch die geplante Aufhebung des Verbots zur Gründung von Holding-Gesellschaften zu betrachten, auf die weiter unten nochmals einzugehen ist. In anderen Bereichen wie dem Umweltschutz dagegen entstehen durch verschärfte Regulierungen und Gesetze Märkte für neue Technologien, Produkte und Dienstleistungen beispielsweise im Recycling-Geschäft (Suzuki 1995: 66–70).

Zum anderen verlangt die zunehmende Bedeutung technologie- und damit forschungsintensiver neuer Industrien (z. B. Informations- und Biotechnologien) ein verstärktes Engagement in der Grundlagenforschung und den damit verbundenen Ausbildungs- und Investitionsaufgaben, Bereiche, in denen Japan traditionell anderen Ländern nachsteht (OECD 1996: 134–136).

Gerade dieser letzte Punkt verdeutlicht, wie Veränderungen im Umfeld der Unternehmen die Formulierung und Umsetzung neuer Unternehmensstrategien und Reorganisationsmaßnahmen beeinflussen, wobei die obige Auflistung ohne weiteres um zusätzliche Aspekte, wie die fortschreitende Liberalisierung der internationalen Handelsbeziehungen, ergänzbar wäre. Nur unter Bezugnahme auf diese externen Rahmenbedingungen lassen sich die aktuellen Entwicklungen in japanischen Unternehmen sinnvoll nachvollziehen.

6 Erste Reaktion: Kostensenkung und Liquiditätssicherung

Die in der Abbildung 1 dargestellten Unternehmensfelder sind als Steuerungsgrößen zu verstehen, die im konkreten Fall ein ganzes Bündel an Einzelmaßnahmen umfassen und sich auf unterschiedliche zeitliche Reichweiten beziehen. Berücksichtigt man ebenfalls die dort nicht näher aufgeführten liquiditätssichernden Maßnahmen, so ist kurzfristig der ganze Bereich der Kostensenkungsziele und -maßnahmen der erste natürliche Ansatzpunkt für eine Reaktion auf einen Konjunktureinbruch, wie er in Japan zu Beginn der 90er Jahre zu verzeichnen ist.

Für die Unternehmen, die im Schnitt einen Rückgang von über 15 Prozent ihrer Kapazitätsauslastung und reale Umsatzeinbußen (1993 allein über -5 Prozent) hinnehmen mußten, bedeutete diese Phase einen empfindlichen Ertragseinbruch; die Umsatzrendite sank 1993um über die Hälfte auf unter 2 Prozent (Dirks 1997b: 155). Ein erheblicher Kapazitätsausbau gekoppelt mit einem durchgängigen Denken in Umsatzgrößen bei mangelnder Renditeorientierung hatte die Fixkostenbelastung der Industrie derart in die Höhe getrieben, daß bereits relativ geringfügige Absatzrückgänge zu überdurchschnittlichen Gewinneinbrüchen führen mußten.

Die seitdem wieder deutlich verbesserten Ertragszahlen belegen, daß Japans Unternehmen schnell reagierten, vorhandene Kostensenkungspotentiale umsetzten und gleichzeitig von günstigen Kapitalkosten auf der Basis eines allgemeinen Zinsniveaus auf historischem Rekordniedrigstand profitierten. So sank der Zinsaufwand im verarbeitenden Gewerbe zwischen 1990 und 1995 um rund 39 Prozent und macht mittlerweile nur noch einen Anteil von knapp 8,5 Prozent (1990 = 14 Prozent) an der gesamten Wertschöpfung aus (Ôkurashô 1996: 7, 21).

Zur unmittelbaren Sicherung ihrer Liquiditätsposition und einer Stärkung des Cash Flow senkten die Unternehmen ihre investiven Ausgaben entsprechend. Innerhalb von nur zwei Jahren wurden neue Anlageinvestitionen industrieweit durchschnittlich um rund 20 Prozent zurückgefahren; erstmalig verringerten sich die Aufwendungen für FuE sogar effektiv (1993 um -3,4 Prozent), ein Novum für japanische Verhältnisse, selbst wenn man die Zeit nach der ersten Ölkrise zum Vergleich heranzieht, die bislang gravierendste Krise seit Ende der 40er Jahre (Dirks 1997b: 160).

Weitere ertragsstabilisierende Maßnahmen waren die zügige Verringerung von Abschreibungen auf Anlagevermögen und die Realisierung außerordentlicher Gewinne durch Veräußerungen von Aktienpositionen und Grundstücken. Dies ermöglichte es vielen Unternehmen, ihre Dividendenausschüttungen weitgehend aufrechterhalten zu können (Ôkurashô 1996: 19), eine Zielsetzung von nicht geringer Bedeutung zur Stabilisierung der Aktienkurse nach dem geradezu freien Fall der Tokyoter Börse Anfang der 90er Jahre und zu einer Verbesserung der ramponierten Firmenimages.

7 *Risutorâ* – Anpassung von Leistungsstrukturen und Denkschemata

Diese auf kurzfristige Sicht stabilitätsorientierten Anpassungsreaktionen der japanischen Unternehmen sind weder als besonders originell noch als nachhaltig wirksam zu bewerten, sofern ihnen nicht wirkliche Reformen und innovative Neusetzungen folgen. Konsequenterweise ist der Begriff der „Restrukturierung" (neujapanisch: *risutorâ*) in Japan zum Modebegriff avanciert. Unter *risutorâ* lassen sich dabei eine ganze Reihe von Maßnahmen subsumieren, die zwar oft mit Kostensenkungsbemühungen im Personalbereich in Verbindung gebracht werden, darüber hinaus jedoch eine ganze Reihe strategischer Neuorientierungen umfassen, vor allem

- eine Konzentration auf die eigenen Kernkompetenzen im Produkt- und Servicebereich;
- eine Reorganisation der innerbetrieblichen Strukturen zur Verbesserung der Planungs- und Entscheidungsprozesse;
- eine Straffung der Beschaffungs- und Vertriebssysteme unter Einbeziehung der Auslandsaktivitäten;
- eine Rationalisierung und gezieltere Steuerung der FuE-Strukturen und -Investitionen;
- die Einführung bzw. Stärkung von Leistungsprinzipien bei der Personalführung und -entlohnung.

War in der Vergangenheit die Sicherung des Wachstums des Unternehmens durch eine kontinuierliche Steigerung von Umsatz und Marktanteilen oberstes strategisches Ziel (Abegglen und Stalk 1987: 5–8), so ist nunmehr das durchgängige Prinzip dieser neuen Restrukturierungsbemühungen die nachhaltige Verankerung und Durchsetzung eines Denkens in Kosten- und Ertragskategorien im Unternehmen. Hierzu sollen prinzipiell Planungs-, Entscheidungs- und Ausführungsaufgaben enger aneinander gekoppelt werden, mit anderen Worten eigenverantwortliches Handeln stärker in den Vordergrund rücken.

In gewisser Weise überrascht diese Zielsetzung, denn bereits in der Vergangenheit galten japanische Firmen als erfolgreich bei der Einbeziehung möglichst vieler Mitarbeiter in Entscheidungsprozesse, wodurch sich insbesondere bei der Umsetzung einmal getroffener Entscheidungen in der Regel erhebliche Effektivitäts- und Zeitgewinne ergaben (Schneidewind 1991: 53–58).

Daß in diesen stark auf Gruppenorientierung basierenden Organisationen dabei die Zurechnung individueller Verantwortung kaum möglich ist, wird inzwischen jedoch als negativ bewertet. Denn unklare Kompetenz- und Aufgabenregelungen erschweren die Steuerung, bzw. Kontrolle, von Deckungsbeiträgen und damit der gesamten Ertragsentwicklung.

8 Die Unterschiede zwischen den japanischen Unternehmen werden größer

Tabelle 1 führt einige *risutorâ*-Beispiele führender japanischer Unternehmen verschiedener Branchen auf. Das benannte Prinzip der (Neu-)Orientierung an Kosten- und Ertragskennziffern wird dabei deutlich; deutlich wird aber gleichzeitig auch die Unterschiedlichkeit der einzelnen Maßnahmen in den jeweiligen Unternehmensfeldern, wobei hier aus Platzgründen nur eine sehr selektive und grobe Darstellung erfolgen kann.

Damit wird klar, daß man zukünftig kaum noch von *dem* japanischen Unternehmen schlechthin sprechen kann – wenn diese Charakterisierung in der Vergangenheit überhaupt so je gültig war. Zwar läßt sich allgemein festhalten, daß die Umstrukturierungsdiskussion in Japan, wie auch in den USA oder Deutschland, auf eine Stärkung der Kernkompetenzen des Unternehmens und auf die deutlichere Berücksichtigung der Kapitalinteressen (*shareholder value*-Ansatz) bezogen ist. In vielen Fällen, so etwa bei Sony oder Nippon Steel, mündet diese Forderung in die Gründung von mehr oder weniger autonomen Geschäftseinheiten mit eigener Ergebnisverantwortung, wobei die früher üblichen Quersubventionen zwischen Produktgruppen mit höherer bzw. niedrigerer Rentabilität nach Möglichkeit unterbunden werden sollen. Statt dessen wird angestrebt, durch eine klare Zuordnung von Kosten- und Ertragsgrößen auf einzelne Produkte und Dienstleistungen strategischen Entscheidungen bis hin zur Schließung unrentabler Bereiche eine bessere Basis zu liefern.

Die konkrete Umsetzung dieser Forderungen oder Ziele unterscheidet sich jedoch im Einzelfall oft von derjenigen in Konkurrenzunternehmen in den einzelnen Branchen, wie die jüngst vorgelegten Geschäftsergebnisse in bezug auf Umsatzentwicklung und Ertragskraft erneut belegen. So kämpft Itô Yôkadô, lange Zeit Japans fortschrittlichster und vor allem profitabelster Supermarktbetreiber, in den letzten Jahren mit sinkenden Absatzzahlen und steigenden Personalkosten. Wie sich nun herausstellt, hat die ausgeprägte Orientierung an Rentabilitätskennzahlen, die für dieses Unternehmen schon früher typisch war, zu einer Gleichförmigkeit von Marketing, Produktpräsentation und Verkaufsstättenausstattung auf Kosten von Originalität und Kundenattraktivität geführt, wodurch sich der Konkurrenz (Jusco, Mycal) Ansatzpunkte für eine Eroberung von Marktanteilen durch intelligente und innovative Alternativstrategien boten.

Im Elektronikbereich hat Sony mit seinen konsequent betriebenen Vorstößen im Ausland ebenso wie mit dem Ausbau von Multimediatechnologie und auf digitaler Technologie basierenden Produktgruppen inzwischen eine annähernd eigenständige Position erreicht. Einen anderen Weg ging zum Beispiel Toshiba, dessen derzeitige Probleme im Halbleiterbereich dadurch erschwert werden, daß man dort – anders als viele andere japanische Hersteller, wie z. B. Sanyo Electric hauptsächlich auf japanische Produktionsstandorte setzte und somit von dem in letzter Zeit deutlich gesunkenen Yen-Kurs, d. h. von einem Wertzuwachs des Dollars nicht profitieren konnte.

Tabelle 1: Beispiele von Anpassungsmaßnahmen in strategischen Unternehmensfeldern

Strategisches Unternehmensfeld	Investitionen, Marktstrategie	Organisation	Personal	FuE
Toyota	„Plattform"-Strategie, d. h. gezielte Teileverringerung; Cash flow-finanzierte Investitionen; Verringerung der Entwicklungs- und Markteinfürungszeiten z. T. auf unter 20 Monate bei neuen Modellen; Erhöhung des heimischen Marktanteils auf 45%.	Ausbau des internationalen Produktionsnetzwerkes; ROE-Benchmarking, d. h. Ertragszielorientierung an US-Konkurrenz; Straffung der Vertriebskanäle, Schließen unrentabler Verkaufsniederlassungen.	Professional Contract System, d. h. erfolgsabhängige Zeitverträge für Spezialisten (z. B. im Designbereich); Erhöhung der leistungsbezogenen Gehaltselemente; verstärkter Einsatz von Zeitarbeitern.	Concept- und Simultaneous Engineering durch Einbezug der Zulieferer ab der ersten Design-Stufe F+E-Kooperationen mit Elektronikunternehmen im Pkw-Bereich (Matsushita Electr.) und in neuen Geschäftsfeldern (Sony, LCD-Entwicklung)

Strategisches Unternehmensfeld	Investitionen, Marktstrategie	Organisation	Personal	FuE
Itô-Yôkadô	Umsatzrenditengesteuertes Wachstum Internationalisierung durch Akquisitionen (Southland Co.) und strategische Allianzen (Wal-Mart)	Outsourcing zahlreicher indirekter Bereiche ROE-Zielvorgabe 10–12% systematisches Cash flow-Management	hoher Einsatz von Teilzeitkräften (rd. 60%) Abbau von Stammpersonal in den Filialen	Einbezug der Filialen in Produktentwicklung, -auswahl und -präsentation Informationssharing (POS-Daten) zwischen Hersteller, Lieferanten und Itô-Yôkadô
Sony	kontinuierlicher Ausbau des Digital-Bereiches hoher Auslandsumsatz (70% Anteil am Gesamtumsatz) strategische Verknüpfung von *content* (Mediasoft-ware) und *hardware*	Einführung des *company systems* (1994), d. h. Neustrukturierung der bis dato 19 Divisionen und 8 Vertriebseinheiten in 10 autonome Einheiten (innerbetriebliche *companies*) Verringerung der Managementebenen	Versetzung v. Personal aus indirekten Bereichen in Vertriebs- und Produktionsstellen deutlichere Gewichtung des Leistungsanteils bei der Entlohnung	Integration der anwendungsnahen F+E mit Produktion und Vertrieb auf den zehn „company"-Ebenen Einrichtung einer zentralen F+E Planungs- und Koordinationsstelle
Nippon Steel	Hauptkonkurrent POSCO (Korea) als *benchmark* für Kostensenkungsziele Entwicklung neuer strategischer Geschäftsbereiche (Engineering, IT-Information u. Telekommunikation, Biotechnologie) Stärkung des Auslandsgeschäfts durch internationale Allianzen	ROI- und Cash Flow Vorgaben pro Produktbereich Verringerung v. Planungs- und Stabsstellen (25 auf 16) und direkten Bereichen (v. 106 Abtlg. u. Divisionen auf 76)	Personalabbau (10 000 Stellen v. 1993–1996 auf jetzt 24 000) Neugestaltung der Bewertungs- und Entlonungssysteme zur Stärkung leistungsbezogener Gehaltsanteile systematische Aufgaben- und Zielbeschreibung in den administrativen und Managementbereichen	Reduzierung von F+E-Einheiten und stärkere Anbindung an Planung und Vertrieb Diversifizierung in den Elektrostahlverfahrensbereich hinein

Quellen: Nikkeiren 1995, S. 117–124; Hanbai Kakushin 1996, S. 44–72; Dirks 1997, S. 16–20; verschiedene Ausgaben der *Nihon Keizai Shinbun*; aktuelle Firmeninformationen in englischer Sprache können im Internet unter http://www.nikkei.co.jp/enews/BB/index.html abgerufen werden.

9 Hohe Personalkosten belasten die japanischen Unternehmen

Zumindest ein Punkt verbindet derzeit Japans Unternehmen: Quer durch alle Branchen und Größenklassen zeigt sich das Problem kontinuierlich gestiegener Aufwendungen für Personal, worunter die direkten Lohnzahlungen, die (halb-)jährlichen Sondervergütungen oder Boni sowie Zusatzleistungen fallen, die sich auf die auch andernorts bekannten Sozialabgaben ebenso beziehen wie z. B. auf Miet- und Pendlerzuschüsse. Sondervergütungen und Zusatzleistungen addieren sich auf durchschnittlich 70 Prozent der Grundlöhne – in Großbetrieben sogar bis auf 90 Prozent – und erhöhen die Personalkosten dadurch erheblich (Nikkeiren 1995: 81). Die als „Sonderleistung" deklarierten Boni sind dabei keineswegs variabel an die Ertragsentwicklung gekoppelt; wie die jüngste Rezession gezeigt hat, konnten diese Zahlungen an die Belegschaften nur geringfügig verringert werden (Dirks 1996a: 343).

Abbildung 2: Entwicklung von Umsatz und Personalkosten 1990–1995

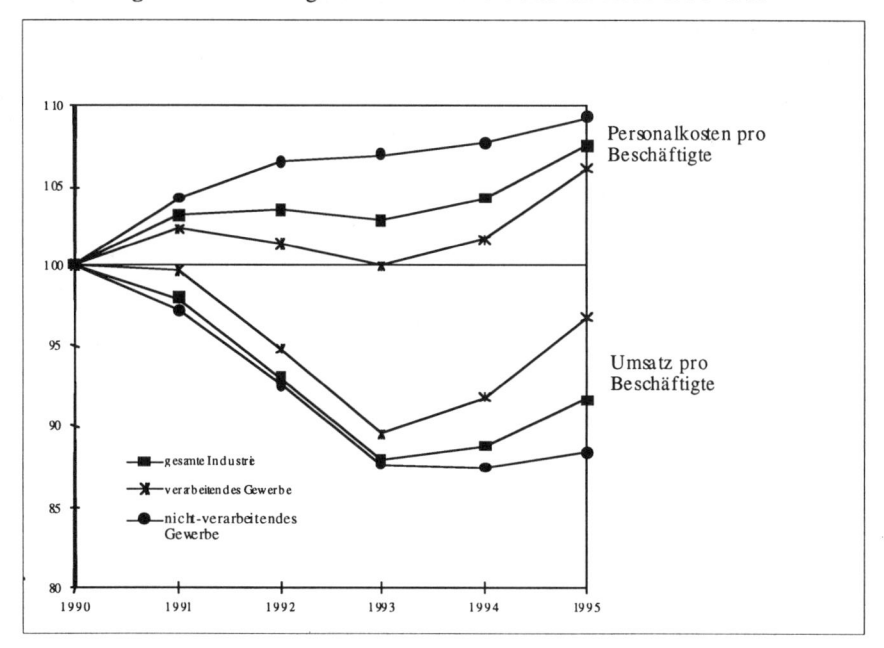

Quelle: Seisansei Rôdô Jôhô Sentâ 1997: 220–221.

Abbildung 2 verdeutlicht diese Kostenproblematik, wobei sich die „Schere" zwischen rückläufiger Umsatzentwicklung pro Beschäftigten und steigenden Personalkosten im nicht-verarbeitenden Gewerbe besonders deutlich darstellt. Im produzierenden Bereich dagegen ist es zumindest zeitweise gelungen, die Arbeitskosten in erster Linie durch das Zurückfahren bezahlter Überstunden einigermaßen in den Griff zu bekommen. Sobald sich die Umsätze und damit die Auslastung jedoch wieder erholen, steigen auch die personalbezogenen Aufwendungen. Bei einem internationalen Kostenvergleich gewinnt dieses Problem bei einer starken Aufwertung des Yen gegenüber dem US-Dollar, wie dies zwischen 1992 und 1995 der Fall war, an Dramatik und gefährdet die Wettbewerbsposition der japanischen Industrie gegenüber ihrer ausländischen Konkurrenz zusätzlich.

10 Verzicht auf Entlassungen

Besonders auffällig ist, daß trotz des offenkundig stark fixkostengeprägten Personalblocks die Unternehmen insgesamt kaum Mitarbeiter entlassen; eine Beobachtung, die bereits für frühere Krisenphasen wie die Zeit nach der ersten Ölkrise 1973/74 zutrifft und in den letzten Jahren erneut zu machen ist. Stattdessen wird versucht, mit einer Reihe von alternativen Maßnahmen zwei bekanntermaßen nur schwer miteinander zu vereinbarende Zielsetzungen zu erreichen: die Beschäftigungssicherung der eigenen Belegschaft bei einer gleichzeitigen, nachhaltigen Senkung der Lohnstückkosten (Dirks 1997b: 166–170). Zu diesen Anpassungsmaßnahmen zählen die maßvollen Tariflohnabschlüsse der letzten Jahre ebenso wie der bereits angeführte Abbau bezahlter Sonderschichten und Überstunden oder die sukzessive Ausweitung leistungsabhängiger Lohnbestandteile. Ein typisch japanisches Phänomen dürften darüber hinaus die zahlreichen Entsendungen von Personal in andere Unternehmen sein, ein besonderes Thema, das an dieser Stelle nicht weiter vertieft werden kann (vgl. hierzu Dirks 1996b).

In jedem Fall wird die außerordentliche Zurückhaltung bei der Frage von Mitarbeiterentlassungen offenkundig. Worin liegt diese Scheu vor drastischen Schritten bei der – kurzfristig wirksamen – Senkung der ansonsten relativ fixen Personalkosten begründet? Drei Erklärungen hierfür lassen sich anführen, die üblicherweise aus analytischen Gründen getrennt diskutiert werden, obwohl sie natürlich nicht losgelöst voneinander aufzufassen sind:

- die historische Entwicklung der industriellen Beziehungen in Japan;
- die funktionale Logik in der Struktur des Personalbereichs und der Entlohnung;
- der Zusammenhang mit Fragen der Innovationsfähigkeit und allgemein der allgemeinen Unternehmenskultur japanischer Betriebe.

11 Konfliktreiche Vergangenheit

Historisch gesehen sind die Beziehungen zwischen Management und Belegschaften keineswegs immer reibungslos verlaufen. In den ersten Jahrzehnten der industriellen Entwicklung entstanden eine ganze Reihe von betrieblichen Angeboten (*incentives*), die heute als Elemente des japanischen Managementsystems bekannt sind, um die bis dahin teilweise sehr hohen Fluktuationsraten einzudämmen und qualifizierte Mitarbeiter an das Unternehmen zu binden. Hierzu zählen Praktiken wie Karriere- und Entlohnungssysteme, die auf die Dauer der Betriebszugehörigkeit bezogen sind, ebenso wie die intensive innerbetriebliche – und damit betriebsspezifische – Ausbildung und die zahlreichen Sondervergünstigungen für Mitarbeiter (v. a. Mietsubventionen).

Ende der 40er Jahre ging Japan durch eine Phase intensiver, oft auch gewalttätiger Arbeitskonflikte, die zwar oberflächlich betrachtet mit einem „Sieg" der Arbeitgeberseite und einer offensichtlichen Schwächung der Gewerkschaften endeten. In der Folge waren diese Erfahrungen jedoch Anreiz genug für die Unternehmensleitungen, in jedem Fall Kompromißlösungen bei den jährlichen Tarifverhandlungen anzustreben, die innerbetriebliche Zusammenarbeit mit Arbeitnehmervertretungen (Betriebsgewerkschaften) möglichst konfliktfrei zu gestalten und insbesondere die Sicherung von Arbeitsplätzen in den Vordergrund der Bemühungen zu stellen (Price 1997). Offensichtlich ist nicht vergessen worden, daß Harmonie und Konsens auch in Japan in erster Linie *Zielvorstellungen* sind und keineswegs natürlich oder kulturell vorgegebene Prädispositionen der japanischen Arbeitsbeziehungen darstellen, zumal die durchaus vorhandenen arbeitsgerichtlichen Auseinandersetzungen in Fragen der Mitarbeiterkündigung strenge Maßstäbe anlegen.

12 Unterentwickelter Arbeitsmarkt bei stabilem Beschäftigungssystem

Unter *funktionalen* Gesichtspunkten stützen sich die personalbezogenen Praktiken des japanischen Managementsystems gegenseitig – solange die Bedingungen hierfür gegeben sind, worunter insbesondere ein hinreichend hohes wirtschaftliches Wachstum zu verstehen ist, das Leistungsanreize und -beiträge in ein ausgeglichenes Verhältnis zueinander zu setzen in der Lage ist. So bedeuten senioritätsbezogene Gehalts- und Aufstiegssysteme oder die überwiegend innerbetriebliche Ausbildung aus *Unternehmenssicht*, daß langfristig mit einem vorhandenen Stamm an Personal gerechnet werden kann und somit Investitionen in Humankapital besser planbar werden. In dem Maße, wie Quereinsteiger Nachteile bei der Entlohnung und bei den Karriereaussichten im Vergleich zum vorhandenen Stammpersonal erleiden und sich diese Praxis industrieweit in anderen Unternehmen durchsetzt, entstehen Mobilitätsbarrieren, die das Aufkommen eines funktionsfähigen externen Arbeitsmarktes verhindern und dem ganzen System eine eigene Stabilität verleihen. So erfolgen Personaltransfers in Japan daher bislang vor allem innerhalb eines Unternehmens und zwischen verbundenen Mitgliedern einer Unternehmensgruppe. Zumindest in bezug auf das sogenannte *Stammpersonal* ist ein Wechsel zu einem gänzlich fremden Betrieb die Ausnahme.

Aus Sicht der *Belegschaften* läßt sich unter diesen Bedingungen ebenfalls langfristig planen. Wer mit Eintritt in ein Unternehmen nach Beendigung der Schul- oder Universitätszeit davon ausgehen kann, sein gesamtes Berufsleben in derselben Firma zu verbringen, ist eher bereit, sich unternehmensspezifisch ausbilden zu lassen. Ein solcher Mitarbeiter ist entsprechend motiviert, sich ganz für diesen Betrieb einzusetzen – ist doch die eigene Zukunft derart eng mit dem Schicksal des Unternehmens verbunden – und von Anfang an in gute Beziehungen zu Kollegen und Vorgesetzten zu investieren.

13 Robuste Unternehmenskultur

Auch wenn der Alltag in japanischen Unternehmen selbstverständlich nicht allein von derartig grundsätzlichen Motiven und Überlegungen bestimmt wird, sondern auch von einer Vielzahl an praktischen Problemen, Aufgaben und zwischenmenschlichen Beziehungen usw., so knüpft auch der dritte Erklärungsansatz bei der Frage, warum Japans Arbeitgeber so offenkundig vorsichtig bei der Veränderung traditioneller Personalpraktiken sind, an diesen Punkt der langfristigen Betriebszugehörigkeit an. Dabei geht es um den ganzen Bereich der innerbetrieblichen Kommunikations- und Entscheidungsprozesse, um die Innovationsfähigkeit japanischer Unternehmen und letztlich um deren Unternehmenskultur, innerhalb derer solche Innovationen und die Anpassungsfähigkeit des Betriebes an veränderte Bedingungen des Umfelds entstehen.

Unter Bezug auf Abbildung 1 war oben darauf hingewiesen worden, daß Lern- und Innovationsfähigkeiten zu den allgemeinen wettbewerbswirksamen Unternehmenskompetenzen zu rechnen sind, die letztlich auch Erfolgsbedingungen für alle sonstigen Kostensenkungs- und Leistungserstellungs- (organisatorischen) Maßnahmen sind. Zwar wird immer wieder vorgebracht, daß Japan bislang ja bestenfalls zum „Westen aufgeholt" (*catch-up*) und wenig Originelles in bezug auf Basis-entwicklungen aufzuweisen hat. Andererseits darf erstens nicht vergessen werden, daß diese Leistung an sich bereits außergewöhnlich ist, berücksichtigt man die relativ kurze Zeit, in der dieser Anschluß vollbracht wurde, und die Performance anderer Länder in einer vergleichbaren Ausgangslage. Und zweitens haben japanische Unternehmen durchaus eine ganze Reihe von Produkt-, insbesondere aber auch Produktionsprozeßneuerungen und organisatorische Neuerungen hervorgebracht, wie die *Lean Production*-Welle im Ausland gezeigt hat. Wie die aktuelle Forschung ferner verdeutlicht, hängen solche Innovationen oder „knowledge creation"- Aktivitäten (Nonaka und Takeuchi 1995) gerade jedoch auch von den spezifischen Bedingungen ab, wie sie – zumindest vom Ansatz her – in vielen japanischen

Unternehmen vorzufinden sind: die Langfristigkeit der Arbeitnehmer-Arbeitgeber-Beziehungen begünstigt Teamorientierung und vertrauensvolle Zusammenarbeit, eine „robuste Unternehmenskultur" kann entstehen (Malik 1992: 117), die auf die Motivation der Mitarbeiter, auf die effektive (und nicht nur effiziente) Leistungserreichung im Sinne von Preis und Leistung und auf die Fähigkeit zur Selbstorganisation von Unternehmensstrukturen in zunehmend komplexeren Umwelten setzt.

14 In Zeiten des Strukturwandels ist die aufmerksame Beobachtung der Strategien japanischer Wettbewerber gefragt

Japanische Unternehmen sind angesichts ihrer beachtlichen Markterfolge in der Vergangenheit nicht ohne weiteres bereit – und auch nicht in der Lage –, bisherige Strukturen und Verhaltensweisen einfach über Bord zu werfen. Zwar werden auch in Japan die Rufe nach einer stärkeren Berücksichtigung von Kapitalrenditen und *shareholder value* lauter; nicht zuletzt die Belastungen, die mit der zunehmenden Alterung der Bevölkerung und den damit verbundenen steigenden Rentenansprüchen und sonstigen Sozialausgaben zusammenhängen, müssen zu einer Aufwertung von Kapitaleinkommen und damit zu einer wirtschaftlicheren Kapital*verwendung* führen. Die geplante Aufhebung des Gesetzes zum Verbot von Holding-Gesellschaften 1998 ist ein Schritt in die Richtung zur besseren Steuerung von Kosten und Erträgen sowie zur Optimierung von Unternehmensstrategien. Vor allem wird hierdurch auch die öffentliche Transparenz und damit die Kontrolle dieser Managementaufgaben verstärkt.

Andererseits ist die Verschlankung von Unternehmen über Personalabbau nur *ein* denkbarer Lösungsweg. Eine Alternative hierzu ist der Versuch der Entwicklung neuer Produkte, Dienstleistungen und damit Märkte. Unter dem oben angeführten Stichwort der Personaltransfers existieren bereits Beispiele für eine solch unternehmerische Aufgabe, Mitarbeiter in neugegründeten Unternehmen mit einem innovativen Leistungsangebot einzusetzen und damit gleichzeitig im eigenen Betrieb für eine Kostenentlastung zu sorgen.

Die konkrete Umsetzung solcher Vorhaben hängt selbstverständlich von den Umständen des Einzelfalls ab; von allgemeiner Bedeutung ist die Bereitschaft auf Unternehmens- wie Mitarbeiterseite zu flexiblen, möglicherweise auch ungewöhnlichen Lösungsstrategien. *In search of excellence*: Während Bestsellerautoren und Unternehmensberater in den (frühen) 80er Jahren versuchten, das aktuell Herausragende oder Besondere einzelner Unternehmen als Vorbild vorzugeben, muß heute das Bemühen um die richtige Balance zwischen der Bewahrung bestehender Wettbewerbsvorteile und der flexiblen Anpassung an die Veränderungen im Umfeld, zwischen einer Intensivierung des Kapitalumschlags und dem besonnenen Abwägen von Handlungsalternativen, zwischen dem Vertrauen in die Kräfte des Marktes und dem Vertrauen in die eigenen Mitarbeiter als kontinuierliche Aufgabe aufgefaßt werden. Es wird kein *One Best Practice – Made In Japan* (mehr) geben, sondern eine zunehmende Vielfalt an Strategien, Organisationsformen und Managementpraktiken – allerdings immer unter Berücksichtigung grundlegender Prinzipien wie der Beschäftigungssicherung für Stammitarbeiter.

Für den ausländischen Beobachter schließlich bedeutet die aktuelle Entwicklung in Japan, das Augenmerk zukünftig verstärkt auf die Analyse einzelner Firmen zu lenken. Die Unterschiede in bezug auf Ertragskraft, Marktstrategien und Innovationsfähigkeit zwischen den Unternehmen werden sich auf Basis der jüngsten Erfahrungen verstärken, so daß nicht länger einfach von der Existenz eines typischen japanischen Betriebes ausgegangen werden kann. Insbesondere bei einem anvisierten Joint-Venture Projekt vor Ort gilt es, den oder die japanischen Partner in dieser Hinsicht gründlich zu prüfen.

Literatur

Abegglen, James und George Stalk (1987): *Kaisha. The Japanese Corporation.* Rutland/Tokyo: Charles E. Tuttle 1987.

Dirks, Daniel (1996a): „Japanisches Management am Scheideweg? Zur Transformation eines 'Systems'", in: *Japanstudien. Jahrbuch des Deutschen Instituts für Japanstudien der Philipp-Franz-von-Siebold Stiftung* (München: iudicium Verlag), Bd. 7, 1996, S. 323–365.

Dirks, Daniel (1996b): *Beschäftigungssicherung statt Arbeitsplatzgarantie – Personalanpassungsmaßnahmen japanischer Unternehmen in der Rezession.* Arbeitspapier 96/4. Tokyo: Deutsches Institut für Japanstudien 1996.

Dirks, Daniel (1997): „Out of Recession and Beyond: Indications for a New Type of Japanese Management?", in: *Euro Asia Journal of Management*, Vol. 12 (January 1997), S. 5–23.

Dirks, Daniel (1997b): „Krisen- und Rezessionsmanagement in Japan", in: Lichtblau, Karl und Franz Waldenberger (Hg.), *Planung, Wettbewerb und wirtschaftlicher Wandel.* Köln: Deutscher Instituts-Verlag 1997, S. 153–174.

Gälweiler, Aloys (1987): Strategische Unternehmensführung. Frankfurt/New York: Campus 1987.

Hanbai Kakushin (Sept. 1996): „Kigyô tokushû: Itô Yôkadô ni, ima nani ga okite iru no ka" [Unternehmens-Special: Was ist los bei Itô Yôkadô?], in: *Hanbai Kakushin* [A Revolution in Retailing], No. 9 (September 1996), S. 44–72.

Haslam, Colin, Karel Williams, Sukhdev Johal and John Williams (1996): „A Fallen Idol? Japanese Management in the 1990s", in: Paul Stewart (Hg.), *Beyond Japanese Management. The End of Modern Times?* London/Portland, OR: Frank Cass 1996, S. 21–43.

Malik, Fredmund (1992): „Turbulenzen – die Komplexität des Wandels als Herausforderung annehmen", in: Schuppert, Dana u. a. (Hg.), *Langsamkeit entdecken – Turbulenzen meistern.* Wiesbaden: Gabler 1992, S. 73–124.

Nihon Keizai Shinbun (22.01.1997): „Kigyô tôsan nao kôsuijun" [Unternehmenskonkurse weiter auf hohem Niveau], in: *Nihon Keizai Shinbun* 22.01.1997, S. 3.

Nihon Keizai Shinbun (09.05.1997): „Kaigai jigyô no shippai. Zushiri futan omoku" [Mißerfolge in ausländischen Niederlassungen belasten Unternehmen erheblich], in: *Nihon Keizai Shinbun* 09.05. 1997, S. 3.

Nikkei Weekly (24.03.1997): „Pessimists May Be Missing Boat on Japan", in: *Nikkei Weekly* 24.03.1997, S. 7.

Nikkeiren (Hg.) (1995): *Shinjidai no 'nihonteki keiei'. Chôsen subeki hôkô to sono gutaisaku* [Japanisches Management einer neuen Ära. Herausforderungen und konkrete Maßnahmen]. Tokyo: Nikkeiren 1995.

Noguchi, Yukio (1994): „The 'Bubble' and Economic Policies in the 1980s", in: *Journal of Japanese Studies*, Vol. 20, No. 2 (1994), S. 291–329.

Nonaka, Ikujiro und Hirotaka Takeuchi (1995): *The Knowledge-Creating Company.* Oxford et al.: Oxford University Press 1995.

OECD (1996): *OECD Economic Surveys. Japan.* Paris: OECD 1996.

Ôkurashô (Hg.) (1996): *Zaisei kinyû tôkei geppô. Hôjin kigyô tôkei nenpô tokushû* [Monatsstatistiken des Finanzministeriums. Sonderband Unternehmens-Jahresstatistik], No. 532 (1996/8). Tokyo: Ôkurashô.

Price, John (1997): *Japan Works. Power and Paradox in Postwar Industrial Relations.* Ithaca und London: Cornell University Press 1997.

Schneidewind, Dieter (1991): *Das japanische Unternehmen.* Berlin/Heidelberg: Springer 1991.

Seisansei Rôdô Jôhô Sentâ (Hg.) (1997): *Katsuyô rôdô tôkei* [Arbeitsstatistiken für die Praxis]. Tokyo: Seisansei Rôdô Jôhô Sentâ 1997.

Stewart, Paul (1996): „Beyond Japan, Beyond Consensus? From Japanese Management to Lean Production", in: Paul Stewart (Hg.), *Beyond Japanese Management. The End of Modern Times?.* London/Portland, OR: Frank Cass 1996, S. 1–20.

Sugawara, Sandra (1997): „For Japan Inc., Beginning of the End. Sagging Economy Undermines Government-Corporate System", in: *Washington Post Foreign Service*, 09.03.1997, S. A01.

Suzuki, Yukio (1995): „Adapting to Change: The New Dynamism of Japanese Industry", in: *NRI Quarterly* Vol. 4, No. 4 (Winter 1995), S. 66–83.

Tezuka, Hiroyuki (1997): „Success as the Source of Failure? Competition and Cooperation in the Japanese Economy", in: *Sloan Management Review*, Winter 1997, S. 83–93.

Tsûshô Sangyôshô (MITI) (1997): *Dai 6-kai kaigai jigyô katsudô kihon chôsa sokuhô* [Untersuchung der Auslandsaktivitäten japanischer Unternehmen, Vorläufiger Bericht, Vol. 6]. Tokyo: Tsûshô Sangyôshô, Sangyô Seisakukyoku Kokusai Kigyôka.

Usui, Chikako und Richard Colignon (1996): „Corporate Restructuring: Converging World Pattern or Societally Specific Embeddedness?", in: *The Sociological Quarterly*, Vol. 37, No. 4 (1996), S. 551–578.

Teil II:
Erfahrungsberichte deutscher Unternehmen in Japan

**Sektion A:
Produktion und Vermarktung**

Erfahrungen eines mittelständischen Unternehmens in Japan: TRUMPF

Jörg Raupach

Name:	TRUMPF Corporation
Rechtsform in Japan:	Aktiengesellschaft
Hauptbetätigungsfelder:	Werkzeugmachinen für Blechbearbeitung; CO_2-Laser für industrielle Materialbearbeitung
Umsatz gesamt 1996/97:	1,1 Mrd. DM
Umsatz in Japan:	n. v.
Anzahl der Mitarbeiter 1997:	3.500
Anzahl der Mitarbeiter in Japan 1997:	35
Präsenz in Japan seit:	1977

TRUMPF ist mit einem Umsatz von etwa 1,1 Milliarden DM mittlerweile der größte Hersteller von Werkzeugmaschinen in Europa und rangiert seit Jahren unter den zehn größten Werkzeugmaschinenherstellern der Welt. TRUMPF konzentriert sich auf die Entwicklung und Fertigung von Maschinen, Werkzeugen und Software-Programmen für die Blechbearbeitung. Dazu gehören Maschinen zum Stanzen, Laserschneiden, Umformen, Biegen oder Schweißen von Blechen aus verschiedenen Materialien wie Baustahl, Edelstahl oder Aluminium.

TRUMPF ist zudem der weltweit größte Hersteller von Laserquellen für die industrielle Materialbearbeitung. Anfang der 80er Jahre begann TRUMPF mit der Eigenentwicklung von CO_2-Laserquellen. Heute bietet TRUMPF CO_2-Laser mit einer Leistung von 700 Watt bis 20 Kilowatt an, die zum Schneiden und Schweißen sowie zur Oberflächenbehandlung von Blechen eingesetzt werden. Mit dem Erwerb der HAAS-Laser GmbH im Jahre 1992 gewann TRUMPF ein weiteres zukunftsträchtiges Standbein bei Nd: YAG-Lasern, bei denen mittlerweile Leistungen von bis zu 5 Kilowatt erreicht werden und die insbesondere in der Automobilindustrie einen breiten, neuen Markt gefunden haben.

Neben den Kernaktivitäten im Bereich Werkzeugmaschinen und Laserquellen ist TRUMPF zudem mit eigenen Gesellschaften im Bereich der Hochfrequenztechnik und der Medizintechnik tätig.

TRUMPF beschäftigt weltweit etwa 3.500 Mitarbeiter und verfügt mit 21 Tochtergesellschaften in Europa, den USA und Asien über ein weltumspannendes Vertriebs-, Service- und Produktionsnetz.

In Japan ist TRUMPF seit über 40 Jahren tätig. Bereits 1950 wurden die ersten Nibbelmaschinen und Elektrowerkzeuge nach Japan exportiert. In den 60er und 70er Jahren entwickelte sich Japan für TRUMPF zum zweitwichtigsten Absatzmarkt hinter Deutschland. Seither versucht TRUMPF auch in Japan seinem Selbstverständnis als Technologie- und Qualitätsführer bei Blechbearbeitungsmaschinen gerecht zu werden. Das Unternehmen konnte sich im harten Wettbewerb insbesondere durch die pionierhafte Einführung neuartiger Technologien wie die Kopiernibbeltechnik, die kombinierte Stanz-Lasertechnik oder die Technologie der „fliegenden Optik" beim Laserschneiden immer wieder von der japanischen Konkurrenz abheben.

TRUMPF Corporation, 1977 in Japan als eine 100-prozentige Tochtergesellschaft von TRUMPF gegründet, beschäftigt derzeit 35 Mitarbeiter und hat ihren Sitz im German Industry Center in Yokohama. Das German Industry Center war das erste der Deutschen Industrie- und Handelszentren in Asien. Es geht wesentlich auf die Initiative von Prof. Leibinger, dem geschäftsführenden Gesellschafter von TRUMPF, zurück und diente als Vorbild für weitere Deutsche Zentren u. a. in Singapur und Shanghai. Die Aufgaben von TRUMPF Corporation umfassen den Vertrieb, den Kundendienst und die anwendungstechnische Beratung der Kunden in Japan. Um diesen Augaben gerecht zu werden, verfügt TRUMPF nicht nur über Büro- und Lagerräume, sondern betreibt ein eigenes Vorführzentrum, in dem die wichtigsten Maschinentypen ausgestellt sind, und das für Kundendemonstrationen, Kundentests und Schulungen in Anspruch genommen wird. Das eigene Vorführzentrum, welches auch eine CAD/CAM-Softwareinsel sowie Einrichtungen zur applikationstechnischen Werkzeugberatung besitzt, ermöglicht eine kundennahe, umfassende Demonstration der technologischen Kompetenz von TRUMPF in Japan und stellt eine strategisch bedeutende Investition dar. Neben Yokohama verfügt TRUMPF Corporation über zwei weitere Verkaufs- und Servicestützpunkte in Osaka und Nagoya, so daß TRUMPF in allen großen Industriezentren in Japan präsent ist.

1   Strategische Ziele in Japan

TRUMPF mißt der Präsenz in Japan eine hohe unternehmensstrategische Bedeutung bei und verfolgt insbesondere drei strategische Ziele:

- Stärkung der Marktposition;
- Tuchfühlung zum japanischen Wettbewerb;
- Partizipation am japanischen Innovationspotential.

Im Jahre 1996 wurden in Japan insgesamt etwa 1.400 Stanz- und Lasermaschinen verkauft. Auch wenn damit insgesamt das Höchstniveau im Jahre 1990 noch lange nicht wiedererreicht ist, gehört Japan nach wie vor zu den weltweit größten Märkten für Blechbearbeitungsmaschinen. Und auch die Zukunft läßt ein moderates Wachstum erwarten. Die weitere Stärkung der Marktposition und Ausweitung des Marktanteils in Japan besitzt daher im Rahmen der Globalstrategie von TRUMPF höchste Priorität. Dabei haben sich für TRUMPF infolge des Strukturwandels in der japanischen verarbeitenden Industrie neue Chancen ergeben. Die lange und tiefe Rezession seit 1990, von der sich Japan nur langsam erholt, hat insbesondere in der mittelständischen blechbearbeitenden Industrie zu nachhaltigen strukturellen Veränderungen geführt. Die japanische blechbearbeitende Industrie ist eine typische Zulieferindustrie, die einem enormen Preis- und Lieferzeitendruck sowie wachsenden Qualitätsanforderungen seitens ihrer Abnehmer ausgesetzt ist. Um diesem Druck standhalten zu können, sind die Betriebe gezwungen, noch flexibler, in noch kleineren Losgrößen und noch kostengünstiger zu fertigen. Differenzierung im Wettbewerb erfordert zudem, daß diese Betriebe Produkte mit höherer Wertschöpfung und in Verbindung mit spezifischen Dienstleistungen (z. B. Eigenkonstruktionen) anbieten. Dieser Prozeß des strukturellen Wandels ist gegenwärtig im Gange, und es zeichnet sich eine stärkere Konzentration einer bisher stark zersplitterten Zulieferindustrie sowie das Entstehen unabhängiger, leistungsstarker und flexibler Betriebe mit hoher Produkt- und Fertigungskompetenz ab. Diese Entwicklung verlangt nach flexiblen, aber dennoch hochproduktiven Technologien zur präzisen Fertigung in kleinen und kleinsten Losgrößen. Gerade in diesen Bereichen kommen die Stärken der TRUMPF-Technologie besonders zum Tragen, so daß sich trotz des verlangsamten Marktwachstums neue Marktchancen für TRUMPF in Japan ergeben haben.

Im Werkzeugmaschinenbau allgemein zählen japanische Anbieter zu den schärfsten Konkurrenten deutscher Hersteller auf den Weltmärkten. Und dies gilt in einem besonderen Maße auch für TRUMPF und die spezielle Branche der Blechbearbeitungsmaschinen: der weltweit wichtigste Konkurrent bei Stanz- und Lasermaschinen ist ein japanisches Unternehmen. Und auch bei Laserquellen treten japanische Anbieter als starke Konkurrenten auf. Angesichts dieser globalen Bedeutung japanischer Wettbewerber kommt der Präsenz von TRUMPF auf deren japanischem Heimatmarkt eine besondere Bedeutung zu. Dieser ist nicht allein durch einen besonders intensiven und harten Wettbewerb gekennzeichnet, sondern besitzt für TRUMPF eine wichtige Antennenfunktion. Hier in Japan stellen japanische Konkurrenten zuerst neue Produktentwicklungen vor und erproben neueste Technologien. Hier in Japan zeichnen sich am frühesten neue strategische Orientierungen der Konkurrenz ab. Und nur durch den täglichen Kontakt mit den Kunden und die tägliche Tuchfühlung zum Wettbewerb lassen sich die vielfältigen Informationen über Entwicklungen, Stärken und Schwächen und die Leistungsfähigkeit des japanischen Wettbewerbs unverzüglich in Erfahrung bringen. Der Aufbau einer solchen Insiderposition und die Schaffung größerer Transparenz über die eigenen Wettbewerber ist daher ein weiteres bedeutendes Ziel von TRUMPF in Japan. Hinzu kommt, daß auch der japanische Wettbewerb TRUMPF aufmerksam verfolgt und dabei die Aktivitäten von TRUMPF auf ihrem japanischen Heimatmarkt besonders sensibel registriert. Insofern lassen sich Wettbewerbskräfte in Japan binden, da sich japanische Konkurrenten auch im eigenen Heimatmarkt nicht mehr sicher fühlen können.

Ein drittes strategisches Ziel von TRUMPF in Japan besteht in der Partizipation am japanischen Innovationspotential. Die Fähigkeit zu kreativen Prozeßinnovationen gilt weithin als eine der größten Stärken der japanischen Industrie. Japanische Industriekunden sind bekannt für höchste Ansprüche an Qualität und Funktionalität. Und zudem hat Japans Industrie in wichtigen Hochtechnologiebranchen, speziell in der Elektronik und der Informationstechnologie, weltweite Führungspositionen inne. Folglich zeichnen sich in vielen Bereichen neueste Anwendertrends, Entwicklungen in den Kundenanforderungen sowie technologische Neuentwicklungen sehr früh in Japan ab. Dies gilt auch für bestimmte Bereiche in der Blechbearbeitung. TRUMPF ist offen für solche Entwicklungen und versucht aktiv, innovative Anregungen aus dem japanischen Markt für das Gesamtunternehmen zu nutzen.

2 Erfolgsfaktoren im Japangeschäft

Die Bearbeitung des japanischen Marktes ist für ein ausländisches Unternehmen, insbesondere aus dem Mittelstand, kein leichtes Unterfangen. Berichte und Studien zu den Unwegsamkeiten des Japangeschäftes sind mittlerweile Legion. Das Japan-Engagement, die Anforderungen der Kunden und die Intensität des Wettbewerbes bringen stets neue Herausforderungen mit sich – auch für TRUMPF. Aus den eigenen Erfahrungen hat TRUMPF die Schlußfolgerung gezogen, daß der Erfolg im Maschinengeschäft in Japan u. a. wesentlich an folgende Voraussetzungen geknüpft ist:

- Zuverlässigkeit der Produkte;
- Kompetenz im Kundendienst;
- Qualifizierte Mitarbeiter.

Der geschäftliche Erfolg unserer meist mittelständischen Kunden hängt sehr wesentlich von der Verfügbarkeit und Zuverlässigkeit der von ihm eingesetzten Maschinen ab. Die Qualität der mit den Maschinen gefertigten Blechteile und die flexible, kurzzeitige Lieferfähigkeit selbst bei kleinsten Aufträgen sind die entscheidenden Wettbewerbsparameter unserer Kunden. Folglich können fehlerhafte Produkte und Maschinenausfälle die Existenzgrundlagen unserer Kunden in kürzester Zeit gefährden, zumal ihre Abnehmer in der Regel *Just-in-time*-Lieferungen erwarten. Japanische Kunden erscheinen folglich in einem besonderen Maße risikoavers und messen der Zuverlässigkeit und Qualität der von ihnen eingesetzten Maschinen höchste Priorität bei. Für ein innovationsorientiertes Unternehmen wie TRUMPF ergeben sich hieraus besondere Anforderungen, denn die japanischen Kunden erwarten sich einen Differenzierungsvorteil durch innovative TRUMPF-

Technologie und High-Tech-Lösungen. TRUMPF verwendet daher größte Sorgfalt auf die umfassende Erprobung neuester Technologien und führt in Japan neue Produkte erst nach einer gewissen Bewährung im Industriealltag ein.

Darüberhinaus stellen japanische Kunden höchste Anforderungen an den Kundendienst, und gerade gegenüber ausländischen Maschinenlieferanten sitzen die Ängste besonders tief. Aus diesem Grunde nimmt das Thema „Service" bereits im Vorverkaufsstadium häufig einen breiten Raum ein, und es gilt, den Kunden von der Kompetenz, Reaktionsfähigkeit und Zuverlässigkeit des Kundendienstes zu überzeugen. Es müssen Nachweise über die Ersatzteilverfügbarkeit vor Ort erbracht, Organisationsstrukturen, Mitarbeiterkapazitäten und Qualifikationsprofile offengelegt und Reaktionszeiten zugesichert werden, und oft erwarten Kunden kostengünstige Wartungs- und Serviceverträge. Letztlich bestimmt – ungeachtet technologischer Produktvorteile – die Qualität im Service wesentlich das Image am Markt und die Wiederkaufswahrscheinlichkeit. Maschinen dürfen nicht stillstehen, bei Problemen muß der Service ansprechbar sein und möglichst innerhalb weniger Stunden vor Ort sein. Ein spezielles Problem in Japan ist, daß Kunden in der Regel nicht selbst Wartungs- und Servicearbeiten durchführen, und gerade in Klein- und Mittelbetrieben die Maschinenbediener häufig nur unzureichend qualifiziert sind. Dies hat zur Folge, daß auch mit einem starken Innendienst selbst kleinste Probleme nicht per Telefon gelöst werden können, sondern einen Einsatz vor Ort erfordern. Dies erfordert zusätzlich teure Servicekapazität. So sind bei TRUMPF knapp die Hälfte der Mitarbeiter im Service beschäftigt, die in der Regel im Feld eingesetzt werden.

Aufgrund der Vielfalt der eingesetzten Technologien und des hohen Innovationstempos widmet TRUMPF der kontinuierlichen Weiterqualifizierung des eigenen Services in Japan eine besondere Aufmerksamkeit und tätigt hohe Investitionen in Schulung und Weiterbildung der Mitarbeiter.

Ein besonderes Problem bei der Gestaltung des Kundendienstes ergibt sich natürlich aus der räumlichen Distanz zum Mutterhaus und dem ungünstigen Zeitfenster. Die japanischen Kundendienstmitarbeiter verfügen im Gegensatz zu ihren deutschen Kollegen nicht über breite Kontakte in der Entwicklung oder Produktion, um z. B. technische Fragen schnell „auf dem kleinen Dienstweg" zu erledigen. Die Gestaltung der technischen Kommunikation erfordert daher besondere Phantasie und hohen persönlichen Einsatz.

3 Rekrutierung und Qualifikation der Mitarbeiter

Qualifizierte und motivierte Mitarbeiter sind – neben der Zuverlässigkeit und Qualität des Produktprogrammes und einem schlagkräftigen Kundendienst – ein weiterer zentraler Erfolgsfaktor im Japangeschäft. Dies mag sich wie ein Allgemeinplatz anhören; tatsächlich aber gehört die Personalrekrutierung und Mitarbeiterführung zu den Bereichen, mit denen ausländische Unternehmen in Japan häufig besonders große Schwierigkeiten haben.

Generell gilt sicher, daß die Rekrutierung qualifizierten Personals für ausländische Unternehmen einfacher geworden ist. Auch hier hat die Zeit nach der *bubble economy* zu einem Bewußtseinswandel in Japan geführt. Psychologische Barrieren und Ängste gegenüber Unsicherheiten der Beschäftigung bei ausländischen Firmen sind einer größeren Offenheit gewichen, zumal sich die Beschäftigungspraktiken japanischer Firmen ebenfalls ändern. Im Gegenteil: in vielen, gerade überregulierten Branchen gelten ausländische Unternehmen als der modernere und attraktivere Arbeitgeber, da sie den Vorstellungen der jüngeren Menschen nach leistungsorientierter Karriereförderung, professioneller Arbeitszeitgestaltung und selbständiger Verantwortung besser entsprechen als die vielfach verkrusteten, dem alten hierarchischen Druck verhafteten japanischen Firmen.

Allerdings gilt dies nur für das produzierende Gewerbe, da hier zunehmend ein Arbeitskräftemangel zu verzeichnen ist. Immer weniger junge Japaner und Japanerinnen sind gewillt, sog. „3-K-Arbeiten" (*kitanai* = dreckig, *kitsui* = beschwerlich, *kiken* = gefährlich) zu übernehmen und ziehen Arbeiten im Dienstleistungsgewerbe vor. Selbst japanische Großunternehmen haben Probleme, Mitarbeiter für Produktions- und Serviceaufgaben zu bekommen. Für ein in Japan kleines, ausländisches Unternehmen wie TRUMPF ist es daher besonders schwer, qualifizierte Mitarbeiter speziell für Seviceaufgaben zu gewinnen, zumal der Service in Japan besonders hohe Anforderungen an die Einsatzbereitschaft und persönliche Verantwortung der Mitarbeiter stellt. TRUMPF versucht, diese Schwierigkeiten auf zweierlei Wegen zu meistern. Zum einen hat TRUMPF zu bestimmten technischen Fachhochschulen und dort tätigen Professoren seit langem ein enges, persönliches Verhältnis aufgebaut und kann daher Absolventen auf Empfehlungen von Lehrtätigen rekrutieren. Zum anderen versucht TRUMPF über besondere Incentives die Mitarbeiter an das Unternehmen zu binden. Insgesamt setzt TRUMPF auf Maßnahmen der langfristigen Mitarbeiterentwicklung, wobei der kontinuierlichen Weiterqualifizierung ein besonderes Gewicht zukommt. Begeisterung für unsere Technologie und eine ausgeprägte Loyalität und Einsatzbereitschaft der Mitarbeiter – dies sind die wichtigsten Aktiva von TRUMPF, die es sorgsam zu pflegen gilt.

Ein weiteres wichtiges Thema ist die Rolle deutscher Mitarbeiter in der japanischen Dependance. Dem deutschen Mitarbeiter obliegt in der Regel die wichtige Aufgabe, eine reibungslose und effiziente Kommunikation mit dem Mutterhaus zu gewährleisten. Des weiteren soll er den Transfer von Produkt- und Vermarktungs-*Know-how* an die japanischen Mitarbeiter bewerkstelligen und Kompetenz aus dem Mutterhaus vermitteln. Hinzu kommen häufig kaufmännisch orientierte Aufgaben wie Controlling, Lagerhaltung und Beschaffung oder die strategische Planung. Aus dieser Beschreibung wird deutlich, daß deutsche Mitarbeiter eine bedeutende Relaisfunktion zwischen der Muttergesellschaft und der japanischen Dependance ausüben. Abgesehen von rein sprachlichen Fähigkeiten stellt diese Aufgabe hohe Anforderungen an die interkulturelle Kompetenz und Sensibilität, insbesondere wenn der Deutsche Personal- und Führungsverantwortung trägt. Ausschlaggebend für die

Akzeptanz bei den Mitarbeitern erscheint mir, daß der Deutsche nicht als „Ausgewählter mit besonderen Privilegien" erscheint, sondern als jemand, der „anpackt" und die Mitarbeiter konkret bei der Lösung der täglichen Probleme im operativen Geschäft unterstützt. Insofern erfordert die Auswahl der deutschen Mitarbeiter eine besondere Sorgfalt. Dank verschiedener Initiativen wie das „Executive Training Program" der Europäischen Kommission, durch das seit mehr als zehn Jahren mittlerweile über 500 europäische Führungskräfte mit der japanischen Sprache und Arbeitswelt vertraut gemacht worden sind, ist das Angebot an Japanerfahrenen jungen Menschen nicht mehr so gering. Dabei mehrt sich auch die Zahl derer, die bereit sind, auf teure Expatriate-Verträge zu verzichten und zu lokalen Bedingungen, dann aber auf Dauer, angestellt zu werden. All dies ersetzt aber nicht eine sorgfältige Vorbereitung des Deutschen für den Japaneinsatz.

4 Japan ist offen – und öffnet sich weiter...

TRUMPF verspricht sich auch für die Zukunft gute Chancen auf dem japanischen Markt. Hierzu trägt vor allem der gegenwärtige Wandel in Japan bei. Japan ist offen und wird noch offener werden. Um es deutlich zu sagen: In der Branche, in der TRUMPF tätig ist, existieren keine nennenswerten Barrieren, sondern es herrscht ein offener, ja oft brutaler Wettbewerb. Dies gilt aber (noch) nicht für den Großteil der japanischen Wirtschaft. Insbesondere der Dienstleistungsbereich wie der Finanz-, Transport-, Telekommunikations-, Handels- oder der Gesundheitssektor sowie der Rohstoff- und Energiebereich (Öl, Gas, Strom etc.) sind überreguliert, und es existieren zahlreiche Wettbewerbsbeschränkungen. Aber auch hier ist der Wandel im Gange. Dennoch: dieser Wandel ist zäh und politischer Wille und faktisches Tun liegen (wie überall) oft weit auseinander. Die Richtung allerdings stimmt und ist nur schwer umkehrbar: weniger weil es das Ausland so will, sondern viel mehr, weil die japanische Bevölkerung den Wandel wünscht.

Eine Asien-Strategie ohne Japan wäre kurzsichtig: OSRAM

Johann Müllauer

Name:	OSRAM-MELCO Ltd. (OML) und Mitsubishi Electric OSRAM Ltd. (MOL)
Rechtsform in Japan:	Aktiengesellschaft
Hauptbetätigungsfelder:	Beleuchtung, Herstellung und Vertrieb von Lampen und elektronischen Betriebsgeräten
Umsatz gesamt 1997:	6,3 Mrd. DM (OSRAM weltweit)
Umsatz in Japan 1997:	ca. 300 Mio. DM (OML+MOL)
Anzahl der Mitarbeiter 1997:	ca. 30.000 (weltweit)
Anzahl der Mitarbeiter in Japan 1997:	ca. 500
Präsenz in Japan seit:	1985 (mit eigener Gesellschaft)

Über Japan, die zweitgrößte Wirtschaftsmacht der Welt, wird viel geschrieben und viel diskutiert. Dieser Beitrag will aufzuzeigen, daß gerade deutsche Unternehmen über beste Voraussetzungen verfügen, in Japan gute Gechäfte zu machen und diese Chance auch nutzen sollten.

Japan ist wirtschaftliches Kraftwerk und Zentrum der Wachstumsregion Asien; es verfügt über einen riesigen Markt für fast alle Investitions- und Konsumgüter, in dem hohe Qualitätsansprüche herrschen. Im Gegensatz zu anderen asiatischen Ländern (wie z. B. China) besteht in Japan ein stabiles, gesetzessicheres Umfeld, ein gutes lokales Erlösniveau für die meisten Produkte sowie eine hervorragende Infrastruktur. Dadurch können Investitionen mit hohen Renditeerwartungen weitgehend risikoarm und zügig umgesetzt werden. Japan ist offen – vor allem für deutsche Unternehmen. Deutsche Firmen und Marken genießen hier ein ausgezeichnetes Image. Das gilt nicht nur für die Großindustrie, sondern auch für technologiestarke mittelständische Unternehmen. Fazit: Bei strategischen Überlegungen bezüglich geplanter Investitionen in Asien sollte Japan ein hoher Stellenwert eingeräumt werden.

1 Erfahrungsbericht: Über 10 Jahre OSRAM in Japan

1.1 Zwei Joint-Ventures

Das OSRAM-Management erkannte bereits in den 80er Jahren, wie wichtig die konsequente Globalisierung des Lampengeschäftes für das Unternehmen ist. Im Mittelpunkt der Überlegungen standen damals zwei Regionen: die USA mit ihrem immensen Marktvolumen und die vielversprechenden Märkte in Südostasien. Die Gründung von Tochterfirmen wurde konsequent vorangetrieben. Ende der 80er Jahre entstanden Tochterfirmen in Singapur und Südkorea, etwas später Joint-Ventures in China und Taiwan. An Japan, das neben Europa und den USA über einen der größten nationalen Lampen-Märkte verfügte, führte natürlich kein Weg vorbei.

Nach mehrjährigen Verkaufsaktivitäten über einen OSRAM-Stützpunkt wurde im Jahr 1985 schließlich OSRAM Japan gegründet. Die kleine Handelsgesellschaft kümmerte sich ausschließlich um den Vertrieb von Auto-Scheinwerferlampen sowie hochwertiger Speziallampen. Das in der Beleuchtungsbranche so wichtige Breitengeschäft fehlte anfangs noch. Um es zu erreichen sowie auf dem japanischen Markt möglichst schnell Fuß zu fassen und das lokale Vertriebssystem zu nutzen, bemühte sich OSRAM um die Zusammenarbeit mit einem japanischen Partner. Man fand ihn in der Mitsubishi Electric Corporation, die zur gleichen Zeit auf der Suche nach einem Partner mit entsprechendem *Know-how* im Bereich Beleuchtungstechnik war.

Da sich OSRAM von dem augenfälligen Nachholbedarf Japans in Sachen Lichtkultur und Beleuchtungstechnik ein zusätzliches Marktpotential versprach, forcierte es den Zusammenschluß. Japan sollte mit innovativen Produkten von OSRAM sowie dem *Know-how* der Entwicklungstechnik versorgt werden. Nach längeren Verhandlungen kam es im Jahr 1988 schließlich zur Gründung zweier Joint-Ventures: der OSRAM-MELCO Ltd. (Anteilsverteilung: 51 Prozent OSRAM; 49 Prozent Mitsubishi Electric) und der Mitsubishi Electric OSRAM Ltd. (51 Prozent Mitsubishi Electric; 49 Prozent OSRAM). Ersteres ist für Entwicklung und Produktion der Lichtquellen zuständig, letzteres für Marketing und Vertrieb.

Vorteil dieser Konstellation war, daß OSRAM eine Vertriebsperspektive auf dem japanischen Markt bekam und gleichzeitig in eine Marktposition aufstieg, die eine eigene Fabrikation rechtfertigte. Die neue Produktionsanlage wurde unter der technischen Federführung von OSRAM zwei Zugstunden südwestlich von Tokio entfernt in Kakegawa gebaut. Sie ging 1991 in Betrieb. Das Investitionsvolumen betrug rund 200 Millionen DM. Der internationale Lichthersteller hatte sich damit gute Ausgangsbedingungen auf dem wachsenden japanischen Lampenmarkt geschaffen. Jetzt kam es für beide Joint-Venture-Partner darauf an, im Tagesgeschäft erfolgreich zusammenzuarbeiten und die jeweiligen Stärken gezielt zu nutzen.

1.2 Die deutsch-japanische Zusammenarbeit

Es darf nicht verschwiegen werden, daß sich die Zusammenarbeit zwischen den einzelnen Mitarbeitergruppen in den ersten Jahren sehr schwierig gestaltete und diese Schwierigkeiten bei der Zusammenarbeit die Gesamt-Effizienz zunächst beeinträchtigten. Es kam immer wieder zu gravierenden Mißverständnissen zwischen den europäischen Managern und den japanischen Kollegen. Hohe Anlaufverluste, bedingt durch den Bau der neuen Fabrik, und die Anfang der 90er Jahre über Japan hereinbrechende Rezession waren Belastungen für die jungen Joint-Venture-Unternehmungen und stellten die Geduld der Mutterfirmen OSRAM und Mitsubishi Electric auf eine harte Probe. Die Überwindung der Schwierigkeiten, die unter anderem durch die Reibung der unterschiedlichen Firmenkulturen aneinander entstanden, war eine große Herausforderung. Sie erforderte Zeit, ständigen Dialog und eine gehörige Portion Kompromißbereitschaft – und konnte schließlich gemeistert werden.

Zwischenzeitlich ist es unseren zwei Joint-Venture-Gesellschaften gelungen, eine eigene Unternehmensidentität zu entwickeln und sie mit Leben zu erfüllen. Vor einigen Jahren wurde der geschäftliche Turnaround geschafft; jetzt wird eine stabile Umsatzrendite erwirtschaftet, die Vergleiche mit dem OSRAM-Weltniveau nicht scheuen muß. Der profitable Geschäftsgang wird sich auch in den nächsten Jahren fortsetzen – vorausgesetzt allerdings, wir können den anhaltenden Erlösdruck auf dem japanischen Lampen-Markt weiterhin durch kontinuierliche Kostensenkungsmaßnahmen und Rationalisierungen kompensieren.

„Japan ist offen" – das trifft in unserem Fall auch deshalb zu, weil wir rund 40 Prozent unseres Japan-Umsatzes in Höhe von ca. 300 Millionen DM mit importierten Produkten (hauptsächlich aus Deutschland) machen können. Unsere Eigenproduktion in Japan beträgt etwa 60, unser Handelsgeschäft 40 Prozent.

2 Bereitschaft zu praktikablen Kompromißlösungen kennzeichnet das Tagesgeschäft

Für das Gelingen und den Erfolg von Joint-Ventures in einem potentiell starken, aber sehr schwierigen Markt wie Japan ist es notwendig, daß die Partner eine gemeinsame Vertrauensbasis schaffen und versuchen, diese ständig auszubauen. Die Entscheidungsträger des Gemeinschaftsunternehmens müssen gut zusammenarbeiten und dies allen Mitarbeitern demonstrieren.

Einander zuhören (oftmals über den unvermeidlichen Umweg eines „Interpreters" – das ist ein Übersetzer, der nicht nur den Wortlaut, sondern auch den Sinn und die „Feinheiten" übersetzt), miteinander reden (Dialog auf allen Ebenen) und die ständige Bereitschaft zu praktikablen Kompromißlösungen kennzeichnen das Tagesgeschäft. Konsenssuche bei kleineren und größeren Entscheidungen ist wichtig: Bei Kernfragen und Grundsatzthemen ist allerdings auch Durchsetzungsvermögen und Einstehen für die eigenen Überzeugungen notwendig. Profilierungsversuche sind in Japan unerwünscht – ja sogar schädlich. Dies gilt für Manager wie auch jeden anderen Mitarbeiter. Es wird in Gruppen und Teams gearbeitet; Japaner sind keine Individualisten, sondern „Gruppenmenschen". Alle großen Leistungen werden in Japan durch Teamarbeit erreicht. Falls sich dabei jemand besonders in den Vordergrund stellt und die Teamarbeit gefährdet, wird er von den Kollegen geschnitten und ausgegrenzt. Es gilt das Motto des alten japanischen Sprichwortes: „Ein Nagel, der heraussteht, muß eingeschlagen werden."

In Japan ist es nach wie vor üblich, das Senioritätsprinzip und andere Hierarchien strikt zu beachten. Wenn man mit 45 Jahren Firmenpräsident – das heißt Geschäftsführer – wird, gilt das als „sehr jung" und ist für japanische Verhältnisse die Ausnahme. Trotz der immer noch starren Verhaltensregeln ist vieles in Bewegung geraten. Japan befindet sich derzeit im Umbruch; der westliche Einfluß nimmt in allen Bereichen immer mehr zu.

3 Was man beachten muß

Unternehmen, die sich in Japan engagieren wollen, sollten auf einige besondere Regeln achten. Hier die wichtigsten Punkte:

Vertrieb. Der deutsche Partner sollte sich hier gleich von Anfang an Einflußmöglichkeiten sichern. Da die japanischen Vertriebswege viele Handelsstufen überwinden müssen, sind sie oft zu lang und nicht transparent genug. Die japanische Distribution ist im allgemeinen nicht sehr effizient. Verbesserungen und eine stärkere Hinwendung zum Direkt-Vertrieb sind nötig, denn schließlich liegt hier der Schlüssel zum Erfolg.

Marketing. Wir haben festgestellt, daß es bei unserem Partner ein Produkt- oder Vertriebsmarketing nach westlichem Verständnis nicht gab. Um das zu ändern, haben wir einen OSRAM-Experten nach Japan entsandt und zum Marketing-Leiter innerhalb unseres Vertriebs-Joint-Ventures Mitsubishi-OSRAM ernannt. Seine Aufgabe war es anfangs, die japanischen Mitarbeiter mit unseren Marketingmethoden vertraut zu machen und anschließend einen professionellen Marketingstab aufzubauen. Dieser Stab sollte das notwendige Produktsortiment definieren, den Vertrieb unterstützen und die Entwicklungsziele mit unserer Entwicklungsabteilung marktorientiert initiieren und koordinieren.

General Affairs (Personalabteilung). Die Leitung der Personalabteilung ist eine Schlüsselposition in jedem japanischen Unternehmen. Sie kann im Prinzip nur von einer eigens dafür ausgebildeten, japanischen Führungskraft wahrgenommen werden. Der Personalleiter ist zum einen auf das Vertrauen des deutschen Geschäftsführers angewiesen, muß zum anderen aber auch von der Firmengewerkschaft sowie den Mitarbeitern akzeptiert werden.

Fabrikbelange. Es empfiehlt sich, die in Japan bereits erfolgreich praktizierten Qualitätszirkel (TQM) und Wartungssysteme (z. B. Total Productive Maintenance, kurz: TPM) einzuführen. Das kann allerdings nur gelingen, wenn entscheidende Positionen mit japanischen Führungskräften besetzt werden. Wir haben in unserem Joint-Venture-Werk in Kakegawa das TPM-System vor zwei Jahren erfolgreich eingeführt. Ergebnis: Die Fabrik ist gut organisiert und wird sauber geführt. Durch „Preventive Maintenance" konnten erhebliche Einsparungen erzielt werden. TPM bietet zudem die Möglichkeit zu *Kaizen* (die japanische Form des kontinuierlichen Verbesserungsprozesses) und das Potential zur weiteren Steigerung der Mitarbeitermotivation. Nach der geglückten Installation des TPM-Systems in Japan soll es jetzt auch in den europäischen und amerikanischen OSRAM-Werken eingeführt werden.

Für unser Fertigungs-Joint-Venture war es von entscheidender Bedeutung, daß das Prozeß-*Know-how* der Lampentechnik von OSRAM eingebracht wurde. Hierfür war ein erfahrener OSRAM-Ingenieur zuständig, der in der Fabrik die Engineering-Abteilung leitete und gleichzeitig in ständigem Kontakt mit den OSRAM-Werken in aller Welt stand. Um unser vorhandenes Entwicklungs-*Know-how* optimal nutzen zu können, haben wir einen weiteren OSRAM-Mann als Leiter der lokalen R&D-Abteilung eingesetzt. Mit diesen Regelungen ist es uns gelungen, einen fairen Interessenausgleich zwischen den Joint-Venture-Partnern Mitsubishi Electric und OSRAM zu schaffen und den notwendigen *Know-how*-Fluß zwischen den Muttergesellschaften und ihren Gemeinschaftsunternehmen sicherzustellen.

4 Investoren aus Deutschland sind in Japan willkommen

Alle unsere Maßnahmen haben dazu geführt, daß unsere japanisch-deutsche Kooperation ihre Präsenz auf dem japanischen Markt verstärken konnte, viel wirtschaftlicher als zu Beginn der Unternehmung arbeitet und höhere Gewinne erzielt. Das „Voneinander Lernen" hat sich mittlerweile als fruchtbringende Komponente eingespielt. Meiner Meinung nach sind unsere Erfolge positive Argumente für alle anderen deutschen Unternehmen, die sich in Japan wirtschaftlich engagieren wollen. Bedenkt man die Größe und Bedeutung des japanischen Marktes sowie seine dominierende Stellung innerhalb Asiens, dann wird schnell klar, daß eine Asien-Strategie deutscher Unternehmen ohne Japan kurzsichtig wäre – genauso kurzsichtig wie etwa eine Europa-Strategie ohne Deutschland. Die Gegebenheiten in Japan machen Mut: Investoren aus Deutschland sind in Japan sehr willkommen; der Markt steht für Produkte sowie Investitionen technologiestarker deutscher Unternehmen weit offen.

Mit Engagement, Vertrauen und Risikobereitschaft zum Erfolg in Japan: KARL MAYER Textilmaschinenfabrik

Ingo Mayer

Name:	NIPPON MAYER Ltd.
Rechtsform in Japan:	Aktiengesellschaft
Hauptbetätigungsfelder:	Herstellung und Vertrieb von Wirkmaschinen
Umsatz gesamt 1996:	827 Mio. DM
Umsatz in Japan 1997:	135 Mio. DM
Anzahl der Mitarbeiter 1997:	ca. 3.100
Anzahl der Mitarbeiter in Japan 1997:	ca. 315
Präsenz in Japan seit:	1953

Die KARL MAYER Textilmaschinenfabrik GmbH mit Sitz in Obertshausen ist ein global operierendes Unternehmen mit Niederlassungen in den USA, Brasilien, Großbritannien, Japan und China. Insgesamt macht der Umsatz in Asien rund 50 Prozent vom Gruppenumsatz aus und dokumentiert anschaulich die außerordentliche Bedeutung des asiatischen Marktes für unser Unternehmen. Seit 1996 werden auch in China, dessen Markt mit einem Anteil von 80 Prozent klar dominiert wird, Maschinen produziert. Unsere Tochtergesellschaft in China ist eine Gemeinschaftsgründung mit der Wujin Textile Machinery Factory, die 25 Prozent der Gesellschaftsanteile hält. Die KARL MAYER Gruppe hält 75 Prozent, ungefähr ein Drittel davon über die 100-prozentige Tochter in Japan, NIPPON MAYER Ltd..

Diese neuen Erfolge wurden jedoch erst möglich durch ein entschiedenes Engagement in Japan, das heute den Brückenkopf für unsere Unternehmungen in Asien darstellt. Abgesehen von den rein wirtschaftlichen Einflußgrößen spielten vor allem auch „menschliche" Faktoren wie Vertrauen, Risikobereitschaft und persönlicher Einsatz eine entscheidende Rolle bei der Eroberung des asiatischen Marktes. Diese Elemente kamen jedoch nicht erst in Japan zum Tragen, sondern bestimmten ganz entscheidend die Geschichte unserer Firma, die wir nachfolgend kurz skizzieren wollen.

1 Die Geschichte der KARL MAYER Textilmaschinenfabrik

Auf den ersten Blick könnte man den Aufstieg der KARL MAYER Textilmaschinen GmbH als eine typische Erfolgsstory der Wirtschaftswunderzeit identifizieren. Ursprünglich 1937 als kleine mechanische Werkstätte gegründet und mit der Herstellung von Spezialteilen für die Flugzeugindustrie befaßt, mußte nach dem Krieg zwangsläufig eine Umorientierung stattfinden. Diese gelang in Form eines Werks zur Generalüberholung von Verbrennungsmotoren, das von 1945 bis 1947 das bedeutendste seiner Art in Deutschland war. Vorausschauend, die Grenzen des bisherigen Geschäfts aber auch das Potential der Zeit erkennend, suchte der Firmengründer Karl Mayer nach einem neuen Betätigungsfeld, welches er in der Herstellung von Kettenwirkmaschinen fand. Dieser Maschinenbauzweig, der bis zum Zweiten Weltkrieg überwiegend im Osten Deutschlands angesiedelt und ein weltweiter Exportschlager gewesen war, hatte durch die Demontagen unter russischer Besatzung quasi aufgehört zu existieren. Lediglich einige wenige 30 Jahre alte Maschinen waren in West-Deutschland noch in Betrieb.

Anhand dieser mehr als dürftigen Muster gelang es jedoch innerhalb kürzester Zeit, die ersten eigenen Kettenwirkmaschinen zur Marktreife zu bringen. Unter unermüdlichem Einsatz in den Werkstätten und vor Gericht wurde das Quasi-Monopol englischer Hersteller gebrochen und deren scheinbar uneinholbarer technischer Vorsprung egalisiert. In der Folgezeit schaffte es Karl Mayer dank stetiger Verbesserung des Vorhandenen und ungebrochener Innovationsbemühungen, die Marktführerschaft in Europa zu erreichen und nachhaltig zu verteidigen.

Bis hierhin ist dies eine nicht ganz alltägliche, aber noch keineswegs einzigartige Erfolgsgeschichte der Nachkriegszeit. Die Besonderheit lag in der für die damalige Zeit außergewöhnlichen, globalen Denkweise, um nicht zu sagen Strategie, des Firmengründers Karl Mayer. Sie befähigte ihn, über den deutschen bzw. europäischen Tellerrand hinaus zu sehen, die Chancen des weltweiten Wettbewerbs zu erkennen und zu nutzen. Ihren Ausdruck fand sie schließlich in unserer frühen Expansion, zuerst nach Amerika (1955), dann nach Brasilien (1965) und schließlich 1968 nach Japan.

2 Unser Weg nach Japan

Die beste Möglichkeit, globale Märkte zu erreichen, stellten damals wie auch heute noch internationale Messen dar, auf denen wir folgerichtig von Anfang an präsent waren. Auf diesem Weg kam es auch zu ersten Kontakten zur japanischen Textilindustrie, die 1953 in einen Auftrag über 27 Maschinen mündeten. Da keine Monteure zur Verfügung standen, nahm sich Karl Mayer persönlich in Japan des Problems an und es gelang ihm, alle Maschinen innerhalb von 21 Tagen zu montieren und einzurichten. Dies hinterließ einen bleibenden Eindruck bei seinen japanischen Auftraggebern. Die nun folgenden Aufträge wurden zu Beginn noch über ein deutsches (Illies) und ein japanisches Handelshaus (Toyo Menka) abgewickelt.

Doch schon bald, im Jahr 1963 nach einem Besuch in Japan, erkannte unsere damalige Geschäftsführung, daß ein industrielles Engagement vor Ort unabdingbar war um das Potential des japanischen Marktes voll ausschöpfen zu können. Die erstarkenden japanischen Konkurrenten mußten auf ihrem eigenen Markt angegriffen werden, um mit ihnen auf den Weltmärkten konkurrieren zu können. So wurden Vertrieb und Service gebündelt, und 1967 in der Stadt Fukui, Fukui Präfektur, die „KARL MAYER Far East Japan Branch" zur Wahrnehmung der eigenen Interessen in Japan gegründet.

Unser oberstes Bestreben war es jedoch, über Verkauf und Service hinaus, auch eine lokale Produktion aufzubauen. Der erste Schritt in diese Richtung war ein Lizenzabkommen mit dem japanischen Konkurrenten „Takeda Kikai". Es sicherte uns exclusiv den lokalen und auch weltweiten Vertrieb von Takeda Produkten über die „KARL MAYER Far East Japan Branch", und hatte darüber hinaus gegenseitigen *Know-how* Transfer zum Inhalt. Auf diese Weise gelang die enge Anbindung und Kontrolle des ehemaligen Konkurrenten. Zur Erreichung des eigentlichen Ziels, dem offiziell legitimierten Aufbau einer eigenen Produktion mittels einer Mehrheitsbeteiligung an einem japanischen Unternehmen, eben an „Takeda Kikai", mußte allerdings zuerst die Hürde MITI (Ministry of International Trade and Industry) genommen werden. Denn die damalige japanische Gesetzgebung verbot die mehrheitliche Beteiligung eines ausländischen an einem japanischen Unternehmen zwar nicht ausdrücklich, doch war sie aufgrund der allseits gefürchteten internen ministeriellen Verwaltungsanweisungen (damals in aller Welt als „administrative guidance" bekannt), faktisch unmöglich.

In zähen Verhandlungen, bei denen sich unsere Delegation in Hinblick auf Geduld, Ausdauer und die Phantasie den japanischen Ministerialen durchaus als ebenbürtig erwies, wurde das bis zu diesem Zeitpunkt für unmöglich Gehaltene geschafft: Wir bekamen als erstes ausländisches Unternehmen in der Geschichte des japanischen Maschinenbaus die Erlaubnis, zunächst die paritätische Mehrheit, später eine Mehrheitsbeteiligung und schließlich 100 Prozent der Anteile an einem japanischen Unternehmen zu erwerben. Es soll jedoch nicht verschwiegen werden, daß neben den „menschlichen" Faktoren Geduld und Ausdauer vor allem wirtschaftliche Gründe für die letztlich positive Entscheidung des MITI maßgeblich waren. Denn unsere japanischen Konkurrenten standen finanziell auf einem sehr schwachen Fundament, und bei vielen Firmen zeichneten sich Schwierigkeiten ab, so daß ausländische Investitionen notwendig waren, um industrielle Arbeitsplätze zu sichern. Darüber hinaus waren schon zu diesem Zeitpunkt Mayer Produkte, aufgrund von Preis- und Qualitätsvorteilen, stark am Markt vertreten und genossen einen ausgezeichneten Ruf; ein Grund dafür, daß sich die japanischen Firmen schwerlich gegen eine Übernahme wehren konnten, sondern vielmehr den Zusammenschluß suchten.

Aus dem Zusammenschluß der Firmen „KARL MAYER Far East Japan Branch" und „Takeda Kikai Ltd." entstand dann 1968 die Firma „Takeda/Mayer

Kikai Ltd.". Diese wurde nach dem Aufkauf eines weiteren Wettbewerbers in den Folgejahren umbenannt in „NIPPON MAYER Ltd.", jenem Namen unter dem sie bis heute firmiert. Gleichzeitig wurde die Firma „KARL MAYER Far East Japan Branch" aufgelöst, da „NIPPON MAYER Ltd." Produktion und Vertrieb in sich vereinigte.

Abgesehen von der sehr starken Wettbewerbsposition unserer Produkte waren zwei weitere Faktoren maßgeblich für den Erfolg der Strategie, den Konkurrenten auf dem eigenen Terrain zu schlagen: Zum einen das Vertrauen in die leitenden japanischen Mitarbeiter und zum anderen die Investitions- und damit Risikobereitschaft. Ihren Ausdruck fanden Vertrauen und Risikobereitschaft darin, daß wir von Anfang an auf ein lokales Management, in der Person von Herrn Kôtarô Ôno, setzten, und Karl Mayer Herrn Ôno ohne jegliche Investitionsabsicherung mit einem Startkapital von einer Milliarde Yen (damals umgerechnet rund 10 Millionen Mark) ausstattete. Das Vertrauen in Kôtarô Ôno gründete sich auf die Beziehung zu dem japanischen Handelshaus Toyo Menka, welches in den Anfangsjahren den Import der Mayer Maschinen betreut hatte, und bei dem Herr Ôno als für die Mayer Produkte zuständiger Mitarbeiter tätig gewesen war.

Dieser rechtfertigte das in ihn gesetzte Vertrauen, dadurch daß es ihm in kürzester Zeit gelang, die japanischen Konkurrenten aus dem Markt zu drängen und NIPPON MAYER stetig auszubauen.

Heute beschäftigt NIPPON MAYER ca. 300 Mitarbeiter, in 1996 wurde ein Umsatz von 10,5 Milliarden Yen oder umgerechnet rund 143,8 Millionen DM und ein Gewinn vor Steuern von 2,73 Milliarden Yen (rund 37,2 Millionen DM) erwirtschaftet. Finanziell steht das Unternehmen mit einer Eigenkapitalquote von 84 Prozent auf einem soliden Fundament.

3 Die Grundlagen des Erfolges in Japan

Auch wenn unsere ersten eigenständigen Schritte in Japan durch die Schwäche unserer unmittelbaren Konkurrenten begünstigt wurden, beruht die Marktführerschaft in Japan und ganz Asien sowie besonders die Tatsache, daß wir sie bis heute verteidigen konnten, auf der Strategie, auch den japanischen Markt von innen heraus zu bearbeiten. Und wer könnte das besser als jemand, der in diesem Markt lebt. So wurde die japanische Tochtergesellschaft immer von einem einheimischen Management, das sich im übrigen überwiegend aus in der Region Fukui und Umgebung rekrutierten Personen zusammensetzt, geführt. Lediglich zu Schulungszwecken und zum *Know-how* Transfer kamen deutsche Mitarbeiter nach Japan.

Andererseits wurde ein entscheidender Aspekt, nämlich die gute Kommunikation zwischen Deutschland und Japan, niemals vernachlässigt. Vor allem in der Anfangszeit waren Mitglieder der Karl Mayer Geschäftsführung drei bis vier mal im

Jahr für mehrere Wochen in Japan präsent.[1] Dies gewährleistet über die Koordination der Geschäfte hinaus auch den engen persönlichen Kontakt zum Endkunden. Die Bedeutung dieser Kontakte kann gar nicht hoch genug eingeschätzt werden, denn nur so ist es möglich, ein Vertrauensverhältnis aufzubauen, die Wünsche des Kunden zu erforschen und entsprechend zu handeln. Zudem konnte NIPPON MAYER bald unabhängig arbeiten, da Karl Mayer trotz interner Widerstände in den Aufbaujahren, abgesehen von einer nominellen Verzinsung des eingesetzten Kapitals, auf Gewinneinforderungen aus Japan verzichtete. Bei NIPPON MAYER wurde niemals billiger produziert als in Deutschland. Uns waren Marktanteile wichtiger als kurzfristige Profite – eine Strategie, die man sonst eher der japanischen Seite zuschreibt.

Ein weiteres wichtiges Element unseres Engagements in Japan war und ist die Ausbildung von Fach- und Führungskräften vor Ort, also *local sourcing* im umfassendsten Sinn. Die durch gut ausgebildetes Personal erreichte hohe Qualität der Produkte machte die Investitionen in diesem Bereich schnell bezahlt. Darüber hinaus bringt die innerbetriebliche Ausbildung auch immer wieder Führungskräfte hervor, die dann für uns und NIPPON MAYER in ganz Asien tätig werden. Auf diese Weise stärken wir also nicht nur unsere Position in Japan, sondern schaffen auch den Brückenschlag zu den wachsenden Märkten Asiens.

4   Die Bedeutung Japans als Brückenkopf für Asien

Während zu Beginn unseres Engagements im Fernen Osten Japan zwar der bei weitem größte und am besten entwickelte Markt in Asien war, lieferten wir auch damals schon Maschinen aus Deutschland in die übrigen Länder der Region. Die Erfahrungen, die wir dabei sammelten, machten uns schnell deutlich, daß der asiatische Markt aufgrund großer kultureller Unterschiede nicht mit den Märkten in Europa oder den USA zu vergleichen war. Die kulturelle Kompetenz zum Verständnis und damit zur Überwindung dieser Unterschiede war jedoch zur damaligen Zeit in Deutschland nur schwer zu finden. So war es naheliegend unter Verzicht auf die Belieferung von Teilmärkten aus Deutschland unsere japanische Niederlassung in die Erschließung der asiatischen Märkte mit einzubeziehen, um auf diese Weise nicht nur die räumlichen Nähe unserer Tochterfirma in Japan zu nutzen, sondern auch deren Mitarbeiter und ihre Kenntnis der kulturellen Besonderheiten der asiatischen Nachbarn einzusetzen.

Folgerichtig ging mit der Gründung von NIPPON MAYER die teilweise Belieferung asiatischer Märkte in Taiwan, Korea, Thailand oder Indonesien in deren

---

[1] Heute ist Karl I. Mayer, Vertreter der dritten Generation der Mayer Familie, in Japan bei Nippon Mayer Ltd. stationiert, um sich durch intensives Studium von Sprache und Chancen der Region auf künftige Führungsaufgaben vorzubereiten.

Hand über. Mit der Expansion in Asien wuchs daher erneut die Bedeutung der lokalen Rekrutierung und Ausbildung von Fach- und Führungskräften. Aufgrund des bekanntermaßen hohen Bildungsniveaus und der schon vorhandenen technischen Expertise war und ist Japan auch unter diesem Aspekt ein idealer und bedeutender Standort für die Produktion anspruchsvoller Textilmaschinen.

Nicht nur damals, sondern auch heute muß Japan als das Kompetenzzentrum Asiens gelten, an dem sich die anderen Länder der Region orientieren. Dies wird nicht zuletzt auch unterstützt durch die hervorragende Position japanischer Handelshäuser in allen Ländern Asiens. Wenn deren relative Bedeutung im Laufe der Zeit auch abgenommen hat, so sind sie trotz allem auch heute noch ein gesuchter Partner für die Erschließung neuer Märkte in Asien. Das zuvor Gesagte läßt sich nun gut an unserer Expansion nach China konkretisieren.

Der chinesische Markt unterscheidet sich allein schon durch seine Größe von den anderen asiatischen Märkten. Hinzu kommt, daß es ein relativ junger Markt ist, der sich erst in jüngster Zeit für ausländische Investitionen geöffnet hat. Trotz dieser Entwicklung sind die bürokratischen Hürden und die Mentalitätsunterschiede noch immer immens. Unsere Entscheidung, dennoch dort eine eigene Produktion aufzubauen, orientierte sich natürlich am Potential des Marktes. Vor allem aber konnten wir auf die Expertise und das Fachkräftepersonal unseres Stützpunktes NIPPON MAYER zurückgreifen. Die Kombination dieses Potentials mit unseren Ressourcen in Obertshausen ermöglichte es uns, allen Widrigkeiten zum Trotz unsere Produktionsstätte in Wujin zügig aufzubauen.

Zusammenfassend kann man für die Textilmaschinenindustrie ganz allgemein sagen, daß sich die Bedeutung des amerikanischen und europäischen Marktes zu Gunsten des asiatischen Marktes relativiert, und Japan aus den zuvor aufgeführten Gründen nach wie vor der ideale Brückenkopf zur Eroberung dieses Marktes ist.

5 Fazit

Unsere Erfahrungen haben gezeigt, daß die Durchdringung des japanischen Marktes, wie auch anderer asiatischer Märkte, bis hin zur Martführerschaft möglich ist. Auch im Bereich der Investitionsgüterindustrie ist Japan ein sehr anspruchsvoller Markt, und die japanischen Hersteller sind die härteste Konkurrenz auch auf dem asiatischen Festland. Die Grundvoraussetzung für den Schritt nach Japan ist aber ein erstklassiges Produkt, das sich in Qualität und Ausstattung von der Masse unterscheidet beziehungsweise der Konkurrenz überlegen ist. Um dieses dauerhaft auf dem Markt zu etablieren, spielen nach wie vor persönliche Kontakte zum Endkunden eine entscheidende Rolle. Erst das unmittelbare Wissen um die Vorgaben und Anforderungen des Kunden machen eine flexible, kundengerechte Anpassung des eigenen Produkts möglich.

Hat man den Sprung nach Japan erst einmal geschafft, so ist es der ideale Brückenkopf für eine Expansion in den asiatischen Raum. Gut ausgebildete Fachkräfte,

Innovationsbereitschaft und die unumstrittene Technologie- und Qualitätsführerschaft machen Japan zum Kompetenzzentrum Asiens. Die Vorteile dieser „weichen Faktoren" überwiegen hier bei weitem die Nachteile der „harten Faktoren" wie zum Beispiel die Kosten, die ein Engagement in Japan mit sich bringt. Außerdem ist es wohl nicht übertrieben zu behaupten, daß wer global erfolgreich sein will, in Asien erfolgreich präsent sein muß. Unser Engagement in Asien, mit Japan als Brückenkopf, wird deshalb auch weiterhin ein zentrales Element der Firmenpolitik sein.

Markterschließung sowie technische Standards und Normen insbesondere in der Umwelttechnik: Die Erfahrungen von SIEMENS in Japan

Alfred Felder

Name:	SIEMENS K. K.
Rechtsform in Japan:	Aktiengesellschaft
Hauptbetätigungsfelder:	Import, Entwicklung, Produktion, Marketing und Verkauf, Wartung sowie Export von elektrischen und elektronischen Ausrüstungen in den Bereichen Telekommunikation, Transport, Fabrikautomations- und Kontrollsysteme, Informationstechnologie, medizinische Technologie und Automobilelektronik
Umsatz gesamt 1997:	106,9 Mrd. DM
Umsatz in Japan 1997:	1,3 Mrd. DM
Anzahl der Mitarbeiter 1997:	386.000
Anzahl der Mitarbeiter in Japan 1997:	1.130
Präsenz in Japan seit:	1887

Bei fast vollständiger Importabhängigkeit von Rohstoffen aller Art entstand in Japan schon in frühen Phasen der Industrialisierung der Zwang zu möglichst effizienten Produktionsmethoden. Auf dem Weg zur Wirtschaftsgroßmacht gelang es Japan, zwischen 1970 und 1990 das Bruttosozialprodukt pro Kopf um 120 Prozent zu steigern und in der gleichen Zeit den Energieverbrauch pro Kopf um 30 Prozent zu mindern. Die hohe Bevölkerungsdichte ließ schon sehr bald die Bedrohung durch Emissionen deutlich werden und hat dadurch umfangreiche Gegenmaßnahmen erzwungen.

Seit Beginn der 90er Jahre ist Umwelttechnologie in Japan ein wesentliches Thema. MITI und andere offizielle japanische Stellen haben die Zielsetzung vorgegeben, daß Japan im Jahre 2000 hier eine weltweit führende technologische Stellung einnehmen soll. Die Umsetzung durch die Industrie manifestiert sich in der stark wachsenden Produktion von Umwelttechnologie-Equipment (Abfallentsorgung, Gewässer- und Luftreinigung, Lärm) mit einem durchschnittlichen jährlichen Wachstum von über 18 Prozent. Das aktuelle Produktionsvolumen von Umwelttechnologie-Equipment in Japan liegt bei 1.600 Milliarden Yen und wird auf über 3.800 Milliarden Yen im Jahre 2000 geschätzt (JSIMM 1995).

Zur Erreichung dieses Zieles werden eigene Kompetenzen konsequent durch den Zukauf von Technologie ergänzt; Lizenznahmen und Kooperationsverträge in den USA und Europa sollen den Zugang zu Märkten bzw. Technologien öffnen. Eine konsequente Bearbeitung des japanischen Marktes im größeren Umfang durch ausländische Firmen erfolgte bisher nicht.

Im folgenden soll zunächst die Situation in Japan betrachtet und anschließend die Erfahrungen von SIEMENS am Beispiel der Müllverbrennung vorgestellt werden.

1 Die Umweltsituation in Japan

Die Industrialisierung der japanischen Wirtschaft nach dem Zweiten Weltkrieg führte zu Umweltbelastungen mit z. T. verheerenden Gesundheitsschäden für die Bevölkerung. Als Beispiele seien die Quecksilbervergiftungen in der Bucht von Minamata, die Luftverschmutzung in Yokkaichi oder die Cadmiumvergiftung am Jintsu Fluß genannt.

Diese regional begrenzten Umweltkatastrophen führten zu zahlreichen gesetzlichen Maßnahmen zur Verringerung von Luft- und Wasserverschmutzung, die so streng waren, daß sie jahrelang als vorbildlich galten. Da die Umweltschutzgesetzgebung in den 80er Jahren weitgehend unverändert blieb, verschlechterte sich durch das Wirtschaftswachstum die Qualität von Luft und Wasser wieder. Dies führte schließlich Ende 1993 zur Verabschiedung eines neuen „Basic Law" zum Umweltschutz durch die japanische Regierung, welches vom Umweltministerium in den sog. Environmental Plan umgesetzt wurde. Dieser trat Ende 1994 in Kraft. Zu den neuen bzw. erweiterten Inhalten gehören u. a. Schutz der Ozonschicht, globale Erwärmung, Recycling, Umwelt-Monitoring und andere Naturschutzmaßnahmen (Environmental Agency 1994).

1.1 Luftverschmutzung

Grenzwerte für Luftverunreinigungen sind per Gesetz für SO_2, CO_2, NO_X, Staub und andere photochemische Oxidate festgelegt. Zur Kontrolle von SO_2-Emissionen verwendet Japan die sog. K-Wert-Kontrolle, bei der je nach Belastungsgrad von hundert definierten Industriezonen unterschiedliche Anforderungen an die Verursacher gestellt werden. Für besonders belastete Gebiete gibt es seit 1974 das Gesamt-emissionskonzept, bei dem die Gesamtmenge an SO_2 und NO_X festgelegt ist, die nicht überschritten werden darf. Es gibt 24 SO_2 und 3 NO_X Gebiete in Japan.

Gegenwärtig hat Japan (Werte 1994) unter den Industrieländern den geringsten SO_X und NO_X Ausstoß gemessen pro Kopf der Bevölkerung. Ebenso liegen die

CO_2 Emissionen unter dem OECD-Durchschnitt. Im folgenden ein Vergleich zwischen Japan und der Bundesrepublik Deutschland (vgl. Tabelle 1).

1.2 Gewässerverschmutzung

Der Schutz der Gewässer hat in Japan eine besondere Bedeutung, weil 70 Prozent des Trinkwassers aus Oberflächenwasser gewonnen werden. Infolge der Gewässerverseuchungsfälle in den 50er und 60er Jahren (Minamata-Krankheit, Itai-Itai-Krankheit) konzentrierte sich der Gewässerschutz auf die Belastung des Trinkwassers.

1.3 Abfallentsorgung

Die japanische Wirtschaft produzierte im Jahre 1995 51 Millionen t (entspricht 1,3 kg/Tag/Einw) Hausmüll und 400 Millionen t Industriemüll. Wohl auch bedingt durch die Rezession Anfang der 90er Jahre blieb das Volumen des Industriemülls seitdem etwa auf dem Stand von 1991.

Für die Beseitigung des Hausmülls sind die Kommunen zuständig. Sie erhalten dafür von der Regierung Finanzzuweisungen. In den meisten Gemeinden ist die Hausmüllentsorgung gebührenfrei, wird aber durch die „Residential Tax" finanziert. Für die Entsorgung des Industriemülls sind die verursachenden Unternehmen verantwortlich.

Tabelle 1: SO_2, NO_X und CO_2 Emissionswerte im Vergleich Japan und Deutschland

	Japan	Bundesrepublik Deutschland
SO_2 (kg/Einw)	7	48
SO_2 (kg/1000 US $ BIP)	0,2	1,9
NO_X (kg/Einw)	12	36
NO_X (kg/1000 US $ BIP)	0,3	1,4
CO_2 (kg/Einw)	9	11
CO_2 (kg/1000 US $ BIP)	0,3	0,4

Quelle: Japan 1997, Keizai Koho Center (Japan Institute for Social and Economic Affairs)

1993 wurden 11.3 Prozent des Hausmülls wiederverwertet. Über 74 Prozent des Hausmülls wurden in den insgesamt über 1800 Müllverbrennungsanlagen (60 Prozent aller Verbrennungsanlagen weltweit stehen in Japan) verbrannt. Dies ist zwar weltweit die höchste Verbrennungsquote, die Umweltverträglichkeit der hier angewandten Verfahren müßte allerdings gesondert zu diskutieren werden.

Beim Industriemüll liegt zwar der Anteil der Wiederverwertung mit 39 Prozent höher, aber nach wie vor ist der Anteil zur Endlagerung in Deponien mit 41 Prozent sehr hoch. Ein Hauptproblem der japanischen Müllentsorgung liegt einerseits in der Vielzahl kapitalarmer Entsorgungsfirmen (es sind über 95.000 Firmen als Entsorger registriert); andererseits sind verschiedene Ministerien je nach Zusammensetzung des Mülls für Regelungen der Müllentsorgung zuständig, was Verfahren für die Errichtung von Anlagen erschwert und verzögert.

2 Umweltmanagementsysteme

Umweltmanagement ist bei den meisten japanischen Großunternehmen bereits integraler Bestandteil sowohl der nationalen als auch der nicht-nationalen Produktionseinrichtungen. Seit die Normen der Reihe ISO 14000 im September 1996 in Kraft getreten sind, hat das MITI japanische Umweltstandards zur Unterstützung von ISO 14001 herausgegeben. Auch in den japanischen Firmen hat man sehr schnell die Vorteile von Umweltmanagementsystemen erkannt:

- Lückenlose Dokumentation des betrieblichen Umweltschutzes;
- Sichere Einhaltung der Umweltvorschriften und internen Regeln;
- Ermittlung von Einsparpotenialen, z. B. bei Energie, Wasser, Materialien, Abfall;
- Nachweis eines auch Umweltbelange integrierendes Managementsystems gegenüber Kunden;
- Erfüllung von Zertifizierungsanforderungen im Zulieferbereich;
- Unfall- und Risiko-Minimierung im Umweltschutz;
- Qualifiaktion für günstige Versicherungskonditionen;
- Erhöhung des Umweltbewußtseins bei den Mitarbeitern.

Beispielsweise beeindruckt Sony mit weltweit bereits 39 nach ISO 14001 zertifizierten Produktionsstätten (Stand März 97). Bei weiteren 85 Produktionsstätten ist eine Zertifizierung derzeit im Gange. Erklärtes Ziel von Sony ist es, bis März 1998 für alle Produktionsstätten in Japan die Zertifizierung zu erhalten. Im Jahre 2001 sollen dann auch alle nicht-produzierenden Standorte dem Umweltmanagementsystem genügen (SONY 1997).

ISO 14001 ist bei Sony nur ein Teil des 1996 verabschiedeten „Green Managementplan 2000". Dieser sieht u. a. vor, daß Sony ab dem Jahre 2010 keinen Deponieabfall mehr produziert, und daß nach dem Jahr 2000 alle produzierten Produkte nur noch aus Teilen und Materialien bestehen, die wiederverwendbar sind. Ähnliche Programme und Pläne existieren beispielsweise auch bei Hitachi (Environmental Action Plan), NEC (Eco Action Plan 21) und anderen japanischen Großfirmen.

3 Umweltforschung

Die staatlichen Aktivitäten in der Umwelttechnologie-Forschung sind im Wesentlichen bei MITI, der Science and Technology Agency (STA) und der Environment Agency angesiedelt. Etwa ein Drittel des MITI-Forschungsbudgets wird nach wie vor für Energie- und Umweltprogramme aufgewendet. Im Rahmen der MITI-Aktivitäten spielen Technologietransfer-Programme für die Zukunftsmärkte Südostasiens eine wichtige Rolle.

Unterstrichen wird das Engagement der MITI-Umweltinitiatve durch die Errichtung des neuen Forschungsinstitutes RITE (Research Institute of Innovative Technology for the Earth) im Raum Osaka im Jahre 1990. In Zusammenarbeit mit Privatfirmen werden hier beispielsweise an folgenden Themen gearbeitet:

- Rückgewinnung von hochwertigem Eisen aus Abfallmaterial;
- Entwicklung von umweltfreundlichen Kühlmitteln, Treibmitteln und Lösungsmitteln;
- biologisch abbaubare Kunststoffe.

Im Frühjahr dieses Jahres hat das Umweltministerium die Einrichtung eines Global Environmental Strategy Research Institute angekündigt, das globale Umweltstrategien ausarbeiten und vorschlagen soll. Die Mitarbeiterzahl dieses Forschungsinstituts soll 1998 zweihundert erreichen.

Großfirmen wie Hitachi, Toshiba, Mitsubishi u. a. haben, meist in Angliederung an ihre zentralen Forschungslaboratorien, sog. „Green oder Environmental Labs" gegründet und ausgebaut. So arbeiten z. B. die ca. 300 FuE-Mitarbeiter im Hitachi „Green Center" an Verbrennungstechnologien mit niedrigem NO_x Ausstoß für Gasturbinen und Kraftfahrzeuge, Entschwefelungs- und Entstickungstechnologien sowie alternativen Energieträgern wie Brennstoffzellen und Solarenergie.

Das Toshiba „Environmental Engineering Laboratory" arbeitet an ähnlichen Themen und ist darüber hinaus für die Koordination der Umweltaktivitäten der Toshiba-Gruppe verantwortlich.

4 Japans Aktivitäten in der Umwelttechnologie

Bereits 1990 hat das MITI mit der Veröffentlichung des Aktionsprogrammes „The New Earth 21 – Action Program for the 21st Century" die zentrale Rolle des Themas „Umwelt" im nächsten Jahrhundert unterstrichen und für Japan die Vision eines Weltführers in der Umwelttechnologie vorgegeben.

4.1 Ausgangsbedingungen

Japan, als ein an Rohstoffen armes Land, war schon in den Anfängen der Industrialisierung darum bemüht, möglichst Ressourcen-schonend Industrien aufzubauen, um die Importe möglichst effizient zu nutzen. Die Bevölkerungsdichte in den Großräumen Tokyo und Osaka, in denen der Großteil der japanischen Industrie angesiedelt ist, war ein wichtiges Kriterium, sich um die Umweltproblematik aktiv zu kümmern.

Das Inkrafttreten internationaler Vereinbarungen, wie etwa die Vorschriften zur Reduktion der die Ozonschicht gefährdenden CFCs (Chlorine Flouride Carbon), war ein weiteres Motiv, geeignete Maßnahmen zu schaffen, um die Exportmärkte, besonders in den wichtigen Exportländern USA und Europa halten zu können. Der stetig steigende Energiebedarf bei Japans Nachbarn in Südostasien, der meist ohne Rücksicht auf die Umwelt gedeckt wird, hat in Japan dazu geführt, daß technologische Entwicklungen zur Abgasreinigung stark vorangetrieben wurden. Zum einen verursachen die beispielsweise von China in großen Mengen in die Luft abgegebenen SO_2- und CO_2-Abgase der Kohle- und Ölkraftwerke auch in Japan Luftverschmutzungen und damit Belastungen für Mensch und Natur, andererseits hat die Industrie aber auch sehr rasch das entstehende Geschäftspotential erkannt. Schon heute sind Entschwefelungs- und Entstickungsanlagen die Hauptträger des Exports japanischer Umwelttechnologie.

4.2 Industrieaktivitäten

Die japanische Industrie hat im Geschäftsjahr 1995/96 Umwelttechnologie-Anlagen mit einem Gesamtvolumen von umgerechnet über 1600 Milliarden Yen produziert. Abbildung 1 zeigt die Marktentwicklung bis zum Jahr 2000.

„Abfallbeseitigungsanlagen" stellten im Haushaltsjahr 1995/96 bereits das größte Segment dar und weisen mit 22 Prozent erwartetem Wachstum bis zum Jahr 2000 auch das größte Potential auf.

Abbildung 1: Produktionsvolumen und Entwicklung von Umwelttechnologie-Anlagen in Japan

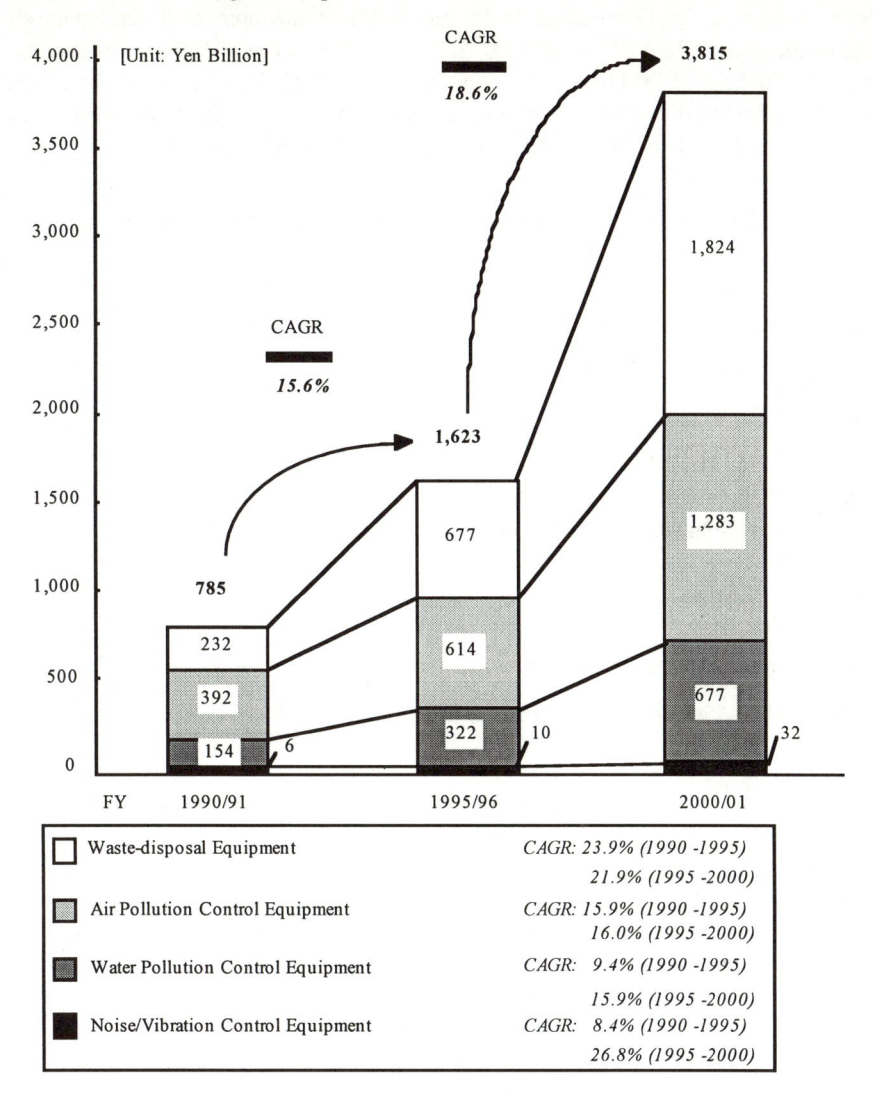

[Unit: Yen Billion]

FY 1990/91: 785 (Waste-disposal: 232, Air Pollution: 392, Water Pollution: 154, Noise/Vibration: 6)
FY 1995/96: 1,623 (Waste-disposal: 677, Air Pollution: 614, Water Pollution: 322, Noise/Vibration: 10)
FY 2000/01: 3,815 (Waste-disposal: 1,824, Air Pollution: 1,283, Water Pollution: 677, Noise/Vibration: 32)

CAGR 15.6% (1990/91 → 1995/96)
CAGR 18.6% (1995/96 → 2000/01)

Legende	CAGR
Waste-disposal Equipment	23.9% (1990-1995) / 21.9% (1995-2000)
Air Pollution Control Equipment	15.9% (1990-1995) / 16.0% (1995-2000)
Water Pollution Control Equipment	9.4% (1990-1995) / 15.9% (1995-2000)
Noise/Vibration Control Equipment	8.4% (1990-1995) / 26.8% (1995-2000)

Quelle: Japan Society of Industrial Machinery Manufactures

4.3 Das Geschäftspotential des japanischen Umweltmarktes

Nach einer vom MITI im Jahre 1994 veröffentlichten Studie wird der japanische Umweltmarkt im Jahr 2000 auf eine Größe von 23.000 Milliarden Yen geschätzt und bis 2010 auf 35.000 Milliarden Yen anwachsen. Dabei sind jene Industriefelder als Umweltindustrien definiert, die Beiträge zur Verbesserung der Umweltbelastung liefern (MITI 1994). Im folgenden sei dazu eine Übersicht gegeben.

Tabelle 2: Umweltmarkt Japan und Ausblick bis ins Jahr 2010 (in Milliarden Yen)

Haushaltsjahr	1994	2000	2010
Gesamtmarkt	15.290	23.280	35.020
Einrichtungen zur Bekämpfung der Umweltverschmutzung, Umwelt-Consulting	1.340	2.000	3480
Abfallentsorgung, Recycling	10.930	16.170	22.800
Umweltrestaurierung, Umweltbildung wie Gewässerreinigung u. Vergrünung der Städte	870	1.450	2.430
Alternative Energieerzeugung, effizientere Energienutzung	1.940	3.130	4.020
Umweltfreundliche Produktgestaltung	230	550	2.320

Quelle: MITI, Visionen der industriellen Umwelttechnik, 1994

Das größte Marktpotential liegt demnach in der Errichtung von Abfallentsorgungs- und Recyclinganlagen. Etwa 75 Prozent aller Aufträge zur Errichtung derartiger Anlagen werden in Japan von Kommunen und Gemeinden vergeben. Fast jede Gemeinde plant Erweiterungen oder muß alte Anlagen ersetzen, da die Umweltauflagen steigen. Dem gegenüber stehen etwa sieben bis zehn große nationale Anlagenhersteller wie Mitsubishi Heavy Industries, Takuma, Kawasaki Steel, Ebara oder Kubota, die gemeinsam mehr als 80 Prozent des japanischen Marktes für Abfallentsorgung oder Abwasseraufbereitung beherrschen (Nabeshima 1996: 1–7).

Zudem liegen die Zuständigkeiten für Müllverbrennung, Wasseraufbereitung und Recycling, je nach Art und Zusammensetzung des Abfalls bzw. Abwassers, bei unterschiedlichen Ministerien und öffentlichen Organisationen. Lange Genehmigungszeiten für neue Anlagen sind die Regel. Für jede Anwendung muß die Anlage anders abgestimmt werden, da die Müllzusammensetzung sich ändert.

Bisher finden sich nur wenige Beispiele einer direkten Vermarktung durch ausländische Wettbewerber; der Markteintritt erfolgt meist in Zusammenarbeit mit japanischen Partnern. So gelang der Markteintritt mit dem SIEMENS Schwel-

Brenn-Verfahren über die Partnerschaft mit zwei japanischen Firmen, die als Lizenznehmer gewonnen werden konnten.

5 Markterschließung in Japan

5.1 SIEMENS in Japan

Japan wird auch über das Jahr 2000 hinaus der zweitgrößte Elektromarkt der Welt sein und verdient daher besondere Anstrengungen. SIEMENS hat sein erstes Büro in Japan 1887 eröffnet. 1923 gründete SIEMENS gemeinsam mit Furukawa die Fusi Denki Seizo ("Fu" für „Furukawa" und „si" für SIEMENS) und damit das erste deutsch-japanische Joint-Venture in der Geschichte Japans – die heutige Fuji Electric Ltd. Im Jahre 1935 gründete SIEMENS die Telekommunikationsfirma Fusi Tsushinki Seizo; die heutige Fujitsu Ltd.

Heute umfaßt SIEMENS in Japan eine Gruppe von acht Firmen. SIEMENS ist mit fast all seinen Hauptarbeitsgebieten in Japan vertreten. Die Schwerpunkte liegen umsatzmäßig bei Medizintechnik, Bauelementen und Beleuchtungstechnik, bei denen teilweise die Marktanteile bei acht bis zehn Prozent liegen. Einige hervorhebenswerte erfolgreiche Beispiele sind:

- Röntgengeräte, Computertomographen, Magnetic-Resonance, Hörgeräte u. a. elektronische Schlüsselkomponenten für den neuen 'Nagano-Shinkansen';
- Automobil-Elektronik: Spez. Engine-Management-Systems und Sicherheitssysteme wie Air-bag control-units für die japanische Automobilindustrie;
- Halbleiter-Bauelemente für Mobil-Telefone, Fernsehtuner und sog. „smart-cards";
- Automatisierungsequipment (PLCs), Computer u. Business-Systems;
- Computergesteuerte Inhouse-Logistiksysteme für Verwaltung, Büro- u. Krankenhäuser;
- neue energiesparende Kompakt-Lampen von OSRAM.

OSRAM hat zusammen mit Mitsubishi Electric 1985 ein Joint-Venture gestartet und 1988 eine komplett neue Fabrik gebaut, die heute wohl modernste Lampenfabrik in Japan ist (vgl. auch den Beitrag von Johann Müllauer). Aber auch auf anderen Gebieten wird erfolgreich mit japanischen Firmen zusammengearbeitet, wie etwa bei der gemeinsamen Errichtung von Industrie- und Infrastruktur-Projekten in Dritt-Ländern. Hinzu kommen wichtige Partnerschaften mit japanischen Firmen auf dem japanischen Markt.

Gerade im Zusammenhang mit dem hier vorliegenden Thema ist der Durchbruch im Markt der Umwelttechnologie besonders erwähnenswert: SIEMENS hat für sein innovatives 'Schwel-Brenn-Verfahren' zur thermischen Müllverwertung Lizenzverträge mit zwei japanischen Firmen abschließen können.

5.2 Das Beispiel der Schwel-Brenn-Anlage

Mit der Erteilung eines „Technischen Zertifikates" durch die japanische Regierung hat das Schwel-Brenn-Verfahren die entscheidende Hürde für den Vertrieb in Japan genommen. Dieses Zertifikat bescheinigt, eine zukunftssichere und unter den japanischen Umweltschutzbedingungen 100 Prozent „geeignete" Technik zur Müllverwertung. Für diese Zertifizierung, mußte ein einjährigen Betrieb einer Demonstrationsanlage mit der Schwel-Brenn-Technik unter Kontrolle der Regierungsbehörden nachgewiesen werden.

In der Pilotanlage in Yokohama wird der Restmüll in einer Konversionstrommel bei 450 Grad in sauerstoffarmer Atmosphäre behandelt. Im Unterschied zu anderen Verfahren werden die festen nicht brennbaren Bestandteile des Mülls, wie Glas, Steine, Eisen und Aluminium, nach der Konversion (Verschwelung) sortenrein und hygienisiert ausgeschleust und als Werkstoffe in den Wirtschaftskreislauf zurückgeführt. Als Endprodukt entsteht ein Schmelzgranulat. Von einer Tonne Müll bleiben so maximal 30 Kilogramm als Sondermüll übrig.

Mit der Zertifizierung war der Startschuß zur Eroberung des aussichtsreichen japanischen Marktes für Müllverbrennungsanlagen gefallen. Das Vertrauen der japanischen Regierungsbehörden in dieses Verfahren ist nicht nur ein deutlicher Beweis für die Funktionssicherheit der Schwel-Brenn-Technik; der erfolgreiche Export der Technologie ins „High-Tech Land" Japan dürfte auch Signalwirkung für andere Märkte in Südostasien haben. Mit der Teilnahme an der „WasTec", der größten Umwelttechnikmesse Asiens, wurde mit der Vermarktung in diesen Ländern begonnen. Daneben erfolgte – wiederum gemeinsam mit japanischen Partnern – durch die Teilnahme an der „New Earth Messe" in Osaka im letzten Jahr eine Intensivierung der Vermarktungsaktivitäten in Japan. Die erste kommerzielle Anlage mit einer Jahreskapazität von 25.000 t wird voraussichtlich bereits 1998 in einem Vorort von Kumamoto in Betrieb gehen.

Nach aktuellen Branchenschätzungen werden in den nächsten Jahren in Japan jährlich neue thermische Müllverbrennungsanlagen mit einer Gesamtkapazität von 2,5 Millionen Tonnen Restmüll benötigt. Hier erwartet SIEMENS auch künftig mit dem innovativen Schwel-Brenn-Verfahren weitere Großaufträge.

Literatur

Environmental Agency (1994): *Kankyô Kihon Keikaku* (Basic Environmental Plan), Tokyo: Kankyô-chô (Environmental Agency), December 1994.

JSIMM = Japan Society of Industrial Machinery Manufacturers (1995): *Trend Analysis and Future Prospects on Environmental Equipment Industry*, Tokyo: JSIMM, February 1995.

MITI = Ministry of International Trade and Industry (1994): *Sangyô Kankyô Bijon* (Vision of Industrial Environmental Technology), Tokyo: Tsusanshô Kankyô Ritchi Kyoku (Environmental Location Bureau, MITI), July 1994, S. 100–118.

Nabeshima, Yoshio (1996): „Kankyo Business no Genjo to Kadai" (Current Status and Subjects of Environmental Business), In: *Kankyô Kanri* (Environmental Management) Vol. 32, No. 9 (1996), S. 1–7.

SONY (1997): „Sony's Commitment to Environmental Ideals", Tokyo: Corporate Environmental Affairs, Sony Corporation, April 1997.

Kommunikationsfähigkeit und Kreativität als Voraussetzung für den Erfolg in Japan: TRIUMPH

Christian Thoma

Name:	TRIUMPH International (Japan) Ltd.
Rechtsform in Japan:	Aktiengesellschaft
Hauptbetätigungsfelder:	Vermarktung von Damenunterwäsche
Umsatz gesamt 1997:	2,4 Mrd. DM
Umsatz in Japan 1997:	510 Mio. DM
Anzahl der Mitarbeiter:	30.000
Anzahl der Mitarbeiter in Japan:	1.500
Präsenz in Japan seit:	1964

TRIUMPH International Japan Ltd. erzielte 1997 mit ca. 1.500 Mitarbeitern einen Umsatz von 36,0 Milliarden Yen (ca. 510 Millionen DM). Unser Unternehmen war damit nicht nur die größte ausländische Textilfirma in Japan, sondern sogar der größte ausländische Direktvertreiber von Konsumartikeln. Zu diesem Erfolg haben erheblich unsere moderne Logistik und unser kreatives Marketing beigetragen, das TRIUMPH zu seinem hohen Bekanntheitsgrad in Japan verholfen hat. Eine weitere wesentliche Stärke von TRIUMPH ist die hohe Motivation der Mitarbeiter, die wir durch ein Maximum an hausinterner Kommunikation und Offenheit erzielt haben. Marketing, Logistik und hausinterne Kommunikation werden daher in der nachfolgenden Darstellung der TRIUMPH International Japan Ltd. besondere Aufmerksamkeit gewidmet.

1 TRIUMPHs Engagement in Japan

Mit Gründung der International Foundation and Garment Co. Ltd. stieg TRIUMPH 1964 in den japanischen Markt ein – bis 1974 aus rechtlichen Erwägungen allerdings noch in Form eines Joint-Ventures mit einem japanischen Unternehmen. In den ersten zehn Jahren wurden zwei Produktionsstätten und fünf Zweigstellen errichtet, die vor allem an die großen Kaufhäuser in Japan lieferten. Nach einer anfangs erfreulichen Geschäftsentwicklung begannen ab Ende der 70er Jahre die Umsätze zu stagnieren, infolge massiver Umstrukturierung ist das Unternehmen allerdings seit 1987 wieder auf starkem Wachstumskurs. Mit derzeit 8 Prozent Marktanteil ist TRIUMPH neben der japanischen WACOAL das führende Unternehmen für Damenunterbekleidung in Japan. TRIUMPH International Japan mit Hauptsitz in Tokyo unterhält gegenwärtig außer einem großen Distributionscenter in Shizuoka sechs Verkaufsbüros, die alle wichtigen Wirtschaftsräume in Japan abdecken.

2   Kunden und Produkte

TRIUMPH hat in Japan unter Umgehung von Groß- und Zwischenhandel von Beginn an konsequent Direktvertrieb durchgeführt. Der Direktverkauf ist zwar schwieriger und kostenintensiver, hat aber langfristig den Vorteil einer größeren Nähe zum Kunden. Mittlerweile haben wir einen Kundenstamm von ca. 6.000 Abnehmern aufbauen können, von denen rund 1.000 von unserem überwiegend weiblichen Verkaufspersonal unmittelbar im Absatz unterstützt werden. TRIUMPH ist in allen Supermarktketten und in jedem größeren Einzelhandelsgeschäft in Japan vertreten. Unser Kundenportfolio umfaßt zu ca. 40 Prozent Kaufhäuser, zu 39 Prozent Supermärkte und zu 19 Prozent Fachgeschäfte. Die Produktpalette mit Schwerpunkt auf Damenunterwäsche unterscheidet sich im wesentlichen nicht von der in anderen Ländern, mit Rücksicht auf ästhetische Vorlieben in Japan werden jedoch Änderungen bei Design und Farben vorgenommen und die Paßform den physischen Merkmalen angeglichen.

Im Gegensatz zu dem derzeit in Japan vorherrschenden Trend zu einer Vielzahl von Subbrands vertreibt unser Unternehmen lediglich acht Marken. Zusätzlich dazu unterhalten wir eine eigene Marke ohne Preisempfehlung für Discounter und produzieren *Private Brands* für Versandhandelshäuser. Durch die Beschränkung auf wenige Marken erzielen wir eindeutige Markenprofile und damit eine bessere Positionierung auf dem Markt.

3   Kostengünstiges und wirksames Marketing – Ein Schlüssel zum Erfolg in Japan

Japanische Kunden verwenden viel Zeit auf Einkäufe, fordern ein Höchstmaß an Produktinformation und sind im Hinblick auf Qualitäts-, Trend- und Detailbewußtsein zur internationalen Spitzengruppe zu zählen. Ein Produkt muß von vornherein diesen Ansprüche gerecht werden, um auf dem Markt bestehen zu können. Dann stellt sich allerdings die Frage der Produktwerbung, deren Kosten besonders für kleinere Unternehmen große Probleme aufwirft. Bei durchschnittlich ca. 10.000 visuellen Effekten, die pro Tag auf den Einwohner in Tokyo einwirken, werden z. B. mindestens 15 Millionen DM für eine effektive Fernsehwerbekampagne benötigt. Ein Weg zur Lösung dieses Problems – den TRIUMPH mit großem Erfolg beschritten hat – kann darin bestehen, neben der üblichen Werbung in Print- und Non-print-Medien durch kostengünstige, aber öffentlichkeitswirksame Veranstaltungen und Public Relations-Kampagnen breite Medienberichterstattung auf sich zu ziehen. Dafür ist ein kreatives und innovatives Marketing notwendig, das auch flexibel auf aktuelle Themen eingeht.

3.1 Kreatives Marketing

TRIUMPH sah sich 1986 vor das Problem eines stagnierenden Umsatzes gestellt. Bei durchschnittlich acht Büstenhaltern im Besitz einer Japanerin bestand jedoch wenig Grund zur Hoffnung, ohne weiteres mehr BHs verkaufen zu können. Um stärker absetzen zu können, war vielmehr eine Maßnahme notwendig, den BH-Bestand in japanischen Kleiderschränken zunächst zu reduzieren. Zu diesem Zweck haben wir eine Promotion durchgeführt, bei der zwei gebrauchte Büstenhalter im Geschäft abgegeben werden konnten, für die bei Kauf eines neuen BHs ein Höschen gratis ausgesucht werden durfte. Innerhalb eines Monats wurden so ca. 500.000 BHs gesammelt. Für eine medienwirksame Abschlußveranstaltung dieser Kampagne ließen wir uns dann von der in Japan herrschenden Gepflogenheit inspirieren, Unternehmenserfolge mit einer shintoistischen Zeremonie zu feiern: Wir mieteten einen bekannten Shintô-Schrein in Tokyo an, in dem wir öffentlich unter Mitwirkung von 16 Priestern und dem „Ave Maria"-Gesang eines Universitätschores simulierten, eine Pyramide aus den gesammelten BHs in Flammen aufgehen zu lassen. Über diese Veranstaltung wurde nicht nur in jeder japanischen Tageszeitung und in jedem Fernsehkanal berichtet, sondern sie fand auch in weiteren 50 Ländern Medienbeachtung.

3.2 Innovatives Marketing

Es ist in der Bekleidungsbranche üblich, dem Handel zweimal im Jahr die neue Kollektion in einer Handelsschau vorzustellen. TRIUMPH Japan führt jedoch nicht eine übliche Modenschau durch, sondern präsentiert die neuen Kollektionen im Rahmen von Musicals, für die professionelle Tänzerinnen und Tänzer aus dem Ausland eingeflogen werden. Die TRIUMPH-Modenschau ist dadurch zur bekanntesten Handelsschau in Japan avanciert. Darüber hinaus hat sie sich zu einem gesellschaftlichen Ereignis entwickelt, zu dem Persönlichkeiten des öffentlichen Lebens erscheinen, was zu einer zusätzlichen Medienberichterstattung führt.

3.3 Flexibles Marketing

TRIUMPH versucht, öffentliche Aufmerksamkeit mit Produkten zu gewinnen, die auf aktuelle Ereignisse Bezug nehmen oder aber in einem Maße kurios sind, daß Medien kaum von einer Berichterstattung absehen können. Um hier nur einige Beispiele zu nennen:

Im Mai 1994, nachdem Reisimporte aus dem Ausland nach Japan aufgrund einer großen Mißernte notwendig geworden waren, stellten die leeren Reissäcke aus Jute ein Abfallbeseitigungsproblem dar. TRIUMPH präsentierte daraufhin einen BH, der zu 100 Prozent aus Jute bestand und in jedem Körbchen 50 g importierten Reis enthielt.

In Erinnerung an den 200. Todestag von Mozart wurden 1991 fünf BHs produziert, die mittels eines Halbleiters und eines Miniaturlautsprechers beim Schließen des Verschlusses für 20 Sekunden eine Mozartmelodie abspielten. Weitere PR-Aktionen waren u. a. die Ausstellung des größten BHs der Welt mit einem Ausmaß von 24 Metern (1990) und die Entwicklung des leichtesten BH (weniger als zehn Gramm).

Unsere Marketingmaßnahmen mögen zwar teilweise zum Schmunzeln Anlaß geben, sie schlagen sich jedoch sichtbar in Markterfolgen nieder. So war z. B. in den Jahren 1995 und 1996 der *Tenshi no bura* (Engels-BH) von TRIUMPH nicht nur der meistverkaufte, sondern auch der bekannteste BH in Japan.

4 Optimale Logistik – Ein weiterer Schlüssel zum Erfolg

Neben dem Marketing ist der effiziente Produktions- und Distributionsprozeß ein entscheidender Faktor für den Erfolg von TRIUMPH in Japan. Das Produktdesign findet in Kooperation zwischen dem lokalen Designcenter Japan sowie dem regionalen Designcenter Hongkong statt. Die Produktion erfolgt überwiegend im Ausland, allerdings werden bestimmte Erzeugnisse von japanischen Subkontraktoren hergestellt, um schneller auf Marktentwicklungen reagieren zu können. Das Herz unserer Logistik bildet das vollautomatisierte Distributionscenter in Shizuoka, das die modernste Anlage dieser Art in Japan darstellt. Das TRIUMPH Daito Center ist ein vollständig integriertes Produktions- und Distributionssystem, daß alle Prozeß-ebenen vom ersten Entwurf bis zur Produktauslieferung umfaßt. Über 20.000 Produkte werden damit per Bar Codes kontrolliert, Lagerhaltung, Sortierung, Preisauszeichnung etc. erfolgen automatisch. In Verbindung mit einem Online-System, das die Firmenzentrale und regionale Verkaufsbüros mit dem Center verbindet, können Ordereingänge und Lagerbestände kontrolliert werden. Durch ein weiteres Online-System, das direkt mit den POS (Point of Sales)-Registrierkassen von Kaufhäusern und Supermärkten verbunden ist, kann TRIUMPH zusätzlich Produktionsplanung, Herstellung und Verkauf optimieren. Unser Logistiksystem, das in dieser Form in Japan einzigartig ist, ermöglicht die Auslieferung von Produkten in einem Zeitraum von maximal 24 Stunden nach Ordereingang via Online.

5 Die Basis des Erfolges: Kommunikation im Unternehmen

Der Erfolg von TRIUMPH in Japan ist maßgeblich auf die Kommunikation und die Bereitschaft zur Diskussion im Hause zurückzuführen. Nach langjähriger Umsatzstagnation haben wir 1986 eine radikale Umstrukturierung mit dem Ansatz durchgeführt, durch Stärkung der Kommunikation die Mitarbeiter neu zu motivieren. Dazu wurde die Anzahl der Unternehmensdivisionen auf drei reduziert, wobei der Bereich Marketing durch die Integration von Einkauf und Produktionsorganisation sehr unkonventionell organisiert wurde. Um den Mitarbeitern ein Signal zu geben, wurden alle Bürotrennwände entfernt. Ein weiteres Zeichen für den Willen zur Kommunikation stellte die Einführung eines täglichen Treffens des Verkaufs- und Marketingpersonals dar, das in Anwesenheit der Unternehmensführung nun schon seit mehr als zehn Jahren morgens um 8.30 Uhr stattfindet. In diesen Meetings werden alle anfallenden Probleme diskutiert, Terminfristen festgelegt, und jede Aufgabe namentlich an einen Mitarbeiter gebunden. Danach werden alle Zweigstellen umgehend per E-mail informiert. Die Grundlage für die Mitarbeitermotivation bei TRIUMPH ist die umfassende Information aller Unternehmensangehörigen nach dem Motto „lieber zuviel als zu wenig Kommunikation".

Darüber hinaus haben wir ein mitarbeiterorientiertes Arbeitsumfeld geschaffen. Maßnahmen in dieser Hinsicht waren z. B. die Einführung einer „freien" Arbeitszeit von 12.30 Uhr bis 14.30 Uhr täglich, in der jeder (mit Ausnahme der Annahme von Kundenanfragen) ausschließlich seinen unmittelbaren Arbeitsaufgaben nachgehen kann. Überstunden sind Mittwochs und Freitags untersagt und Mitarbeiter werden dazu angehalten, einen langen Urlaub zu nehmen. Die in Japan übliche Verwendung von Positionsbezeichnungen bei der Anrede von Führungspersonal wurde abgeschafft.

Nicht nur die Stärkung der Kommunikation innerhalb von TRIUMPH International Japan, sondern auch die Kommunikation mit dem Mutterhaus in Deutschland sind maßgeblich für den Unternehmenserfolg. TRIUMPH Japan genießt eine große operative Unabhängigkeit, und die Unternehmensführung reagiert mit viel Verständnis darauf, daß in Japan des öfteren andere Wege als in Deutschland eingeschlagen werden müssen.

6 Allgemeine Ratschläge für das Japan-Engagement

Aufgrund von Gesetzesliberalisierungen in den frühen 90er Jahren ist in den letzten Jahren der japanische Einzelhandelssektor stark in Bewegung geraten und bietet eine Vielzahl von Markteintrittsmöglichkeiten. Der Einstieg in Japan ist noch nie so unproblematisch wie momentan gewesen und dürfte derzeit einfacher und kostengünstiger als in den USA sein. Ein Engagement in Japan bietet darüber hinaus nicht nur Zugang zum zweitgrößten Binnenmarkt der Welt, sondern bietet auch die Möglichkeit, die japanischen Einzelhandelsketten und Warenhauskonzerne bei ihrer gegenwärtigen Expansion in die asiatischen Nachbarländer zu begleiten. In dieser Beziehung wird erfolgreichen Unternehmen ein direkter Weg für die Penetration weiterer asiatischer Märkte eröffnet.

Wer in Japan investieren möchte, sollte vor allem langfristig denken und damit rechnen, erst nach vier bis fünf Jahren an den „break even"-Punkt zu gelangen. Bei der Umsetzung ist die wichtigste Entscheidung, welcher Mann oder Frau an die Spitze des Unternehmens gestellt wird. Dieser Person sollte dann auch die nötige Handlungsfreiheit gewährt werden, um auf die Erfordernisse des japanischen Marktes entsprechend reagieren zu können. Bei der Besetzung der Spitzenpositionen sollte auch in Betracht gezogen werden, daß gerade für die Entwicklung der im japanischen Einzelhandel so wichtigen persönlichen Beziehungen zu Kunden Japaner oft die besseren Voraussetzungen besitzen. Für ein erfolgreiches Engagement in Japan muß man vor allen Dingen innovativ sein, da der harte Wettbewerb vorwiegend über neue Produkte und ständige Produktverbesserung geführt wird. Unternehmen, die sich auf dem japanischen Markt behaupten können, müssen allerdings weltweit keine Konkurrenz scheuen.

Sektion B:
Service- und Dienstleistungsstrukturen

Service bei High-Tech Produkten in Japan: OMICRON Vakuumphysik

Martin Detje

Name:	OMICROM GmbH, Vertretung Matsushita Research Institute Tokyo
Rechtsform in Japan:	—
Hauptbetätigungsfelder:	Oberflächenanalysegeräte für Forschung und Entwicklung
Umsatz gesamt 1997:	33 Mrd. DM
Umsatz in Japan 1997:	13 Mrd. DM
Anzahl der Mitarbeiter:	140
Anzahl der Mitarbeiter in Japan:	3
Präsenz in Japan seit:	1990

Mit diesem Artikel soll die Wichtigkeit des Service bei einem Engagement mit High-Tech Produkten in Japan beschrieben werden. Nach einer kurzen Beschreibung der eigenen Aktivitäten soll vor allem ein Vergleich zwischen den deutschen und den japanischen Verhältnissen gezogen werden. Bevor dann zusammenfassend einige Leitlinien entstehen, wird noch auf die besondere Rolle der Vertretung in Japan und der Kommunikation zwischen Mutterhaus und Japan eingegangen.

Der folgende Artikel beruht im wesentlichen auf den eigenen Erfahrungen des Autors. Die Aussagen sind beispielhaft zu verstehen und beziehen sich ausschließlich auf praktische Erfahrungen vor Ort. Dennoch sollten die geschilderten Erfahrungen einige allgemein gültige Grundsätze untermauern. Da hochtechnologische, forschungsnahe Produkte in den verschiedenen Sparten sehr unterschiedlich sind, ergeben sich natürlich differierende Schwerpunkte.

1 OMICRON in Japan

Die OMICRON Vakuumphysik GmbH in Taunusstein stellt selbstentwickelte Analysensysteme für die physikalische und chemische Untersuchung von Oberflächen im Ultrahochvakuum (UHV) her. Dies umfaßt Geräte zur Bestimmung der chemischen Eigenschaften sowie spezielle Mikroskope zur Messung der geometrischen Struktur einer Oberfläche. Vor allem für Rastersondenmikroskope im UHV sind wir weltweit marktführend. Rastersondenmikroskope sind in der Lage, die kleinsten Bausteine von Materialien, die Atome, abzubilden. Das stellt extreme technologische Anforderungen an die Dämpfung von Schwingungen und die Präzision von Mechanik, Elektronik und Computer.

Vor allem in Japan stellen Komplettanlagen, die mehrere Analyse- und Präparationsmethoden in einer Anlage vereinen, einen großen Teil unseres Geschäfts dar. Sie bestehen aus einer Vielzahl von Einzelkomponenten, viele am Rande des technisch Möglichen. Grundsätzlich besteht eine Komplettanlage aus Systemen zur Vakuumerzeugung, Probenmanipulation und natürlich den verschiedenen Analysengeräten selbst. Häufig haben die gelieferten Analysengeräte die Entwicklung erst kurz vor der Lieferung an den Kunden verlassen und sind noch „feucht hinter den Ohren". Dies bedeutet eine enge Partnerschaft mit dem Kunden und einen relativ hohen Aufwand für seine Betreuung nach der Lieferung.

Die Stückzahlen sind eher klein, Komplettanlagen gehen in der Größenordnung von 10 pro Jahr nach Japan. Bei den Einzelkomponenten liegen die Stückzahlen je nach Gerät zwischen eins und ca. 30. Es handelt sich also um ein Geschäft mit größtenteils individuellen Einzelgeräten und nicht um standardisierte Massenware.

Unsere Kunden sind vor allem Universitäten, staatliche und private Forschungslabors und in geringerer Zahl Forschungslabors der Industrie. Japan war bisher der wichtigste Einzelmarkt für uns, vor allem weil Japan im Gegensatz zu den anderen Industrienationen in den letzten Jahren intensiv in die Forschung investiert hat.

OMICRON wird in Japan von dem Matsushita Research Institute Tokyo (MRIT), einer 100 Prozent Tochter von Matsushita Electrical Industries, vertreten. Da es der Vertretung schwer fiel, die Kunden bei Serviceproblemen zu unterstützen und technische Anfragen ausreichend zu beantworten, wurde der Autor vor ca. vier Jahren nach Japan entsannt, um in Zusammenarbeit mit dem MRIT einen dem japanischen Markt angemessenen Service aufzubauen und technische Unterstützung anzubieten. Seit 1996 wird der Autor im Service in Japan von zwei weiteren deutschen Physikern unterstützt, da es nicht möglich war, japanisches Personal mit der passenden Ausbildung zu finden.

2 In Deutschland und Japan gibt es unterschiedliche Einstellungen zum Service

Wenn hier auf Service im Vergleich zwischen Deutschland und Japan eingegangen wird, so ist der Begriff Service weiter gefaßt, als in Deutschland normalerweise üblich. Neben jenem Teil des Service, der sich mit der reinen Reparatur defekter Geräte befaßt, fällt in Japan auch die Einweisung der Kunden in den Gebrauch der Geräte und die Hilfe bei allen mit der Benutzung der gelieferten Anlagen verbundenen Problemen unter den Begriff Service.

Betrachten wir zunächst die Grundlage der Service-Dienstleistung: technische Dokumentationen bzw. Betriebsanleitungen. Diese sind bei gerade neu entwickelten Produkten naturgemäß dünn und noch nicht vollständig. Trotzdem muß man schon hier auf ein zusätzliches Problem, die Sprachbarrieren, hinweisen. Ein Großteil unserer Geräte wird von japanischen Studenten, die entweder an Ihrer Doktorarbeit oder Diplomarbeit arbeiten, benutzt. Deren Fähigkeit, englische Betriebsanleitungen zu verstehen, ist sehr begrenzt. Es ist somit, auch wenn uns das bisher nicht gelungen ist, sehr geraten, zumindest einführende Dokumentationen in Japanisch anzubieten. Diese Problematik besteht für ausländische Firmen in Deutschland nicht, englische Dokumentationen sind für weltweit vertriebene High-Tech Produkte eher die Regel als die Ausnahme.

Während in Deutschland in unserer Branche größtenteils versucht wird, Kundenbesuche aus Kostengründen für beide Seiten zu vermeiden und sich auf die praktische Mitarbeit des Kunden bei der Fehlersuche zu verlassen, ist diese Taktik in Japan nicht angebracht. Besonders in der Garantieperiode und auch später erwartet der Kunde im Regelfall einen Besuch des Service-Ingenieurs. Gerade in der Anfangsphase nach der Lieferung einer Anlage sind solche Besuche auch dann angezeigt, wenn nicht mit Sicherheit davon ausgegangen werden kann, daß Fehler zu beheben sind. Diese Besuche werden als Einsatz für den Kunden sehr positiv bewertet und haben großen Einfluß auf die Bewertung der Gesamtleistung des Herstellers. Weiterhin hält dies den Kontakt für nachfolgende Aufträge. Der Mehraufwand gegenüber Deutschland sollte in Japan im allgemeinen in den Gesamtpreis mit einkalkuliert werden.

Auch die Anforderungen an die Geschwindigkeit der Reaktion auf eine Fehlermeldung sind in Japan deutlich höher als in Deutschland. Während man in Deutschland schon froh ist, wenn man innerhalb einiger Tage von der zuständigen Serviceabteilung zurückgerufen wird, wird in Japan eine Reaktion auf eine Fehlermeldung innerhalb von höchstens 24 Stunden erwartet. Eine solche Zeitspanne ist häufig im Kaufvertrag festgeschrieben. Die Pflicht zu antworten bedeutet allerdings nicht, daß in dieser Zeitspanne eine Lösung für das Problem gefunden sein muß. Der Lieferant ist nur aufgefordert, sich des Kunden innerhalb kürzester Zeit anzunehmen und Aktivität zu zeigen. Sollte ein Besuch notwendig sein, erwarten Kunden häufig die sofortige Entsendung eines Ingenieurs. Eine Wartezeit von einer Woche führt bereits zu Verstimmungen. Längere Wartezeiten sind schwer zu begründen. Dabei ist vor allem zu beachten, daß Verpflichtungen gegenüber anderen Kunden nicht zählen. Diese sind das Problem des Herstellers, und der muß seine Kapazitäten entsprechend planen. Japanische Konkurrenten können solche Anforderungen natürlich leichter erfüllen als ein ausländischer Anbieter. Ein Lager mit den meistbenötigten Ersatzteilen und deutsche Ingenieure vor Ort haben sich in unserem Fall als sehr effektiv erwiesen, um dieser Herausforderung zu begegnen.

Sollten an einer umfangreichen Anlage Einzelkomponenten ausfallen, die Zulieferteile sind und nicht eigene Produkte des Lieferanten, so kann in Deutschland häufig auf die Verantwortung des Zulieferers verwiesen werden. Hier wendet man sich auch als Anlagenkunde meist direkt an den Hersteller des defekten Geräts und nicht an den Lieferanten der Gesamtanlage. In Japan ist der Systemlieferant vollständig verantwortlich für die Gesamtanlage. Bei einem Defekt erwartet der Kunde die Lösung vom Lieferanten des Gesamtsystems. Das heißt auch, daß das Servicepersonal zumindest eine minimale Erfahrung in der Fehlerbehandlung von Zulieferteilen haben sollte. Es wird im allgemeinen von uns erwartet, daß wir die Probleme entweder selbst oder über den Service eines Zulieferers lösen. Bei der Auswahl von Zulieferern sollte also auch das Argument des Service in Japan ein größeres Gewicht bekommen. Leider haben viele Hersteller in unserem Bereich nur reine Vertriebsniederlassungen in Japan, Service ist meist nur über das Mutterhaus möglich – dies führt vor allem auf dem Weg des Fehlerfindens zu großen Verzögerungen nicht nur durch die Zeitdifferenz.

Unterschiedlich zwischen Deutschland und Japan ist im allgemeinen auch die innere Einstellung des Servicepersonals zu den Problemen der Kunden. In Japan wird von vornherein davon ausgegangen, daß der Kunde ein wirkliches Problem mit dem gelieferten Gerät hat, das gelöst werden muß. In Deutschland trifft man häufiger noch die Auffassung an, daß die meisten Fehler auf eine Fehlbedienung des Kunden zurückzuführen sind. Normalerweise haben die Geräte keine Fehler. Diese Einstellung ändert sich in dem Maße, in dem in Deutschland erkannt wird, wie wichtig der Kundenservice ist. Wir haben großen Erfolg mit der Intensivierung unserer Serviceanstrengungen auch in anderen Märkten als in Japan

Die Fehlersuche selbst wird in Japan als kostenloser Service betrachtet. Während es in Deutschland durchaus üblich ist, dem Kunden auch die Zeiten für die Fehlersuche vor Ort in Rechnung zu stellen, ist diese Praxis in Japan nicht üblich. Für einen Besuch, der zum Aufspüren des Defekts dient, gibt es normalerweise keine Bezahlung. Natürlich können die Kosten für die Reparatur selbst jedoch in Rechnung gestellt werden.

Ein weiterer Grundsatz in Japan ist, daß alle Geräte installiert werden. Das gilt sogar für einfache PCs oder auch Waschmaschinen. Die Installation gilt als integraler Bestandteil des Produkts. Das bedeutet, daß mindestens ein Ingenieur des Lieferanten mit dem Kunden zusammen das Gerät in Betrieb nimmt. Gerade vor dem ersten Anschalten der Geräte fürchten sich japanische Kunden am meisten. Dies gilt auch für im deutschen Sinne einfachere Instrumente. In Deutschland ist eine Installation nur für größere Anlagen üblich. Bei einzelnen Instrumenten und kleineren Anlagen sind Kunden eher geneigt aus Kostengründen auf die Installation zu verzichten. Diese Praxis führt nicht immer zum gewünschten Erfolg und bringt häufiger Verzögerungen bei der Inbetriebnahme mit sich.

Auch bei der Auffassung der Garantie gibt es Unterschiede zwischen Deutschland und Japan, vor allem über den Zeitraum für den diese gilt. Während in Deutschland die Garantieperiode mit der Lieferung des Geräts oder der Anlage beginnt, geht der japanische Kunde davon aus, daß ihm erst gezeigt werden muß, daß das System funktioniert, bevor er es akzeptiert und damit dann auch die Garantie beginnt. In der Garantiezeit erwartet ein japanischer Kunde wesentlich mehr Unterstützung als ein deutscher Kunde. Auch kleinere Justierungen, die eigentlich zum Betrieb der Anlage gehören und in den Handbüchern als normale Arbeiten beschrieben werden, werden in Japan in der Garantiezeit vom Lieferanten erwartet.

3 Eine Service-Vertretung vor Ort in Japan ist von großer Bedeutung

Da der Vertrieb in Japan zuerst fast immer über eine eingesessene Firma, im Regelfall eine japanische, geht, soll hier auf dieses besondere Verhältnis im Hinblick auf den Service eingegangen werden. Der Agent ist als Schnittstelle zwischen Lieferanten und Kunden von entscheidender Bedeutung. Er sollte die kulturellen und vor allem auch die sprachlichen Barrieren überbrücken helfen. In unserem Bereich sind vor allem die sprachlichen Hürden unerwartet hoch. Geschriebenes Englisch ist meist noch verständlich, mündliche Kommunikation mit dem Endkunden z. B. am Telefon aber sehr schwierig.

Es ist für den Service in Japan sehr wichtig, japanisch sprechendes Personal zu haben, das zumindest den ersten Kontakt des Kunden wahrnimmt und eventuell auch auf Japanisch die Fehlereingrenzung betreibt. Noch wichtiger ist die Sprache, wenn man an technische Erläuterungen bei der Bedienung der Anlagen denkt. Der Wunsch, in diesem Feld Japaner zu beschäftigen, steht dem Problem gegenüber für technisch hochspezialisierte Produkte gut ausgebildetes Servicepersonal zu finden. Universitätsabgänger mit naturwissenschaftlichem Abschluß erwarten noch eine Anstellung in der Forschung oder in attraktiveren Gebieten als dem Service. Das Ansehen des Berufs Service-Ingenieur ist in Japan recht gering.

Im Falle von Schwierigkeiten des Kunden mit der Bedienung einer Anlage ist das Aufspüren des Problems eine der wichtigsten Aufgaben des Service-Ingenieurs. Hier sind die Entscheidungen zu treffen, ob es sich bei den Schwierigkeiten um Bedienungsfehler oder Defekte der Geräte handelt und wenn das so ist, wo der Fehler liegt. Naturgemäß sind bei neu entwickelten Geräten noch lange nicht alle möglichen Ausfälle bekannt. Bei der Fehlersuche wird also neben Erfahrung auch eine gute Portion Kreativität verlangt. Diese fällt nicht nur nach dem Vorurteil, sondern auch erfahrungsgemäß, Japanern schwerer als Deutschen. Gerade bei sich schnell entwickelnder Technologie sind wiederholte intensive Schulungen japanischer Ingenieure und ein ständiger Kontakt mit deutschen Kollegen unumgänglich. Dieser ist am besten gewährleistet, wenn schon frühzeitig deutsches Personal in Japan für Service-Besuche zur Verfügung steht.

Häufig sind die Vertretungsverträge mit dem Agenten rein vertriebsorientiert. Service ist in Japan aber ein integraler Bestandteil des Marketing und sollte deshalb schon in den anfänglichen Vereinbarungen berücksichtigt werden.

Ein weiteres, vielleicht nur in unserem speziellen Fall, unangenehmes Problem ist der Versand defekter Geräte oder Teile zurück nach Deutschland. Es sollte von Anfang an berücksichtigt werden, daß Fälle eintreten werden, in denen Geräte zur Reparatur in die Fabrik zurückkehren müssen. Die Geschwindigkeit des Rücktransports, der meist Aufgabe des Agenten ist, bestimmt ganz entscheidend die Qualität des Service. Zeiten von mehreren Wochen allein für das Erstellen der notwendigen Papiere sind vor dem Kunden schwer zu vertreten.

4 Die Kommunikation mit dem Mutterhaus

Gerade wenn Deutsche in Japan für die technische Unterstützung und den Service eingesetzt werden muß, auch auf die Kommunikation zwischen dem Mutterhaus in Deutschland und der Außenstelle in Japan eingegangen werden.

Während sich die Mitarbeiter in Japan schnell mit den japanischen Gegebenheiten identifizieren werden, geht das Leben für die Mitarbeiter im Mutterhaus wie gehabt weiter. Dies kann, wie man im Vergleichsteil gesehen hat zu einigen Spannungen durch unterschiedliche Ansprüche führen. Dabei ist vor allem der Mitarbeiter in Japan schnell frustriert. Hier hilft vor allem ein designierter Ansprechpartner im Mutterhaus mit Übersicht über die gesamte Firma und Erfahrungen im internationalen Geschäft, um Spannungen und Frustrationen dämpfen zu können. Auch sollte man nicht versäumen, die Mitarbeiter des Mutterhauses auf allen Ebenen immer wieder mit den Gegebenheiten in Japan zu konfrontieren.

Da deutsche Service-Ingenieure in Japan einen wesentlich engeren Kundenkontakt besitzen als vergleichbare Mitarbeiter in Deutschland, sollte auf deren Erfahrungen mit den eigenen Produkten vor Ort nicht verzichtet werden. Diese Mitarbeiter sind eine interessante Quelle für Informationen über die Akzeptanz der eigenen Produkte bei den Endkunden.

5 Service ist Marketing

Lassen Sie mich nun die oben beschriebenen Erfahrungen in ein paar Leitsätzen zum Schluß kondensieren:

- Technische Basisdokumentationen sollten so bald wie möglich in japanischer Sprache vorliegen;
- Es müssen von Anfang an Besuche für Service und Training des Kunden einkalkuliert werden;
- Die Reaktion auf ein Problem des Kunden sollte noch am gleichen Tag erfolgen;
- Als Lieferant einer Anlage trägt man die gesamte Systemverantwortung;
- Geräte und ganze Anlagen sollten grundsätzlich installiert werden;
- Über den Startzeitpunkt der Garantieperiode sollte man sich frühzeitig mit seinem Agenten/Kunden einigen;
- Service gehört in die Vertretungsverträge mit einem Agenten;
- Die schnelle Rücksendung defekter Teile muß gewährleistet sein.

Gerade High-Tech Produkte haben in Japan sehr gute Marktchancen. Selbst wenn man den Serviceaufwand von Anfang an mit einkalkuliert, so bleiben deutsche Produkte in Japan immer noch sehr konkurrenzfähig. Der erhöhte Aufwand in Japan sollte nicht vor einem Engagement abschrecken, da neben dem sehr ertragreichen Markt auch eine Menge wichtige Erfahrungen auf einen warten, die auf andere Verhältnisse in anderen Ländern projiziert sehr hilfreich sein können.

Service-Anstrengungen in Japan zahlen sich im Markt direkt als Werbung für das eigene Produkt aus. In diesem Sinne sollte der Service eher als Marketingaufwand gesehen werden denn als eigenes Feld, in dem Profit zu machen ist.

Aufbau von Dienstleistungs- und Service-Strukturen in Japan: BAYERISCHE VEREINSBANK

Peter Baron

Name:	BAYERISCHE VEREINSBANK AG, Niederlassung Tokyo
Rechtsform in Japan:	Kommerzielle Bank (im Sinne des japanischen Bankgesetzes)
Hauptbetätigungsfelder:	Bankgeschäft
Umsatz gesamt 1996:	27,1 Mrd. DM
Umsatz in Japan 1997:	22,4 Mio. DM
Anzahl der Mitarbeiter 1996:	18.174
Anzahl der Mitarbeiter in Japan 1/1998:	47
Präsenz in Japan seit:	1978

Die BAYERISCHE VEREINSBANK ist seit 1969 direkt im japanischen Finanzmarkt vertreten. Am Anfang stand eine Gemeinschaftsrepräsentanz in Tokyo. Heute ist die Bank mit einer Niederlassung und einer Wertpapiergesellschaft in Japan operativ tätig. Bestätigen sich die gegenwärtig deutlich positiven Signale für eine grundlegende Reformierung des Regulierungssystems in der japanischen Wirtschaft und Gesellschaft, würden auch weitere Formen einer Präsenz im Bankensektor möglich werden.

Die Erfahrungen der BAYERISCHE VEREINSBANK über diesen Zeitraum von fast 30 Jahren in Japan sind weitgehend positiv. Das Geschäftspotential für Auslandsbanken in dieser zweitgrößten Wirtschaftsnation der Welt scheint allerdings bei weitem noch nicht ausgeschöpft zu sein. Die Gründe hierfür liegen einmal in den kulturellen, gesellschaftlichen und administrativen Besonderheiten, die Flexibilität und Lernbereitschaft bei den in Japan operierenden Auslandsbanken voraussetzen. Das seit einigen Jahren häufig düster eingefärbte internationale Japanbild hat sich hemmend auf die Bereitschaft ausländischer Banken zur Verstärkung ihres Japan-Engagements ausgewirkt.

Dieses eher negative allgemeine Meinungsbild im Ausland ist nicht das Resultat der Erfahrungen ausländischer Investoren im Lande selbst und steht in vielen Bereichen im Widerspruch zu den nachweisbaren Daten. Japan hat bisher wenig zu einer Korrektur beigetragen. Im Gegenteil wurde durch öffentliche Äußerungen der allgemeine Skeptizismus eher verstärkt und für einige ausländische Beobachter sogar erst begründet.

Im folgenden soll deshalb zu Beginn auf diesen Meinungshintergrund eingegangen werden. Anschließend wird am Fall der fast 30jährigen Geschäftstätigkeit der BAYERISCHEN VEREINSBANK in Japan ein Beispiel für den Aufbau eines ausländischen Dienstleistungsunternehmens in Japan gegeben werden.

1 Das gegenwärtige Japanbild: Meinungen und Fakten

1.1 Der gesamtwirtschaftliche Hintergrund

Das Japanbild, wie es sich in den internationalen Massenmedien darstellt, war schon immer weitgehend zwiespältig und sogar widersprüchlich. Übertreibungen bei der Darstellung der bekannten Wirtschaftserfolge des Landes wechselten sich mit dunklen Prophezeiungen für richtungsweisende Änderungen zum Negativen in der japanischen Wirtschaft und Gesellschaft ab. Die Behandlung von Themen wie der Energiekrise während der 70er Jahre, mögliche gesellschaftliche Verwerfungen (Senioritätsprinzip, Arbeitslosigkeit, lebenslange Beschäftigung etc.), die Darstellung der Stahl- und Werftenkrise, das ebenfalls schon in den 70er Jahren breit dargestellte Thema einer möglichen Bankenkrise etc., sind Beispiele für diese Art der Berichterstattung und Meinungsäußerung. Keine der dunklen Prophezeiungen hat sich bewahrheitet. Im Gegenteil: Japan hat alle diese Krisen oder Nicht-Krisen hervorragend überstanden.

Während der 90er Jahre eskalierte diese skeptische Beurteilung der Zukunftsaussichten für die japanische Wirtschaft. An der Verbreitung eines solchen Japanbilds beteiligten sich auch japanische Meinungsführer, indem sie immer wieder auf die angeblich längste Wirtschaftsrezession nach dem Krieg und auf die gesamtwirtschaftlich fatalen Folgen einer hohen Yen-Bewertung verwiesen. Die Banken- und Immobilienkrise als Ergebnis der *bubble economy* wurde ebenfalls vordergründig als Ursache für alle möglichen wirtschaftlichen und gesellschaftlichen Probleme zitiert.

Ein Blick weg von den Meinungen und hin zu den Daten führt zu einem differenzierten Japanbild. Während der 90er Jahre und damit während der als längste Rezession der Nachkriegszeit empfundenen Periode kann die japanische Wirtschaft teilweise eindrucksvolle Wachstumserfolge verzeichnen[1]. Während dieser Zeit erlebte der Yen einen Höhenflug ohne Gleichen und erreichte seine Höchstbewer-

---

[1] Die kalenderjährlichen Wachstumsraten des GDP belaufen sich auf 5,6%/1990, 3,1%/1991, 0,4%/1992, 0,2%/1993, 0,5%/1994, 2,3%/1995, 3,5%/1996.

tung im April 1995². Der japanische Handelsbilanzüberschuß meldete ebenfalls ständig neue Rekordergebnisse. Bemerkenswert war und ist die im internationalen Vergleich geringe Arbeitslosenquote mit einem Spitzenwert von 3,5 Prozent, die selbst nach Einbeziehung versteckt Arbeitsloser nicht höher als 5 Prozent liegen dürfte. Wenig zum Bild einer schwachen Wirtschaft passen auch das über Jahre hinweg extrem niedrige Zinsniveau und der anhaltend stabile binnenwirtschaftliche Geldwert. Erst recht im Gegensatz hierzu steht das völlige Fehlen von Streiks oder gesellschaftlichen Unruhen während dieser Jahre.

Strukturelle Anpassungserfordernisse, mit denen sich jede hochentwickelte Volkswirtschaft konfrontiert sieht, stellen auch an die japanische Wirtschaft und Gesellschaft gewaltige Anforderungen. Das Problem für die führenden Industrienationen liegt aber nicht in dem Vorhandensein dieser Jahrhundertaufgaben, sondern in der Frage nach der Art und Weise ihrer Bewältigung. Hier hat Japan entgegen dem Meinungsbild im Ausland bisher bemerkenswerte Fortschritte gemacht.

Japan ist der zweitgrößte Binnenmarkt der Welt. Seine Spitzenposition innerhalb der asiatischen Region ist unbestritten. Rund 62 Prozent des Sozialprodukts der sieben wichtigsten asiatischen Länder wird von Japan erzeugt. Die Asienstrategie eines ausländischen Investors wird diese überragende Vormachtstellung ausreichend berücksichtigen müssen.

1.2 Der Banken- und Finanzsektor

Ende der 80er Jahre wurde das Ende einer Periode hypertropher Spekulation in Immobilien- und Finanzwerten in Japan durch administrative Maßnahmen eingeleitet.

Eine der Folgen dieses „Platzens der *bubble economy*" war, daß die kreditgebenden Banken auf einem gewaltigen Volumen notleidender Kredite sitzen blieben. Lange Zeit gab es wenig Transparenz und nur widersprüchliche Angaben zum Ausmaß des Schadens. Die erst zu einem sehr späten Zeitpunkt offiziell bekannt gegebenen Zahlen zeigen, um welche Größenordnungen es sich handelt³. Aber auch diese Ziffern wurden allgemein als unvollständig und die Beiträge als zu gering eingeschätzt. Die ausländischen Rating-Agenturen reduzierten ihre Qualitätseinstufung für japanische Finanzinstitute drastisch. Gleichzeitig begann eine internationale Vertrauenskrise gegenüber der Qualität und Zuverlässigkeit des japanischen Finanzsystems. Sie äußert sich unter anderen darin, daß japanische Banken bei ihrer Geldaufnahme im Ausland einen Aufschlag bezahlen müssen. Die Höhe dieser Prämie richtet sich nach den zuletzt bekannt gegebenen Schadenszahlen.

---

[2] Die Höchststände wurden am 19. April 1995 mit 79,95Yen für 1 US-Dollar und am 10. April 1995 mit 57,60Yen für 1 DM erreicht.
[3] Die ersten offiziellen Angaben des japanischen Finanzministeriums nannten 12,5 Bil.Yen notleidende Kredite für die damals noch 21 japanischen Großbanken.

Alle diese Vorgänge finden in den internationalen Massenmedien große Beachtung. Wiederholt wurde in den vergangenen Jahren das Szenario eines möglichen „Crash" des japanischen Finanzsystems mit möglicherweise verheerenden Folgen auch für die Weltwirtschaft ausgemacht.

Diese Prophezeiungen haben sich nicht bewahrheitet. Weder gab es bisher eine klassische Bankenpleite mit Verlusten für die Anleger, noch irgendwelche Panikreaktionen im Finanzmarkt. Im Gegenteil: eine bemerkenswerte Gelassenheit und seit geraumer Zeit auch Zielstrebigkeit ist bei der Problembewältigung in Wirtschaft und öffentlicher Verwaltung festzustellen. Die Suche nach Konsensus unter den Beteiligten erfordert aber Zeit. Auffallend ist wiederum, mit wie wenig unmittelbarem Schaden für die Allgemeinheit diese Krise in Japan bewältigt wird. Die vergangenen Jahre wurden dazu genutzt, ohnehin erforderliche Strukturveränderungen auf dem Finanzmarkt einzuleiten und das ganze System für die wachsenden Herausforderungen des internationalen Wettbewerbs vorzubereiten. Insbesondere vor diesem Hintergrund sind die Fusionen und Ausgliederungen von Finanzinstituten in der Vergangenheit zu sehen. Diese Entwicklung ist bei weitem noch nicht zu einem Ende gekommen.

Festzuhalten ist, daß bei der Bewältigung der Probleme mit den japanischen Finanzinstituten ausländische Banken nicht in Mitleidenschaft gezogen wurden. Es ist kein Fall bekannt, wo eine Auslandsbank aufgrund ihrer Kreditausreichungen an eine der desolat gewordenen einschlägigen Adressen Geld verloren hätte.

2 Das Beispiel der BAYERISCHEN VEREINSBANK

2.1 Beginn der Präsenz

Auch das Japangeschäft der BAYERISCHEN VEREINSBANK blieb von dem skizzierten Meinungsbild einer zurückhaltenden Risikoeinschätzung nicht unbeeinflußt. Dennoch hat die Bank zielstrebig und konsequent vom Ende der 60er Jahre an bis heute ihre Präsenz in Japan ausgebaut.

Am Anfang stand eine Gemeinschaftsrepräsentanz mit einer französischen Banken- und Industriegruppe in Tokyo. Anfang der 70er Jahre wurde diese Kooperation aufgegeben, um selbständig von Tokyo aus den japanischen Markt und die wichtigsten Länder Asiens zu betreuen. 1974 bezog die Repräsentanz erstmals ständige Büroräume nach einem Provisorium in einem Hotel. Die Zuständigkeit erstreckte sich auf den gesamten Fernen Osten.

Die Repräsentanz hatte die Funktion eines typischen Liaison Office. Zusätzlich bestand ihre Aufgabe darin, das Korrespondenzbankgeschäft im Zuständigkeitsgebiet zu unterstützen und zu fördern. Tokyo erschien aufgrund der zentralen wirtschaftlichen Positionierung Japans in Asien als der richtige Standort.

Die Vorbereitungen der Repräsentanzgründung und der damit verbundene Umgang mit den zuständigen Behörden verliefen problemlos. Als Repräsentanten hatte die Bank einen sprachkundigen deutschen Mitarbeiter delegiert.

Schon bald stellte sich heraus, daß die zahlreichen Geschäftsmöglichkeiten in Japan und im übrigen Zuständigkeitsgebiet von dem Repräsentanten in Tokyo allein nicht zu bewältigen waren. Dazu kam, daß Japan damals begann, den Zugang zu den ausländischen Kapitalmärkten für seine Wirtschaftsunternehmen zu lockern. Zunächst nur vereinzelt, dann aber immer regelmäßiger wurde die Begebung von Auslandsanleihen erster japanischer Adressen von den Behörden genehmigt. Die Konsortialführung solcher Emissionen wurde zu einem lukrativen Geschäft der deutschen Banken. Wettbewerbsvorteile besaß diejenige Bank, die über ihre Repräsentanz in Tokyo einen direkten Zugang zu den potentiellen Emittenten besaß und hier akquisitorisch tätig werden konnte. Auch ein guter und ständiger Kontakt zu den zuständigen japanischen Behörden war für den Akquisitionserfolg unabdingbar und konnte in der geforderten Intensität nur durch eine direkte Präsenz am Ort dargestellt werden.

Die Fernost-Repräsentanz Tokyo konzentrierte sich deshalb auf dieses neue Geschäftsfeld. Es gelang, zahlreiche japanische Industrieadressen für eine DM-Emission unter Konsortialführung der Vereinsbank zu gewinnen. Zusätzliche Erfolge wurden mit der Akquisition japanischer Adressen für die Börseneinführung in Deutschland und für andere Fremdwährungsemissionen erzielt. Auf diese Weise konnte eine breite Kundenbasis mit ersten japanischen Firmenadressen für die Zukunft aufgebaut werden.

2.2 Die Niederlassung Tokyo

Im zunehmenden Wettbewerb ausländischer Banken um japanische Emissionsadressen erwies es sich mehr und mehr als Nachteil, daß die Vereinsbank über keine operative Einheit mit Banklizenz in Japan verfügte. Der japanische Firmenkunde erwartet auch von seiner ausländischen Bankverbindung ständige Kreditbereitschaft und ein festes Commitment, das traditionell durch eine umfangreiche Kreditbeziehung evident gemacht wird. In dem stark regulierten Fremdwährungsmarkt besaßen damals die ausländischen Banken in Japan das Privileg der Ausreichung von Devisenkrediten an lokale Gesellschaften. Voraussetzung für die Darstellung solcher Kredite war das Bestehen einer operativen Bankeinheit am Platz.

Vor diesem Hintergrund entschloß sich die Vereinsbank zur Vorbereitung einer Filialgründung. Durch die Aufnahme des direkten Bankgeschäfts in Japan sollten

- die Wettbewerbsposition im Konsortialgeschäft gestärkt,
- volle Servicebereitschaft für die ansässige deutsche Firmenkundschaft dargestellt, sowie
- eine operative Zentraleinheit für das Asiengeschäft der Vereinsbank in der Region gebildet werden.

Entgegen der damals allgemeinen Meinung, daß eine Bankfilialgründung in Japan bürokratisch kompliziert und mit aufwendigen Behördengängen und -gesprächen verbunden sei, verlief das Antragsprozedere für die Banklizenz höchst einfach und wider Erwarten schnell. Bereits sechs Monate nach Beantragung lag die Lizenz vor. Die Gespräche mit den Behörden wurden direkt durch den deutschen Repräsentanten und nicht mit Hilfe japanischer Vermittler geführt.

Schwieriger war die Suche nach geeigneten Filialräumen in Tokyo und die Rekrutierung geeigneter japanischer Mitarbeiter. Das Anmietungsproblem konnte durch beharrliches Verhandeln entsprechend den japanischen Regeln mit dem Immobilieneigentümer in Marunouchi befriedigend gelöst werden. Bei der Rekrutierung der japanischen Mitarbeiter halfen gute Kontakte zu japanischen Banken, so daß die Mannschaft relativ schnell komplett war.

Weshalb konnte die Filialgründung derart rasch und komplikationslos durchgezogen werden trotz des damals noch sehr engen Regulierungssystems? Ein großer Vorteil war sicher, daß alle Verhandlungen direkt durch den sprachkundigen deutschen Repräsentanten geführt wurden. Diese wichtige Aufgabe wurde also nicht Anwälten oder Beratern überlassen. Wichtig war auch ein relativ weiter Entscheidungsspielraum für den Repräsentanten, der Flexibilität und schnelles Reagieren ermöglichte. Hilfreich war ebenfalls die gute Reputation der Bank am Platz aufgrund der damals schon langjährigen Präsenz.

2.3 Die Wertpapiergesellschaft

Das Trennbankensystem in Japan erfordert eine Ausgliederung des Wertpapiergeschäfts aus dem allgemeinen Bankgeschäft. Eine Handelsbank darf das Wertpapiergeschäft nicht betreiben. Aus diesem Grund wurde auch nach Filialeröffnung die Repräsentanz der Vereinsbank beibehalten, um über sie das Konsortialgeschäft und weitere Kapitalmarkt-bezogene Aktivitäten zu betreiben. Sie übernahm auch Vertretungsfunktionen für Tochterinstitute der Vereinsbankgruppe.

Ab Mitte der 80er Jahre erlaubten die japanischen Behörden schrittweise auch solchen Auslandsbanken, die bereits mit einer kommerziellen Filiale in Japan vertreten waren, die Gründung einer Wertpapiergesellschaft, falls bestimmte Auflagen erfüllt wurden. Die Vereinsbank machte von dieser Möglichkeit Gebrauch und eröffnete 1987 die BV Capital Markets (Asia) Limited, Tokyo Branch. Entsprechend den strengen Auflagen wurde diese Gesellschaft räumlich und leitungsmäßig von der bestehenden Niederlassung Tokyo völlig getrennt.

Mit der Gründung dieser Gesellschaft wurde der Handel mit und der Verkauf von Wertpapieren (Bonds, Aktien) am Platz Tokyo möglich, und ein direkter Zugang zum innerjapanischen Konsortialgeschäft (Yen-Regierungsanleihen) geschaffen. Damit öffnete sich ein japanisches Kundenpotential, das mit der Niederlassung und der Repräsentanz allein nicht ausreichend hätte abgedeckt werden können. Die Gesellschaft übernahm von der Repräsentanz die Aktivitäten im Konsortialgeschäft für die gesamte Vereinsbankgruppe. Auch in diesem wichtigen Geschäftsfeld ergaben sich strategische und akquisitorische Vorteile durch die Gründung einer eigenen Wertpapiereinheit.

3 Verständnisbereitschaft und Flexibilität

Der japanische Finanzmarkt wird nach wie vor durch Besonderheiten geprägt, die das Geschäft für ausländische Banken erschweren. Die Gründe liegen nicht in einer möglichen Diskriminierung durch rechtliche oder administrative Hindernisse, sondern in der Andersartigkeit des japanischen Wirtschaftsdenkens. Ein Vergleich mit westlichen Auffassungen führt regelmäßig zu Irritationen und auch zu negativen Schlußfolgerungen.

Darüberhinaus zeigen die Beispiele vieler Auslandsbanken in Japan, daß eine erfolgreiche Geschäftstätigkeit durchaus möglich ist. Auch die Vereinsbank kann auf insgesamt gute Erfahrungen zurückschauen. Bemerkenswert sind die erstaunlich geringen *ex post* Risikokosten, die völlig im Gegensatz zu der am Anfang geschilderten Risikoeinschätzung im westlichen Meinungsbild stehen. Dieses besondere japanische Phänomen dürfte unter den internationalen Finanzplätzen der Welt einmalig sein. Für die Vereinsbank hat es bisher keine Ausfälle in Japan gegeben.

Entsprechend den grundlegenden Strukturveränderungen im internationalen Bankgeschäft haben sich die Geschäftsfelder der Auslandsbanken und auch der Vereinsbank in Japan in den vergangenen Jahren geändert. Im Vordergrund stehen Produkte des Investmentbanking, die eine stärkere Einbindung des Treasury und der Kapitalmarktaktivitäten erforderlich machen. Das überkommene japanische Trennbankensystem würde einem solchen Zusammengehen völlig widersprechen.

Japan hat aber die Notwendigkeit einer Veränderung dieser traditionellen Grundstrukturen schon vor Jahren erkannt. Maßnahmen für eine allmähliche Bewegung in Richtung Universalbankensystem wurden eingeleitet und teilweise bereits durchgesetzt. Anderenfalls wäre z. B. die Gründung einer Wertpapiergesellschaft neben dem Bestehen einer kommerziellen Bankfiliale gar nicht möglich gewesen.

Die Forderung nach grundlegenden Veränderungen des bestehenden Systems kommt besonders drängend aus dem Lande selbst. Die japanischen Banken fordern Zugang zum Wertpapiermarkt, die Wertpapiergesellschaften drängen umgekehrt in den Bankmarkt. Der Aufbruch in eine in diesem Sinne gemeinsame Zukunft hat längst begonnen. Das „Big Bang" Programm der Regierungspartei unterstützt diese grundlegende Reformierung des japanischen Finanzsystems.

Die ausländischen Banken profitieren von dieser Entwicklung. Das Geschäftspotential hat sich deutlich erweitert. Die ausländischen Banken und auch die Vereinsbank passen sich diesen spürbaren Veränderungen mit zukunftsorientierten Strategien an. Japan als zweitgrößte Industrienation der Welt und als eines der wenigen wirklich maßgeblichen Finanzzentren der Welt wird für die Auslandsbanken noch attraktiver werden. Allerdings werden die bekannten Besonderheiten dieses Landes auch in Zukunft hohe Anforderungen an die Verständnisbereitschaft und Flexibilität der westlichen Banken stellen.

Informatisierung bewirkt eine strukturelle Öffnung japanischer Unternehmen: SAP

Shigeru Nakane

Name:	SAP Japan Co., Ltd.
Rechtsform in Japan:	Ltd., 100-prozentige Tochter der SAP AG
Hauptbetätigungsfelder:	Geschäftssoftware (R/3)
Umsatz gesamt 1997:	6.02 Milliarden DM
Umsatz in Japan 1997:	382 Millionen DM
Anzahl der Mitarbeiter 1997:	12.856
Anzahl der Mitarbeiter in Japan 1997:	724
Präsenz in Japan seit:	1992

Seit dem Markteintritt von SAP in Japan mit der Standardsoftware SAP R/3 sind nunmehr viereinhalb Jahre vergangen. Diese in Deutschland entwickelte Software stellt eine gelungene Synthese von 25 Jahren Erfahrung im Businessbereich und einer ausgefeilten Systematik dar. Wenn ich an dieser Stelle über meine eigenen Erfahrungen mit SAP in Japan spreche, so geschieht dies in der Überzeugung, einen zwar begrenzten, aber stichhaltigen Anhaltspunkt für den Wandel der japanischen Unternehmen hin zu wirklich offenen, globalen Unternehmen zu geben. Als ich im Januar 1993 zum Präsidenten von SAP Japan ernannt wurde, bestand der Auftrag des SAP-Vorstands zunächst darin, die Anwender auf dem japanischen Markt von den Vorzügen einer Standardsoftware zu überzeugen. Zu diesem Zeitpunkt wurde der Markt noch von vielen „maßgefertigten" Software-Systemen im Host-Computer-Bereich dominiert.

Als nach dem Zusammenbruch der *bubble economy* in Japan gleichzeitig sowohl erhebliche gesamtwirtschaftliche Probleme auftraten, als auch viele Unternehmen mit großen strukturellen Schwierigkeiten zu kämpfen hatten, reagierten die meisten Unternehmen zunächst keineswegs in klarer und konsequenter Weise. Japan mußte durch die vielen Machtwechsel und durch Mangel an Führungskompetenz auf der politischen Bühne international Vertrauenseinbußen hinnehmen und verlor seine Führungsrolle. Nach dem Platzen der *bubble economy* verringerte sich Japans Konkurrenzfähigkeit auf den Weltmärkten und die Japaner sahen sich mit der Notwendigkeit tiefgreifender wirtschaftlicher Reformen konfrontiert. Für die Firmen bedeutete dies den notwendigen Einstieg in Restrukturierungsmaßnahmen. In dieser Situation suchten viele ihr Heil in der Implementierung von aus den USA kommenden Konzepten, wie etwa dem damals sehr populär gewordenen Business Process Re-Engineering (BPR). Im Bereich der Informationssysteme ließen sich gleichzeitig eine Öffnung, ein Down-Sizing und die Einführung von Software zum Enterprise Resource Planning (ERP) beobachten.

1 Die in der Hochwachstumsphase geschaffenen Strukturen waren lange Zeit höchst erfolgreich

Nach dem Zweiten Weltkrieg war der Wiederaufbau des Landes zunächst weitgehend gleichbedeutend mit der beständigen Ausweitung der Geschäftstätigkeit der Unternehmen. Diese Gleichsetzung von Unternehmensexpansion und nationalem Wohlstand blieb 50 Jahre lang bestimmend. Deshalb wurden gerade die Faktoren des wirtschaftlichen Aufstiegs, wie Total Quality Control (TQC), Total Quality Management (TQM) oder *kaizen* (kontinuierlicher Verbesserungsprozeß KVP) sowie die beständige Rationalisierung, zum Markenzeichen Japans. In den fünf Nachkriegsjahrzehnten standen in allen Industriebranchen durchgängig folgende drei Unternehmensziele im Vordergrund: Qualitätssteigerung, kontinuierliche Kostensenkung und Ausweitung von Marktanteilen.

Bis in die jüngste Vergangenheit beruhten alle Rationalisierungsbemühungen der Unternehmen darauf, daß man in den einzelnen Abteilungen der Unternehmen versuchte, die Qualifikation der Mitarbeiter, die Zuständigkeitsverteilung und die Arbeitsorganisation zu optimieren. Dies geschah jeweils unabhängig in den Hauptverwaltungen, auf Managementebene wie auch in der Produktion. Eine grundsätzliche Rationalisierung des gesamten Unternehmens wurde aber nur in den wenigsten Fällen in Angriff genommen. Auch die Computerisierung und Informatisierung wurde allein unter dem Aspekt der Rationalisierung der einzelnen Unternehmensteile eingeführt.

Der eigentliche Grund für diese Vorgehensweise der isolierten, kleinen Rationalisierungschritte ist darin zu sehen, daß umfassende Rationalisierungsbemühungen als nicht notwendig erschienen: Japan zeichnete sich lange Zeit durch sehr niedrige Kosten aus und war auf den Weltmärkten eben wegen dieser Kostenvorteile äußerst konkurrenzfähig. Unmittelbar nach dem Zweiten Weltkrieg war die Qualität japanischer Produkte noch sehr schlecht. Um 1949, als ich geboren wurde, war der Begriff „Made in Japan" noch ein Synonym für schlechte Qualität. Es ist allgemein bekannt, daß sich die Qualität der Produkte während der wirtschaftlichen Aufholjagd Japans, die auch durch staatliche Exportförderungsprogramme vorangetrieben wurde, durch den Einsatz von Qualitätszirkeln und TQM auf ein weltweit anerkanntes Niveau verbesserte. Zu dieser Zeit standen japanische Unternehmen hauptsächlich mit anderen japanischen Unternehmen im Wettbewerb, die alle ein ähnliches Erscheinungsbild hatten und ähnliche Produkte auf den Markt brachten. Unter solchen Konkurrenzbedingungen betonten die Unternehmen besonders die Punkte, die sie und ihre Produkte von anderen unterschieden und aus der Masse heraushoben. Man kann dies als Differenzierungsstrategien bezeichnen. Bei diesen Strategien war es völlig ausreichend, in einigen wenigen taktischen Bereichen zu rationalisieren, um einen Vorsprung vor den ähnlich strukturierten Wettbewerbern zu erlangen. Da zudem alle Unternehmen von der Welle des Hochwachstums getragen wurden, bestand kaum ein anderer Handlungsbedarf, als die Produktion den Wachstumserwartungen entsprechend zu modifizieren und auszuweiten. Im Laufe der Zeit jedoch nahm die Differenzierung überhand und es trat eine weitgehende Isolierung ein. Die nicht erfolgte Standardisierung der Warenkodes und der höchst unterschiedlichen Buchungsverfahren ist dafür ein klassisches Beispiel.

2 Globale Standards sind auch für Japan unverzichtbar geworden

Das Platzen der *bubble economy* machte viele bisherige Erfahrungen und selbstverständlich gewordene Einrichtungen und Praktiken obsolet. Die Tendenz, daß die Konkurrenzfähigkeit japanischer Produkte relativ abnahm (relativ insbesondere im Vergleich zu den aufholenden benachbarten asiatischen Ländern), wurde immer deutlicher erkennbar. Auch bei der Qualität der Produkte verloren die japanischen Unternehmen ihre herausragende Position, so daß sie nach einer neuen Methode zur Stärkung ihrer internationalen Position Ausschau halten mußten: Man begann, sich Globalisierungsstrategien zuzuwenden.

Die Situation bei Netzwerken, in denen versucht wird, zwischen Systemen mit unterschiedlichen Protokollen zu kommunizieren ist sehr ähnlich. Nur wenn diese Inkompatibilitäten klar erkannt und beseitigt werden, kann man überhaupt von einer Globalisierung von Fertigungstechniken und Produktdesign sprechen.

Wie erwähnt richteten japanische Firmen im harten Wettbewerb bislang Rationalisierungsstrategien in isolierter Form hauptsächlich allein an den spezifischen Bedingungen des eigenen Unternehmens aus. Man fragte sich: „Was macht unsere Firma eigentlich aus? Was sind unsere Stärken? Was sind unsere Schwächen? Wo können wir also mehr leisten, um das Unternehmen voranzubringen?" Hierdurch entstand das japanische Prinzip der Innovation, nämlich der kontinuierlichen Verbesserung in Teilbereichen, welches – wie erwähnt – in früheren Zeiten höchst erfolgreich war. Heute jedoch, im Zeitalter der Globalisierung, kann man keine Steigerung der Konkurrenzfähigkeit mehr erreichen, wenn nicht auf globaler Ebene die gesamte Wertschöpfungskette vollständig integriert und optimiert wird. Multinationale Unternehmen nutzen die unterschiedlichen Bedingungen in einzelnen Ländern in produktiver Weise: Sie lassen komparative Vorteile für sich arbeiten und ändern dann ihr Engagement, wenn diese zurückgehen bzw. in einem anderen Teil der Erde bessere Bedingungen auftreten, d. h. sie agieren weltweit dynamisch. Genau dadurch erklären sich natürlich die Produktionsverlagerungen von Japan nach China, was gegenwärtig höchst naheliegend ist. Dies gilt aber nur solange, wie China tatsächlich große Vorteile aufweist, und kann sich in der Zukunft schnell ändern, sobald in anderen Ländern bessere Voraussetzungen gegeben sind. Derart dynamische Reaktionen bei der Standortwahl und im Sinne eines *Global*

Sourcing sowie eine dafür erforderliche internationale Flexibilität sind aber nur erreichbar, wenn ein weltweiter Standard etabliert ist, eine Infrastruktur oder ein Gleis vorhanden ist, auf dem der eigene Zug, die eigene Lokomotive rollen kann. Genau deshalb haben die japanischen Unternehmen mehr und mehr erkannt, daß der Standard auch für die unternehmensinternen Infrastrukturen ein globaler Standard sein muß. Die Tatsache, daß gerade die aktuellen Diskussionen um notwendige Produktivitätssteigerungen die japanischen Unternehmen dazu gebracht haben, sich international offenen Standards zuzuwenden, mag manchem freilich angesichts früherer Erfahrungen wie ein Treppenwitz der Geschichte erscheinen.

Auf der anderen Seite muß die Infrastruktur eines multinationalen Unternehmens auch jeweils den lokalen Bedürfnissen außerhalb Japans gerecht werden. Dies bedeutet, daß die oben erwähnte Globalisierung als Strategie der Standortunabhängigkeit zu einer gesamtbetrieblichen Flexibilitäts- und Effizienzsteigerung führen soll. Ich nehme wieder China als Beispiel: Es gibt viele japanische Unternehmen, die ihre Produktionsstätten in Japan schließen und in China neue Fabriken errichten, eben weil die Lohnkosten in China weit geringer sind. Natürlich beziehen sich diese Überlegungen im Produktionsbereich allein auf chinesische Arbeitnehmer ohne Fremdsprachenkenntnisse, denn Chinesen mit Japanisch- oder Englisch-Kenntnissen würden auch vor Ort genausoviel wie Japaner kosten. Das Engagement in China wäre folglich dann unsinnig, wenn man den lokalen Gegebenheiten (u. a. der Sprache) keine Rechnung trägt. Das globale System ist daher keineswegs allein ein auf der englischen Sprache beruhendes Einheitssystem. Vielmehr ist Multilingualität eine der wichtigsten Voraussetzungen für Globalisierungsbemühungen. Außer der Sprache müssen freilich ebenso ausreichende Kenntnisse der Handels- und Steuergesetze der einzelnen Staaten vorhanden sein, und man muß in der Lage sein, gleichzeitig in mehreren Währungsräumen zu agieren. Nationale Grenzen werden, so glaube ich, im 21. Jahrhundert nur noch geringe Hürden für die Unternehmenstätigkeit darstellen. Sogar Deutschland mit dem dritthöchsten Bruttosozialprodukt der Welt ist bereit, die eigene Währung, die D-Mark, aufzugeben und in den Euro einzubringen. Man gibt also die landeseigene Währung auf, weil man etwas Besseres schaffen möchte. Auch die japanischen Unternehmer werden sich zunehmend bewußt, daß man, wenn man strategisch bessere Lösungen erreichen will, manch liebgewordene Errungenschaft hinter sich lassen muß.

3 Bei der Systemintegration ist ein Wendepunkt erreicht

In der Vergangenheit wurden Rationalisierungsbestrebungen im Bereich der Mechanisierung, Computerisierung und Informatisierung meist mit „maßgefertigten" Systemen vorangetrieben, die entsprechend der Nutzerspezifikationen in den einzelnen Unternehmensteilen erstellt wurden. Dies war für die spezifischen Bedürfnisse in einzelnen Bereichen zwar äußerst nützlich, wies jedoch zwei schwerwiegende

Mängel auf: Zum einen wurden in den unterschiedlichen Unternehmensteilen jeweils verschiedene Datenbanken verwendet, zum anderen waren die einzelnen Anwendungsprogramme nicht miteinander verbunden.

Weil die Datenbanken nicht nach dem Prinzip „One Fact – One Place" strukturiert waren, wurde ein Vorgang im Unternehmen in mehreren isolierten Datenbanken erfaßt, und es ließ sich nicht eindeutig festlegen, welche dieser Daten gerade den aktuellen Zustand des Vorgangs anzeigten. Außerdem war der Zusammenschluß von Anwendungen, welcher sozusagen die einzelnen Bereiche des Unternehmens zu einem Gesamten integriert, nur in den seltensten Fällen realisiert. Gerade die Japaner wissen heute den Wert einer solchen Systematik zu schätzen und hegen diesbezüglich hohe Erwartungen. Bei der Entwicklung von Anwendungssoftware läßt sich jedoch rückblickend feststellen, daß die Art und Weise des Software-Designs lange Zeit anders als heute implementiert war. Zu Zeiten, als die Informationstechnologie noch als spezielle Technik gewertet wurde, wurden spezielle EDV-Abteilungen, die mit Software-Ingenieuren besetzt waren, eingerichtet.

Bisher ging man also etwa folgendermaßen vor: Man fragte den Nutzer am Arbeitsplatz, wie seine Arbeitsabläufe seien und welche Anforderungen er an das System habe. Man sammelte diese Informationen, entwickelte daraus eine Konzeption und machte sich an die Programmierung. Etwa 99 Prozent aller Systeme basieren gegenwärtig noch auf diesem Ansatz. In Japan gibt es noch kaum Systeme, die im Hinblick auf das gesamte Unternehmen oder die gesamte Logistik entwickelt wurden. Das liegt meiner Meinung nach daran, daß die Bedeutung der Wertschöpfungskette bislang noch kaum erkannt wurde. Aufgrund der unterschiedlichen Systeme in den verschiedenen Unternehmensbereichen kam man bei der Erarbeitung gesamtbetrieblicher Lösungen lediglich dazu, Verbindungen zwischen den einzelnen Abteilungen und Bereichen herzustellen. Wir können aber erst dann von einer vollständigen Wertschöpfungskette sprechen, wenn nicht nur innerhalb des Unternehmens Verknüpfungen hergestellt sind, sondern die gesamte Kette von der Zulieferung bzw. dem Einkauf bis zum Einzelhandelskunden erfaßt und im System integriert ist. Zur Zeit herrscht große Akzeptanz für den Ansatz, aus den Funktionskomponenten der unter Berücksichtigung der gesamten Wertschöpfungskette entwickelten ERP-Software gesamtbetriebliche Anwendungen aufzubauen

Ein weiterer wichtiger Punkt ist ein Wechsel in der Arbeitsweise bei den einzelnen Systemen. Die meisten herkömmlichen Systeme machten sowohl beim Austausch von Dokumenten als auch bei einer Neueingabe nach dem Ausdruck auf Papier Gebrauch von der sogenannten Stapel-Verarbeitung, die ein Zutun von Menschenhand erfordert. Zwar werden bei der Stapel-Verarbeitung alle Systemressourcen optimal ausgenutzt, doch bis zur eigentlichen Verarbeitung werden die Daten nicht berücksichtigt. Wenn wir einen monatlich zu verarbeitenden Stapel als Beispiel nehmen, so bedeutet dies, daß die Daten erst nach einem vollen Monat vom System registriert werden. Gegenwärtig besteht das Bedürfnis, daß bei jeder Transaktionsverwaltung alle verknüpften Daten in der ERP-Anwendung entsprechend aktualisiert werden. Neben dieser „One Fact – One Place"-Strukturierung der Datenbanken und ihrer Aktualisierungsfähigkeit kann man hierdurch auch grundlegend die Notwendigkeit menschlichen Eingreifens beseitigen, was bei der Stapel-Verwaltung noch unverzichtbar war. Damit kommen wir der Idealvorstellung, daß nämlich „der Mensch nur die Arbeiten verrichten soll, die eine Maschine nicht verrichten kann", schon recht nahe. Außerdem wurde bislang stark zwischen den Systemen des Geschäftsbereiches und des Informationsbereiches unterschieden. In einer Metapher ausgedrückt könnte man sagen, daß, wenn der Geschäftsbereich dem Motor, den Rädern und dem Chassis eines fahrenden Autos entspräche, der Informationsbereich die Windschutzscheibe und das Armaturenbrett wäre, welche die aktuelle Situation und den Zustand, in dem sich das Auto befindet, in Echtzeit abbilden. Was es bedeutet, wenn man konstatieren muß, daß „es eine Zeitdifferenz zwischen den Systemen der Geschäfts- und der Informationsverwaltung gibt, und sie sich in unterschiedlichen Zuständen befinden", wird völlig klar, wenn wir in einer sich stark wandelnden Wirtschaftslage die Unternehmensführung mit dem Autofahrer vergleichen: Ohne Zweifel besteht die Notwendigkeit zu einer nahtlosen Integration in Echtzeit (*Realtime Seamless Integration*).

4 Standardisierung erfordert eine neue Informations- und Diskussionskultur

Obwohl ERP (Enterprise Resource Planning) dem Namen nach ein fertiges Logistiksystem zu sein scheint, handelt es sich im Grunde um eine Software, die auf vielfältige Weise anwendbar und integrierbar ist. In Japan besteht jedoch in den Unternehmen beziehungsweise in einzelnen Branchen noch ein großer Diskussionsbedarf selbst bei Systemen, die vor ERP eingeführt wurden und bis heute genutzt werden. Dies verdeutlicht die Dringlichkeit einer Standardisierung. Wie gesagt schadet die derzeitige Uneinheitlichkeit der Systeme innerhalb der Unternehmen, zwischen den Unternehmen wie auch von Land zu Land der Produktivität sehr. Das zwischen den Unternehmen eingesetzte elektronische Datenaustauschformat (Electronic-Data-Interchange, EDI) ist im Falle von Japan ein Chaosresistentes festverkabeltes System. Daher ist es fast unmöglich, das EDI-Format zu verändern. Man kann außerdem ohne Übertreibung sagen, daß die Struktur der Produktkodierung unsinnig ist. Sowohl die Strichanzahl, als auch deren Inhalt variieren stark. Zwar wird seit den 80er Jahren auf das Problem des uneinheitlichen Japanese-Article-Numbering-Codes (JAN-Code) hingewiesen, doch die Unternehmen verwenden weiterhin unterschiedliche Produktcodes. In einigen Fällen kommt es sogar vor, daß diese Codes innerhalb eines Unternehmens von Abteilung zu Abteilung variieren. Auch wird bei einigen Unternehmen noch der 35-Strich-Code noch verwendet. An eine Einheitlichkeit auf internationaler Ebene kann gar nicht gedacht werden.

Weiterhin ist es wichtig, daß nach der Umstellung der Datenverarbeitung auf ERP-Systeme, der Arbeitsstil von Betriebsführung und Angestellten dem System angepaßt wird, um einen möglichst effizienten Gebrauch zu gewährtleisten und eine „ERP- Strukturierung" der Unternehmen auch tatsächlich durchzusetzen. ERP, Inter- und Intranet funktionieren nämlich erst dann einwandfrei, wenn auch unternehmensintern E-Mail verwendet wird. Es wird zwar bezugnehmend auf die dem Senioritätsprinzip folgenden japanischen Arbeitsbeziehungen oft gesagt, daß älteren Angestellten, die nicht an die Benutzung von Personalcomputern gewöhnt sind, die Bildschirmarbeit nicht zumutbar sei und diesen Angestellten nicht aufgezwungen werden dürfe. Dieses Problem läßt sich jedoch meiner Meinung nach relativ einfach durch eine klare Willenserklärung seitens der Betriebsführungen beseitigen. Diese sollten schlicht folgendes vorgeben: „Wer nicht mit Computern arbeiten will, geht fortan mit monatlich 100.000 Yen weniger Gehalt nach Hause. Wer sich dennoch verweigert, braucht gar nicht zur Arbeit zu erscheinen."

Der Aufbau einer produktiven und problemorientierten, firmeninternen Diskussionskultur ist eine Frage der Art und Weise des Informationsaustausches. Ich referiere kurz ein Beispiel aus der Praxis: Bei der jährlichen Begrüßungsfeier für die neueingestellten Universitäts- und Fachhochschulabsolventen rief ein Unternehmenspräsident zu folgendem Informationsverhalten auf: „In unserer Firma benutzen wir E-Mail. Wenn Sie Verbesserungsvorschläge haben sollten, so bitte ich Sie, mir diese direkt per E-Mail mitzuteilen." Nach drei Monaten schickte einer der neuen Angestellten einen Vorschlag direkt an den Chef. Dieser entschied, daß der Inhalt der Mail direkt umgesetzt werden müsse und beauftragte den stellvertretenden Firmenleiter, die Sache sofort in die Hand zu nehmen. Dieser erteilte entsprechende Anweisungen, welche über die einzelnen Hierarchiestufen bis hinab zum Abteilungsleiter, dem jener neue Angestellte unterstellt war, weitergegeben wurden. Der Abteilungsleiter lobte zunächst seinen Untergebenen: „Mensch, das war ja wirklich toll von Dir! Man spricht schon davon, daß Du eine schnelle Karriere machen wirst und vielleicht sogar einmal Präsident werden könntest. Der Chef hat sich sehr gefreut und Dein Vorschlag wird bald umgesetzt werden. Aber wenn Du nächstens wieder einmal einen Vorschlag haben solltest, dann benachrichtige doch bitte mich zuerst." In einem Unternehmen, wo ein derartiger Informationsstil bestehen bleibt, hat die Unternehmensführung, gleichgültig ob ERP eingerichtet ist oder nicht, (als Fahrer des Automobils, wenn wir die obige Analogie nochmals aufgreifen) keineswegs die aktuelle Situation des Unternehmens (bzw. den Zustand, in dem sich das Auto befindet) in Echtzeit vor Augen. Japaner nehmen sehr viel Rücksicht auf die Befindlichkeiten anderer. Dies darf jedoch in keinem Fall zu Stockungen im Informationsfluß führen. Wenn man hier Neuorientierungen in der Informations- und Diskussionskultur vorantreibt, dann werden sich auch manche Vorbehalte, welche die umfassende Implementierung des ERP-Systems als schwierig bewerten, von selbst erledigen.

5 Die Rolle von SAP in Japan

Seit 25 Jahren unterstützt SAP die führenden Unternehmen verschiedenster Branchen in aller Welt bei der Umsetzung neuer Informationsstrategien, und wir werden diesem Leitgedanken auch in Zukunft treu bleiben. Auf diese Weise haben sich mit der weltweiten Ausdehnung der Geschäftsbeziehungen von SAP die in R/3 akkumulierten Praxisfelder sukzessive erweitert: So wurden nacheinander eine European Practice Library, eine American Practice Library sowie eine Japan-Asia Practice Library aufgebaut. Wir haben für die japanische Geschäftspraxis bereits ein „elektronisches *Kanban*-System" entwickelt sowie die verschiedenen, sich gegenwärtig abzeichnenden Szenarien und Möglichkeiten der kommerziellen Nutzung des Internet in den weltweiten R/3- Standard aufgenommen. Die künftigen Versionen von R/3 werden ebenfalls eine Fülle von Funktionen für die Produktnummernverwaltung (*seiban kanri*) und für Generalhandelshäuser (*sôgô shôsha*) enthalten. Wir sagen oft zu unseren Kunden, daß das Produkt von SAP aus der vorliegenden Version von R/3 und seinen künftigen Ausbaumöglichkeiten besteht. Dies deswegen, weil wir immer wieder betonen, daß wir die Dienstleistungen unserer Entwicklungszentren, die weltweit mehr als 4.000 Entwickler beschäftigen, auch als einen Teil unseres Produktes verstanden wissen wollen. Für den Kunden bedeutet der Einsatz von R/3 folglich, daß die Software-Entwicklung, die bislang unternehmensintern von der EDV-Abteilung verrichtet wurde, zu SAP ausgelagert werden kann.

SAP bietet seinen Kunden zwar eine große Palette von Service- und Support-Leistungen an, doch die eigentliche Funktion unserer Dienstleistungen als ein Unternehmen, das Technologie verkauft, liegt meiner Meinung nach allein darin, dem Kunden genau die passende Software bereitzustellen, die es ihm erlaubt, selbständig und aus eigener Kraft auf rasch wechselnde Bedingungen zu reagieren, Veränderungen zügig durchzuführen und daraus erwachsende neue Anforderungen möglichst reibungsfrei zu bewältigen. Seit der Gründung der SAP-Tochter in Japan verfolge ich das Ziel, weltweite Entwicklungen in Japan einzuführen, aber auch japanische Entwicklungen weltweit nutzbar zu machen. Wie auch die weiter oben von mir angeführten Beispiele veranschaulichen sollten, existiert in Japan nach wie vor eine große Vielfalt an hervorragenden Fertigungs- und Organisationsverfahren, die wir unseren Kunden weltweit in der Form von Software-Lösungen zugänglich machen können. Wenn die weltweit 4.000 Entwickler von SAP weiterhin mit allen Kräften zu fortschrittlichen Anwendungen für die japanischen Unternehmen beitragen können und ich somit als Präsident einer in Japan ansässigen Firma unseren Kunden den bestmöglichen Service bieten kann, dann werde ich zur Realisierung dieser Ziele auch in Zukunft als Steuermann von SAP-Japan fungieren.

Ich bin sehr zuversichtlich, daß die durch R/3 von SAP eingeleitete Einführung von internationalen Standards in die Geschäftspraktiken japanischer Unternehmen sowie andererseits die mit der Entwicklung der „Japan-Best-Practice-Library" für R/3 gegebenen weltweiten Partizipationsmöglichkeiten an den spezifisch japanischen Verfahren einen wichtigen Beitrag dazu leisten, den Zugang nach Japan zu erleichtern sowie die Öffnung von Wirtschaft und Gesellschaft in Japan weiter voranzubringen.

Erfahrungen im Umgang mit der japanischen Bürokratie: TÜV Rheinland

Robert Günther

Name:	TÜV Rheinland Japan, Ltd.
Rechtsform in Japan:	Aktiengesellschaft
Hauptbetätigungsfelder:	Produktprüfung, Zertifizierung, Systemzertifizierung ISO 9000, ISO 14000, Techniche Beratung beim Marktzugang in Japan (Asien)
Umsatz gesamt 1997:	900 Mio. DM (Unternehmensgruppe)
Umsatz in Japan 1997:	60. Mio. DM
Anzahl der Mitarbeiter 1997:	6.000 (Unternehmensgruppe)
Anzahl der Mitarbeiter in Japan 1997:	150
Präsenz in Japan seit:	1978

TÜV Rheinland hat sich bereits frühzeitig von einem „deutschen" Prüfhaus zu einem international aktiven Unternehmen entwickelt. Parallel mit dem Zusammenwachsen des europäischen Marktes auf 370 Millionen Einwohner konnte sich TÜV Rheinland zu einem europäischen Unternehmen mit annähernd weltweiter Präsenz ausweiten. Rechtzeitig wurde die zunehmende Verknüpfung der internationalen Märkte insbesondere in Asien erkannt und in der Folge die TÜV Rheinland Group Asia etabliert. Die Finanzierung und Planung der Unternehmensgruppe erfolgten durch das Headquarter in Japan. Zwischenzeitlich ist ein dichtes Netzwerk mit 23 Niederlassungen in zehn asiatischen Ländern entstanden, in denen 400 europäische Ingenieure bzw. solche des jeweiligen Gastlandes beschäftigt sind. Das enorme Marktpotential rechtfertigt diese unternehmerische Entscheidung, nachdem insbesondere in Asien das Sicherheits- und Umweltbewußtsein einen Wandel erfährt.

Als „industrienaher Dienstleister" bieten wir vor Ort Sicherheitsprüfungen und Zertifizierungen von unterschiedlichsten Produkten nach den europäischen bzw. internationalen Sicherheitsanforderungen an. Das Produktspektrum reicht vom „einfachen Dampfbügeleisen über medizinische Geräte bis hin zur Abnahme von Kraftwerksanlagen". Mit der Auditierung von Qualitätsmanagementsystemen nach ISO 9000 / 14000 runden wir unsere Servicepalette ab.

Doch die Dienstleistungen beschränken sich nicht nur auf die Begleitung der Warenströme von Asien nach Europa. Die Unterstützung deutscher Unternehmen beim Marktzugang in Asien, insbesondere in Japan, genießt einen besonderen Stellenwert im Hause und stellt ein weiteres strategisches Standbein des Unternehmens dar. Das von TÜV Rheinland Japan Ltd. vor zwei Jahren gegründete Dienstleistungsunternehmen, FEMAC GmbH (FAR EAST MARKET ACCESS) in Deutschland, leistet dabei als „technischer Anwalt" wichtige Hilfestellung. Die Beratung beschäftigt sich nicht nur mit Fragestellungen zu den länderspezifischen Abläufen des Markteintritts unter Einbeziehung der technischen Aspekte, sondern deckt gleichfalls Zulassungsverfahren nach den japanischen Industrienormen (JIS = Japan Industrial Standards) und Produkthomologation (Anpassung von Produkten auf die technischen Anforderungen in Japan) ab.

Der TÜV Rheinland Japan gemeinsam mit seiner Tochterunternehmung FEMAC mit Sitz in Stuttgart ist bisher das erste und einzige internationale Prüfhaus, das über ein eigenes, in Japan anerkanntes Prüfzeichen verfügt Durch die Änderungen des Produkthaftpflichtgesetzes im Jahre 1995 wurde die Beweisführung verstärkt dem Produzenten auferlegt. Der Hersteller ist deshalb daran interessiert sein Produkt von einer Drittpartei abnehmen zu lassen. Für Produkte, die nach dem japanischen Elektrogerätesicherheitsgesetz (Dentori) nicht prüfpflichtig sind bietet der TÜV Rheinland ein privates „Safety Mark" an, das bereits in Deutschland über die FEMAC GmbH nach japanischen Sicherheitsbestimmungen ausgestellt werden kann. Der Dienstleister FEMAC bezieht seine Kompetenz sowohl durch japanerfahrene Experten im Bereich Sicherheitstechnik als auch aus dem dichten Netzwerk der TÜV Rheinland Group Asia und stellt diese dem deutschen Mittelstand durch Kundennähe vor Ort zur Verfügung.

1 Der japanische Markt ist nach wie vor von herausragender Bedeutung

Die deutsche Wirtschaft ist mit ihren Auslandsinvestitionen in Asien sehr viel schwächer vertreten als andere führende Industrieländer (BMWi 1996: 11). Besonders in Japan scheinen deutsche Unternehmen Probleme zu haben sich zu etablieren. Die Bundesregierung hat daraufhin, unter der Leitung von BDI Präsident Hans-Olaf Henkel, die Japan Initiative ins Leben gerufen, die auf einen Beschluß des Asien Pazifik Ausschusses der deutschen Wirtschaft zurückzuführen ist. Zielsetzung ist sowohl der Abbau des Außenhandelsdefizits zwischen Japan und der Bundesrepublik bis zum Jahr 2000, als auch die Unterstützung der klein- und mittelständischen Industrie beim Marktzugang nach Japan.

Der überaus attraktive japanische Markt mit seinen 124 Millionen kaufkräftigen Konsumenten und hohen Gewinnmargen, ist gleichzeitig auch Innovationsmotor und Referenzmarkt für Asien. Dies soll jedoch nicht über die Tatsache hinwegtäuschen, daß die Marktanforderungen äußerst anspruchsvoll sind (doch verglichen mit anderen Märkten auch lukrativer!). In Japan läßt sich nicht der „schnelle Yen" verdienen. Dafür sind die Rahmenbedingungen wie Absatzwege, Anlaufkosten und Marktstrukturen zu komplex. Hinzu kommt oft als erschwerender Faktor der Umgang mit den lokalen Behörden und Ministerien, dem bei der Produktzulassung eine ganz besondere Bedeutung zukommt.

2 Vom Umgang mit den japanischen Behörden

Eine Umfrage der DIHKJ ergab, daß deutsche Unternehmen in Japan mit der Bürokratie die größten Schwierigkeiten haben.

Tabelle 1: Beurteilung der Unternehmenstätigkeit in Japan

Zusammenarbeit mit	Mittelwerte der Antworten auf einer Skala von 1 = sehr gut bis 5 = sehr schlecht
der deutschen Zentrale	1,97
japanischen Unternehmen	2,09
japanischen Banken	2,24
internationalen Unternehmen	2,31
deutschen Unternehmen in Japan	2,45
japanischen Steuerbehörden	2,58
japanischen Behörden	2,64

Quelle: DIHKJ 1995, S. 8.

Ein wettbewerbsfähiges Produkt bzw. eine solche Dienstleistung verknüpft mit den notwendigen finanziellen Ressourcen bildet zwar die Grundvoraussetzungen für den Markteintritt, garantiert jedoch noch keinen Erfolg. Der Umgang mit den lokalen Behörden des Gastlandes kann sich schnell als frustrierend herausstellen, insbesondere dann, wenn unternehmerische Tätigkeiten durch die bestehende Gesetzeslage eingeschränkt werden. *Global Player* empfinden es insbesondere dann als Behinderung oder gar Gängelei, wenn anderswo erfolgreich vermarktete Produkte in Japan nicht anerkannt oder zugelassen werden können. Aussagen wie „...unser Produkt wurde nach den modernsten technischen Gesichtspunkten entwickelt, in Europa geprüft und dort als sicher für den Anwender erklärt..." sind noch lange keine Garantie dafür, daß dies auch für Japan gilt. In den nun folgenden Abschnitten sollen zwei Kernprobleme aufgezeigt und anhand von Beispielen aus der Praxis kurz erläutert werden.

3 Internationale Standards werden in Japan nicht immer anerkannt

Die derzeit geführten Diskussionen in Japan zur Normenübernahme und Normenharmonisierung gleichen den in der EU geführten Verhandlungen Mitte der 80er Jahre. Die Normenharmonisierung wird dort zwar weiter vorangetrieben, doch wurde zunächst erkannt, daß bereits die Erfüllung der „grundlegenden Sicherheits- und Gesundheitsanforderungen" ausreicht, um die Produkte zum Verkauf freizugeben. Sind diese in der EU in Standards niedergeschrieben, bilden in Japan hingegen die Gesetzestexte[1] die Prüfgrundlagen, in denen Normen allerdings nicht identifizierbar sind. So kann es vorkommen, daß Prüfergebnisse erfolgreich zugelassener Produkte (z. B. in der EU) in Japan oft nicht (oder nur bedingt) anerkannt werden und dort einer weiteren Inspektion unterzogen werden müssen.

3.1 Worauf ist dieser Umstand zurückzuführen?

Für den Leser ist es leicht nachzuvollziehen, daß die Verwendung neuer Technologien, Werkstoffe, Fertigungsverfahren (etc.) ebenfalls die Anpassung der technischen Prüfgrundlagen (Gesetzestexte) voraussetzt. Die technische Evolution bei gleichzeitiger Verkürzung der Produktlebenszyklen macht es deshalb umso schwieriger (wenn nicht unmöglich) für den japanischen Gesetzgeber, mit dieser Entwicklung standzuhalten. Theoretisch müßte der dem jeweiligen Ministerium vorstehende Minister der Gesetzesänderung zustimmen, wenn sich beispielsweise[2] in der Prüfgrundlage eine Materialspezifikation ändert. Natürlich gibt es hierfür entsprechende Verordnungen, deren Umsetzung jedoch nicht unbedingt weniger zeitintensiv ist. Erschwerend kommt hinzu, daß die japanische Bürokratie vertikal strukturiert ist. Für den Antragsteller bedeutet dies, daß u. U. von zwei oder mehreren unabhängigen Ministerien/Behörden Zulassungen zu beantragen sind. So ist z. B. für eine landwirtschaftliche Maschine eine Approbation beim MOL[3] und MITI[4] einzuholen. Kommt dann der Beamte gerade von einem fremden Ressort, so läßt seine Fachkompetenz obendrein oft noch zu wünschen übrig (Schneidewind 1991: 17) und verzögert zusätzlich das Verfahren.

---

[1] Beispielsweise bildet in Japan u.a. das „Industrial Labor Safety and Health Law" des Arbeitsministeriums, die gesetzliche Grundlage für die Zulassung von Maschinen, Gerätschaften etc.
[2] So ist z.B. exakt festgelegt, daß für bestimmte Produkte nur Stahl verwendet werden darf. Alternative Werkstoffe mit den gleichen oder gar besseren Eigenschaften sind jedoch nicht zugelassen. Für den Hersteller bedeutet dies einen (technologischen) Rückschritt und gleichzeitigen Wettbewerbsnachteil.
[3] MOL steht als Abkürzung für „Ministry of Labor" (Arbeitsministerium)
[4] MITI steht als Abkürzung für „Ministry of International Trade and Industry".

Bei Verwendung neuer Technologien, für die im Gesetz keine Grundlage vorgesehen ist, entscheidet eine Kommission[5], der meist honorige Professoren und Wettbewerber des Antragsstellers beiwohnen, über den Ausgang des Verfahrens. Daß dabei Monate (und Jahre) vergehen können, ist leicht nachzuvollziehen; zumindest Zeit genug um der japanischen Konkurrenz die Möglichkeit einzuräumen, „zufälligerweise" ein vergleichbares Produkt auf den Markt zu bringen.

3.2 Übersteigerte Vorlage von Dokumentationen und Berichten

Produktzulassung von prüfpflichtigen Geräten bedeutet nicht unbedingt, daß umfangreiche und komplizierte technische Prüfungen von staatlichen / halbstaatlichen japanischen Prüfinstituten durchzuführen sind. Häufig wird nur untersucht, ob Produktkonformität mit den gesetzlichen Anforderungen besteht.

Vom Hersteller sind dann meist umfangreiche Dokumentationen vorzulegen, die äußerst sorgsam von der zuständigen Prüfstelle auf sachliche und formelle Richtigkeit hin verifiziert werden. Daß dieses oft übersteigerte Informationsbedürfnis der Behörden für den Antragsteller zeit- und somit kostspielig ist, versteht sich von selbst. Das Beispiel eines namhaften deutschen Herstellers von ISDN Modems[6], der bereits sämtliche für den europäischen Markt erforderlichen (und technisch anspruchsvollen)[7] Zulassungen erworben hatte, soll dies verdeutlichen.

Die in Japan verantwortliche Zulassungsbehörde „JATE"[8] prüfte nicht nur die Funktionsfähigkeit des Geräts, sondern interessierte sich außerdem für die Zusammensetzung des Klebstoffs der beim Typenschild verwendet wurde. Das Gewicht des Modems im eingebauten Zustand stand ebenfalls in fragwürdigem Zusammenhang mit der eigentlichen Sache. Daß man die Eignung eines Qualitätsmanagers durch den Nachweis der abgeleisteten Stunden im Fach Statistik laut Universitätszeugnis überprüfte, erschien nicht weniger befremdlich. Das übersteigerte Informationsbedürfnis der Behörden ist oft für den deutschen Antragsteller nur schwer nachzuvollziehen. Auf die Frage hin, mit welcher Zeitspanne für die Zulassung zu rechnen sei, werden meist von öffentlicher Seite überraschenderweise nur acht Wochen veranschlagt. Dabei wird jedoch meist vergessen, daß bereits Monate vergehen, bis die Antragsunterlagen überhaupt offiziell akzeptiert werden. Erst dann beginnt das Verfahren zu laufen.

---

[5] Die EU bietet Herstellern, die neue Technologien oder nicht normgerechte Produkte vermarkten „benannte Stellen", sog. „notified bodies" an. Kompetente Prüfstellen führen das technische Assessment durch; dieses System ist in Japan nicht existent.
[6] Modem, das zum Datenaustausch über ein Integrated Digital Network (abgekürzt ISDN) in Computernetzwerken eingesetzt wird (z.B. Internet-Zugang o. ä.)
[7] Beispielsweise die elektronische Auswertung von Meßprotokollen
[8] JATE - Japan Approval Telecommunication Equipment, dem Ministry of Telecommunication zugeordnet, ist die zuständige Stelle für Zulassungen.

4 Gegenwärtig erleichterter Markteintritt und schnelle Hilfe bei Problemen

Die in der Vergangenheit erzielten Ergebnisse (Mutual Agreements[9]) zeigen, daß die Bürokratie bestrebt ist, das bestehende Prüfwesen grundlegend zu modifizieren. *Gaiatsu* („Druck vom Ausland"[10]), ausgeübt durch multilaterale Organisationen wie der Europäischen Kommission mit ihren Mitgliedstaaten, konnte dabei große Erfolge erzielen. So existieren in bestimmten Sektoren, wie z. B. dem Maschinenbau, Haushaltsgeräten etc. bis auf wenige Ausnahmen keine nicht-tarifären Handelshemmnisse (EU-Kommission 1996: 9). Doch auch die japanische Industrie ist interessiert an einer Restrukturierung des Systems, muß sie sich doch seit der Wirtschaftskrise („Burst of the economic bubble") Anfang der 90er Jahre dem verschärften internationalen Wettbewerb stellen. TÜV Rheinland Japan Ltd. gemeinsam mit der FEMAC GmbH in Deutschland besitzt langjährige Erfahrung im Umgang mit behördlichen Zulassungen und kann mit seinem Wissen und Verbindungen eine wichtige Hilfestellung beim Markteintritt in Japan anbieten.

Literatur

Borrmann A., M. Holthus, K.W. Menck und B. Schnatz (1996): *Investitionschancen und Erfahrungen kleiner und mittlerer deutscher Unternehmen im asiatisch-pazifischen Raum* (Zusammenfassung der Ergebnisse einer Forschungsauftrags des BMWi, durch das HWWA Institut für Wirtschaftsforschung). Herausgegeben vom Bundesministerium für Wirtschaft -Referat für Öffentlichkeitsarbeit- Bundesministerium für Wirtschaft (Mai 1996):.
BMWi = Bundesministerium für Wirtschaft (1996): *Investitionschancen und Erfahrungen kleiner und mittlerer deutscher Unternehmen im asiatisch-pazifischen Raum*, Mai 1996.
DIHKJ = Deutsche Industrie- und Handelskammer in Japan (1995): *Deutsche Unternehmen in Japan. Erfahrungen und Perspektiven. Ergebnisse einer Umfrage der „Deutschen Industrie- und Handelskammer in Japan*. Tokyo (Sept. 1995).
Schneidewind, Dieter (1991): *Das japanische Unternehmen – uchi no kaisha*. Berlin-Heidelberg: Springer Verlag.
EU-Kommission = European Commission Directorate General I (1996): *Report of the Commission Services on Improvement in Access to the Japanese Market and Opportunities for European Companies*, 20.12.1996.

---

[9] Gegenseitige Anerkennung von Testberichten
[10] *"Gaiatsu"* kommt aus dem Japanischen und steht für „Druck auf bürokratische / wirtschaftliche Strukturen durch das Ausland".

Sektion C:
Kooperationen mit Staat und Unternehmen

Der Eintritt in den japanischen Telekommunikationsmarkt: DEUTSCHE TELEKOM

Christian Braden

Name:	DEUTSCHE TELEKOM K.K.
Rechtsform in Japan:	Aktiengesellschaft
Hauptbetätigungsfelder:	Telekommunikationsdienstleistungen
Umsatz gesamt 1996:	63,1 Mrd. DM
Umsatz in Japan 1996:	n. v.
Anzahl der Mitarbeiter 1996:	201.060
Anzahl der Mitarbeiter in Japan 1997:	45
Präsenz in Japan seit:	1990

1 Die DEUTSCHE TELEKOM K.K.: Erste Auslandstochtergesellschaft der DEUTSCHEN TELEKOM AG

Der Telekommunikationssektor ist in den letzten Jahren durch eine Vielzahl von neuen Entwicklungen gekennzeichnet. Neben technischen Innovationen ist vor allem der weltweite Trend zur Liberalisierung und Deregulierung zu nennen, der zu einer zunehmenden Internationalisierung von Telekommunikationsmärkten führt. Die DEUTSCHE TELEKOM AG (DTAG), das drittgrößte Telekommunikationsunternehmen der Welt, hat substantiell ab dem Jahre 1990 das internationale Engagement aufgenommen, wobei zunächst Gründungen von Auslandstochtergesellschaften und Repräsentanzen in allen wichtigen Regionen der Welt erfolgten. Daran schlossen sich Investitionen in ausländische Telekommunikationsunternehmen und die Gründung von Global One an, ein Joint-Venture bestehend aus dem amerikanischen Telekommunikationsunternehmen Sprint, France Telecom und der DEUTSCHEn TELEKOM AG, das weltweit Telekommunikationsdienste vertreibt. Neben der DEUTSCHE TELEKOM AG sind auch einige ihrer Tochtergesellschaften im Ausland präsent, so z. B. die DEUTSCHE TELEKOM Mobilfunk GmbH (T-Mobil), die derzeit in Mobilfunkmärkten von 12 Ländern in erheblichem Maße aktiv ist.

Das Auslandsgeschäft der DTAG wurde mit einem Engagement in Japan aufgenommen, dem zweitgrößten Telekommunikationsmarkt der Welt. Die DEUT-

SCHE TELEKOM K.K., Tokyo (DTT), wurde am 7. April 1990 als erste Auslandstochtergesellschaft des damals noch unter dem Namen Deutsche Bundespost Telekom firmierenden Unternehmens gegründet. In dieser Pionierrolle sah sich die DTT beim Eintritt in den japanischen Markt einer Vielzahl von Herausforderungen gegenübergestellt, die von der Lizenzierung als Telekommunikationsunternehmen bis zum Aufbau von Kundenbeziehungen im wettbewerbsintensiven japanischen Markt reichten. Im Zuge der Bewältigung dieser Herausforderungen hat sich die DTT zu einem Unternehmen entwickelt, welches über das klassische Angebot einer Telefongesellschaft hinaus mit einer breiten Palette von Multimediaprodukten der Nachfrage nach modernster Kommunikationstechnik in Japan entspricht.

2 Die Lizenzierung als Telekommunikationsunternehmen in Japan

Die notwendige Voraussetzung für die Entwicklung einer Geschäftstätigkeit auf dem japanischen Telekommunikationsmarkt ist der Erwerb einer Lizenz. Die Art der Lizenz entscheidet über Umfang der Geschäftstätigkeit und die Auflagen, denen das Unternehmen unterworfen ist. Das japanische Telekommunikationsrecht sieht eine Unterscheidung nach Netzbetreibern vor, welche eine eigene Telekommunikationsinfrastruktur unterhalten dürfen, sogenannte Type-1 Carrier, und Type-2 Carrier, die auf angemieteten Leitungen ihre Dienstleistungen anbieten. Da hinsichtlich der Beteiligung ausländischen Kapitals bei Type 1-Carriern eine Beschränkung in Höhe von 33 Prozent besteht – die allerdings Anfang 1998 aufgehoben wird – bot sich für die DEUTSCHE TELEKOM Tokyo lediglich die Möglichkeit einer Zulassung als Type 2-Carrier. Für die Aufnahme von Telekommunikationsdiensten ins Ausland ist allerdings eine Zulassung als spezielles Typ 2-Unternehmen in dieser Kategorie erforderlich, dessen Dienste vom Ministerium für Post und Telekommunikation genehmigt werden müssen. Ob ein Dienst zugelassen wird, hängt in hohem Maße davon ab, inwieweit er der Definition des Ministeriums entspricht. Es findet hier häufig eine Einzelfallprüfung statt, da gesetzlich auf eindeutige und dezidierte Regelungen zugunsten eines größeren Ermessensspielraums des Ministeriums verzichtet wird. Während die Dienstleistung nach den regulatorischen Richtlinien zugelassen werden kann, ist ein formelles Verfahren beim Ministerium zwingend vorgeschrieben. Die Dauer dieses Verfahrens bis zur Annahme des Antrages obliegt dem Ermessen des Ministeriums.

Die DEUTSCHE TELEKOM Tokyo K.K. hat im Vorfeld des Lizenzierungsverfahrens für die Zulassung als Telekommunikationsunternehmen des speziellen Typ 2 erfolgreich einen engen Kontakt zum japanischen Ministerium für Post und Telekommunikation aufgebaut. Durch eine stetige und enge Kommunikation mit den zuständigen Stellen konnten nachfolgende Genehmigungen von Diensten beim Ministerium reibungslos erwirkt werden. Die Zulassung als internationaler spezieller Typ 2- – und später auch als allgemeiner Typ 2-Carrier für innerjapanische

Dienste – hat das Unternehmen in Japan rechtlich in die Lage versetzt, eine aktive Geschäftstätigkeit aufzunehmen und eine attraktive Produktpalette aufzubauen.

3 Der Eintritt in den japanischen Markt

Zu Beginn der Tätigkeit der DEUTSCHEN TELEKOM K.K. bestand die Hauptschwierigkeit darin, einen Zugang zum japanischen Markt zu finden, der generell durch extrem hohe Ansprüche an Produktqualität und Kundenservice gekennzeichnet ist. Etablierte japanische Telekommunikationsunternehmen entsprechen diesen Kundenansprüchen mit ihren Dienstleistungen und haben darüber hinaus auch insgesamt erhebliches *Know-how* im Wettbewerb gewonnnen, da der japanische Telekommunikationsmarkt bereits 1985 liberalisiert wurde. Ein internationales Rating eines US-amerikanischen Marktforschungsinstitutes bestätigt den hohen Qualitätsstandard japanischer Netzbetreiber. Einziges Negativmerkmal der japanischen Anbieter im Rahmen dieser Untersuchung stellte lediglich das hohe Preisniveau dar.

Der Aufbau einer Kundenbindung ist das wichtigste Anliegen vieler Unternehmen, was in der Geschäftspraxis immer wieder durch die Stabilität der Kundentreue bestätigt wird. Der Preis ist kein alleiniges Verkaufsmerkmal, um Geschäftskunden zum Wechsel von einem anderen Anbieter zu bewegen, sondern spielt nur im Zusammenhang mit Produktqualität und Kundenservice eine Rolle. Für den erfolgreichen Eintritt in den japanischen Markt war deshalb, neben dem Aufbau eines Unternehmensprofils, die Identifizierung der Kundenbedürfnisse und Produktbereiche, in denen Wettbewerbsvorteile gegenüber den japanischen Telekommunikationsunternehmen zu erzielen waren, die vordringliche Aufgabe der DTT in Japan.

3.1 Unternehmensprofilierung und Aufbau von Kundenbeziehungen

Zum Zeitpunkt der Gründung der DEUTSCHEN TELEKOM K.K., Tokyo, war die deutsche Muttergesellschaft in Japan – und auch international – kaum bekannt, sieht man von den Herstellern von Telekommunikationsanlagen und -ausrüstungen und den großen Telekommunikationsunternehmen ab. In den Anfangsjahren wurden daher vor allem Kontakte zu deutschen und japanischen Unternehmen sowie zu den japanischen Telekommunikationsunternehmen gesucht, um die DEUTSCHE TELEKOM als leistungssstarkes Unternehmen mit hohem Qualitätsniveau auf dem japanischen Markt stärker zu profilieren.

Als erste Kunden konnten deutsche Unternehmen in Japan gewonnen werden, welche speziell auf T-Online basierende Applikationen des Mutterhauses in Deutschland nutzten, und deutsche Privatpersonen, welche die Verwaltung des Bankkontos in Deutschland von Japan aus durchführten (Homebanking). Diesen Kunden wurde ein Zugang in Tokyo angeboten, der den Aufbau einer internatiolen Telefonverbindung nach Deutschland für sie obsolet machte. Ausgehend von dem T-Online-Dienst hat die DEUTSCHE TELEKOM K.K. im Zuge der schrittweisen Deregulierung des japanischen Telekommunikationsmarktes eine breite Produktpalette von Telekommunikations- und Multimedia-Anwendungen aufgebaut.

4 Das Produktportfolio der DEUTSCHEN TELEKOM K.K.

Die DEUTSCHE TELEKOM K.K. verfolgt bei ihrer Geschäftstätigkeit in Japan das Ziel, umfassende Lösungen für Sprach- und Datenkommunikation unter Einschluß neuer Multimedia-Applikationen anzubieten. Die maßgeschneiderten Angebote aus einer Hand, die alle Bereiche der Bürokommunikation abdecken, bieten den Kunden folgende Vorteile:

- transparente und einfach zu kalkulierende Kommunikationskosten,
- praxiserprobte Hard- und Softwarelösungen,
- Komplettservice aus einer Hand,
- nahtlose Kommunikation (Seamless Service) innerhalb Japans und nach Deutschland.

4.1 Unternehmensnetze

Die DEUTSCHE TELEKOM Tokyo K.K. bietet den Aufbau von Unternehmensnetzwerken für integrierte Sprach-, Fax- und Datenkommunikation an. Zugleich war die DEUTSCHE TELEKOM K.K. einer der ersten nicht-japanischen Kommunikationsanbieter, der seinen Kunden solche Dienste anbieten konnte, nachdem im April 1995 Sprachdienste innerhalb von Unternehmensnetzwerken in Japan gesetzlich zugelassen wurden. Neben Verbindungen von Japan nach Deutschland betreibt die DTT auch ein innerjapanisches Netz, wodurch umfassende Lösungen sowohl für die Inhaus- als auch für Außerhauskommunikation, inklusive interner und externer Computervernetzung, für Unternehmen bereitgestellt werden können. Kunden erhalten damit ein Komplettangebot aus einer Hand, das One-Stop-Shopping, One-Stop-Billing und One-Stop-Maintenance umfaßt.

Die Beschaffung von Hardware kann ebenfalls individuell auf die Kundenbedürfnisse abgestimmt werden, da die DEUTSCHE TELEKOM K.K. herstellerunabhängig auf dem internationalen Markt einkauft. Das Vertriebsportfolio im Bereich Hardware beinhaltet z. B. ISDN-PC-Karten, einschließlich der zugehörigen Software, und Videokommunikationsprodukte auf der Basis von ISDN, die mit den in Europa üblichen Standards kompatibel sind.

4.2 Vermietung von Mobiltelefonen

Die DTT vermietet in Japan Mobiltelefone mit dem weltweit verbreiteten Global System Mobil (GSM)-Standard. Die Vermietung von Mobiltelefonen wurde deshalb aufgenommen, weil der landesspezifische Mobilfunkstandard keine Anwendung japanischer Mobiltelefone außerhalb Japans zuläßt. Mittels des Mietservices ist es nunmehr Auslandsreisenden möglich, vor Reiseantritt ein Mobiltelefon an japanischen Flughäfen in Empfang zu nehmen und nach Abschluß der Reise dort wieder abzugeben. Der Service bietet dem Kunden den Vorteil, weltweit kommunizieren zu können, da die DEUTSCHE TELEKOM derzeit auf allen fünf Kontinenten in über 50 Ländern mit ca. 80 Netzbetreibern Roaming-Verträge unterhält und die Anzahl der Vertragspartner stetig erweitert. Roaming ermöglicht dem Kunden, unter einer einzigen Rufnummer in all diesen Ländern erreichbar zu sein und sämtliche Telefonate auf einer einzigen Rechnung abrechnen zu lassen. Über die Mobiltelefone ist nicht nur Sprachkommunikation, sondern auch Fax- und Datenkommunikation möglich. Insbesondere die letzten beiden Kommunikationsarten erfreuen sich bei japanischen Kunden besonders großer Beliebtheit. Neben der Vermietung von Mobiltelefonen offeriert die DEUTSCHE TELEKOM K.K. Unternehmen und Privatkunden als weiteren Mietservice die Nutzung eines im Hause befindlichen Videokonferenzraumes für die Durchführung von internationalen Videokonferenzen.

5 Zukünftige Entwicklungen auf dem japanischen Markt

Der japanische Telekommunikationsmarkt ist international zu den liberalsten Märkten zu zählen, wobei zu erwarten ist, daß auch in Zukunft der Deregulierungsprozeß kontinuierlich fortgeführt wird. Beschränkungen gegen ausländisches Kapital im Telekommunikationssektor bestehen ab 1998 nur noch hinsichtlich zweier japanischer Telekommunikationsunternehmen, Nippon Telegraph & Telephone Corp. (NTT) und Kokusai Denshin Denwa (KDD), sowie für Kabelfernsehbetreiber in einer Höhe von 33 Prozent.

Neben der Intensivierung des Wettbewerbs durch Deregulierung werden in Zukunft technische Innovationen zu einer starken Dynamisierung des japanischen Marktes führen. Neue Kommunikationsformen wie Inter-/Intranets und Multimedia-Anwendungen werden erheblich zum Marktwachstum beitragen, nicht zuletzt, weil die japanische Bevölkerung eine hohe Akzeptanz für technische Neuerungen aufweist. Es ist z. B. zu erwarten, daß im Jahre 2000 20 Prozent des mobilen Telekommunikationsaufkommens in Japan von Datenapplikationen, Online-Diensten, Internet und Multimedia-Applikationen generiert werden, ein weltweiter Spitzenwert. Die DEUTSCHE TELEKOM K.K. wird dieser Entwicklung in Japan folgen und die Unternehmensaktivitäten auf multimediale Kommunikations- und Internet/Intranet-Lösungen konzentrieren.

Ein Beispiel für erfolgreiche deutsch-japanische Zusammenarbeit: DAIMLER-BENZ

Klaus-Dieter Vöhringer

Name:	DAIMLER-BENZ Japan Group
Rechtsform der Einzelgesellschaften in Japan:	Aktiengesellschaft
Hauptbetätigungsfelder:	Automobile, Finanzdienstleistungen, Telematikdienste, Luft- und Raumfahrt, Dieselmotoren, Bahnsysteme, Mikroelektronik
Umsatz gesamt1997:	ca. 120 Mrd. DM
Umsatz in Japan1997:	ca. 240 Mrd. Yen
Anzahl der Mitarbeiter 1997:	ca. 300.000
Anzahl der Mitarbeiter in Japan 1997:	ca. 500
Präsenz in Japan seit:	1986

Transport, Verkehr, Dienstleistungen – dies sind die drei strategischen Ausrichtungen des DAIMLER-BENZ-Konzerns. Das Unternehmen ist heute in 23 Geschäftsbereichen tätig, die sich den folgenden Gebieten zuordnen lassen: Personenwagen, Nutzfahrzeuge, Luft- und Raumfahrt, Bahn, Fahrzeugelektronik und Dienstleistungen. Kundenorientierte Innovationen bilden die Grundlage für Wachstum und Erfolg in unseren Geschäften. Im Interesse einer langfristigen Steigerung der Ertragskraft ist die DAIMLER-BENZ AG bemüht, sich neben dem weiteren Ausbau bereits bestehender Geschäfte neue Geschäftsmöglichkeiten zu erschließen. Das betrifft auch den Bereich der mobilitätsbezogenen Dienstleistungen im Bereich der Intelligent Traffic Systems (ITS), zu denen z. B. die Verkehrsleit- und Verkehrsinformationssysteme gehören.

Da dieses Gebiet in Japan weltweit am weitesten entwickelt ist, lag es nahe, sich dort nach Geschäftsmöglichkeiten umzusehen. Die Voraussetzungen in Japan sind günstig:

- Umfangreiche Infrastruktur und Verkehrsdaten sind verfügbar.
- Japanische Behörden haben großes Interesse, den Verkehrsfluß konsequent zu optimieren.
- Der Markt für Endgeräte ist zu einem hohen Stand entwickelt.
- Das japanische Publikum ist als äußerst technikfreundlich bekannt.

Diese Rahmenbedingungen haben im Zusammenwirken mit der Erfahrung, die DAIMLER-BENZ auf dem Gebiet der Verkehrsleit- und -informationssyteme durch langjährige Aktivitäten gewonnen hat, zur Folge, daß in Japan ein Testmarkt für dynamische Zielführung/Telematikdienste mit überschaubarem Aufwand geschaffen werden kann, so daß sich hier ein idealer Modellfall für den Einstieg in den Markt für Mobilitäts- und Informationsdienstleistungen bietet. Ein zusätzlicher Anreiz für Aktivitäten in Japan besteht in der Signalwirkung, die von einem Erfolg im japanischen Markt ausgeht.

1 Geschichte der Verkehrsleittechnik in Japan

In Japan beschäftigte man sich bereits frühzeitig mit Systemen, die das Navigieren von Fahrzeugen erleichtern. Ziel war es zum einen, dem Fahrer die Zielfindung zu erleichtern. Zum anderen ging es aber auch schon in dieser frühen Phase darum, dem Fahrer Informationen über die Verkehrssituation zur Verfügung zu stellen, damit er z. B. evtl. vorhandene Verkehrsstaus umgehen konnte.

- Auf industrieller Seite präsentierte Honda/Alpine bereits Anfang der 60er Jahre ein erstes Navigationsgerät – allerdings mit noch unzulänglichen Technologien, so daß das System nur bedingt brauchbar war.
- Seit 1968 führten zunehmend verbesserte Systeme (Verwendung elektronischer Drehratensensoren, GPS) zu einer weiteren Verbreitung. Dabei wurden die Systeme von den Fahrzeugherstellern sowohl als Serien- oder Sonderausstattung als auch als nachträglich einbaubares Zubehör angeboten.

Auch von staatlicher Seite erkannte man die Auswirkungen des immer stärker werdenden Fahrzeugverkehrs auf das tägliche Leben sowie auf Wirtschaft und Umwelt. Durch staatlich geförderte Projekte versuchte und versucht man, die dabei auftretenden Probleme in den Griff zu bekommen.

Mehrere Ministerien und Behörden etablierten deshalb frühzeitig Programme im Bereich „Verkehrsinformations- und -leitsysteme". Genannt seien hier z. B.

- das „Comprehensive Automobile Communication System" (CACS), MITI, 1972,
- das „Road and Automobile Communication System" (RACS), 1986 vom MOC, dem für den Straßenbau zuständigen Bauministerium, gestartet,
- oder das „Advanced Mobile Traffic Information and Communication System" (AMTICS) von der Nationalen Polizeibehörde (National Police Agency NPA), 1987.

RACS und AMTICS wurden 1992 zusammengefaßt zum Projekt „Vehicle Information and Communication System" (VICS).

Bis jetzt wurden zwei Projekte soweit entwickelt, daß mit einer Kommerzialisierung und Vermarktung begonnen werden konnte. Es sind dies

- das „Advanced Traffic Information System" (ATIS), das von der Polizei und der Stadtverwaltung Tokyo propagiert wird,
- und das bereits erwähnte Projekt VICS, das insbesondere vom MOC befürwortet wird.

Die beiden Systeme basieren auf denselben Verkehrsdaten, arbeiten allerdings nach unterschiedlichen Prinzipien:

- Bei ATIS verwaltet ein zentraler Rechner die Verkehrsdaten. Zugang zu diesen Daten erhalten Teilnehmer, die neben einer einmaligen Aufnahmegebühr einen monatlichen Beitrag zahlen. Per Mobiltelefon kann man die aktuelle Verkehrslage oder die momentan günstigste individuelle Route zu seinem Fahrtziel, das man der Zentrale zuvor übermittelt hat, abfragen. Die Kontaktaufnahme mit der ATIS-Zentrale wird vom fahrzeugseitigen Gerät gesteuert. Die Berechnung der Route durch den Zentralrechner ermöglicht in gewissem Ausmaß, abhängig von der Anzahl der mit einem ATIS-System ausgerüsteten Fahrzeuge, eine Beeinflussung des gesamten Verkehrsflusses in Tokyo.
- Auch bei VICS hält ein zentraler Rechner die Verkehrsdaten. Diese werden kontinuierlich über RDS und IR-Baken ausgestrahlt und in den entsprechend ausgerüsteten Fahrzeugen empfangen. Die Berechnung der momentan günstigsten Route erfolgt bei VICS im Fahrzeug.

ATIS wird durch ein privatwirtschaftliches Gemeinschaftsunternehmen der Polizeibehörde Tokyo und mehrerer Privatfirmen der Allgemeinheit gegen Gebühr zur Verfügung gestellt. Der Name dieses Unternehmens ist Advanced Traffic Information Service, abgekürzt auch ATIS.

VICS wird von einer Gesellschaft mit ähnlicher Struktur vermarktet. Allerdings ist dort die treibende Kraft das Bauministerium.

VICS wird durch eine Gebühr finanziert, die im Kaufpreis eines VICS-tauglichen Gerätes enthalten ist. Bei ATIS erhält man, wie erwähnt, die Zugangsberechtigung durch Zahlung einer einmaligen Beitrittsgebühr und monatlicher Beiträge.

Zusätzlich zu der Funktion als Verkehrsleitsystem wurden schon frühzeitig die angebotenen Systeme in das Audio-Video-System des Fahrzeuges integriert und zu Fahrerinformationssystemen erweitert. Dabei werden z. B. CD's mit nicht direkt verkehrsrelevanten Daten, wie zum Beispiel Informationen über Sehenswürdigkeiten, Hotels, Gaststätten und, in Japan wichtig, Golfplätze angeboten.

2 Das ITGS-Projekt

Nach umfangreichen Voruntersuchungen, die insbesondere intensive Gespräche und Verhandlungen mit möglichen japanischen Partnern sowie die Abschätzung des möglichen Geschäftserfolges umfaßten, wurde als erster Schritt zur Entwicklung und Vermarktung von ITS-Diensten durch den DAIMLER-BENZ-Konzern in Japan das Projekt ITGS beschlossen und gestartet. ITGS steht für Intelligent Traffic Guidance System. Folgendes Vorgehen ist geplant:

- Zuerst Anbieten eines ATIS-basierten Dienstes mit verkehrsabhängiger, dynamischer Routenführung und kundenrelevanten Dienstleistungen für Mercedes-Kunden.
- Zulassung der Nutzung von ITGS durch andere Hersteller (OEM und After Market) und
- Stufenweise Erweiterung um andere ITS-Dienste.

Als konkrete Schritte zur Realisierung erfolgten:

- Vorbereitende Gespräche mit potentiellen japanischen Partnern,
- Ausarbeitung des Projektes und eines Geschäftsplanes,
- Sicherung von Rechten bezüglich der Vermarktung der ATIS-Verkehrsdaten durch eine finanzielle Beteiligung an ATIS,
- Hardware- und Software-Entwicklung gemeinsam mit japanischen Partnern und der DAIMLER-BENZ-Zentrale in Deutschland,
- Vermarktung der Dienste über ein in Japan zu diesem Zweck gegründetes DB-Unternehmen, DAIMLER-BENZ InterServices Telematik Japan (DBTJ), im Auftrag von ATIS, das als offizieller Diensteanbieter benannt ist.

Hardware- und Software-Entwicklung war nicht nur für den fahrzeugseitigen Teil des Systems, sondern auch bei der ATIS-Zentrale erforderlich. Der Grund hierfür lag in der Forderung von DAIMLER-BENZ, sich an dem Vorhaben nur dann zu beteiligen, wenn – nicht zuletzt aus rechtlichen und Sicherheitsgründen – „in house"-entwickelte Software (z. B. der Routenplaner und das Gebührenerfassungs- und -abrechnungssystem) verwendet würde. Diese Forderung wurde von den japanischen Projektpartnern akzeptiert. Als Partner mit den entsprechenden Zuständigkeiten sind an dem Projekt beteiligt:

- ATIS als Plattform für das System und Bereitsteller der Verkehrsinformation
- NTT zuständig für die Kommunikation per Mobiltelefon zwischen Fahrzeug und ITGS-Zentrale
- debis Systemhaus für die Entwicklung der System-Software
- die DAIMLER-BENZ AG mit den Algorithmen für die Routenberechnung
- Mercedes-Benz für die Fahrzeugseite
- BOSCH/Denso für OEM-Geräte für Mercedes-Fahrzeuge

- DBTJ für die Vermarktung des Systems in Japan als Systemlieferant und Dienstebereitsteller sowie
- Alpine, Matsushita als Hersteller von Zubehör-Geräten und als Zulieferer für Fahrzeuge anderer Hersteller.

Die bisherigen Meilensteine des Projekts waren:

- Beginn der Vorgespräche mit japanischen und deutschen Stellen (Nov. 1994)
- Basisvertrag mit ATIS (Sept. 1995)
- Projektdefinition (Nov. 1995)
- Gründung der Firma DAIMLER-BENZ InterServices Telematik Japan, DBTJ (Jan. 1997)
- Beginn der Auslieferung von mit ITGS ausgerüsteten Mercedes-Benz-Fahrzeugen, Aufnahme des ITGS-Dienstes durch DBTJ (April 1997)

Der zukünftige Zeitplan sieht vor:

- Bereitstellung des ITGS für Kunden anderer Marken (OEM und After Sales) in Tokyo ab September 1997 und für andere Fahrzeughersteller ab November 1997
- Integration der Notrufeinrichtung (Pannenhilfe, Unfall) für Mercedes-Kunden ab 1998
- Ab Sept. 1997: Regionale Erweiterung (auf zehn Präfekturen um Tokyo)
- Anbieten zusätzlicher, teils interaktiver Dienste, z. B. Reise-Informationen, Hotel-informationen und -Buchung, Ticketbuchung, Buch- und CD-Bestellung, Multimedia-Dienste, etc.

3 System-Konfiguration

Die Rolle und das Zusammenspiel der verschiedenen Partner in diesem Projekt ist in der folgenden Abbildung dargestellt. Es zeigt die doch recht komplizierte Struktur, die sich aufgrund der angebotenen Dienste ergibt. Sie läßt ahnen, daß es nicht immer einfach ist und auch in Zukunft nicht sein wird, derartige Projekte ohne Probleme einvernehmlich im Hinblick auf ein langfristig gutes Gelingen abzuwickeln.

Abbildung 1: Struktur ITGS

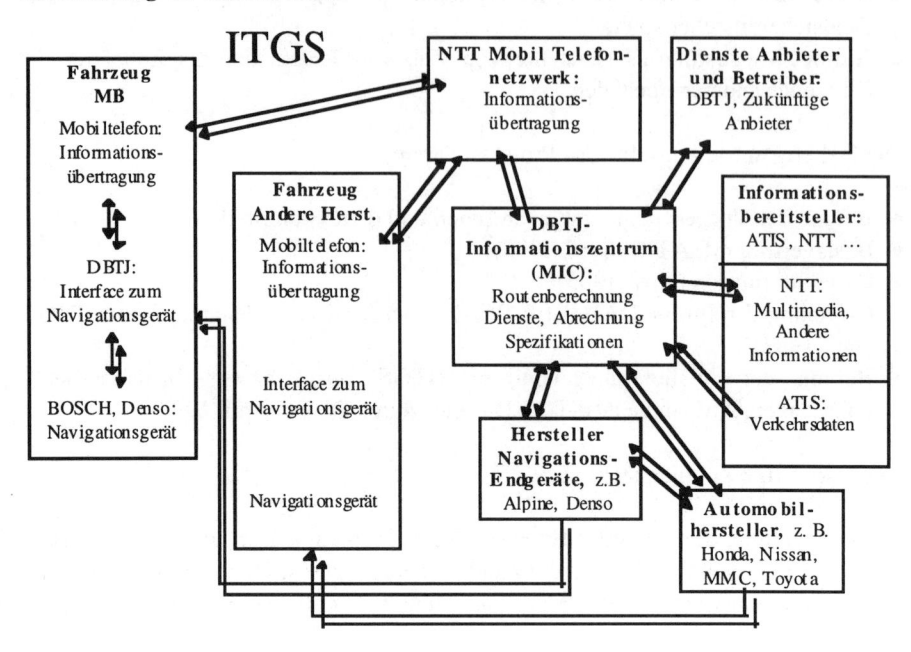

Erwähnt sei hier der kurze Zeitraum von knapp zweieinhalb Jahren von den ersten Gesprächen mit möglichen japanischen Partnern bis zum Beginn der Auslieferung der mit ITGS ausgerüsteten Fahrzeuge. Er war nur möglich durch den äußerst großen Einsatz aller am Projekt Beteiligten.

4 Erfahrungen aus dem Projekt ITGS

Was lief gut?

Nachdem im April 1997 der Übergang von der Projekt- in die Geschäftsphase vollzogen wurde, läßt sich ein erstes Fazit der gewonnenen Erkenntnisse ziehen.

Positiv wirkten sich auf den Verlauf der Zusammenarbeit aus:

- Da das Projekt die Eigeninteressen aller Parteien berücksichtigt, waren alle Beteiligten an einer Zusammenarbeit interessiert und bemüht, zum Erfolg des Projektes beizutragen.

- Für DAIMLER-BENZ eröffnen sich durch das Projekt neue Geschäftsmöglichkeiten in Japan; daher bestand die Bereitschaft zu größerem, auch finanziellem, Engagement.
- Es gibt eine funktionierende Infrastruktur (Vertretungen aller DAIMLER-BENZ-Beteiligten, BOSCH-Japan) auf deutscher Seite in Japan.
- Hilfreich waren die bereits seit längerem laufende Zusammenarbeit mit einigen der japanischen Projektpartner und die Erfahrung, die beide Seiten in der Kooperation mit ausländischen Firmen und Personen aufweisen.

Was lief weniger gut?

Selbst wenn das Projekt insgesamt sehr gut verlief, was insbesondere durch die kurze Zeitspanne zwischen der Projektdefinition und der Geschäftsaufnahme dokumentiert wird, ging es nicht ganz ohne Schwierigkeiten ab.

Interne Abläufe und Entscheidungsstrukturen, insbesondere bei den japanischen Partnern, machten es teilweise erforderlich, bereits getroffene Entscheidungen nochmals zu überarbeiten.

Entscheidungsprozesse liefen in der operativen Phase des Projektes von der Beschlußfassung bis zum Geschäftsbeginn auf der deutschen Seite oft langsamer ab als auf der japanischen.

Unscharfe Definitionen und kulturell bedingt unterschiedliches Verhalten bei Verhandlungen und Vereinbarungen sorgten für Verzögerungen im Ablauf, die durch erhöhten Einsatz wieder wettgemacht werden mußten (und konnten).

Nicht nur bezogen auf dieses Projekt gilt: Es war sehr schwierig, in kurzer Zeit zusätzlich erforderliche, qualifizierte japanische Mitarbeiter zu verpflichten.

5 Resümee

Das hier diskutierte Beispiel zeigt, daß deutsch-japanische Kooperationen nicht nur möglich sind, sondern auch erfolgreich sein können, wenn gewisse Voraussetzungen erfüllt sind.

Eine erste wichtige Voraussetzung besteht darin, daß das Gebiet, in dem kooperiert wird, für beide Seiten interessant, d. h. nicht zuletzt finanziell lukrativ, ist. Dies stellt sicher, daß das Projekt von allen Beteiligten ernsthaft und intensiv betrieben wird. Daneben ist auch entscheidend, daß bei allen beteiligten Parteien Personen mit Entscheidungsvollmacht involviert sind, die das ins Auge gefaßte Vorhaben selber realisiert sehen wollen und die in der Position sind, notwendige Entscheidungen zu fällen und selbst zu verantworten.

Eine wichtige Rolle spielen die lokalen Vertretungen der Projektparteien. Sie sind am ehesten in der Lage, Probleme, die im Verlauf der Zusammenarbeit entstehen, zu erkennen und zu bereinigen.

Trotz aller Internationalisierungsbestrebungen und -erfahrungen treten im Verlauf solcher Vorhaben doch immer wieder die unterschiedlichen nationalen Eigenheiten der Beteiligten zutage und führen zu Störungen im Projektablauf. Entscheidend ist, daß von allen Seiten auf die anderen Partner eingegangen wird, allerdings nicht soweit, daß die eigenen Interessen völlig aufgegeben werden. Ein „Erfolg" um jeden Preis ist nicht die optimale Lösung.

Ein Erfolgsrezept kann es natürlich nie geben. Das Beachten der vorgenannten Punkte erhöht die Erfolgswahrscheinlichkeit jedoch außerordentlich.

Mit Geduld und Stehvermögen zum größten ausländischen Chemie- und Pharma-Unternehmen in Japan: HOECHST

Horst Waesche

Name:	HOECHST Japan Ltd.
Rechtsform in Japan:	Ltd.
Hauptbetätigungsfelder:	Life Science, Chemikalien, Kunststoffe, Fasern, Lacke, Farbstoffe
Umsatz gesamt 1996:	50,92 Mrd. DM
Umsatz in Japan:	ca. 5 Mrd. DM
Anzahl der Mitarbeiter:	ca. 120.000
Anzahl der Mitarbeiter in Japan:	über 6.000
Präsenz in Japan seit:	1956 (Nippon HOECHST)

Eine Untersuchung von Gemini Consulting Company hat ergeben, daß HOECHST in Japan 1996 das neuntgrößte ausländische Unternehmen war und damit das größte ausländische Chemie- und Pharmaunternehmen. Der Weg dahin war allerdings lang und schwierig, aber schließlich erfolgreich.

Es gibt viele westliche Unternehmen, die den Fehler machen, den japanischen Markt als unzugänglich zu betrachten und zu glauben, daß ein Markteintritt in Japan im Grunde unmöglich ist. Als Gründe dafür werden immer wieder abweichende Geschäftspraktiken, Mentalitätsunterschiede, Handelshemmnisse und hohe Kosten angeführt. Selbst die schwierige japanische Sprache wird häufig als hohe Eintrittsbarriere genannt. Stichhaltig sind solche Argumente ebensowenig wie die Behauptung, Investitionen in Japan führten zu einem Export deutscher Arbeitsplätze. Im Gegenteil, Unternehmen, die sich nicht dem verschärften asiatischen bzw. japanischen Wettbewerb vor Ort stellen, geraten in Gefahr, auch in anderen Märkten zu scheitern und somit Arbeitsplätze im Hause zu riskieren.

Der erfolgreiche Auf- und Ausbau einer Aktivität in Japan setzt folgende Kriterien voraus:

- den Willen der Unternehmensleitung, den japanischen Markt zu erschließen, wohl wissend, daß erhebliche Ressourcen, viel Geduld und Stehvermögen erforderlich sind.

- die Auswahl von kompetenten Delegierten, die das volle Vertrauen der Unternehmensleitung haben und bereit sind, dem fremden Japan positiv zu begegnen und japanische Geschäftspraktiken zu akzeptieren.
- die Bereitschaft, viel Zeit in die Ausbildung und Entwicklung japanischer Mitarbeiter zu investieren, denn letztlich sind sie es, die Produkte entwickeln, produzieren und verkaufen sowie den Zugang zu spezifischen Netzwerken herstellen müssen.

1 Bereits frühzeitig wurde das Marktpotential in Japan erkannt

An den folgenden Beispielen soll verdeutlicht werden, wie HOECHST sich Zugang zum japanischen Markt verschaffte und erfolgreiche Aktivitäten aufbaute.

HOECHST baute sein Pharmageschäft anders als seine internationalen Wettbewerber auf. Mit der Gründung der HOECHST Japan Ltd., 1967, wurde ohne Unterstützung eines japanischen Partners der Markt mit einer eigenen Vertriebsorganisation erschlossen. Diese Entscheidung machte es notwendig, von Beginn an eine große Anzahl von japanischen Mitarbeitern einzustellen, auszubilden und zu fördern und darüber hinaus japanisches Management zu entwickeln. Das war ein mühsamer Weg, da es zu der Zeit noch keinen Arbeitsmarkt für Fachkräfte gab, d. h. die zukünftigen Mitarbeiter mußten von Schulen und Universitäten als sogenannte „freshman" eingestellt und in der Firma auf ihre zukünftigen Aufgaben vorbereitet werden. Erst nach etwa zwei Jahren bekamen sie ihren eigentlichen Arbeitsplatz zugewiesen. Gleichzeitig mußte eine eigene Vertriebsorganisation aufgebaut und das Vertrauen der Großhändler, Krankenhäuser und Universitätskliniken erworben werden.

Es folgten der Erwerb eines Standortes in Kawagoe in der Nähe von Tokyo, der Aufbau einer Produktion und die für die Registrierung der Arzneimittel so wichtige Produktentwicklung. Später, Anfang der 80er Jahre, wurde in Kawagoe ein Forschungszentrum gegründet, dessen Ziel die Entwicklung rekombinanter Proteine für Knochenerkrankungen ist. Die Einstellung von Forschern gestaltete sich äußerst schwierig, da HOECHST in Japan noch nicht als forschendes Unternehmen bekannt war. Es gelang aber bald, die ersten sechs japanischen Forscher in den USA anzuwerben, die dann über ihr Netzwerk in Japan die notwendigen weiteren Forscher anwerben konnten. Die notwendige gentechnische Wirkstoffanlage wurde Ende der 80er Jahre gebaut (der Zeitraum für Planung, Genehmigung und Bau der Anlage betrug 27 Monate).

Damit hat HOECHST in Japan eine voll integrierte Pharmaaktivität geschaffen und somit unterstrichen, daß es sich hierbei um ein langfristiges Engagement eines forschungsorientierten Unternehmens handelt. Dieser zielstrebige Auf- und Ausbau hat zu einer hohen Anerkennung im japanischen Umfeld geführt.

2 Zwischenmenschliche Beziehungen sind von wesentlicher Bedeutung

In diesem Zusammenhang ist es wichtig zu erwähnen, daß die zwischenmenschlichen Beziehungen in der japanischen Gesellschaft für den Erfolg außerordentlich wichtig sind. Auf allen Ebenen von Wirtschaft und Politik wird regelmäßig miteinander geredet, ganz gleich wie konträr die Meinungen der Gesprächsteilnehmer auch sein mögen.

Das erfordert viel Zeit und Geduld, schafft aber Beziehungen, die eines Tages von großer Wichtigkeit sein können. Das Pflegen dieser Wechselbeziehung ist natürlich die Aufgabe der japanischen Führungskräfte, kann aber auch von Delegierten übernommen werden, wenn diese längerfristig in Japan sind. HOECHST hat sich auch an dem in Japan üblichen System beteiligt, hohe Regierungsbeamte nach ihrer Pensionierung für einige Jahre zu übernehmen. Dies hat auch dazu beigetragen, das Verständnis für die Arbeit eines ausländischen Unternehmens im gesellschaftlichen Umfeld zu erhöhen.

HOECHST Marion Roussel, das Pharmaunternehmen von HOECHST, ist inzwischen das größte internationale Pharmaunternehmen in Japan mit einem Umsatz von 2,15 Milliarden DM und 4.045 Mitarbeitern in 1996. Japan ist für HOECHST Marion Roussel der zweitgrößte Markt nach den USA, noch vor Frankreich und Deutschland. Damit ist HOECHST in den drei Industrieregionen angemessen vertreten und interessanter Kooperationspartner für andere forschende Unternehmen, die nur in einer oder zwei Regionen präsent sind.

3 Selbst in gesättigten Märkten ist der Erfolg möglich

Während HOECHST auf dem Pharmasektor aus eigener Kraft im japanischen Markt erfolgreich war, konnten auf einigen industriellen Sektoren ähnliche Erfolge mit Hilfe japanischer Partner erreicht werden. Entscheidend für die Erfolge waren immer ein frühzeitiger Eintritt in den japanischen Markt, die kontinuierliche Übertragung neuer Technologien auf die Beteiligungsgesellschaften und der Auf- und Ausbau einer möglichst voll integrierten Aktivität einschließlich Produktion, Produktentwicklung, Marketing und Vertrieb.

Auch in diesen Produktsparten begann das HOECHSTer Engagement sehr früh, zum Teil schon in den 50er und 60er Jahren, als Japan noch keine eigenen Technologien in diesen Industrien hatte.

Trotzdem zeigt der Erfolg von Photoresist, daß man auch in reife Märkte eintreten kann. In den 80er Jahren wuchs die japanische Elektronikbranche zu einer bedeutenden Industrie heran, und japanische Elektronikunternehmen wurden in vielen Segmenten Technologieführer. Anders als vor 30 bis 40 Jahren wurde diese Industrie von japanischen Zulieferfirmen mit Produkten bester Qualität beliefert.

Außerdem konnten sie gemeinsam und sozusagen „vor Ort" Prozesse und Produkte „von morgen" entwickeln.

War Japan also ein geschlossener Markt und damit tabu für ein ausländisches Unternehmen? HOECHST hat es gewagt, das Geschäft mit Fotoresisten für die Produktion von Halbleitern und Flachbildschirmen aufzubauen.

1983 begann HOECHST mit der Ausbildung von Personal für diese Aktivität und dem Aufbau einer Produktion und eines Service-Centers. Zu diesem Zeitpunkt war die Akzeptanz der importierten Produkte sehr gering, und der Zugang zur Abnehmerindustrie schwierig. HOECHST konnte zunächst keinen Vorteil anbieten. Der Zugang gelang erst, als die Entwicklung neuer Produkte, die Qualität der Produkte und die Qualität des Service mit der Produkt- und Produktionsentwicklung der Abnehmerindustrie in Gleichklang gebracht werden konnten.

Um das langfristige Engagement von HOECHST als Partner der Elektronikindustrie zu untermauern, errichtete HOECHST für etwa 50 Millionen DM in Kawagoe ein Forschungszentrum für neue Generationen von Fotoresisten und Flüssig-Kristall-Display Materialien.

Darüber hinaus bewarb sich HOECHST um die Beteiligung an einem Forschungs- und Entwicklungsprojekt des MITI. In diesem Projekt sollte in fünf Jahren (1989–1994) gemeinsam mit 15 japanischen Unternehmen ein 1x1 m großer Flachbildschirm entwickelt werden. Es galt bis dahin als unmöglich, daß ausländische Unternehmen vom MITI für Forschungsprojekte akzeptiert werden. HOECHST konnte aus dieser Kooperation sowohl große Vorteile in technologischer Hinsicht als auch Einsichten in die Zusammenarbeit von MITI, Zuliefer- und Abnehmerfirmen erlangen.

Mit dem Engagement in einem vom MITI geförderten Forschungsprojekt ergibt sich zwangsläufig eine sehr gute Gelegenheit mit den partizipierenden japanischen Unternehmen gute partnerschaftliche Beziehungen aufzubauen. Forscher aus anderen Unternehmen konnten beispielsweise im „Advanced Technology Laboratory" (ATL) von HOECHST gemeinsam Experimente durchführen, wobei man oft wertvolles *Know-how* über die Bewertung verschiedener Materialien gegenseitig austauschte. Auf diese Weise wird man über technologisches *Know-how* informiert, zu dem man normalerweise keinen Zugang hätte.

Obgleich das MITI nicht die gesamten Projektkosten trug (70 Prozent des Gesamtumfangs von 2,8 Milliarden Yen, ca. 44 Millionen DM) und die teilnehmenden Firmen recht hohe Ausgaben u.a. für die Anschaffung teurer Laborausrüstung für die neue Technologie hatten, ergeben sich bei einem Gemeinschaftsprojekt für die Einzelfirma wesentlich geringere Kosten als das bei einem Alleingang der Fall wäre. Und weil es sich um ein Regierungsprojekt handelte, ergab sich ein weiterer Vorteil, denn bei Bedarf konnten die teilnehmenden Firmen ihre Forscher auch in nationale Forschungsinstitute oder Universitäten schicken, in deren Labors oft Ausrüstungsgegenstände modernster Art, die es sonst nirgendwo gibt, zur Verfügung stehen.

Patente, die im Rahmen der Forschungsarbeiten erteilt wurden, gingen in den Besitz der Projektgesellschaft "Giant Technology Cooperation" (GTC) über. Angesichts dieser Verfahrensweise stellt sich die Frage, in welchem Umfang ein Unternehmen sich an einem MITI-Forschungsprojekt engagieren sollte. Geht schon in ein GTC-Patent viel *Know-how* ein, so wird das Risiko des Abfliessens von Technologie-*Know-how* noch größer, wenn ein Teilnehmer etwa seine "core technology" in das Projekt mit einbringen würde. Hier ist Vorsicht angebracht.

Problematisch erschien ferner, daß der Präsident der Projektleitung, den die Firma mit dem anfänglich größten *Know-how* zum Forschungsgegenstand stellt, alleinigen Zugriff auf alle Informationen der Forscherteams besitzt. Dies kann im Einzelfall dazu führen, daß die durch den Präsidenten vertretene Firma überdurchschnittlich von den Forschungsergebnissen profitiert. Diesen Aspekt sollten deutsche Unternehmen in die Überlegungen mit einbeziehen, bevor man sich an einem MITI-Projekt mit ähnlicher Organisationsstruktur beteiligt.

Arbeitet ein Unternehmen erst einmal in einem Projekt mit, ist es nicht ratsam, daß es sich vor dem offiziellen Projektende verabschiedet. Es wird ganz einfach von den anderen Teilnehmern wie auch von der Ministerialbürokratie erwartet, daß ein Kandidat nach seiner Zusage bis zum Schluß professionell und diszipliniert mitarbeitet. Ein vorzeitiger Rückzug würde dem Image der Firma in Japan einen nicht wiedergutzumachenden Schaden zufügen. Auch das muß vor der Verpflichtung, in einem Projekt mitzuarbeiten, bedacht werden.

Insgesamt gesehen kann aber kein Zweifel bestehen, daß HOECHST technologisch von der Mitarbeit in hohem Maße profitiert hat und zusätzlich viele neue und wichtige Erfahrungen sammeln konnte. Bei gegebenem Anlaß sind wir daher auch grundsätzlich bereit, uns erneut an einem staatlichen Forschungsprojekt in Japan zu beteiligen.

Die großen Anstrengungen, die HOECHST bei der Markteinführung in den 80er Jahren gemacht hatte, begannen sich erst in den 90er Jahren auszuzahlen, indem nicht nur zufriedenstellende Ergebnisse und damit eine gute Kapitalrendite in Japan erzielt wurden, sondern das in Japan erworbene *Know-how* der weltweiten HOECHSTer Organisation zur Verfügung gestellt werden konnte. Heute ist HOECHST in dem Marktsegment Flachbildschirme als Zulieferer von Fotoresisten Marktführer.

Damit war auch der Beweis erbracht, daß ein Unternehmen nicht nur dann erfolgreich in Japan sein kann, wenn es dort frühzeitig angefangen hat, sondern sogar dann noch Erfolg haben kann, wenn die japanische Industrie bereits einen gewissen Selbstversorgungsgrad erreicht hat.

Das Fotoresistgeschäft wird in Zukunft von Clariant wahrgenommen, auf die das HOECHSTer Spezialchemikaliengeschäft übertragen wurde (HOECHST ist an Clariant beteiligt).

4 Das Japan-Engagement sichert langfristig strategische Vorteile

Unternehmen, welche die Absicht haben, in Japan tätig zu werden, fragen häufig nach der Loyalität japanischer Mitarbeiter, dem Schutz geistigen Eigentums und nach der Diskriminierung ausländischer Unternehmen in Japan. Außerdem wird häufig der Zweifel laut, ob in Japan überhaupt eine angemessene Rendite auf das eingesetzte Kapital zu erwirtschaften ist.

HOECHST hat in 30 Jahren aktiver Tätigkeit in Japan japanische Mitarbeiter als sehr loyal zu schätzen gelernt, wenn sie überzeugt sind, daß der Erfolg ihrer Arbeit auch ihnen und ihrem Unternehmen zugute kommt. HOECHST hat in all den Jahren keine negativen Erfahrungen mit dem Abfluß von *Know-how* gemacht und ist nicht stärker diskriminiert worden als ausländische Unternehmen in anderen Ländern. Und was die Rendite der HOECHSTer Geschäfte angeht, so gelten für Japan heute die gleichen Kriterien und Zielgrößen wie für Europa und Nordamerika.

Die Neuorientierung von HOECHST, d. h. die Fokussierung auf eigene Stärken und wichtige Märkte wird zum weiteren Ausbau der HOECHST Gruppe in Japan führen. Es werden nur solche Unternehmen langfristig erfolgreich sein können, die sich nicht nur dem Wettbewerb in ihrer Heimatregion stellen, sondern in allen drei wichtigen Industrieregionen. Dazu gehört unbedingt auch Asien mit Japan.

Erfolgreiche Kooperation mit japanischen Unternehmen: ROBERT BOSCH GmbH

Horst Wittmoser

Name:	BOSCH K.K.
Rechtsform in Japan:	Aktiengesellschaft
Hauptbetätigungsfelder:	Applikation von BOSCH-Erzeugnissen für Erst-Ausrüstung; Vertrieb von BOSCH-Erzeugnissen für Erst-Ausrüstung und Handel; Verbindung zu japanischen Gemeinschaftsunternehmen, Lizenznehmern und anderen Firmen; Einkauf; Verbindungsbüro Taiwan für Einkauf, Erstausrüstung und Termotechnik-Vertrieb
Umsatz gesamt 1997 (weltweit):	41,1 Milliarden DM
Umsatz in Japan 1996:	ca. 900 Millionen DM
Anzahl der Mitarbeiter 1997 (weltweit):	ca. 176.500
Anzahl der Mitarbeiter in Japan 1997:	ca. 1.400
Präsenz in Japan seit:	1912

BOSCH betrachtet Japan seit langem als wichtigen Markt und blickt 1997 auf 85 Jahre Präsenz in Japan zurück. BOSCH erzielte 1996 in Japan mit mehrheitlich geführten Gesellschaften einen Umsatz von über 900 Millionen DM; hinzuzurechnen wären noch erhebliche Umsätze durch Joint-Ventures und BOSCH-Lizenznehmer mit von BOSCH lizenzierten Erzeugnissen, wollte man die Position von BOSCH in Japan vollständig erfassen. Dieser Erfolg ist neben technischer Leistungsfähigkeit vor allem auf die Entwicklung einer engen und kontinuierlichen Zusammenarbeit mit japanischen Unternehmen zurückzuführen.

BOSCH hat bei der Erschließung des Marktes einen differenzierten Ansatz verfolgt, der ausgehend von Importen über Vertretungen und Vergabe von Lizenzen später den Aufbau eines eigenen Vertriebs, Joint-Ventures mit japanischen Partnern und Gründung von 100 Prozent-Tochtergesellschaften umfaßte.

Die Anfänge von BOSCH in Japan lassen sich weit zurückverfolgen. Bereits im Jahre 1911 erfolgte der Abschluß eines Agenturvertrages für Erzeugnisse im Automobilbereich mit Andrews and George & Co., ein Jahr später wurde eine BOSCH-Werkstatt in Yokohama eröffnet. Der erste Lizenzvertrag für die Produktion von Dieseleinspritzpumpen mit Diesel Kiki Co. (heute Zexel) wurde 1939 abgeschlossen. Nach dem Zweiten Weltkrieg führte BOSCH die Geschäftstätigkeit in Japan mit Lizenzverträgen und Agenturvertrieb weiter. Mit Gründung der Tochtergesellschaft BOSCH K.K. im Jahre 1972 begann der BOSCH-eigene Vertrieb von Erzeugnissen in Japan, dem die Errichtung von Joint-Ventures folgte. Zusätzlich zu vier durch BOSCH mehrheitlich geführten Unternehmen mit rund 1.400 Mitarbeitern ist BOSCH jetzt in Japan mit weiteren sieben Unternehmen in Form von Joint-Ventures und Beteiligungen präsent und hat Lizenzen an über 20 Lizenznehmer vergeben.

1 BOSCH K.K.: Geschäftsfelder und Produktpalette

Grundsätzlich läßt sich die Tätigkeit von BOSCH K.K. in vier Geschäftsfelder einteilen:

1. Einfuhr und Verkauf von Automobilteilen an japanische Kfz-Hersteller und Fachhändler. Vertrieb von Elektrowerkzeugen, Werkstattprüfeinrichtungen, Industrieausrüstung und flexiblen Montagesystemen;
2. Applikation von Automobilteilen: Hier erfolgt eine enge Zusammenarbeit mit den japanischen Kfz-Herstellern zur Anpassung von BOSCH-Produkten an ihre Spezifikationen, die vor allem im Technischen Center von BOSCH in Yokohama durchgeführt wird;
3. Einkauf von Erzeugnissen in Japan für die BOSCH-Gruppe weltweit;
4. Betreuung von Lizenznehmern und Gemeinschaftsunternehmen.

Darüber hinaus bietet BOSCH Verpackungsmaschinen durch die BOSCH Packaging Machinery K.K. an, eine 100 Prozent-Tochtergesellschaft der BOSCH K.K..

2 Lizenzpolitik, Joint-Ventures und Eigenvertrieb in Japan

BOSCH hat sein Engagement im japanischen Markt ausgehend von Agenturimporten vor allem durch eine aktive Lizenzpolitik ausgebaut. Dadurch konnte zu vielen japanischen Unternehmen ein Vertrauensverhältnis aufgebaut werden, das in zahlreichen Fällen die Basis für die Gründung von Joint-Ventures bildete. Im Laufe der Zeit hat BOSCH so nicht nur schrittweise den Bereich der Automobiltechnik in Japan weitgehend abdecken können, sondern sich auch die für die Ausweitung einer eigenständigen Geschäftstätigkeit erforderlichen Grundlagen, wie u. a. Marktkenntnis und Kundenzugang, aufgebaut.

2.1 Markterschließung durch Lizenzvergabe

BOSCH hat in der Vergangenheit mit Lizenzvergaben erfolgreich BOSCH-Technologie in Japan eingeführt. Der erste Lizenznehmer Zexel ist heute mit rund 4,5 Milliarden DM Umsatz ein führendes Unternehmen der Diesel- und Automobilklimatechnik. An die Denso Corp. (früher Nippon Densô), die der Toyota-Gruppe angehört, wurden seit 1953 auf allen großen Geschäftsgebieten der Kraftfahrzeugausrüstung – zunächst für elektrische Komponenten, Starter und Generatoren, dann für Diesel- und Benzineinspritzung und schließlich für Antiblockiersysteme – Lizenzen vergeben. Die Unisia JECS Corp., die BOSCH 1973 mitgegründet hat, ist ein weiterer großer Lizenznehmer und deckt den Bereich der Benzineinspritzung für die Nissan-Gruppe ab. BOSCH hat sich aber nicht auf reine Lizenzvergaben beschränkt, sondern kontinuierlich die Beziehung zu den Lizenznehmern ausgebaut. Zur Bekräftigung der langfristigen Beziehungen und des damit verbundenen Vertrauens hat sich BOSCH auch am Gesellschaftskapital von Lizenznehmern beteiligt, so z. B. mit 13,5 Prozent an Zexel und mit 5 Prozent an Denso, und teilweise Vertreter in ihre Aufsichtsräte entsandt.

Heute vergibt BOSCH allerdings nur noch in Ausnahmefällen Lizenzen und konzentriert sich in erster Linie auf die eigene Geschäftstätigkeit. Im Jahre 1996 hat BOSCH z. B. mit dem langjährigen Diesel-Lizenznehmer Zexel das Joint-Venture Japan Advanced Diesel Technology für die Anpassung von modernsten Dieseleinspritzsystemen an die Spezifikationen japanischer Hersteller gegründet.

2.2 Erfolgreiche Joint-Ventures basieren auf gegenseitigem Vertrauen

Den anfänglichen Marktzugang über Lizenzvergaben hat BOSCH durch die Gründung von Joint-Ventures erweitert. Wie bei der Lizenzvergabe ist auch bei Gemeinschaftsunternehmen die Gefahr eines Technologieabflusses gegeben, wobei in erster Linie ausländische Unternehmen diesem Risiko ausgesetzt sind, da sie in der Regel bei Kooperationen mit japanischen Unternehmen die Technologiegeber sind. Dieses Grundproblem ist aber nicht japanspezifisch, sondern in anderen Ländern ebenfalls immanent; die rechtlichen Rahmenbedingungen unterscheiden sich in Japan in dieser Hinsicht kaum von denen anderer Industrienationen, und japanische Unternehmen erweisen sich in der Praxis als sehr vertragstreu.

Daß BOSCH mit Gemeinschaftsunternehmen überwiegend erfolgreich war, ist vor allem darauf zurückzuführen, daß BOSCH die japanischen Partner genau kannte und ein Vertrauensverhältnis zu ihnen aufgebaut hat. Dazu war die Entwicklung von persönlichen Beziehungen und die Rücksichtnahme auf ihre Geschäftsgepflogenheiten und Mentalität notwendig. Des weiteren hat BOSCH immer sein Interesse an einer langfristigen Zusammenarbeit zum Ausdruck gebracht. Gerade dieser Aspekt ist für japanische Unternehmen wichtig, da sie auch in Joint-Ventures einen kontinuierlichen Zugang zu Spitzentechnologie suchen.

Ein herausragendes Beispiel für den Erfolg eines BOSCH-Joint-Ventures ist die Firma Nippon ABS, an deren Kapital Nabco und BOSCH mit je 50 Prozent beteiligt sind. Nabco, schon seit 1973 Lizenznehmer von Antiblockiersystemen (ABS), hat bei der Gründung der Nippon ABS im Jahre 1984 mit der Annahme Recht behalten, daß BOSCH bei der Entwicklung von ABS langfristig führend bleiben würde. Unter intensiver technischer Betreuung von BOSCH hat sich Nippon ABS mittlerweile zum größten Hersteller von Antiblockiersystemen in Japan entwickelt und erzielte 1996 mit rund 1.000 Mitarbeitern einen Umsatz von rund 400 Millionen DM.

Bei der Errichtung von Gemeinschaftsunternehmen verfolgt BOSCH das Ziel einer Kapitalmehrheit; allerdings gibt es für Beteiligungsverhältnisse keine festen Regeln; man muß sich danach richten, wer in Technik und Kundenbeziehungen vorherrschend ist.

2.3 Der Aufbau von Lieferbeziehungen in Japan

Im Gegensatz zu europäischen Automobilherstellern haben japanische Hersteller (ähnlich den amerikanischen Unternehmen General Motors und Ford) häufig Zulieferanten in ihrem Firmenverband. Da wesentliche, für die Automobilproduktion notwendige Teile innerhalb dieser sog. *Keiretsu* produziert werden, ist es sowohl für ausländische, als auch für japanische Unternehmen, die dem *Keiretsu* nicht angehören, schwierig, in solch festgefügte Lieferbeziehungen einzudringen.

BOSCH gelang der Eintritt in den japanischen Markt zum einen über Lizenzvergaben und Kapitalbeteiligungen an *Keiretsu*-Unternehmen (z. B. an Unisia JECS der Nissan-Gruppe und Denso der Toyota-Gruppe), zum anderen durch Joint-Ventures. Durch BOSCH K.K. werden aber auch von BOSCH selbst hergestellte Erzeugnisse in Japan angeboten, aufgrund der Lizenzbeziehungen und der Joint-Ventures allerdings nicht die gesamte Produktpalette. Auf dem Gebiet der Automobiltechnik konkurriert BOSCH mit allen in diesem Bereich tätigen japanischen und außerjapanischen Unternehmen.

Als ausländisches Unternehmen steht man in Japan beim Aufbau von Lieferbeziehungen vor der Herausforderung, die hiesigen Geschäftsgepflogenheiten und die japanische Mentalität entsprechend berücksichtigen zu müssen. Im Service-Bereich heißt das z. B., sich auf die japanische Auffassung von Kundendienst einzustellen. Das bedeutet, der Kunde ist nicht nur König, sondern Gott! Im Hinblick auf die erheblichen Einsatz fordernde Betreuung der japanischen Kfz-Hersteller hat BOSCH mit der Errichtung des Technischen Centers 1992 einen entscheidenden Schritt getan. Das große Volumen dieser Investition hat gleichzeitig auch ein Zeichen für die Kunden gesetzt, daß BOSCH zu einem langfristigen und substantiellen Engagement in Japan gewillt ist. BOSCH konnte dadurch insbesondere den Umsatz mit japanischen Transplants im Ausland steigern, da nach wie vor die japanischen Kfz-Hersteller alle Entscheidungen im technischen Bereich in Japan treffen. Das Technische Center hat die erforderliche technische und personelle Ausstattung für die intensive Zusammenarbeit mit den internationalen Beschaffungsabteilungen und Ingenieurzentren der Automobilproduzenten. Durch diese Einrichtung hat BOSCH wesentliches *Know-how* im Service-Bereich gewonnen, das auch bei der Betreuung außerjapanischer Automobilhersteller nützlich ist.

3 Mit japanischen Partnern auch im Ausland kooperieren

BOSCHs langjährige Kooperation mit japanischen Unternehmen hat mittlerweile dazu geführt, daß man den japanischen Automobilherstellern beim Aufbau ihrer Transplants ins Ausland folgt. Das BOSCH-Gemeinschaftsunternehmen mit Jidosha Kiki, einer Tochtergesellschaft von Zexel, in Thailand beruht z. B. darauf, daß japanische Technologie im Pkw-Markt der ASEAN-Staaten mit ca. 90 Prozent führend ist. Es ist deshalb sinnvoll, diesen Markt mit einem Partner zu erschließen, der die Kunden schon aus Japan genau kennt und beliefert. Neben Thailand unterhält BOSCH gegenwärtig weitere Joint-Ventures mit japanischen Unternehmen in den USA, in Europa, China und Korea.

4 Weshalb in Japan investieren?

Der Markteintritt in Japan erfordert viele Vorleistungen und den Willen, langfristig zu investieren. Man darf nicht davon ausgehen, nach wenigen Jahren schon Gewinne erzielen zu können. Auch macht die hohe Wettbewerbsintensität eine genaue Prüfung der eigenen Produktpalette im Hinblick auf Preis, Technik und Service erforderlich. Es ist nicht zu erwarten, daß sich japanische Kunden von langjährigen japanischen Lieferanten zugunsten von ausländischen Unternehmen trennen, die lediglich gleichwertige Leistungen erbringen. Da die Servicestärke japanischer Unternehmen kaum Vorsprünge im Bereich Kundenbetreuung zuläßt, muß ein Produkt vor allem preislich und/oder technisch Wettbewerbsvorteile aufweisen. Darüber hinaus muß man sich in Japan als langfristiger und verläßlicher Partner erweisen. Japanische Unternehmen bemängeln häufig, daß ausländische Unternehmen zwar bei Rezessionen in ihren Heimatmärkten den Kontakt suchen, sich danach aber wieder zurückziehen, wodurch nicht die gewünschte kontinuierliche und stabile Zusammenarbeit entstehen kann.

BOSCH hat erfolgreich die Kooperation mit japanischen Partnern unter einer Langzeitperspektive betrieben. Das Engagement in Japan hat sich ausgezahlt, und BOSCH hat viele wichtige Erkenntnisse gewonnen, die seine Wettbewerbsfähigkeit insgesamt gestärkt haben. Die Anforderungen des japanischen Marktes sind hoch; neben der Umsetzung der unternehmerischen Möglichkeiten bietet ein Japan-Engagement zudem noch die Chance, sich im japanischen Wettbewerb als Unternehmen insgesamt zu verbessern.

Teil III:
Schlußbetrachtung

Die Japan-Initiative der deutschen Wirtschaft

Hans-Olaf Henkel

„Japan is a mercantile power, not a free trader". Dieser Mythos vom verschlossenen japanischen Markt hält sich nach wie vor hartnäckig im Bewußtsein der deutschen Wirtschaft. Auf den ersten Blick scheinen die Fakten dies auch zu bestätigen. Die Marktanteile ausländischer Anbieter von Industriewaren lagen in Japan im Zeitraum 1986 bis 1992 bei rund 6 Prozent. In Deutschland entfallen fast 29 Prozent und in den USA immerhin 13 Prozent der Marktanteile auf ausländische Anbieter.

Auf den zweiten Blick zeigt sich aber relativ schnell, daß Japan ein offener Markt ist, der ausländischen Unternehmen enorme Ertragschancen bietet. Die OECD hat festgestellt, daß Japan die niedrigsten tarifären Markteintrittsbarrieren für Industriewaren hat. Im übrigen kommen vergleichende Studien zu dem Ergebnis, daß sich die Protektionsgrade der USA, Japans und der EU kaum unterscheiden. Selbst im Bereich nicht-tarifärer Handels- und Investitionshemmnisse zeichnen sich vielfältige fundamentale Veränderungen ab. Japan hat – nicht zuletzt auch wegen eigener ökonomischer und struktureller Probleme – erkannt, daß für den Erfolg im globalen Wettbewerb strukturelle Reformen unverzichtbar sind.

Das große Thema in Japan heißt derzeit „Deregulierung". Bisherige „Errungenschaften" wie die lebenslange Beschäftigung und die Lohnzahlung nach dem Senioritätsprinzip in der Großindustrie, die *Keiretsu*-Unternehmensgruppen, die administrative Lenkung der Wirtschaft und die Protektion der traditionellen Wirtschaftsbranchen vor in- und ausländischer Konkurrenz stehen zur Disposition. Gleichzeitig wird die japanische Industrie aus Kostengründen gezwungen, Beschaffung, Produktion, Absatz sowie Forschung und Entwicklung zunehmend ins Ausland zu verlagern. In diesem Umfeld entstehen neue Märkte, und bieten sich für ausländische Unternehmen gewaltige Chancen.

Trotz dieser aus Sicht der deutschen Exportwirtschaft erfreulichen Veränderungen entsprechen die Aktivitäten auf diesem Markt keineswegs dem vorhandenen Potential. In der öffentlichen Diskussion, aber auch in der Wirtschaft sind offensichtlich die Dimensionen etwas durcheinandergeraten. Alle sprechen von den großen Zukunftsmärkten in China, Vietnam und den ASEAN-Staaten. Sicher zu Recht, wie die Wachstumsprognosen zeigen.

Aber der bedeutendste Markt in dieser Region heißt Japan. Das japanische Sozialprodukt ist etwa zweieinhalbmal höher als die Wirtschaftskraft der restlichen Volkswirtschaften Südostasiens (China, Korea, Taiwan, Hongkong und die

ASEAN-Staaten). Ein Wirtschaftswachstum in Japan von jährlich 3 Prozent entspricht einem Marktvolumen von annähernd 150 Milliarden US-Dollar. Wollte beispielsweise China einen ähnlich hohen zusätzlichen Markt schaffen, müßte dessen Wirtschaft um 25 Prozent pro Jahr wachsen, eine Wachstumsrate, die weit über die kühnsten Erwartungen hinausgeht. Dies bedeutet, daß Japan nicht nur vom Volumen, sondern auch von den erwarteten Zuwächsen her äußerst interessant und in etwa so stark wie der gesamte Markt in Südostasien ist.

Das Japan-Engagement der deutschen Wirtschaft entspricht aber keineswegs dem vorhandenen Marktpotential. Deutschland ist in Japan deutlich unterrepräsentiert. 1994 exportierten wir nach Japan Waren im Wert von 11.133 Millionen US-Dollar. Damit liegt Deutschland zwar in der Rangliste der Importe Japans aus westeuropäischen Ländern an erster Stelle, gefolgt von Großbritannien und Frankreich. Nach Japan – immerhin dem zweitgrößten Binnenmarkt der Welt – flossen 1995 aber nur 2,6 Prozent der deutschen Exporte. Vom Volumen her hat Japan für die deutschen Exporteure damit dieselbe Bedeutung wie Schweden, ein Land mit einem 23mal kleineren Sozialprodukt als Japan.

Eine differenzierte Betrachtung der deutschen Exportstruktur nach Japan zeigt, daß sich mehr als die Hälfte (54,2 Prozent) des Exportwertes auf Investitionsgüter erstreckt. Mit Ausnahme von Personenkraftwagen (31,3 Prozent), spielen Konsumgüter beim deutschen Export nach Japan mit nur rund 6 Prozent eine völlig untergeordnete Rolle.

Dies muß sich ändern. Wir dürfen die Chancen, die der japanische Markt uns bietet, nicht verspielen. Japan lohnt den Einsatz. Erfolge deutscher Unternehmen im Japan-Geschäft sind – wie auch die Beiträge in diesem Buch deutlich machen – keine Einzelfälle. Aus diesem Grund haben wir Ende 1996 die Japan-Initiative der deutschen Wirtschaft ins Leben gerufen. Ziel dieser Initiative ist die Erhöhung der Präsenz deutscher Firmen und deutscher Produkte auf dem japanischen Markt und damit der Abbau der strukturellen Defizite im bilateralen Handel.

Die Japan-Initiative richtet sich an die deutsche Wirtschaft insgesamt. Der Schwerpunkt liegt auf dem Mittelstand, da erfahrungsgemäß mittelständische Unternehmen größere Probleme haben, auf dem japanischen Markt Fuß zu fassen. Dennoch sollen auch die Großunternehmen in der Initiative Berücksichtigung finden, nicht zuletzt, da diese auch die Wegbereiter für mittelständische Firmen sind.

Um das von uns angestrebte Ziel zu erreichen, wollen wir mit einem Bündel von Maßnahmen versuchen, die Schere zwischen dem vorhandenen Marktpotential auf der einen und dem tatsächlichen Japan-Engagement deutscher Unternehmen auf der anderen Seite zu schließen. Hierzu gehört an erster Stelle die Information und Motivation der deutschen Unternehmen, d. h. die Schaffung eines Bewußtseins für die sich bietenden gewaltigen Chancen des japanischen Marktes. Dann sollen den Unternehmen praxisnah Hilfen und Wege zur Markterschließung aufgezeigt werden. Darüber hinaus soll gezielt das Image deutscher Produkte in Japan verbessert, die Möglichkeiten der technologischen Zusammenarbeit mit Japan – auch bei der

Kooperation auf Drittmärkten – gefördert sowie die noch bestehenden Handelshemmnisse abgebaut werden.

Japan ist gerade für kleine und mittlere Unternehmen ein lukrativer Markt und bietet hervorragende Erfolgs- und Ertragschancen. Aufgrund der Veränderungen der japanischen Wirtschaft ändern sich die Distributionspraktiken und machen mittelständische Unternehmen aufgrund ihrer Produkte, ihrer Technologie und ihrer Flexibilität zu einem attraktiven Partner japanischer Unternehmen. Voraussetzung für ein erfolgreiches Japan-Engagement ist, daß sich das Unternehmen auf die spezielle Marktsituation und die Besonderheiten des japanischen Marktes einstellt. Dies gilt insbesondere für den Konsumgütermarkt. Zu beachten sind hierbei insbesondere drei Bereiche: Produktqualität, Kundenorientierung und Service sowie das Image des Produktes bzw. des Unternehmens.

Japan ist ein insgesamt sehr homogener Markt mit 125 Millionen kaufkräftigen, aber anspruchsvollen Konsumenten. Im Vergleich zu anderen Industrieländern ist in Japan der Lebensstandard, gerade im Bereich des materiellen Besitzes und der medizinischen Versorgung, sehr hoch. Eine Ausnahme stellt die Wohnungs- und Freizeitsituation dar.

Dieses Land beeinflußt zudem mit seiner enormen Kaufkraft und seiner Entwicklungsfähigkeit Trends in ganz Asien. Obwohl seit Mitte der 80er Jahre die Ansprüche und Vorstellungen der Konsumenten differenzierter und anspruchsvoller geworden sind, bleibt Japan noch immer ein Markt der Massenproduktion, Massendistribution und des Massenkonsums. Trends und Wertvorstellungen breiten sich durch die Massenmedien mit enormer Geschwindigkeit über die ganze Gesellschaft aus, die trotz wachsenden Wohlstands und neuer Vorstellungen von Lebensqualität weitgehend homogen geblieben ist.

Gleichzeitig ist aber ein verstärktes Streben nach Individualität zu beobachten. Neben dem Wunsch nach höherer Lebensqualität mit intensiver Freizeitgestaltung ist dies einer der wichtigsten Verbrauchertrends in der heutigen Zeit. So versucht der einzelne, innerhalb einer homogenen Gesellschaft seine Individualität durch Konsum von Markenprodukten und Luxusgütern zum Ausdruck zu bringen. Qualität und Vielfalt sind dabei ebenso gefragt wie prestigeträchtige Markennamen.

Der Wunsch, „sein Leben zu genießen", wird zunehmend stärker. Die Steigerung des Konsums findet auch Unterstützung durch die Regierung, die einerseits unter starkem Druck von seiten der EU und der USA steht und andererseits zur Überwindung ihrer ökonomischen Probleme die Nachfrage auf dem Binnenmarkt zu steigern sucht. Insbesondere bei der jüngeren Generation wird das Bewußtsein für Lebens- und Freizeitqualität steigen, das Motto „work is life" zunehmend an Bedeutung verlieren.

In den kommenden Jahren wird der japanische Verbrauchermarkt daher durch eine große Nachfrage nach Importgütern, hochwertigen Qualitätsprodukten, Artikeln zur Steigerung des Komforts und der Bequemlichkeit und nach Freizeitgütern gekennzeichnet sein. Um in diesem nur mit westlichen Erfahrungen kaum zu erfassenden Markt einen Produktverkauf erfolgreich durchzusetzen, ist eine völlige Vertrautheit mit japanischen Marktgepflogenheiten sowie Charakter, Ansprüchen und Denkweise der Konsumenten eine notwendige Voraussetzung. Produkte, die in westlichen Ländern erfolgreich sind, müssen oftmals den Ansprüchen des japanischen Marktes angepaßt werden. Eine genaue Positionierung der eigenen Produkte ist erforderlich.

Es müssen aber nicht nur die Andersartigkeit des Marktes, sondern auch die sich laufend verändernden Trends im gegenwärtigen Japan analysiert und berücksichtigt werden. Modewellen verschwinden in Japan oftmals genauso schnell, wie sie aufgetaucht sind, so daß Produktzyklen auf dem japanischen Markt kürzer sein können als in anderen Ländern. Ein zusätzliches, umsatzhemmendes Problem des japanischen Marktes ist, daß erfolgreiche Produkte oftmals in Kürze Produktimitationen anderer Hersteller hervorrufen.

Das darf uns aber nicht abschrecken, sondern sollte vielmehr Anreiz sein, diesen Markt zu erobern. Wir haben in vielen Bereichen hervorragende Produkte, die sich auf diesem Markt – wie der Erfolg vieler ausländischer Unternehmer zeigt – gut absetzen lassen. Voraussetzung ist allerdings unbedingt, daß man sich auf die Ansprüche der Konsumenten einstellt.

So spielt bei der Kaufentscheidung des japanischen Konsumenten in erster Linie die Qualität, dann das breite Spektrum des Service und der Dienstleistungen und erst dann der Preis eine Rolle. In Deutschland stehen Qualität und Preis gleichberechtigt nebeneinander. Service ist ein Extra, bei dem man gewohnt ist, auch extra zu bezahlen. Natürlich spielt auch in Japan der Preis eine Rolle. Er wird jedoch nur als ein Mittel im Wettbewerb eingesetzt.

In Japan wird Service so definiert, daß alle Leistungen, die man für Verwandte und Freunde kostenlos erbringen würde, auch für den Kunden kostenlos sein sollten. Service-Qualität ist das zentrale Element bei der Kaufentscheidung. Japan setzt in diesem Bereich eindeutig die Benchmark für die deutsche Wirtschaft. Wir können und sollten hier von Japan lernen.

Der japanische Konsument wird in dieser Beziehung zu Recht als sehr anspruchsvoll bezeichnet. Die Automobilindustrie beispielsweise weiß hiervon ein Lied zu singen. So ist das Finishing der Fahrzeuge für den Verkauf in Japan mit einem extrem hohen Aufwand verbunden. Die Fahrzeuge müssen bis ins kleinste Detail den Vorstellungen des japanischen Konsumenten entsprechen, sonst werden sie nicht gekauft. Das heißt für uns: Kundenorientierung ist der Ansatzpunkt für die erfolgreiche Vermarktung deutscher Güter in Japan, nicht nur in der Konsumgüterindustrie. Wenn wir die Ansprüche der Konsumenten in bezug auf Qualität und Service erfüllen, haben wir den Schlüssel zum Erfolg in Japan in der Hand. Mit diesem Schlüssel lassen sich dann auch vermeintlich verschlossene Märkte öffnen. Hier liegen die Potentiale – gerade auch für mittelständische Firmen – zum erfolgreichen Vermarkten ihrer Produkte und zum Erschließen neuer Märkte.

Neben der Kundenorientierung und dem Service ist ein dritter Bereich für die erfolgreiche Vermarktung der Produkte in Japan wesentlich: das Image des Produktes bzw. des Unternehmens. Japaner sind sehr darauf bedacht, daß von ihnen gekaufte Produkte ein besonders gutes und positives Image aufweisen. Marken sollen einen möglichst hohen Bekanntheitsgrad haben, denn beim Kauf einer unbekannten

Marke fühlen Japaner sich verunsichert. Dies kann sogar so weit führen, daß Image und Bekanntheitsgrad eines Produktes wichtiger sind als Funktion und Inhalt. Die Wertmaßstäbe in Japan sind eindeutig von dem etablierten Ruf eines Produktes oder eines Herstellers abhängig. Ein hoher Bekanntheitsgrad und positive Einschätzungswerte führen zu stärkerem Vertrauen und zu mehr Kundentreue als in anderen Märkten.

Importierte Produkte haben oftmals den Vorteil eines klingenden Markennamens. Viele Japaner assoziieren Qualität, Status und Mode mit Produkten ausländischer, insbesondere europäischer Hersteller. Gerade in einer Zeit, in der die Japaner modebewußter werden, eröffnet dies gute Absatzchancen für ausländische Hersteller. Ein solches Image aufzubauen, ist zwar schwierig und benötigt viel Zeit, ist aber für eine dauerhafte, vertrauensvolle Handelsbeziehung unerläßlich. Es muß vor allem Sympathie für das die Leistung anbietende Unternehmen erzeugt werden. Wettbewerbsvorteile durch einen positiven Bekanntheitsgrad beim Konsumenten können durch ein systematisch aufgebautes „corporate image" genutzt werden. Dieses sollte sich aber nicht nur auf die Produkte, sondern auch auf Service-Leistungen und auf die gesamte Kultur eines Unternehmens erstrecken. Westliche Unternehmen, die nach Japan gehen möchten, unterschätzen oftmals diesen Punkt. Die Schaffung eines positiven und renommierten öffentlichen Images ist ein zeitaufwendiger und komplexer Vorgang, allerdings aber auch eine wesentliche Voraussetzung für die Akzeptanz des Produktes. Japaner sind – um es noch einmal zu betonen – außergewöhnlich markenbewußt und kaufen im Vergleich zu anderen Ländern wesentlich mehr Markenwaren. Dies gilt insbesondere für Luxusmarken. Der japanische Kunde bevorzugt vor allem solche Markenartikel, die weltweit als Statussymbole anerkannt werden, wobei er aber trotzdem auf eine hohe Qualität Wert legt.

Werden Geschäfte abgeschlossen, ziehen japanische Firmen solche mit gut bekannten Unternehmen anderen vor. Unkenntnis des Firmennamens führt meist zu einer gewissen Skepsis. Aus diesem Grund ist es für ein ausländisches Unternehmen entscheidend, in Japan über ein ausgeprägtes Image zu verfügen, damit es auf diesem Markt überhaupt konkurrieren kann. Dies ist besonders wichtig bei der Suche nach hochqualifizierten Arbeitskräften. Somit ist es für den Erfolg eines Unternehmens auf dem japanischen Markt von entscheidender Bedeutung, daß es in den Bereichen Produktqualität, Kundenorientierung und Service sowie Image des Produktes bzw. Unternehmens überzeugt.

Wir haben in Deutschland auf vielen Gebieten hervorragende Produkte und sind damit zum Teil auf dem Weltmarkt führend. Wir brauchen uns daher nicht zu verstecken. Aber wir müssen die Chancen, die sich uns in Japan bieten, endlich nutzen. Bundespräsident Herzog sagte im April 1997 in seiner „Berliner Rede", unser eigentliches Problem in Deutschland sei ein mentales. Uns fehle der Schwung zur Erneuerung, die Bereitschaft, Risiken einzugehen, eingefahrene Wege zu verlassen, Neues zu wagen. Wir hätten kein Erkenntnisproblem, sondern ein Umsetzungsproblem. Diese Worte kann man nur unterstreichen und direkt auch auf unsere Exportsituation nach Japan übertragen. Wir haben hier in der Tat kein Erkenntnisproblem, denn Informationen über den japanischen Markt sind in Fülle vorhanden und relativ leicht zugänglich. Aber wir haben ein ganz eindeutiges Umsetzungsproblem. Dieses Problem zu lösen ist, das Ziel der Japan-Initiative der Deutschen Wirtschaft.

In Japan führen Ausdauer und Beharrlichkeit zum Erfolg

Ruprecht Vondran

Gar zu schlichte Antworten sind oft falsch, so lehrt die Erfahrung. Gar zu vielschichtige Erkenntnisse sind häufig unbrauchbar, so wissen es zumindest alle, die handeln müssen. Zwischen diesen beiden Polen bewegt sich die Suche nach einer Antwort auf die Frage: „Ist der japanische Markt offen?" Die Japaner selbst um eine Stellungnahme zu bitten, verspricht nur begrenzte Aussicht auf Erfolg. Schon seit Jahrzehnten bekennt sich zumindest das amtliche Tokyo in unzweideutigen Worten zum freien Welthandel. Schon als ich mich vor dreißig Jahren auf meine erste Reise nach Japan vorbereitete, sprachen die Hochglanz-Broschüren des MITI viel von internationaler Arbeitsteilung. Ein Kontrastbild boten die Statistiken z. B. meiner Profession: Sie wiesen aus, daß 100 Millionen Japaner 1969 nur 170.000 t Stahl importierten. Das waren stolze 0,3 Prozent des heimischen Verbrauchs. In demselben Jahr holten 60 Millionen Deutsche, die über eine der leistungsfähigsten Stahlindustrien der Welt verfügten, 11 Millionen t aus dem Ausland. Das waren immerhin 26 Prozent ihrer Marktversorgung. Die Verfasser der Hochglanzbroschüren verkündeten in den nächsten Jahren immer neue Marktöffnungsprogramme. Bis heute müssen es mehrere Dutzend gewesen sein. In der Regel wurden sie öffentlich gemacht, wenn wieder einmal schwierige handelspolitische Gespräche, vor allem mit Washington, vor der Tür standen. Dabei scheint eines den Autoren niemals aufgefallen zu sein: Jedes neue Liberalisierungsprogramm war zugleich ein Eingeständnis, daß es noch etwas zu liberalisieren gab, daß Japans Markt so unschuldig offen eben doch nicht dalag.

Ich erinnere mich noch gut an eine Szene im Hafen von Tokyo, gleich nach meiner Ankunft im Jahr 1969. Ich hatte eine Kiste Rheinwein geordert, um die Einweihung meines kleinen Büros zu feiern. Aus der Holzwolle befreit standen die schlanken grünen Flaschen vor dem Holzschuppen, vor den prüfenden Blicken eines japanischen Beamten. Ich war darauf eingerichtet, Zoll zu zahlen. Aber ein Verhör am Hafenbecken traf mich ganz unvorbereitet. Warum und wozu, woher und wohin, wieviele Personen und wieviele Prozent ... Die Sache war langwierig, hat aber, wie auch andere Begegnungen mit dem Zoll, ein gutes Ende gefunden. Wir haben uns geeinigt – zu durchaus akzeptablen Bedingungen. Aber seither wußte ich, und dies nicht nur aus den dürren Statistiken, daß den Hochglanzbroschüren so ganz nicht zu trauen ist.

Auch die deutschen Landsleute zu fragen, ob der japanische Markt offen ist, hilft nicht immer weiter. Keiner weiß dies besser als die deutsche Handelskammer in

Tokyo. Sie war oft die Klagemauer der Kaufleute, die in jenen Tagen gern den japanischen Protektionismus bejammerten. Die Kammer hat dann mehrfach versucht, in Fragebogenaktionen den offenbar verborgen angelegten Handelshemmnissen auf die Spur zu kommen. Die Antworten waren eher dürftig, wenn es denn überhaupt welche gab. Es half dabei auch wenig, daß allen, die bereit waren, bei der Wahrheitssuche mitzuwirken, volle Anonymität zugesichert wurde. Die erfahrenen Japan-Kaufleute, kundige Thebaner, schwiegen beharrlich und aus gutem Grund. Sie kannten die Riffe, auf die man beim Import in der Tat leicht auflaufen konnte. Und sie wußten auch, wie durch geschickte Verhandlungen solche Untiefen zu umschiffen waren. Sollten sie dieses Wissen mit den Unerfahrenen teilen, die gerade anfingen, ihr Glück am japanischen Markt zu versuchen? Oder war es nicht besser, wenn sich die Neuankömmlinge, die in ihrer Ungeduld mit dem „red tape" nicht zurechtkamen, anderen Zielen zuwandten? So gab es eine stille Komplizenschaft: Japanische Strategien, von einem möglichst geschützten Heimatmarkt aus zu operieren, und die Interessen ausländischer Importeure, erarbeitete Besitzstände möglichst lange zu bewahren, gingen eine Verbindung ein.

Waren dies beinahe schon historische Reminiszenzen, so lassen Befragungen der ausländischen Kaufmannschaft in Tokyo auch heute kein widerspruchsfreies Bild entstehen. Einerseits machen die Präsentationen der deutschen Handelskammer in Tokyo deutlich, daß sich vieles zum Positiven verändert hat. Auch die Gespräche beim Frühstück, das die deutschen Kaufleute schon traditionsgemäß dem Bundeswirtschaftsminister und seiner Delegation geben, wenn sie in Tokyo Station machen, vermitteln in letzter Zeit ein rundum zufriedenes Bild. Klagen gibt es eigentlich nur über die Uneinsichtigkeit in manchen Mutterhäusern daheim. Vorstände und Geschäftsführungen im fernen Deutschland, so heißt der Tenor, tragen der mittlerweile erreichten Öffnung des japanischen Marktes zu wenig Rechnung, sind zu knauserig mit Investitionsgeldern oder sparen am falschen Ende, wenn es um die personelle Ausstattung ihrer japanischen Niederlassungen oder Tochtergesellschaften geht. Nun ist auch dies keine neue Erfahrung. Repräsentanten deutscher Wirtschaftsinteressen, die sich nach langer Erfahrungssuche in Japan gut zurechtfinden, haben es schon immer schwer gehabt, sich in Deutschland verständlich zu machen. „Home teaching" war stets eine schwierige Aufgabe. Aber zu keiner Zeit ist mit dieser Intensität gesagt worden, daß sich Deutschland öffnen muß, wenn Japan ein ergiebiger Markt werden soll. Es ist in der Tat zu wünschen, daß diese Signale zu Hause besser verstanden werden.

Andererseits gibt es auch Stimmen, vor allem von amerikanischer Seite, die den Japanern erhebliche Vorhaltungen machen, die insgesamt eher in Moll als in Dur klingen. Beispielsweise hat die US-amerikanische Handelskammer in Tokyo vor einigen Monaten ihre Mitglieder befragt, wie sie die umfangreichen Aktivitäten der US-Handelspolitik beurteilen, um den japanischen Markt für Produkte aus den Vereinigten Staaten öffnen. Das Ergebnis ist recht niederschmetternd. Von insgesamt nicht weniger als 45 Verträgen, welche die Handelsdiplomatie der Vereinigten Staaten in der Zeit von 1980 bis 1996 mit der japanischen Regierung abgeschlossen hat, um Exporte nach Japan zu erleichtern, werden nur 13 als erfolgreich bewertet. Fast die gleiche Zahl, 10, wird rundheraus als Mißerfolg bezeichnet. Selbst so wichtige Vereinbarungen wie der Vertrag von 1994 zur öffentlichen Ausschreibung von Ausrüstungen und Dienstleistungen im Bereich der Telekommunikation und die Vereinbarung zur Öffnung des Versicherungssektors werden als Fehlschläge gesehen. Andererseits vergibt die Wirtschaft einige gute Noten, beispielsweise für das, was am Verhandlungstisch zum freien Marktzugang für Medizinausrüstungen oder Automobilteile abgesprochen worden ist.

An dem zuletzt genannten Beispiel wird allerdings besonders deutlich, daß der Handelspolitik bei der Öffnung von Märkten Grenzen gesetzt sind. Zwar hat der enorme Druck aus Washington, am Ende sogar unter persönlichem Einsatz von Präsident Clinton, bewirkt, daß die Marktanteile der US-Produzenten in Japan ausgeweitet werden konnten. Aber der Preis, der für diesen Erfolg gezahlt werden mußte, war hoch. Bedürfen erstklassige Produkte wirklich einer derart dramatischen Intervention der hohen Politik, um den Weg in den Markt zu finden, so fragen japanische Gesprächspartner hinter vorgehaltener Hand. Fehlt es hier nicht doch an der notwendigen Qualität? Zumindest für einige Zeit sind solche Produkte psychologisch mit einem Malus belegt. Andererseits ist es leider eine Tatsache, daß Japan manche Riegel erst zurückgeschoben und die Türen freigegeben hat, nachdem insbesondere die USA das ganze Gewicht einer Großmacht in die Waagschale geworfen hatten. Andere Handelsnationen, darunter nicht zuletzt die Deutschen, haben von diesem Einsatz profitiert, ohne selbst viel zu riskieren.

Im übrigen sind handelspolitische Vereinbarungen in keinem Fall Selbstläufer. Der Präsident der Amerikanischen Handelskammer in Tokyo, hat recht, wenn er sagt: „Viele Jahre haben die Amerikaner gemeint, Handelsverträge mit Japan sprächen für sich selbst. Die US-Regierung und die Industrie sind jedoch zu dem Schluß gekommen, daß dies nicht der Fall ist. Eine scheinbar erfolgreiche Verhandlungsrunde bewirkt nicht notwendigerweise die erwartete Marktöffnung." Dazu bedarf es nicht nur des „following-up" der Politik, sondern auch nachhaltiger Anstrengungen der Wirtschaft. Solche kritischen Töne aus der Industrie versteht man besser, wenn man um das ambivalente Verhältnis amerikanischer Geschäftsleute zu ihrer Regierung weiß. Sie stehen ihr zugleich loyal und distanziert gegenüber und nutzen die Politik gerne als Bulldozer, um Wege frei zu machen, während sie zugleich die Kraft des „free enterprise" rühmen

Weniger bestimmt von solchen nationalen Werthaltungen und deshalb höher zu bewerten sind Umfragen unter ausländischen Geschäftsleuten vieler Länder, die Anfang 1997 in der *Nikkei Weekly* veröffentlicht wurden. Von 94 befragten Repräsentanten namhafter Gesellschaften sagten 56, immerhin deutlich mehr als die Hälfte, der japanische Markt sei weniger offen als der amerikanische oder der europäische. Die Zahl derer, die der Regierung in Tokyo hinreichende Anstrengungen attestierten, den Markt für Importe zu öffnen, war nicht sehr viel größer als die Zahl der Skeptiker, die sich davon enttäuscht zeigten. Die von japanischen Politikern häufig bekundete Entschlossenheit, mit der Deregulierung ernst zu machen, fand nur geringen Glauben. Ein japanischer Manager, der für eine ausländische Firma tätig ist, brachte es sogar auf die Formel, die Regierung beseitige Handelshindernisse nur, wenn sie dazu gezwungen werde und selbst dann auch nur wenige gleichzeitig.

Das Meinungsbild ist also diffus. Deutsche Firmen sehen die Schwierigkeiten eher zuhause, amerikanische und andere Geschäftsleute orten Probleme vor allem in Japan selbst. Wem kann man Glauben schenken? Man sollte die Meinungsunterschiede nicht zu hoch bewerten. Alle hier genannten Äußerungen enthalten Aspekte, die zwar richtig sind, aber nicht für sich allein stehen sollten. Erst die Zusammenschau ergibt ein einigermaßen gültiges Bild:

1. Japan war nicht, wie es gern glauben macht, seit dem Zweiten Weltkrieg eine liberale Handelsnation. Es hat seinen wirtschaftlichen Aufbau nach 1945 gegen eine übermächtige ausländische Konkurrenz geschützt, soweit es das vermochte. Dabei hat es stets auf die Vereinigten Staaten Rücksicht nehmen müssen, die zunächst noch als Besatzungsmacht im Lande standen, die Entflechtung der japanischen *Zaibatsu* überwachten, bei der Formulierung der Handels- und Wettbewerbsgesetze energisch Pate standen und dann auch noch der mit Abstand größte Wirtschaftspartner wurden. Wir sollten uns hüten, den Japanern diese Abwehrstrategie zu sehr vorzuhalten. Auch andere Nationen, z. B. wir Deutschen, haben unsere „infant industries" geschützt, solange es möglich war. Viele der Wirtschaftsverbände, welche die Japaner so heftig ihrer Handelshemmnisse wegen angegriffen haben, verdanken ihre Gründung übrigens ausgeprägten protektionistischen Bemühungen innerhalb ihres Klientels.

2. In einem rohstoffarmen Land wie Japan hat es sich tief in das Bewußtsein gegraben, daß man viel exportieren und sich beim Import zurückhalten muß, um die Einfuhrrechnung für das Lebensnotwendige bezahlen zu können. Eine solche Mentalität ändert man nicht so schnell; es braucht seine Zeit, um in der Breite des Volkes ein neues Bewußtsein zu bilden. Das muß man den Japanern zugestehen.

3. In den letzten Jahren und Jahrzehnten hat sich in Japan viel geändert. Das Land ist offener geworden. Die Zölle sind ohnehin seit langem auf ein Minimum gesenkt, Mengenkontingente Stufe um Stufe abgebaut worden. Auch Normen, Sicherheitsvorschriften, Zulassungsbestimmungen etc. dienen längst nicht mehr im gleichen Umfang wie früher als nicht-tarifäre Handelshemmnisse. Es gehört z. B. ins Reich handelspolitischer Legenden, die Einfuhr österreichischer Ski werde aus Sicherheitsgründen behindert, denn der japanische Schnee sei anders als der in den Alpen. Aber solche Geschichten erfreuen sich eines langen Lebens.

4. Viele Faktoren haben die Veränderung bewirkt. Die Japaner haben schmerzhaft erfahren müssen, unter welchen Aufwertungsdruck ihre Währung gerät, wenn sie, mit allen Folgen für den Arbeitsmarkt, ihren Waren- und Dienstleistungshandel nicht besser ausbalancieren. Sie wissen heute, daß sie allein mit Kapitalexport ihre Zahlungsbilanz nicht zum Ausgleich bringen können. Hunderttausende von jungen Japanern haben im Laufe der Jahre im Ausland studiert. Die Erfahrungen, die sie mitbringen, brechen isolare Strukturen auf. Und die

USA, die einmal die Schwarzen Schiffe in die Bucht von Tokyo geschickt haben, um mit dieser mehr oder weniger freundlichen Einladung das Land für den Handel zu öffnen, haben auch in den letzten Jahren erheblichen Druck ausgeübt. Der Wandel ist also das Ergebnis nüchternen Kalküls, einer mentalen Öffnung gegenüber der Außenwelt und eines erheblichen politischen Drucks der Handelspartner.

5. Die Liberalisierung hat allerdings nicht überall im Land in gleichem Maß Anhänger gefunden. Im *Gaimushô*, dem Auswärtigen Amt, dürfte man sich am meisten bewußt sein, daß es dem Interesse Japans dient, mit anderen, gerade auch handelspolitisch, zu kooperieren. Auch im MITI, dem Industrie- und Handelsministerium, und der ihm zugeordneten Außenhandelsorganisation Jetro, ist es heute offenbar herrschende Meinung, daß japanische Exporte auf Dauer nur offene Märkte finden werden, wenn das Land fair nach dem Grundsatz der Gegenseitigkeit verfährt. In den Ressorts, die für einzelne Wirtschaftsbereiche, z. B. für Verkehr, Bau, Gesundheit etc., zuständig sind, ist es schon schwieriger, solche Gedanken heimisch zu machen.

6. Je größer die Entfernung zur Hauptstadt, je tiefer also die Provinz, umso stärker die Beharrungskräfte, umso größer die Rückfallgefahr in alte Abwehrstrukturen! Das kann durchaus ärgerlich werden. Verfügt die Zentralregierung beispielsweise eine Liberalisierung des Einzelhandels, versagen aber die lokalen Behörden der ausländischen Einzelhandelskette an strategisch wichtigen Stellen die Baugenehmigung, so stehen hehre Grundsätze des Freihandels auf dürren und wackligen Beinen. Aber, Hand aufs Herz, gibt es zu solchen unerquicklichen Vorkommnissen nicht auch bei uns gelegentlich Parallelen?

7. In einigen Feldern kommt der Gedanke des Freihandels nur langsam voran. So etwa in der Landwirtschaft. Das wird bei uns niemanden überraschen. Auch unsere Agrarier sind nicht gerade Herolde des freien Warenverkehrs. Auch in anderen Feldern, etwa beim öffentlichen Auftragswesen, gibt es in Japan, wortreichen Bekundungen zum Trotz, ein fein gesponnenes Netz von Präferenzen für lokale Anbieter. Da bedarf es sicher noch erheblicher Verbesserungen. Auf zu hohem Pferd sollten wir allerdings auch hier nicht einherkommen. Wenn die Düsseldorfer Stadtväter einen öffentlichen Auftrag ausschreiben, tun sich schon Anbieter der gegenüberliegenden Rheinseite, also aus Neuss, schwer, zum Erfolg zu kommen. Und das gilt erst recht für einen Geschäftsmann aus Köln oder aus dem nahen Holland.

8. Manche über einen langen Zeitraum gewachsenen Strukturen stellen sich als ein Handelshemmnis dar. Graf Lambsdorff, in Japan hochgeschätzt, hat in diesem Zusammenhang, mit leiser Ironie, an erster Stelle die japanische Sprache genannt, die in Wort und Schrift in der Tat besondere Anforderungen stellt. Aber auch das Oligopol der großen Handelshäuser, der Familiensinn der *Keiretsu*, die Unschärfe japanischen Verwaltungshandelns und die noch gar nicht so alte Tradition lebenslanger Arbeitsverhältnisse, die es ausländischen Gesellschaften schwer macht, guten Nachwuchs zu verpflichten, und vieles mehr gehören hierhin. All dies ist nicht erfunden worden, um ausländische Anbieter

außen vor zu halten. In der Praxis wirkt es sich aber so aus – und heimische Einzelinteressen verstecken sich gern in den Falten dieser Strukturen, um so ihre Platzvorteile besser zu verteidigen. Dies bedarf der besonderen Aufmerksamkeit der politischen Akteure.

9. In einem Punkt müssen die Japaner sicher etwas tun, wenn sie Ärgernisse beseitigen wollen. Die Regulierungsdichte macht in ihrem Land allen zu schaffen, die unternehmerisch tätig sein wollen. Davon betroffen sind also sowohl Einheimische als auch Ausländer. Die Tiefenwirkung ist allerdings sehr unterschiedlich. Die Japaner, bestens vertraut mit ihrem eigenen Land und seinen Leuten, insbesondere den Schlichen der Verwaltung, finden leichter den Weg durch den Behördendschungel. Hier liegt also durchaus noch ein Handelshindernis, das der Korrektur bedarf. Mit Recht drängen die Handelspartner deshalb darauf, mit der Deregulierung ernst zu machen. Einiges ist, das sollten wir anerkennen, in den letzten Jahren bereits geschehen.

10. Eine solche Bestandsaufnahme wäre unvollständig, würde sie Vorteile außer acht lassen, die das ausländische Angebot in Japan genießt. Importgüter erfreuen sich eines hohen Prestiges und erlauben deshalb Preisspannen, die in den Ursprungsländern der Produkte kaum zu realisieren sind. Die Werbung verstärkt dabei die Imagewerte, die jedem Land zugeordnet werden. Deutschland steht vor allem für technische Qualität und Funktionalität, Frankreich für Chic und Savoir Vivre, Italien für Eleganz etc. Das Differenzierungsvermögen der Verbraucher ist dabei nicht sehr ausgeprägt. Für den ausländischen Anbieter ist es nicht leicht, gegen solche Schablonen Produkte in den Markt zu bringen; er hat aber durchaus die Chance, sich diese traditionsgehärteten Vorstellungen nutzbar zu machen.

Alles in allem: Der japanische Markt bietet große Chancen für den, der ihn mit Ausdauer und Beharrlichkeit angeht. Die deutsche Exportwirtschaft bleibt hier bei weitem unter ihren Möglichkeiten. Wir täten gut daran, das zu ändern.

Das Besondere an den deutsch-japanischen Beziehungen: Die Funktion der Sonderinstrumente bei der gegenseitigen Öffnung Japans und Europas

Thilo Graf Brockdorff

In den deutsch-japanischen Beziehungen gibt es seit Mitte der 80er Jahre eine Zahl von Sonderinstrumenten, die zu einer zunehmenden gegenseitigen Öffnung, Vertiefung der bilateralen Beziehungen und zur industriellen Zusammenarbeit beitragen. Diese Instrumente sind inzwischen zum Vorbild für einige andere Staaten, wie z. B. Süd-Korea, die VR China und Israel geworden, die sich um entsprechende Foren mit der Bundesrepublik Deutschland bemühen. Sogar die Europäische Union (EU) ist dem Beispiel des Deutsch-Japanischen Kooperationsrates für Hochtechnologie und Umwelttechnik (DJR) gefolgt, indem sie den „EU-Japan Industrialists' Round Table" unter Vorsitz von Graf Etienne Davignon und dem NEC-Chef Dr. Sekimoto Tadahiro ins Leben gerufen hat.

Mit der Gründung derartiger Foren ist es allerdings nicht getan. Sie müssen mit Leben erfüllt werden. Und hier divergieren anfangs nicht selten die Erwartungen beider Seiten. Die Zusammenarbeit kann sich erst langsam durch Schaffung eines Vertrauensklimas und Annäherung der jeweiligen Perzeptionen herauskristallisieren. Bedenkenträger mit Befürchtungen des „Über-den-Tisch-gezogen-Werdens" oder des „Abzockens" müssen davon überzeugt werden, daß Zusammenarbeit zum gegenseitigen Vorteil und zur Schaffung von Synergieeffekten führt. Das erste dieser Instrumente, mit dem Neuland betreten wurde, war das Japanisch-Deutsche Zentrum Berlin (JDZB).

Es wurde 1985 aufgrund einer Initiative von Bundeskanzler Helmut Kohl und dem damaligen japanischen Ministerpräsidenten Nakasone Yasuhiro mit dem Ziel gegründet, die deutsch-japanischen sowie auch die japanisch-europäischen Beziehungen im Bereich der Wissenschaft, der Wirtschaft und der Kultur[1] im weiteren Sinne zu erweitern und zu vertiefen; in dem Maße, wie sich die asiatisch-pazifischen Staaten integrieren, spielt aber auch die asiatische Dimension eine immer wichtiger werdende Rolle bei seinen Aktivitäten. Die Projekte des Instituts müssen gegenwarts- und zukunftsorientiert sein; die historische Dimension ist nur so weit einzubeziehen, wie dies für das Verständnis von Gegenwartsfragen erforder-

---

[1] Das JDZB ist kein „Kulturinstitut". Diese Funktion wird einerseits vom japanischen Kulturinstitut in Köln, andererseits von den Goethe-Instituten in Tokyo und im Kansai-Gebiet wahrgenommen.

lich ist. Das JDZB ist eine private Stiftung deutschen Rechts, seine Gremien sind paritätisch aus deutschen und japanischen Vertretern der Wirtschaft, der Wissenschaft, der Medien und der Kultur sowie aus Politik und Verwaltung besetzt; seine laufenden Kosten werden paritätisch von beiden Seiten getragen.

Das JDZB ist ständig bemüht, Stereotypen abzubauen und zu einer realitätsnahen gegenseitigen Perzeption beizutragen. Zu diesen überholten Klischees gehört auch die Vorstellung von Japan als einem abgeschlossenen Markt, der sich der internationalen Arbeitsteilung und Kooperation verweigert. Aus diesem Grunde begrüße ich die Initiative zu diesem Buch mit dem Titel „Japan ist offen: Chancen für deutsche Unternehmen". Es wäre jedoch irreführend, würde man das Konzept dieses Buches in der Weise interpretieren, daß es in Japan keinerlei Bereiche mehr gäbe, in denen man nicht-tarifäre Handelshemmnisse oder andere Zugangsbeschränkungen für ausländische Unternehmen antrifft, die man z. B. in den USA nicht oder zumindest nicht in diesem Maße findet. Die Europäer werden sich aber – wenn es etwa um Agrarpolitik, Deregulierung oder das öffentliche Beschaffungswesen geht – die Gegenfrage gefallen lassen müssen, wie offen denn die EU bzw. ihre Mitgliedstaaten sind.

Hier muß noch eine weitere Feststellung vorausgeschickt werden: Handels- und damit die entsprechenden Marktzugangsfragen fallen in den Aufgabenbereich der EU; sie sind also nicht mehr eine Angelegenheit der bilateralen Beziehungen zwischen den EU-Mitgliedstaaten und Japan. Ich meine, daß sich daher die bilateralen Wirtschaftsbeziehungen vor allem auf die Bereiche der Investitionen, der industriellen Kooperation in Forschung und Entwicklung (FuE) und der Zusammenarbeit in Drittländern konzentrieren sollten. Auf diese Bereiche wird sich dieser Artikel beschränken.

1 Die Rolle des *JDZB*

Das *JDZB* strebt danach, durch Zusammenwirken von Praktikern und Wissenschaftlern sowie von Fachleuten aus Politik und Verwaltung und durch den Dialog mit Medienvertretern beider Seiten konkrete Projekte anhand aktueller Fragen durchzuführen und auf diese Weise einerseits mehr Transparenz zu schaffen und andererseits Kooperation zu stimulieren. Einige wenige Beispiele hierfür sind:

- Das euro-japanische Symposium „Neue Strukturen für eine wettbewerbsfähige Bahn: Erfahrungen in Japan – Perspektiven in Deutschland" im September 1992, als die Privatisierung der Bundesbahn bevorstand – ein in Japan damals bereits realisierter Prozeß.
- Die Tagung „Die Zukunft Intelligenter Fertigungssysteme (IMS)" im Dezember 1994, als die Fortführung des IMS (Intelligent Manufacturing Systems)-Prozesses zur Debatte stand.

- Symposien zur 'Nuclear Non-Proliferation' 1994 und 1996 im Vorfeld entsprechender internationaler Konferenzen.
- Im Mai 1997 ein Seminar zum ASEM-Prozeß und den Kooperationsmöglichkeiten zwischen Europa und der asiatisch-pazifischen Region.

Sonderaustauschprogramm (SAP)

Besondere Aufmerksamkeit hat das *JDZB* auch der Aus- und Fortbildung und dem Austausch von Jugendlichen gewidmet. Hier ist vor allem das Sonderaustauschprogramm (SAP) zu nennen, welches das Institut in der Zeit von 1989 bis 1995 durchgeführt hat. Dieses Programm, das mit 30 Millionen DM ausgestattet war, ging auf eine Initiative des ehemaligen japanischen Ministerpräsidenten Takeshita Noboru aus dem Jahr 1987 zurück und war für ganz Westeuropa konzipiert. So konnten u. a. 280 Studenten und Forscher, Doktoranden und Habilitanden nach Japan entsandt werden, um dort zu recherchieren. Sie konnten ihr Thema und die Forschungsstätten selbst wählen. Hier muß deutlich festgestellt werden, daß es in keinem dieser Fälle zu irgendwelchen Behinderungen oder Einschränkungen der betreffenden Forschungsvorhaben gekommen ist. In jedem dieser Fälle konnte ein betreuender japanischer Professor als Bürge gefunden werden, der sich dann auch größte Mühe gab, möglichst günstige Studien- und Forschungsbedingungen zu schaffen. Bei vielen dieser Stipendiaten, die oft in hochspezialisierten Feldern, wie z. B. der Neuroinformatik, Neurobiologie, Biochemie, Robotik, Materialforschung u. a., arbeiteten, entstand der Eindruck, daß ihre japanischen Counterparts stolz auf das Erreichte und froh darüber waren, ihre Forschungsergebnisse den ausländischen Gästen gegenüber vorstellen zu können. Ähnliche Erfahrungen haben die Stipendiaten der Alexander-von-Humboldt-Stiftung (AvH) und des Deutschen Akademischen Austauschdienstes (DAAD) gemacht. Es kann also festgestellt werden, daß es im Bereich des wissenschaftlich-akademischen Austausches in dieser Hinsicht keine Beschränkungen oder Hindernisse mehr gibt. Allerdings muß dies qualifiziert werden: Während sich in Deutschland der weitaus überwiegende Teil der Forschung im akademischen Bereich abspielt, werden in Japan 70 bis 80 Prozent der FuE-Projekte innerhalb von Unternehmen der Privatwirtschaft realisiert. Diese FuE-Projekte entziehen sich in der Regel dem akademischen Zugriff. Hier setzt der im Rahmen des *DJR* vorgesehene Austausch an, von dem später die Rede sein wird.

2 Das Deutsch-Japanische Dialogforum (DJDF)

Im Jahre 1993 unternahm Bundeskanzler Kohl zwei wichtige Asienreisen, wobei er im November 1993 auch Japan besuchte. (Dies war bereits sein zweiter bilateraler Besuch dort.) Die deutschen Unternehmen sahen sich zu dieser Zeit einer dreifachen Herausforderung gegenüber gestellt: (1) Ost-Deutschland mußte aufgebaut werden,

(2) man mußte sich auf die härtere Konkurrenz durch die Integration des Gemeinsamen Marktes in der EU einstellen und (3) es galt, an der Reform des Wirtschaftslebens in den mittel- und osteuropäischen (MOE) Ländern mitzuwirken. Hierdurch waren die Kapazitäten, insbesondere bei den Klein- und Mittelunternehmen (KMU), fast vollständig ausgeschöpft, so daß sie eigentlich kaum noch Möglichkeiten für ein Engagement andernorts hatten. Gleichzeitig erwies sich aber der asiatisch-pazifische Raum mit seinen Schwellenländern bzw. NIEs[2] mehr und mehr als der eigentliche Wachstumsmarkt der 90er Jahre. Die Reise des Bundeskanzlers wurde also auch in der Absicht unternommen, die deutsche Wirtschaft auf die neuen Chancen aufmerksam zu machen, die sich in Fernost auftaten.

Diese Reisen hatten positive Folgen: Die Bundesregierung entwickelte ein neues Asienkonzept und andere Ressorts, wie z. B. das Bundesministerium für Forschung und Technologie (BMBF), folgten mit eigenen Konzepten. Die deutschen Unternehmen gründeten den Asien-Pazifik-Ausschuß der deutschen Wirtschaft (APA), dem eine ähnlich bedeutende Rolle beigemessen wurde wie seinerzeit dem Ostausschuß der deutschen Wirtschaft. Und aufgrund einer Anregung von Bundeskanzler Kohl und seinem damaligen Counterpart, Ministerpräsident Miyazawa Kiichi, wurde bereits 1993 das Deutsch-Japanische Dialogforum (DJDF) ins Leben gerufen, das sich seither einmal jährlich alternierend in Berlin und Tokyo trifft. In einer ersten dreijährigen Runde tagte es unter dem Vorsitz von Dr. Wilfried Guth (Deutsche Bank und Stiftungsratsvorsitzender des JDZB) und Botschafter a.D. Miyazaki Hiromichi (damals Präsident des JDZB); in seinem zweiten Dreijahresturnus sitzen ihm die Herren Edzard Reuter (DAIMLER-BENZ) und Higuchi Hirotaro (Asahi Breweries) vor.

Im DJDF wirken von den Regierungschefs berufene Vertreter der Wirtschaft, der Wissenschaft, der Medien, der Kultur, der Politik und der Verwaltung mit. Es hat den Auftrag, die Regierungschefs in Fragen der internationalen und der bilateralen Beziehungen zu beraten. Hierbei spielen vor allem Fragen an beide Länder hinsichtlich der Sicherung des Friedens in der Welt und der Offenhaltung des Weltmarktes, aber auch der gegenseitigen Beziehungen in den Bereichen der Politik, der Wirtschaft, der Wissenschaft und der Kultur eine Rolle. Dabei war man sich des Umstandes bewußt, daß beiden Ländern nach der Auflösung der bipolaren Weltordnung besondere Verantwortung in ihrer jeweiligen Region, aber auch im trilateralen[3] und multilateralen[4] Rahmen zukommt, und daher eine enge Abstimmung sinnvoll und nützlich ist.

---

[2] NIEs = Newly Industrialized Economies (z.B. Süd-Korea, Hong Kong, Taiwan und Singapur; aber auch die anderen ASEAN-Länder).
[3] Trilaterale Beziehungen zwischen Nordamerika, der EU und Japan.
[4] Insbesondere im Rahmen der Vereinten Nationen und ihrer Unterorganisationen.

3 Der Deutsch-Japanische Jugendaustausch (DJJA)

Das *DJDF* hat seit Aufnahme seiner Tätigkeit auf das Erfordernis eines intensivierten Jugendaustausches hingewiesen. Es war und ist der Meinung, daß die „Entscheidungsträger von morgen" (*young leaders*) zu einem besseren gegenseitigen Verständnis und – soweit möglich – zu einer Vernetzung geführt werden sollten. Junge Unternehmer, Manager und Techniker, Wissenschaftler, Journalisten und Abgeordnete, um nur einige Gruppen zu nennen, sollen sich durch Begegnungen und Zusammenarbeit kennen- und verstehenlernen, damit sie in der Zukunft – in Kenntnis der anderen Kultur, aber auch gestützt auf gemeinsame Erfahrungen und Freundschaften – wirkungsvoll zusammenarbeiten können. Damit dieser Prozeß des Kennenlernens der anderen Kultur möglichst früh einsetzen kann, sollten nicht nur Postgraduierte, Jungmanager und andere Berufstätige, sondern auch Studenten und sogar Gymnasiasten einbezogen werden.

Das JDZB kann hierbei an die Erfahrungen des erwähnten SAP anknüpfen, durch das zusätzlich zu den genannten 280 Stipendiaten über 800 Schüler und Studenten für Kurzaufenthalte im Rahmen von Studienreisen und Sommerprogrammen (Japanisch-Intensivkurse) nach Japan entsandt werden konnten. Zudem hat das JDZB in Kooperation mit dem Auswärtigen Amt und dem japanischen Außenministerium sowie dem Japan Center for International Exchange (JCIE) ein Adreßbuch der deutsch-japanischen Zusammenarbeit erstellt, dessen erste Auflage bereits fast vergriffen ist.

Durch dieses Referenzwerk, das in Kürze in seiner jeweils aktualisierten Form im Internet einsehbar sein wird, soll größere Transparenz über bereits laufende und neue Programme geschaffen werden. Es ist als ein erster Schritt in Richtung auf eine Intensivierung des deutsch-japanischen Jugendaustausches gedacht, wobei u. U. auch die europäische und die asiatisch-pazifische Dimension einbezogen werden sollen.

All diese Maßnahmen verfolgen das Ziel zunehmender Öffnung und Vertiefung der Zusammenarbeit in der Zukunft.

4 Der Deutsch-Japanische Kooperationsrat für Hochtechnologie und Umwelttechnik (DJR)

Die Gründung des Deutsch-Japanischen Kooperationsrates für Hochtechnologie und Umwelttechnik (DJR), der sich im Dezember '94 zu seiner konstituierenden Sitzung in Tokyo zusammengefunden hat und dem unter der Leitung der Ko-Vorsitzenden, Bundesforschungsminister a. D. Prof. Dr. Heinz Riesenhuber, MdB, und dem Mitglied des japanischen Wissenschafts- und Technologierates (WTR)[5] und ehemaligen Präsidenten der staatlichen Universität Tokyo, Prof. Mori Wataru, auf jeder Seite acht Vertreter namhafter Unternehmen sowie zwei Vertreter der Wissenschaft[6] angehören, geht ebenfalls auf eine Anregung der beiden Regierungschefs aus dem Jahre 1993 zurück. Seine Aufgabe ist es, Zusammenarbeit zwischen Unternehmen beider Seiten – und dies auch in Drittländern – in den Bereichen der Hochtechnologie und der Umwelttechnik zu stimulieren. Der DJR dient dabei als Plattform für Analysen, Austausch über Technologietrends und die Identifikation langfristig relevanter Technologiefelder beiderseitigen Interesses. In dem Maße, wie die Forschung, die Produktion, die Vermarktung und dazugehörige Dienstleistungen sich den wachsenden globalen Dimensionen stellen müssen, können Deutschland und Japan durch ihre Zusammenarbeit wesentliche Beiträge zum Ausbau der wissenschaftlich-technologischen und wirtschaftlichen Beziehungen leisten. Hinzu kommt, daß FuE in weiten Bereichen, die insbesondere auch die brennenden Fragen der wirtschaftlichen Entwicklung in und der sozialen Verantwortung für die sog. Dritte Welt umfassen, oft von einer Nation allein nicht mehr geleistet werden kann. Hier kann ein '*pooling*' der Ressourcen beider Länder zu praktikablen Lösungen führen.

Der DJR ist indes keine 'Technologiebörse'. Er kann Felder komplementärer Techniken definieren und Anregungen für die Schaffung entsprechender Rahmenbedingungen geben. Ebensowenig ist er kein Exclusiv-Club der im Rat vertretenen Firmen, sondern strebt danach, auch andere Unternehmen der durch sie vertretenen Branchen – und hier insbesondere auch klein- und mittelständische Unternehmen (KMU) – in diesen Prozeß miteinzubeziehen.

Beide Seiten haben daher zunächst einmal Studien über mögliche Kooperationsfelder, d. h. über Sektoren erstellt, in denen komplementäre Technologien vermutet und Zusammenwirken angestrebt werden könnte. Auf diese Weise sollte es möglich werden, zu konkreten Formen und Projekten der Zusammenarbeit zu gelangen, die letztlich für beide Seiten – aber auch für Dritte – ökonomischen und sozialen Gewinn mit sich bringen würden.

Als ein 'Vehikel' einer solchen Kooperation ist der Austausch von jungen Firmenangehörigen – Ingenieuren, Managern und Forschern – in Aussicht genommen worden. Junge Mitarbeiter von – vor allem auch klein- und mittelständischen – Unternehmen beider Seiten, die komplementäre Interessen haben, sollen frühzeitig lernen, miteinander zu arbeiten, voneinander zu lernen und ein Gefühl für die andere Kultur zu entwickeln. Auf diese Weise sollen nicht nur Synergieeffekte erzielt werden, sondern auch langfristig angelegte Zusammenarbeit zwischen diesen Unternehmen entstehen. Es ist zu hoffen, daß durch derartige Vernetzungen eine Gene-

---

[5] Formell sitzt dem WTR der japanische Premierminister vor; faktisch aber wird er von Prof. Mori Wataru geleitet..
[6] Auf deutscher Seite: Boehringer Mannheim, DAIMLER-BENZ, Dürr AG, HOECHST, SIEMENS, Strabag, Thyssen Industrie, VIAG, Fraunhofer Gesellschaft, Max-Planck-Gesellschaft.

ration von Managern und Forschern heranwächst, für die industrielle Kooperation eine Selbstverständlichkeit sein wird.

Ein nicht unwichtiger – und letzten Endes auch industriepolitisch relevanter – Bereich der Arbeiten des DJR ist die Abstimmung über Ökobilanzen, das sog. *Life Cycle Assessment* (LCA). Es geht darum, von der rein entsorgungsorientierten *'end of the pipe technology'* hin zu einer den gesamten Lebenszyklus eines Produktes erfassenden Bewertung seiner Umweltauswirkungen, d. h. während seiner Herstellung, seiner aktiven Phase und seiner Entsorgung, zu kommen. Hier können führende Industrieländer wie Deutschland und Japan, wenn sie zu abgestimmten Haltungen gelangen, einen erheblichen Beitrag zur internationalen Standardisierungsdiskussion leisten. Dies wurde u. a. im Rahmen eines entsprechenden Workshops deutlich, der im Herbst 1996 in Tokyo abgehalten wurde.

Deutschland und Japan sehen sich als führende Industrienationen als mitverantwortlich für die Entwicklung in der sog. 'Dritten Welt'. Evident ist: Wenn die wirtschaftliche Entwicklung in dem erwünschten Maße – wie z. B. in den Schwellenländern – fortschreitet, kann die notwendige Energieversorgung mit konventionellen Methoden zu nicht absehbaren Umweltschäden führen. Der DJR hat es sich daher zur Aufgabe gemacht, durch deutsch-japanische Kooperation in Drittländern zu umweltverträglichen Systemen der Energieproduktion, z. B. auf der Basis von Solarenergie oder sog. *'clean coal technology'*, zu kommen. Ein erstes Photovoltaik-Pilotprojekt für die Versorgung von ländlichen Gebieten ist in Vorbereitung und wird voraussichtlich bald in Vietnam in Angriff genommen werden können.

Natürlich spielt auch die Frage der Wiederverwertung von zu entsorgenden Gütern – u. a. von Altautos oder Elektroschrott und 'weißer Ware', das sog. *'recycling'* – beim DJR eine prominente Rolle. Durch das verheerende Erdbeben von Kobe bzw. in der Hanshin-Region vom 17.01.1995 hat eines dieser Themen des DJR, nämlich das Recycling von Baureststoffen, besondere Aktualität erhalten. Im Sommer 1997 wurde hierzu vom DJR in Berlin eine eigene Konferenz abgehalten, die eine Resolution für die dritte Rio-Nachfolgekonferenz COP'3 in Kyoto (Dezember 1997), bzw. für andere ebenfalls zuständige multilaterale Gremien, erarbeitet hat. Es sei hier am Rande angemerkt, daß die deutsche DJR-Delegation – einer Anregung von Ministerpräsident Teufel folgend – in Zusammenarbeit mit dem Auswärtigen Amt im Mai 1995 für eine Delegation unter dem damaligen japanischen Bauminister Nosaka Koken Gastgeber war, um deutsche Techniken zu präsentieren, die beim Aufbau der Hanshin-Region zum Einsatz kommen könnten. Dabei wurde darauf hingewiesen, daß die einzigartigen deutschen Erfahrungen beim Aufbau Ost, bei dem der katastrophale Zustand der Infrastruktur, der Umweltbedingungen und der Bausubstanz als Chance zum Sprung in die modernste Generation der Technik (siehe z. B. die Glasfaserverkabelung durch die DEUTSCHE TELEKOM) gesehen wurde, auch für die Kobe-Region genutzt werden könnten.

Aber auch andere Bereiche der Hochtechnologie, wie z. B. in der Verkehrsleit-, der Kommunikations- und Informations- und der Luft- und Raumfahrttechnik sind im Rahmen des DJR erörtert worden. Dabei spielen auch sog. 'softe Themen', wie etwa die Auswirkungen neuer Medien auf die Jugend, aber auch der Einsatz von

Telemedizin bzw. -pathologie – nicht zuletzt in den alternden Gesellschaften in Deutschland und Japan (Telegerontologie) – eine Rolle.

Eine wichtige – weil durchaus praktische – Bedeutung hat auch das gemeinsame Auftreten des DJR auf Umweltmessen. So konnte z. B. im Rahmen der Umweltmesse „New Earth Osaka '96" ein Symposium des DJR über neue Wege der Zusammenarbeit im Bereich der Umwelttechnik durchgeführt werden. Hier zeigte sich, daß der DJR – wenn auch indirekt – durchaus zu konkreten Kooperationen zwischen Unternehmen beider Seiten beitragen kann. Weitere derartige Symposien des DJR sind im Rahmen deutscher High-Tech- und Umweltmessen, z. B. in Leipzig und Düsseldorf, in der Planung.

5 Die Japaninitiative im Rahmen des APA

Das JDZB, das DJDF und der DJR haben sich an der vom BDI-Präsidenten, Hans-Olaf Henkel, 1996 initiierten und vom BDI, dem Deutschen Industrie- und Handelstag (DIHT) und dem Ostasiatischen Verein (OAV) getragenen Japan-Initiative im Rahmen des Asien-Pazifik-Ausschusses der deutschen Wirtschaft (APA) aktiv beteiligt. Ziel dieser Aktion ist es vor allem, dem deutschen Management bewußt zu machen, welche Rolle Japan im asiatisch-pazifischen Raum spielt, in dem 70 Prozent des Bruttosozialproduktes direkt oder indirekt durch Japan generiert werden. Die Initiatoren sind der Überzeugung, daß eine sich abzeichnende Tendenz, Asienstrategien unter Ausklammerung Japans zu betreiben, das als zu verschlossen, zu mühsam und zu teuer empfunden wurde, in die falsche Richtung führt. Japan ist mit seinen 125 Millionen kaufkräftigen potentiellen Kunden nicht nur ein äußerst lukrativer Markt an sich, es ist auch ein interessanter Referenzmarkt für Asien und damit wohl auch für den gesamten Weltmarkt. Wer den Wettbewerbstest in Japan besteht, hat überall auf der Welt gute Chancen. Und noch ein interessantes Argument wurde von einem führenden deutschen Unternehmer vorgetragen: „Ich möchte meinen Konkurrenten bzw. sein Produkt lieber in Tokyo als in Stuttgart kennenlernen!"

Es ist zweifelsohne richtig, daß der Markteinstieg in Japan zeit- und kostenaufwendig ist; aber er lohnt sich! Und insbesondere KMU, die neue, interessante Techniken anzubieten haben, können sich in Japan gute Chancen ausrechnen. Die Deutsche Industrie- und Handelskammer in Japan (DIHKJ), aber auch der TÜV/Rheinland und die Japan External Trade Organization (JETRO) bieten besonders interessante Einstiegsmöglichkeiten für KMU in Japan an. Auch in dieser Beziehung ist Japan also „offener" bzw. zugänglicher geworden.

6 Schlußbemerkungen

Manche beurteilen die japanische Sprache als nicht-tarifäres Handelshemmnis, oder sind der Meinung, Japan könne so lange nicht als 'internationalisiert' angesehen werden, wie man seine Geschäfte dort nicht in englischer Sprache abwickeln kann. Ihnen sei gesagt, daß es anderthalbmal soviele Menschen auf der Welt gibt, die Japanisch sprechen, wie Deutsch! Man wird sich hier also nach den Japanern und ihrer Sprache richten müssen. Das Beispiel der jungen Amerikaner in Japan, die dort in wachsender Zahl mit exzellenten Japanisch-Kenntnissen auftreten, sich in der Gesellschaft „wie ein Fisch im Wasser" bewegen und nicht selten in den Diensten japanischer Unternehmen stehen, zeigt, daß Japan für den, der sich bemüht, „machbar" ist.

Deutsche Unternehmen bauen – wie die Unternehmen anderer Länder auch – die Zahl der 'Expatriates', d. h. der entsandten Kräfte, aus Kostengründen zu Gunsten von einheimischen Kräften ab. Das ist aus wirtschaftlicher Sicht sicher richtig. Ein bedeutendes deutsches Pharma-Unternehmen, das fast ein Viertel seines weltweiten Umsatzes in Japan erwirtschaftet, tut dies mit fünf bis acht Deutschen bei über 1.200 Mitarbeitern in Japan! Umsomehr aber kommt Verantwortung auf die wenigen Schnittstellenfunktionen (*interfaces*) zu.

Japanische Unternehmen investieren nicht selten mehrere Jahre ihrer Mitarbeiter in reines Sprach- und Landeskundetraining, in den USA, aber auch in Europa. Offensichtlich zahlt sich diese Politik aus – die Handelsbilanz zeigt es! Hier sollte erwähnt werden, daß BDI-Präsident Hans-Olaf Henkel einen Grund für die Unausgewogenheit in den deutsch-japanischen Wirtschaftsbeziehungen im zu geringen Japan-*Know-how* beim Management deutscher Unternehmen sieht.

Daher sollten auch die deutschen Unternehmen ihre Personalpolitik in dieser Richtung überdenken. Die Philosophie: „Wir brauchen gute Fachkräfte; das bißchen Landes- und Sprachkenntnisse bringen wir ihnen schon neben dem Job bei" greift nicht mehr. US-amerikanische, aber auch britische und französische Unternehmen lehren uns etwas anderes! In japanischen Tochterfirmen deutscher Unternehmen, aber auch in den Muttergesellschaften sollten in stärkerem Maße als bisher Japan-Kenner eingesetzt werden.

Und hier ist ein klärendes Wort bezüglich der sog. Japanologie bzw. der Japan-Studien angebracht. Die herkömmliche Auffassung, deutsche Japanologen seien Altphilologen und Geisteswissenschaftler, die in der Wirtschaft nicht eingesetzt werden können, stimmt vielerorts nicht mehr. Es gibt in Deutschland bereits eine Reihe von japanologischen Lehrstühlen, bei denen man die Landes- und Sprachstudien mit sehr praktischen Fächern, wie z. B. der Betriebswirtschaftslehre, verbinden kann. Zudem gibt es an einer Reihe von Universitäten die Möglichkeit für Studenten anderer Disziplinen, Japanisch zu belegen. Diese Tendenz wird auch u. a. durch die Stipendien „Sprache und Praxis" des DAAD und durch die Praktika der Carl-Duisberg-Gesellschaft gefördert. Und schließlich gibt es die Absolventen der äußerst effizienten Programme der EU, wie z. B. das *Executive Training Programme* (ETP), die nach einem 18-monatigen Ausbildung in Sprache und Praxis interessante Kandidaten für derartige Aufgaben sein dürften. Kurzum: Es gibt ein zunehmend größeres Reservoir an sprachkundigen Japan-Fachleuten, dessen sich die Wirtschaft bedienen sollte. Diese jungen Leute, die in der Regel flexibel sind und zudem über ausgezeichnete Englischkenntnisse verfügen, sollten nicht nur in Japan, sondern auch in Deutschland, aber auch in Drittmärkten eingesetzt werden können, wo Japan – wie gezeigt – eine immer wichtigere Rolle spielt.

Japan ist offen: Ja, für den, der sich darum bemüht!

Die neuen Chancen in Japan nutzen

Heinz Riesenhuber und Josef Kreiner

Um gleich am Anfang dieses Resumees die Schlußfolgerung vorwegzunehmen: Unsere These, daß der japanische Markt heute wesentlich transparenter und leichter bearbeitbar sei als in früheren Zeiten und daß sich gerade zum gegenwärtigen Zeitpunkt hervorragende Möglichkeiten für ein Engagement der deutschen Wirtschaft in Japan bieten, ist nach unserer Ansicht durch die Beiträge des vorliegenden Bandes in überzeugender Weise belegt worden.

Im einführenden Kapitel wurden aus wissenschaftlicher Perspektive die aktuellen Verhältnisse in Japan untersucht. Viele stereotype Japanbilder werden von der modernen sozialwissenschaftlichen Japanforschung nicht bestätigt. Ein differenzierter Blick auf das japanische Wirtschaftssystem zeigt, daß wir heute weder von einer Abschottung des japanischen Marktes noch von einer starken Rolle des Staates oder von einer auf die Arbeit konzentrierten Lebenshaltung der meisten Japaner sprechen können. Vielmehr zeigt sich, daß die japanische Volkswirtschaft wie auch die Gesellschaft inzwischen ein Entwicklungsniveau erreicht hat, das sie sich in vielen Dingen westlichen Industrieländern stark angenähert hat.

Strukturelle Kostenvorteile spielen mittlerweile in Japan eine ebenso geringe Rolle wie technologisches Trittbrettfahren. Im Gegenteil, das Land zeichnet sich heute durch relativ hohe Produktionskosten aus und befindet sich in vielen Branchen an der vordersten Front der technischen Entwicklung. Ausländer bilden inzwischen im Stadtbild der japanischen Metropolen ebensowenig mehr eine Randerscheinung wie Importprodukte in den Regalen der Supermärkte. Im Gegenteil, mit einigen Kenntnissen der Sprache und Kultur des Landes eröffnen sich in Tokyo oder Osaka Geschäftskontakte ebenso leicht wie in Frankfurt, Paris oder New York. Die japanischen Konsumenten, die zu den kaufkräftigsten der Welt zählen, sind zudem höchst aufgeschlossen gegenüber ausländischen Qualitätsprodukten.

All diese Entwicklungen, die nur noch sehr wenig mit hergebrachten, um nicht zu sagen überholten Betrachtungsweisen des japanischen Marktes als verschlossen und schwierig gemein haben, sind das Ergebnis des wirtschaftlichen Erfolgs der Japaner in den vergangenen Jahrzehnten. Japan, das seit den 60er Jahren fast vom Niveau eines Entwicklungslandes ausgehend durch Exportoffensiven mit Billigprodukten bei gleichzeitiger Abschottung des heimischen Marktes versuchte, Wohlstandszuwächse für seine größtenteils in sehr bescheidenen Verhältnissen lebende Bevölkerung zu erzielen, ist heute zu einer maturierten Gesellschaft aufgestiegen. Diese ist durch all die Errungenschaften, aber auch Probleme gekennzeichnet, die wir uns ungefähr eine Generation früher als Japan erworben haben. Der Japaner von heute will die Früchte seiner Arbeit genießen und ist vom „Workaholic" zum Konsumenten mutiert. Japan mußte in der Handelspolitik, um im Konzert der führenden Industrienationen eine anerkannte Rolle spielen zu können, seinen Markt öffnen. Japanische Firmen sind heutzutage darauf angewiesen, in internationalen Standards zu denken und zu handeln, weil sie nicht mehr mit Ein-Punkt-Strategien (einem guten Produkt zu einem konkurrenzlosen Preis) zum Erfolg kommen, sondern sich vielfältig in Produktions-, Forschungs- und Marketingaktivitäten international verzahnen.

Es ist wohl auf eine viel zu negative Einschätzung der Erfolgschancen auf dem japanischen Markt zurückzuführen, daß gegenwärtig vielfach in Sinne eines „bypass Japan" beim Engagement in Asien China und Südost-Asien favorisiert werden. Dabei wird – und dies ist in mehreren der Beiträge zu diesem Band deutlich angesprochen worden – völlig die Tatsache übersehen, daß Japan über 70 Prozent des Bruttosozialprodukts der gesamten Region erwirtschaftet. Daran wird sich in absehbarer Zeit auch nichts grundlegend ändern, da Japans Wirtschaft in absoluten Zahlen das größte Wachstum in der Region aufzuweisen hat. Der in Japan durch die dynamische Entwicklung der Volkswirtschaft in den letzten Jahrzehnten erreichte hohe Lebensstandard bedeutet aber auch eine enorme Vergrößerung des Marktes für Verbrauchsgüter – ebenfalls auf einem Niveau, das in den anderen Teilen der Region noch gar nicht erträumt werden kann. Für Investitionen erscheint Japan klar der eminent wichtigste Partner in Asien.

Japan als größte Volkswirtschaft des asiatisch-pazifischen Raumes kommt darüber hinaus aber auch eine Vorreiterrolle für die gesamte Region zu. Japan engagiert sich in allen anderen Ländern dieser Region mit Kapital, in der Produktion und im Handel. Überall werden die hohen japanischen Produktionsstandards zum Vorbild genommen. Davon zeugt ein simples, wahrscheinlich in Pakistan gefertigtes Küchenmesser, das einer der Verfasser in Hongkong billig erstand: Der Beipackzettel verkündet: „real German Solingen made in Japan". Der Name „Japan" allein verbürgt schon Qualität. Jeder, der mit seinem Produkt auf dem japanischen Markt besteht oder in Japan selbst produziert, gibt damit ein Zeichen der Bereitschaft, sich an den von Japan gesetzten Standards messen zu lassen. Das Engagement und der Erfolg in Japan sind also eine Visitenkarte, die ebenso in ganz Ost- und Südostasien wie überhaupt weltweit die Ernsthaftigkeit den Kunden gegenüber und die Hochwertigkeit eines Produkts verbürgt. Die Lösung kann folglich nur lauten: Über und durch den japanischen Markt nach Asien! Einige der Firmenberichte im zweiten Teil dieses Bandes belegen die Stichhaltigkeit dieser Forderung.

Eine weiterere Entwicklung unterstreicht die Notwendigkeit eines verstärkten Japan-Engagements der deutschen Wirtschaft gerade zum jetzigen Zeitpunkt: Bereits gegen Ende des japanischen Hochwachstums in den 60er Jahren hatte sich der Staatszentrismus des japanischen Wirtschaftssystems der unmittelbaren Nachkriegszeit überlebt. Damit reduzierte sich der häufig überschätzte Einfluß des MITI und anderer Behörden drastisch. Die 70er und 80er Jahre können als eine Periode manchmal zögernder, insgesamt jedoch kontinuierlicher Entbürokratisierung betrachtet werden. Seit dem Anfang der 90er Jahre erleben wir wiederum eine Phase der Liberalisierung, die bis zu recht konkret diskutierten Plänen zur Zerschlagung und Auflösung ganzer Ministerien geht. Gleichzeitig ist eine Welle von Deregulierungsmaßnahmen in Angriff genommen worden. Diese werden von den Vereinigten Staaten, manchmal auch von der EU, oft selbstbewußt als Erfolge von Interventionen in Anspruch genommen, überwiegend haben sie jedoch ihre Ursprünge in rein innerjapanischen Diskussionen und entsprechen dem Wunsch der japanischen Konsumenten nach fortschreitenden Reformen in den teilweise verkrusteten Verwaltungsstrukturen und nach einem vielfältigen, gute Importprodukte einschließenden Warenangebot.

Mit diesen Maßnahmen, die übrigens bereits heute dazu geführt haben, daß der japanische Markt nicht mehr und nicht weniger abgeschottet ist als der US-amerikanische oder der europäische, geht eine strategische, vielfach auf internationale Transparenz ausgerichtete Neuorientierung der Unternehmen (jap: *risutora*) einher. Auch im Distributionssystem vollziehen sich wichtige Veränderungen, die Sonderformen und antiquierte Praktiken zunehmend ausmerzen und dabei den Markteintritt erleichtern. In dieser Phase bietet sich unserer Einschätzung nach ein „Fenster" zum günstigen Einstieg in den japanischen Markt.

Zum einen wurde gezeigt, daß die japanische Kultur grundsätzlich eine nach außen offene Kultur ist, bereit, neue Anstöße zu empfangen und aufzunehmen. Der Japaner war und ist grundsätzlich für Neues aufgeschlossen, dabei natürlich auch interessiert an ausländischen Erzeugnissen, wobei der deutsche Name noch immer für Qualität bürgt. Die empirische Sozialforschung hat ferner deutliche Belege für einen stetigen Wandel im Wertesystem der japanischen Gesellschaft geliefert; eigentlich eine Selbstverständlichkeit, denn eine statische Gesellschaft ohne Wandel und Konflikt ist nicht denkbar, aber beachtenswert, weil das Stereotyp vom Japaner als Arbeitsbiene ein zähes Eigenleben führt. Wichtig dabei ist der Hinweis auf eine wachsende Zahl von Vertretern sogenannter libertärer, aber auch hedonistischer und materialistischer Werte der Selbstentfaltung. Solche finden sich in Japan vor allem in der jüngeren Generation. Hier hat sich ein großes Marktpotential insbesondere für Importprodukte mit hohem Imagewert entwickelt. Vorsicht sei jedoch geboten bei schadenfrohen Überlegungen, die Japaner würden eines Tages das Arbeiten ganz aufgeben.

Noch ein Positivum: Wurde noch vor wenigen Jahren als eines der nichttarifären Handelshemmnisse die Schwierigkeit der japanischen Sprache und Schrift angeführt, so hat sich auch hier einiges, wie wir meinen zum Guten gewandelt. Durch Neugründungen und Umstrukturierungen in der universitären Ausbildung in Deutschland, die zum Teil bereits vor zwanzig Jahren in Angriff genommen wurden, kann die deutsche Wirtschaft heute auf eine erhebliche Zahl von hervorragenden, sowohl sprachlich als auch wirtschafts- und sozialwissenschaftlich qualifizierten Fachkräften zurückgreifen. Erste gute Erfahrungen sind bereits gemacht – wofür die Verfasser einzelner Beiträge dieses Buches Zeugnis ablegen.

Wenden wir uns nun den Erfahrungsberichten einzelner Unternehmen zu, die in Teil II dieses Buches zusammengestellt wurden. Es handelt sich dabei um Beiträge sowohl von Unternehmen, die zu den führenden der deutschen Wirtschaft zählen und teilweise auf Jahrzehnte erfolgreichen Japangeschäfts zurückblicken können, wie auch um solche des Mittelstandes und von Unternehmen, die ihre „Feuertaufe" in Japan erst vor kurzem erhalten haben. Gerade die positiven Erfahrungen von Mittelständlern, die in Einzelfällen bis zu der von Japan ausgehenden Eroberung marktbeherrschender Positionen im gesamten asiatisch-pazifischen Raum reichen, sind dazu angetan, Mut zu machen für ein breites und durchdringendes Engagement der deutschen Wirtschaft im Japangeschäft. Alle Beiträge sind von Autoren mit großer praktischer Erfahrung vor Ort verfaßt worden. Als Tenor all dieser, oft sehr konkret gehaltenen Artikel kann wiederum nur zusammengefaßt werden: Japan ist offen, man muß sich nur ernsthaft bemühen, einzutreten und Fuß zu fassen.

Folgende Punkte erscheinen uns einer nochmaligen Hervorhebung wert: Bei genauer Kenntnis aktueller Deregulierungs- und Restrukturierungsschritte – beispielsweise im Telekommunikationsbereich, auf den Finanzmärkten und bei der Unternehmenssoftware – können immer wieder lukrative Einstiegsmöglichkeiten und Situationen entdeckt werden, in denen gerade der deutsche Anbieter die besseren Lösungen in der Hand hält. Gerade in den Fällen, wo durch die Veränderung der Rahmenbedingungen – dies ist Sinn und Inhalt von Deregulierungen – Märkte aufgebrochen und neu geordnet werden, bietet sich die Möglichkeit mit bislang in Japan nicht vertretenen Lösungen Kunden und Marktanteile zu gewinnen. Gleiches gilt für veränderte und verstärkte gesetzliche und behördliche Auflagen, beispielsweise im Umweltbereich, wo deutsche Vorsprünge genutzt werden können beziehungsweise zügig genutzt werden müssen, ehe die Konkurrenz in Japan selbst nachgezogen hat.

Der japanische Markt ist sehr anspruchsvoll und serviceintensiv. Eine absolut einwandfreie Qualität der Produkte wird vom Kunden ebenso erwartet wie sofortige Lieferung (keine Wartezeiten) und eine umfassende Kundenbetreuung. Japan und Deutschland bilden in bezug auf die Servicekultur in vielen Bereichen Extrempole. In Deutschland haben die Unternehmen im Selbstbewußtsein technisch überlegener Produkte sehr lange die Kundenbetreuung, die in Japan *afutâ sabisu* (vom englischen „*after sales service*") genannt wird, vernachlässigt und damit ein Hersteller-Kunden-Verhältnis etabliert, das Japaner als „emotionale Kälte" empfinden würden. Die Notwendigkeit, sich der japanischen Servicekultur anzupassen, falls man dort Erfolg haben will, bietet somit auch die Chance, Versäumnisse und Provinzialismen, die international auch auf anderen Märkten ein Fortkommen verhindern, auszugleichen und aufzuholen.

Über Service und Qualität definiert sich auch der Ruf und das Image eines Produktes oder einer Marke. Gerade Importprodukte beziehungsweise in Japan hergestellte Waren ausländischer Unternehmen sind als Markenprodukte (*burando seihin*) sehr abhängig von einem guten Image. Für die Herausbildung eines dezidierten Images hat es sich als vorteilhaft herausgestellt, neue und ungewöhnliche Marketingmethoden einzusetzen. Einerseits sollte genau untersucht werden, wie Produktimages den schnell wechselnden gesellschaftlichen Trends in Japan angepaßt werden können. Schließlich ist die Einkommenselastizität der Nachfrage in

Japan weit höher als in Deutschland, was bedeutet, daß japanische Haushalte mehr „Taschengeld" zur Verfügung haben und damit Modetrends im Konsum eine ungleich größere Bedeutung besitzen und entsprechende Gewinne möglich machen. Andererseits sind es neben den – in vielen Bereichen allerdings bereits ausgereizten – Innovationsschüben etwa der Unterhaltungselektronik überwiegend ausländische, in einigen Fällen auch deutsche Hersteller gewesen, die das Interesse der weit überwiegend urbanen, kaufkräftigen und konsumorientierten japanischen Bevölkerung auf sich gezogen haben. Wie einige der in Teil II des Buches angeführten Beispiele zeigen, sollte man keine Angst davor haben, gerade auch Leute mit unkonventionellen Ideen nach Japan zu schicken und einem frischen Pioniergeist zu trauen, der sich in verfestigten Strukturen hierzulande manchmal nur schwer Gehör verschaffen kann.

Als weiterer wichtiger Grund für ein starkes Engagement in Japan wurde in den Firmenbeiträgen die dortigen Innovationspotentiale und die Tuchfühlung zum japanischen Wettbewerb angegeben. Einerseits sind heute Forschungskooperationen in Japan bis hin zur Teilnahme an MITI-Projekten möglich. Andererseits ist es weit angenehmer, sich mit japanischen Konkurrenten auf derem Heimatmarkt auseinanderzusetzen als auf dem eigenen. Dadurch können frühzeitig Neuentwicklungen der japanischen Konkurrenz erkannt werden, auf die man dann, wenn sie nach Deutschland kommen, bereits reagiert haben kann.

Von allergrößter Wichtigkeit ist die Rekrutierung und Auswahl geeigneten Personals, sowohl in bezug auf die deutschen wie auch die japanischen Mitarbeiter. Die Deutschen vor Ort in Japan, die natürlich bei allen Formen des Markteintritts – von den ersten Liefer- oder Patentkontakten bis hin zur Gründung einer Niederlassung oder Tochtergesellschaft in Japan, aber auch bei Joint-Ventures und anderen Kooperationen – in der Startphase und vielfach weit darüber hinaus eine zentrale Funktion einnehmen, sollten speziell für diese Tätigkeit ausgewählt und sehr gut vorbereitet werden. Zu den unabdingbaren Qualifikationen zählen ausreichende Sprachkenntnisse – nur mit Englisch kommt man in Japan nicht weit – und Kommunikationsfreudigkeit auf allen Ebenen. Entgegen einem weitverbreiteten Mißverständnis ist Japan alles andere als ein „Land der Stille"; Transparenz, ein beständiger Informationsfluß und persönliche Anteilnahme sind hochgeschätzte Tugenden. In bezug auf die sprachliche Qualifikation ist anzuraten, entweder bereits ausgebildete Japan-Fachleute einzustellen oder hiesige Mitarbeiter beispielsweise über die Japan-Programme der EU schulen zu lassen. Im letzteren Fall muß allerdings darauf geachtet werden, daß die Mitarbeiter eine starke Motivation für diese höchst interessante, aber auch schwierige Aufgabe mitbringen und daß sich die Japan-Kompetenz nicht in kurzen Crash-Kursen erwerben läßt.

Ferner sollte dringend darauf geachtet werden, daß die nach Japan entsandten Mitarbeiter im Mutterhaus in Deutschland Ansprechpartner haben, die ihre Probleme verstehen. Es ist oft zu hören, daß gerade dann viele lösbare Probleme nicht zufriedenstellend angegangen werden, mit hohen Verlusten an Zeit und Geld, wenn die Zuständigen und Verantwortlichen in Deutschland zu geringe internationale Erfahrung oder keinerlei Einblick in die Verhältnisse in Japan haben. Schließlich sollte das „home-teaching" nicht einen Großteil der Energien des Mitarbeiters vor Ort in Japan binden.

Die Rekrutierung qualifizierter japanischer Mitarbeiter ist auch für den deutschen Mittelständler heute weit einfacher geworden als früher. Sicherlich werden auch in Zukunft die Absolventen der japanischen Elite-Universitäten nur von den großen deutschen Firmen, die bereits über ein Renommee in Japan verfügen, angeworben werden können. Das ist jedoch, genau wie in Deutschland auch, im konkreten Einzelfall insbesondere für mittelständische Unternehmen gar nicht notwendig. Ebenso ist es in vielen Fällen durchaus vermeidbar, sich in den absolut besten und teuersten Geschäftsvierteln in Tokyo oder Osaka niederzulassen. Es gibt ermutigende, ebenfalls in diesem Buch angeführte Beispiele dafür, daß Niederlassungen auch abseits der großen Geschäftszentren mit in der Region rekrutierten japanischen Mitarbeitern sehr erfolgreich arbeiten.

Ausländische Unternehmen gelten bei vielen jungen Japanern als moderner und aufgeschlossener als einheimische und werden daher gerade von innovativen und flexiblen Leuten präferiert. Dies gilt insbesondere für junge Frauen, die vielfach in japanischen Unternehmen nur geringe Entfaltungs- und Aufstiegsmöglichkeiten haben. Einige deutsche Unternehmen nutzen dieses Potential bereits sehr gut. Dieser Situation muß sich der Führungsstil der deutschen Vertreter vor Ort anpassen: Eine elitäre Abgrenzung gegenüber japanischen Untergebenen kann die Motivation der japanischen Mitarbeiter absinken lassen. Kommunikation, interkulturelle Sensibilität und die Errichtung eines „Wir-Gefühls" im Unternehmen sind dagegen wichtige von den deutschen „Expatriates" zu leistende Aufgaben.

Was aber tun, wenn trotz der allgemein sehr vielversprechenden Lage und einer weitaus überwiegenden Mehrheit an positiven Erfahrungsberichten dennoch bürokratische Probleme auftreten sollten? Der japanische Markt ist weitestgehend liberalisiert und viele Unternehmen kommen bei Produktzulassungen, Kooperations- und Niederlassungsfragen kaum in intensiven Kontakt mit den staatlichen Stellen. Dennoch können in Einzelfällen Schwierigkeiten bürokratischer Natur auftreten. Es handelt sich dabei keineswegs mehr um handelsrechtliche Hindernisse, nicht-tarifäre Hemmnisse oder böswillige Diskriminierungen, sondern um Fälle des Umgangs mit einer wie überall auf der Welt manchmal schwerfälligen Bürokratie. Hilfe bieten hier die inzwischen mustergültig ausgebauten Serviceeinrichtungen der deutschen Wirtschaft sowie auf Marktzulassungsverfahren spezialisierte deutsche Serviceunternehmen.

Eine wichtige Adresse und Anlaufstelle für alle Fragen des Japangeschäfts stellt die Deutsche Industrie- und Handelskammer in Tokyo dar. Weit über die rechtliche Bewältigung von Marktzugangsproblemen und die Handhabung der entsprechenden Beschwerdeverfahren hinaus, die im ersten Teil des Buches detailliert dargestellt wurden und von der DIHKJ betreut werden, bietet die Kammer in Tokyo eine Vielzahl von sehr nützlichen Diensten an, die wir im Anhang zu diesem Buch in einem eigenen Beitrag aufgelistet haben. Da im vorliegenden Band unmöglich auf alle Eigenheiten in den einzelnen Branchen in Japan eingegangen werden konnte, sondern vielmehr ein Überblick über die aktuell anzutreffende Gesamtlage beabsichtigt war, haben wir in den Anhang Hinweise auf die vielfältigen, teilweise in sehr spezifizierter Form vorliegenden Informationsangebote zu den Märkten in Japan aufgenommen. Ferner finden sich dort Informationen über die gut ausgebaute deutsche Infrastruktur in Japan, bestehend aus Verbänden, Schulen, Kulturträgern und Instituten, die auch allen deutschen Neuankömmlingen in Japan sowie ihren Familien eine verläßliche Gemeinschaft bieten.

Es war das Hauptanliegen in den vielen unterschiedlichen Beiträgen, die in dieses Buch Eingang gefunden haben, aufzuzeigen, welch große Geschäftspotentiale in Japan der deutschen Wirtschaft heute weithin offenstehen. Nahezu sämtliche Hindernisse, die in früheren Zeiten den Markteintritt komplizierter gestalteten, sind beseitigt. Es gibt eine Reihe von vielversprechenden Beispielen der erfolgreichen Bearbeitung des japanischen Marktes durch deutsche Firmen und damit auch Erfahrungen, die genutzt werden können. Wir haben heute in Deutschland ebenso, wie die Beiträge im ersten Teil dieses Buches veranschaulichen, viele gute Japanexperten in Wissenschaft und Forschung, die alle aktuellen Entwicklungen genau analysieren und verständlich machen.

Die deutsche Bundesregierung bemüht sich seit vielen Jahren darum, die Beziehungen zu Japan auch und vor allem im Sinne der deutschen Wirtschaft auf eine möglichst vorteilhafte Grundlage zu stellen. In diesem Prozeß wurden die Kontakte unter anderem in der Form von jährlichen Wirtschaftsgesprächen institutionalisiert und eine Reihe von deutsch-japanischen Sonderinstrumenten geschaffen. Darüber hinaus bestehen koordinierte Anstrengungen der Japankenner in den Unternehmen und Verbänden. Für den BDI besitzt die Frage der Ausweitung der deutschen Präsenz in Japan eine sehr hohe Dringlichkeit: Die von Hans-Olaf Henkel ins Leben gerufene Japaninitiative der deutschen Wirtschaft wendet sich vor allem an die mittelständische Industrie, für die die größten, bislang ungenutzten Marktpotentiale in Japan entdeckt wurden. Die Herausgeber unterstützen diese Initiative nachdrücklich und hoffen, daß ebenso wie die anderen aufgeführten Aktivitäten auch dieser Band zu einem Durchbruch hin zu einem stark ausgeweiteten, den tatsächlichen Möglichkeiten entsprechenden Japan-Engagement der Unternehmen beitragen wird.

Nachdem nun der Marktzugang nach Japan in nahezu allen Bereichen liberalisiert und erleichtert worden ist und auch von deutscher Seite die Rahmenbedingungen hierfür so günstig wie nie zuvor gestaltet werden konnten, kann nicht mehr von realen, sondern nur noch von mentalen Eintrittshürden in den japanischen Markt gesprochen werden. Althergebrachte Vorstellungen sollten nicht länger verhindern, daß in den deutschen Unternehmen die Zeichen der Zeit erkannt werden. Unser Aufruf lautet daher: Japan ist offen – die vielfältigen neuen Chancen sollten genutzt werden.

Anhang:
Informations- und Beratungsangebote sowie deutsche Infrastruktur in Japan

Deutsche Industrie- und Handelskammer in Japan

Eine harte Nuß...

... ist nicht die DIHKJ, die Deutsche Industrie- und Handelskammer in Japan, sondern der japanische Markt. Wie die Beiträge in diesem Buch zeigen, ist es jedoch eine, die sich knacken läßt. In diesem Artikel stellt die Deutsche Industrie- und Handelskammer in Japan vor, wie sie Ihnen als möglichem Markteinsteiger in Japan helfen kann, die Nüsse zu knacken, die in Japan auf Sie warten.

Japan ist nach den USA der zweitgrößte Markt der Welt, und einer der härtesten. Manchmal heißt ein „Ja" „Nein", oder nur „verstanden". Manchmal ist das, was gesagt wurde, weniger wichtig, als das, was unausgesprochen blieb. Die fremde Kultur schafft viele Möglichkeiten, in Fallen zu laufen oder sich sogar selbst Fallen aufzustellen.

Und: Negativbeispiele bleiben uns allen länger im Ohr als Erfolgsmeldungen. Jeder hat schon einmal Berichte über die japanische Regulierungswut oder unklare Einfuhrverfahren gelesen. Es ist hinlänglich bekannt, daß die Japaner die anspruchsvollsten Kunden der Welt sind und daß das japanische Distributionssystem überhaupt nicht mit dem in Europa oder den USA vergleichbar ist.

Andererseits sind neben den zum Teil bestehenden Marktbeschränkungen in den letzten Jahren in vielen Bereichen Deregulierungen vorgenommen worden, die Japan für Importe öffnen. Für viele Produkte, die deutsche Unternehmen weltweit erfolgreich exportieren, bestehen keine Marktzugangshemmnisse mehr. Dies bestätigen uns viele in Japan tätige Unternehmen immer wieder und sagen, daß es dagegen viel schwieriger sei, Verständnisprobleme im deutschen Mutterhaus zu beseitigen, und daß dort oft der lange Atem fehle. Nicht nur deshalb muß Japan Chefsache sein. Denn die Fehler, die Sie am teuersten zu stehen kommen, entstehen meistens durch halbherziges und unprofessionelles Engagement.

Häufig werden wir gefragt, ob man sich als deutscher Geschäftsmann in Japan anders verhalten müsse als in Deutschland. Wir entgegnen meistens, daß natürliche Höflichkeit wie überall auf der Welt auch in Japan angebracht ist. Nur eine große Ausnahme ist immer zu beachten: Man muß in Japan mindestens dreimal so viel Geduld aufbringen wie in Deutschland – und das kann oft eine besondere Höflichkeit erforderlich machen.

Ein professioneller Partner...

Die DIHKJ wurde 1962 gegründet und hat somit seit mehr als dreißig Jahren Markterfahrung in Japan. Es gibt heute eine Hauptstelle in Tokyo und eine Zweigstelle in Osaka mit zusammen 27 festen Mitarbeitern. Die Hälfte von ihnen sind Japaner und Spezialisten auf ihrem Gebiet. Sie stellen in sehr gutem Deutsch Verbindungen zu Ihren Partnern in Japan her oder begleiten Sie auch bei einer ersten Kontaktaufnahme.

Die DIHKJ pflegt enge Verbindungen zu den großen deutschen Wirtschaftsverbänden. So einerseits zum DIHT (Deutscher Industrie- und Handelstag), der „Systemzentrale" der AHKn (Auslandshandelskammern). Der Bundesverband der Deutschen Industrie (BDI) ist, genau wie der OAV (Ostasiatischer Verein), in Japan durch den Kammergeschäftsführer vertreten. Kontakte zur Wissenschaft unterhält die DIHKJ mit dem Institut für Asienkunde in Hamburg und dem Deutschen Institut für Japanstudien in Tokyo. In Japan selbst finden mehrmals im Jahr Koordinierungsgespräche mit der Botschaft der Bundesrepublik Deutschland, der Bundesstelle für Außenhandelsinformation, der Deutschen Zentrale für Tourismus, der Bundesbank, dem Deutschen Akademischen Austauschdienst und anderen Organisationen statt. Auch die Kontakte zu den japanischen Wirtschafts- und Fachverbänden sowie zur Japan Chamber of Commerce, der Spitzenorganisation der japanischen Kammern, sind intensiv. Die DIHKJ unterhält besonders enge Verbindungen zum *Keidanren*, da ihr Geschäftsführer die deutsche Partnerorganisation des *Keidanren*, den BDI, in Japan vertritt. Die DIHKJ ist zusätzlich auch auf europäischer Ebene aktiv: Sie ist Gründungsmitglied des European Business Council (EBC) in Tokyo, der Vertretung der europäischen Wirtschaft und Kammern in Japan.

... eingebunden in das weltweite Netz der AHKn

Über den Deutschen Industrie- und Handelstag in Bonn ist die DIHKJ eingebunden in das weltweite Netz der 70 deutschen Auslandshandelskammern und in das Netz der 83 Industrie- und Handelskammern (IHK) in Deutschland.

40.000 Unternehmen sind weltweit Mitglieder der AHKn, davon ca. zwei Drittel außerhalb Deutschlands und ein Drittel mit Sitz in Deutschland. In allen AHKn wirken Unternehmensvertreter in den Vorständen mit. Diese Arbeit ist ehrenamtlich und erhält gerade dadurch, daß sie freiwillig und ohne Kostenerstattung geleistet wird, eine besondere Glaubwürdigkeit. Die Unternehmen bringen so ihre Überzeugung zum Ausdruck, daß niemand – also insbesondere nicht der Staat – ihre Interessen besser und überzeugender vertreten kann als sie selbst. Die ehrenamtliche Tätigkeit gibt den Unternehmensvertretern gleichzeitig die innere Unabhängigkeit, die sie sowohl der Kammer als auch ihrem Unternehmen gegenüber in dieser Funktion benötigen. Sie geben durch ihre Mitgliedschaft und durch ihre Mitarbeit in der Kammer dieser die unerläßliche Legitimation, kompetentes Sprachrohr der deutschen Wirtschaft im jeweiligen Gastland zu sein.

Über 1.000 Fachleute arbeiten weltweit in den deutschen Auslandshandelskammern, Delegiertenbüros und Repräsentanzen der deutschen Wirtschaft. Je nach Größe einer Kammer und Notwendigkeit im Gastland verfügen die AHKn über fachkundige Juristen, Marketing-Fachleute und Ökonomen, über Projektbetreuer, Messesachbearbeiter und Berufsbildungsbeauftragte. Gemeinsam erwirtschaften sie ein Budgetvolumen von jährlich über 150 Millionen DM – mit wachsender Tendenz.

Die direkte Kooperation von Vertretern der Unternehmen und erfahrenen Mitarbeitern in den Auslandshandelskammern sichert eine enge Verzahnung zwischen den Bedürfnissen der Unternehmen als Kunden und Mitgliedern der Kammer und dem *Know-how* der Fach- und Führungskräfte in den AHKn. In dieser privatwirtschaftlichen Organisation liegt die große Stärke der deutschen Außenwirtschaftsförderung. Bei gleicher Organisationsstruktur hat jede AHK ihr eigenes Gesicht. Das Profil ist einerseits geprägt durch die Verhältnisse des Gastlandes, die Art und Weise, wie die Menschen miteinander umgehen und leben. Andererseits hat jede Kammer Gelegenheit, aufgrund der Erfordernisse des Marktes ihr eigenes Profil zu entwickeln. Jede AHK ist gehalten, mit eigenen Ideen im Wettbewerb Schritt zu halten.

... in Ausübung des öffentlichen Auftrags

Die deutschen Auslandshandelskammern sind „das Kernstück der privatwirtschaftlich organisierten Außenwirtschaftsförderung". Sie helfen nicht nur ihren Mitgliedern, sondern sind beauftragt, vielfältige Aufgaben zur Intensivierung der gesamten Außenwirtschaftsbeziehungen wahrzunehmen, die ansonsten deutsche staatliche Stellen ohne bilateralen Charakter und ohne Einbindung der Unternehmen erfüllen müßten. Damit sind die AHKn ein wichtiges Stück Selbstverwaltung der Wirtschaft.

Zwischen dem DIHT, dem Bundeswirtschaftsministerium und dem Auswärtigen Amt gibt es eine Vereinbarung, daß dort, wo eine Auslandshandelskammer besteht, diese alle Aufgaben im Interesse ratsuchender Unternehmen erledigt. Die deutschen amtlichen Vertretungen geben deshalb an sie gerichtete Anfragen von Unternehmen, die den wirtschaftlichen Auskunftsdienst betreffen, an die AHKn weiter. So können sie Kosten sparen und ihre Wirtschafts- und Handelsabteilungen klein halten, um sich auf die politische Flankierung von Firmeninteressen zu konzentrieren. Die AHKn sind damit den deutschen Botschaften gleichwertige Säulen der deutschen Außenwirtschaftsförderung.

Für diesen im außenwirtschaftlichen Interesse Deutschlands erbrachten Teil der Kammeraktivitäten – und nur für diesen – zahlt der Bund durch den DIHT an die Auslandshandelskammern ein Leistungsentgelt, die sogenannten Zuwendungen.

Die AHKn sind das Bindeglied der deutschen Wirtschaft mit der Wirtschaft der jeweiligen Gastländer. Durch den DIHT erhalten sie in Abstimmung mit Fachverbänden und Bundesregierung die offizielle Anerkennung als AHK, die einen bestimmten Leistungsstandard voraussetzt und sichert. Nur so kann ein Anspruch auf Leistungsentgelte der Bundesregierung für die im öffentlichen Interesse wahrgenommenen Aufgaben begründet werden.

Um auf Dauer die Kammerdienstleistungen auf einem weltweit einheitlichen, hohen Niveau sicherzustellen, führen die AHKn ein Qualitätsmanagement ein. Seit Herbst 1996 arbeitet die DIHKJ am Zertifizierungsarbeitskreis der deutschen Auslandshandelskammern mit. Ziel ist die Zertifizierung der Kammerdienstleistungen nach ISO 9000 ff.

1 Die Serviceleistungen einer AHK

Alle AHKn sind privatrechtlich organisierte Mitgliederorganisationen mit den zusätzlichen Aufgaben einer deutschen Handelsmission mit meist bilateralem Charakter. Sie engagieren sich deshalb nicht nur für ihre Mitglieder, sondern für alle Unternehmen, die ihre Unterstützung suchen. Zu den Kernaufgaben einer jeden AHK gehören drei grundsätzlich gleichwertige Bereiche:

- die Mitgliederbetreuung,
- die Dienstleistungen für Unternehmer – Mitglieder wie Nicht-Mitglieder und
- die Förderung der Außenwirtschaftsbeziehungen im öffentlichen Interesse.

Aufgrund ihrer ungewöhnlichen Struktur sind die AHKn nicht auf Gewinnerzielung ausgerichtet. Sie sind jedoch gehalten, durch ein breites Dienstleistungsangebot zunehmend Eigeneinnahmen zu erzielen, um aus eigener Kraft eine größtmögliche Kostendeckung zu erreichen. Dies gilt um so stärker, je konkreter und umfangreicher geldwerte Dienstleistungen zugunsten eines Unternehmens erbracht werden.

Ihre Hauptaufgaben erfüllen die AHKn im Auftrag ihrer drei Auftraggeber: der Kammermitglieder, der Unternehmen am Markt und der Bundesregierung. Im einzelnen lassen sich die Leistungen einer AHK anhand der folgenden 10 Punkte darstellen:

1. Sprechen für die Gesamtheit der Mitgliedsunternehmen
2. Organisieren von Unternehmer-Treffen
3. Vermitteln von Geschäftskontakten
4. Anbieten von Wirtschaftsinformationen
5. Betreuen von Unternehmern und Managern
6. Beraten von Unternehmen
7. Durchführen von Veranstaltungen, Kongressen und Symposien

8. Verkaufen und Werben für Messegesellschaften, einzelne Bundesländer, Verbände
9. Lobbytätigkeit für Unternehmensinteressen
10. Anregen und Betreiben von beruflicher Aus- und Weiterbildung.

Damit sind die AHKn umfassende Dienstleister für die immer vielfältigeren Interessen der Unternehmen.

2 Das Dienstleistungsspektrum der DIHKJ

Das Ziel der DIHKJ ist es, Sie in allen Fragen kompetent zu beraten, die Ihre Geschäftstätigkeit in Japan betreffen – oder Ihnen mindestens dadurch zu helfen, daß wir Sie bei Spezialisten einführen.

Die DIHKJ ist in drei „Dienstleistungsabteilungen" gegliedert, das Institut für Marktberatung, die Rechtsabteilung und die Abteilung Mitgliederservice. Die Zweigstelle in Osaka erfüllt als Ansprechpartner alle drei Funktionen bzw. leitet Anfragen gezielt weiter. Zusätzlich bieten die Messevertretungen ihre Leistungen als Bestandteil des Kammer-Services an.

2.1 Institut für Marktberatung

Im Institut für Marktberatung (IfM) werden jegliche Art von Anfragen zum japanischen Markt beantwortet. Egal, ob Sie etwas importieren wollen, wie zum Beispiel Automaten für Aufkleberdrucker, ob Sie den Markt für Baumärkte in Japan erkunden wollen, ob Sie als Bäcker Ihre Chancen einschätzen wollen oder Kontaktadressen zu einer speziellen Branche brauchen, im IfM sind Sie an der richtigen Stelle. Die Dienstleistungen sind vielfältig:

- Selektion und Vermittlung von Geschäftspartnern;
- Recherche, Beschaffung und Auswertung von Marktinformationen;
- Hilfe zur Schaffung von Kundenkontakten durch Adreßrecherchen;
- Mailings, um Ihre Informationen an die richtigen Kunden zu bringen;
- Redaktions- und Anzeigenservice für das japanischsprachige Magazin „Deutscher Markt". Unser Verteiler umfaßt rund 1.600 Adressen unserer Mitglieder, darüber hinaus Handelshäuser, Hersteller und Journalisten;
- Messeservice für deutsche Aussteller bei besonderen Messeprojekten.

Das IfM hat Zugang zu japanischen Datenbanken und wir haben eigene, dreisprachige Datenbanken erstellt. Sie sind so geordnet, daß man aus verschiedenen Suchrichtungen ans Ziel, nämlich Kontakt zu einem möglichen Partner in Japan, gelangt:

- Importeure, die vielleicht gerade Ihr Produkt in Japan vermarkten wollen – wir haben rund 2.200 Firmenadressen, geordnet nach 400 Produktgruppen;
- Vertreter deutscher Firmen in Japan, das sind Adressen von rund 2.100 deutschen Firmen, die in Japan tätig sind plus 1.200 Adressen ihrer japanischen Vertretungen;
- Vorgänge: wir speichern alle Anfragen, um Ihnen auch sagen zu können wie eine vorherige Recherche in diesem Gebiet verlief;
- deutsche Firmen in Japan – dies beinhaltet alle 500 Kapitalbeteiligungen deutscher Firmen in Japan.

2.2 Abteilung Recht und Steuern

Sie wollen wissen, worauf Sie bei einem Vertrag mit japanischen Partnern achten müssen, oder haben einen Streitfall, bei dem Ihnen das Verhalten Ihres japanischen Partners unerklärlich ist? Wenn es um Ihr Geschäft, Ihr Geld geht, wollen Sie nicht darauf verzichten, sich Beratung in Ihrer eigenen Muttersprache zu holen? In all diesen Fragen steht man Ihnen in der Rechtsabteilung mit Rat und Tat zur Seite. Auch wenn es um Steuerfragen geht, ist die Rechtsabteilung die richtige Adresse: Wir helfen bei allen Fragen, welche die Erstattung der Umsatzsteuer in Deutschland betreffen, und führen diese durch. Die Dienstleistungen der Rechtsabteilung auf einen Blick:

- Vermittlung in rechtlichen Auseinandersetzungen,
- Beschaffung von juristischem Informationsmaterial,
- Nachweis und Vermittlung von Rechtsanwälten, Steuerberatern und Wirtschaftsprüfern,
- Veröffentlichungen, Seminare und Vorträge zur aktuellen Rechtsentwicklung in Japan, Deutschland und anderen Ländern,
- Abwicklung der Umsatzsteuerrückvergütung.

Und noch ein besonderer Service steht hier für Sie bereit: Wenn Sie in Japan Mitarbeiter suchen, japanische oder deutsche, können Sie auf unsere monatliche umfangreiche Stellenbörse zugreifen, oder selbst in einem unserer Mitgliedermagazine inserieren.

2.3 Mitgliederservice

In der Abteilung Mitgliederservice dreht sich alles um unsere rund 600 japanischen und deutschen Mitglieder in Japan und in Deutschland. Ein Service für unsere Mitglieder sind unsere monatlich erscheinenden Mitgliedermagazine, der *Japan Markt* und der *Deutsche Markt* in deutscher bzw. in japanischer Sprache. Hier finden Sie nützliche Informationen zu bestimmten Branchen und Produkten sowie über gesetzliche Veränderungen, die Sie als Unternehmer in Japan betreffen können. Die Mitgliedermagazine sind auch das Sprachrohr, um auf unsere eigenen Veranstaltungen hinzuweisen. Darüber hinaus ist besonders der *Deutsche Markt* eine gute Marketing-Möglichkeit, um in Japan auf Ihre Produkte aufmerksam zu machen. Was bieten wir Ihnen als Mitglied sonst? Verschiedene Veranstaltungsreihen, so unter anderem Seminarangebote für Führungskräfte, den „Treffpunkt Kammer", die Reihe „Mitglieder laden ein" und die deutsch-japanischen Wirtschaftsjunioren.

Ein weiterer Bestandteil der Mitgliederarbeit sind Kammerarbeitskreise zu verschiedenen Branchen, so zum Beispiel der Deutsche Automobilkreis, der Sozialversicherungsausschuß und der Arbeitskreis Katastrophenschutz. Hier treffen sich deutsche Unternehmensvertreter und arbeiten gemeinsam an Lösungsvorschlägen, die eine Branche bzw. umfassende Fragestellungen, wie den Katastrophenschutz im erdbebengefährdeten Japan, betreffen.

2.4 Zweigstelle Osaka

Die Zweigstelle Osaka liegt in der Region Kansai, Japans zweitstärkstem Wirtschaftsraum. 1996 wurde ein Umzug in neue Büroräume möglich, der mit einer personellen Aufstockung zusammenfiel. So bietet die Zweigstelle jetzt nahezu alle Dienstleistungen der DIHKJ an. Bei Firmenanfragen findet ein reger Austausch zwischen beiden Büros statt. Eine weitere wichtige Funktion erfüllt die Zweigstelle dadurch, daß sie den Kammer-Mitgliedsfirmen in Westjapan als Ansprechpartner und Kommunikationsort dient. So findet in der Kammer die sogenannte Kansai-Gesprächsrunde statt, zu der der Leiter der Zweigstelle die Geschäftsführer deutscher Unternehmen sowie deutsche Manager, die in Joint-Ventures oder anderen Unternehmungen tätig sind, zum Meinungs- und Erfahrungsaustausch einlädt.

2.5 Messeabteilung

Ein ganzes Bündel an Dienstleistungen bietet die Messeabteilung an. Die DIHKJ vertritt die Messen Köln und Berlin und Einzelveranstaltungen der Messen Nürnberg und Stuttgart in Japan. Für deutsche Unternehmen noch interessanter sind die Angebote der DIHKJ, die ihren Einstieg auf Messen in Japan begleiten. In jedem Jahr führen wir mehrere Messeprogramme für deutsche Aussteller inklusive Vor- und Nachbereitung sowie Kontaktvermittlung durch.

Und darüber hinaus? Man darf in Japan nicht das übersehen, was über die eigentlichen verkäuflichen Leistungen hinausgeht. Die Besonderheiten des japanischen Marktes, wie die Feinheiten der Distributionssysteme für bestimmte Waren, die Do's and Dont's im Umgang mit Japanern, aber auch Tips und Tricks, wie trotz Regulierungen und bürokratischen Hindernissen Wege gefunden werden können, um ein Ziel in Japan zu erreichen, die ergeben sich aus der langen Erfahrung vor

Ort, die wir Ihnen bieten können, und die Sie bei unseren Veranstaltungen oft am Rande aufschnappen. Eine erste Kontaktaufnahme muß nicht erst nach einer langen und beschwerlichen Reise nach Japan stattfinden: Es gibt viele Gelegenheiten zum Kennenlernen in Deutschland. Denn die DIHKJ ist nicht nur bei den Sprechtagen der IHKn vertreten, sondern auch bei allen Veranstaltungen im Rahmen der Japan-Initiative der deutschen Wirtschaft.

Adresse

Deutsche Industrie- und
Handelskammer in Japan
Sanbancho KS Bldg, 5F   Postanschrift:
2 Banchi, Sanbancho   C.P.O. Box
Chiyoda-ku   Tokyo 100-91
Tokyo 102-0075   Japan
Japan

Tel. +81 (3) 5276-9811   Fax +81 (3) 5276-8733

Bundesstelle für Außenhandelsinformation

Die Bundesstelle für Außenhandelsinformation (BfAI) hat als Servicestelle des Bundesministeriums für Wirtschaft die Aufgabe, deutsche Unternehmen mit aktuellen Informationen über Auslandsmärkte zu versorgen.

Bei der Informationsbeschaffung stützt sich die BfAI auf ein Netz von 45 weltweit eingesetzten Marktbeobachtern. Beispielsweise recherchieren zwei Korrespondenten in Japan exklusiv für die BfAI Themen, die für deutsche Unternehmen von besonderem Interesse sind. Darüber hinaus wertet die BfAI die Wirtschaftsberichte der weltweit über 200 deutschen Botschaften und Generalkonsulate aus. Hinzu kommt die systematische Nutzung in- und ausländischer Statistiken, Datenbanken und Fachzeitschriften.

Die Themen der BfAI reichen von Wirtschaftsentwicklung, Branchentrends, Rechts- und Zollregelungen, Investitions- und Finanzierungsprojekten, Ausschreibungen, Geschäftswünschen ausländischer Unternehmen bis zu Auskunfts- und Kontaktstellen für über 150 Länder der Welt.

Diese Informationen sind als Einzelbroschüren, in Zeitschriften, auf der „CD-ROM zur Außenwirtschaft" oder über das Internet (http://www.bfai.com) zu beziehen. Bei speziellen Fragestellungen steht interessierten Unternehmen der BfAI-Auskunftsservice zur Verfügung. Nähere Informationen über das Angebot der BfAI liefert das kostenlose Publikations- und Dienstleistungsverzeichnis „Erfolg im Ausland".

Anschrift: Bundesstelle für Außenhandelsinformation
            Agrippastr. 87–93
            D–50676 Köln
            Tel. (0221) 2057-222   Fax: (0221) 2057-212

1 Nicht-tarifäre Handelshemmnisse und Verfahrensfragen

1.1 Einfuhrbeschränkungen

Die Einfuhr nach Japan ist weitgehend liberalisiert. Alle frei importierbaren Waren gelangen bis zu einem Wert von 5 Millionen Yen ohne vorherige Genehmigung und ohne mengenmäßige Beschränkung ins Land. Alle Waren mit einem Wert von mehr als 5 Millionen Yen müssen der Customs Agency angezeigt werden. Die Genehmigung erfolgt binnen 48 Stunden.

Nicht liberalisiert sind nach der „Import Notice" des Ministry of Trade and Industry (MITI) vom Oktober 1995, die am 1.5.1996 in Kraft tritt, nur noch wenige Einzelpositionen. Die in Liste 1 aufgeführten Waren unterliegen gemäß „Import Trade Control Order" dem Import Quota System, das zweimal jährlich für Einfuhren aus allen Ländern Globalkontingente bereitstellt. Die Importeure müssen zunächst beim MITI ein Zuteilungszertifikat (das vier Monate gültig ist) beantragen, bevor sie bei einer Außenhandelsbank um eine Einfuhrgenehmigung nachsuchen können. Zu diesen Waren gehören u. a. agrarische und tierische Erzeugnisse, Chemikalien sowie militärisches Gerät.

Nicht liberalisiert sind des weiteren Tiere und Pflanzen sowie deren Produkte, die im Washingtoner Artenschutzabkommen genannt sind, ferner die im Montrealer Protokoll aufgeführten ozonschädigenden Substanzen.

Eine zweite Liste führt Waren (u. a. Fisch-und Seidenerzeugnisse) auf, für die beim Import aus bestimmten Ländern (zu denen Deutschland nicht gehört) eine Genehmigung der zuständigen Behörde beantragt werden muß (Die „Import Notice" kann von der BfAI unter der Bestell-Nr. 4251 (23 S., 13,–DM) angefordert werden).

Lizenzpflichtige Waren müssen bis zu dem in der Lizenz genannten Datum in Japan eingetroffen sein. Die Gültigkeit der Lizenzen beträgt im allgemeinen sechs Monate. Geringe Gewichtsabweichungen sind zulässig, dagegen darf die Wertgrenze nicht überschritten werden. Vor Verschiffung der Ware sollte sich der Exporteur Nummer und Datum der Lizenz mitteilen lassen. Dies ist die Voraussetzung für eine Haftung des verschiffenden Unternehmens. Bei erstmalig zu liefernden Produkten sollte vor der Versendung eine Klärung der Zollbehandlung anhand von Mustern herbeigeführt werden.

Absolut verboten ist die Einführung von Schußwaffen und Munition, Rauschgift und anderen Betäubungsmitteln, Fluorkohlenwasserstoffen, ferner von Falschgeld und pornographischen Schriften sowie von Artikeln, die das Patent-, Gebrauchsmuster-, Warenzeichen- oder Urheberrecht verletzen.

1.2 Begleitpapiere

Sämtliche Begleitpapiere sind mit größter Sorgfalt auszufüllen. Auch kleine Irrtümer und Abweichungen von der Lieferung können dem Importeur in Japan Probleme bereiten und die Zollabwicklung verzögern. Es kann Newcomer im Japangeschäft deshalb nur empfohlen werden, alle Importwaren von einem *Custom Broker* abfertigen und ggf. verzollen zu lassen. Bei diesen Brokern handelt es sich um Personen, die vom Finanzministerium ausschließlich für die Verzollung und Einfuhrabfertigung als Makler zugelassen sind. Schiffs-und Luftfrachtsendungen erfordern folgende Dokumente:

Handelsrechnungen (dreifach, rechtsverbindlich unterschrieben, unbeglaubigt) sind für die Verzollung in englischer Sprache vorzulegen. Sie müssen sehr detaillierte Angaben enthalten, u. a.:

- Ort und Datum der Ausstellung, Name und Anschrift des Abnehmers sowie des Empfängers, Schiffsname, Einfuhrhafen, Bestimmungsort
- Anzahl, Verpackungsart, Marke und Nummer der Kolli xxx
- genaue Warenbezeichnung: Name; Art, Qualität, Schutz/Fabrikname und möglichst Angabe der sechsstelligen Zolltarifposition des Harmonisierten Systems
- Brutto-und Nettogewicht
- Preis je Einheit und Gesamtpreis mit anteiligen fob- und cif-Kosten, Rabatte, etc. (da Wertverzollung)
- Liefer-und Zahlungsbedingungen
- DIN-Normen
- Ursprungsland, z. B. „Federal Republic of Germany (European Community)", jedoch nur bei Waren, für die aufgrund der WTO-Bestimmungen Zollermäßigungen in Anspruch genommen werden sollen.

Ursprungserzeugnisse werden im allgemeinen nicht verlangt. Ein falsche oder irreführende Ursprungskennzeichnung ist jedoch unzulässig.

Konnossemente bedürfen keiner Beglaubigung. Die Ausstellung „An Order" mit Notify-Adresse ist möglich.

Packlisten erleichtern die Einfuhrformalitäten, wenn sie einen klaren Überblick über die einzelnen Packstücke geben. Anzuführen sind Marke, Nummer, Art, Gewicht, Inhalt und evtl. Besonderheiten.

Gesundheitszeugnisse sind erforderlich für Tiere, Pflanzen, Saaten und frische Lebensmittel. Seit dem 15.3.1996 benötigen Parallelimporte von Kosmetika kein Herstellerzertifikat mehr, wenn die Produkte bereits in Japan verkauft werden.

Postsendungen erfordern drei Handelsrechnungen, eine internationale Paketkarte und eine Zollinhaltserklärung (Englisch oder Japanisch). Das Höchstgewicht beträgt 20 kg.

1.3 Devisenbestimmungen

Die Devisengesetzgebung ist im „Foreign Exchange and Foreign Trade Control Law" geregelt. Kapitaleinfuhr und -ausfuhr unterliegen im allgemeinen nur einer Meldepflicht mit automatischer Genehmigung.

1.4 Schriftwechsel, Offerten, Fakturierung

Sämtliche Korrespondenz sowie Angebote, Rechnungen und Warenbegleitpapiere sind in Englisch abzufassen, sofern nicht die Verwendung der japanischen Sprache möglich ist. Der Außenhandelsverkehr wird zwar weitgehend auf Dollarbasis abgewickelt, doch setzt sich seit 1993 zunehmend auch DM- bzw. Yen-Fakturierung durch.

1.5 Zahlungsverkehr

Die Zahlung ist in jeder frei konvertierbaren Währung gestattet. Als Zahlungsbedingung ist Akkreditiv üblich. Hierbei wird das Akkreditiv häufig bei einer japanischen Bank oder deren Tochtergesellschaft in Deutschland eröffnet. Nach längeren Geschäftsbeziehungen kann auch Kasse gegen Dokumente vereinbart werden oder Zahlung 30 bis maximal 90 Tage nach Erhalt der Rechnung per Überweisung. Vorauszahlungen bedürfen in manchen Fällen einer besonderen Genehmigung.

1.6 Verpackung, Markierung und Etikettierung

Die Verwendung von Heu und Stroh als Packmaterial ist verboten. Auf seefeste Verpackung, insbesondere Feuchtigkeitsschutz, ist zu achten. Zollagerbedingungen entsprechen allen Anforderungen. Im Einzelhandel angebotene Lebensmittel müssen so verpackt sein, daß die Frische bewahrt und die Feuchtigkeit abgehalten wird.

Besondere Markierungsvorschriften bestehen nicht. Sofern bei bestimmten Waren die Angabe des Ursprungslandes verlangt wird, kann ein entsprechendes Etikett in japanischer Sprache vom Importeur vor oder nach der Verzollung angebracht werden. Bei Sendungen aus Deutschland können aber auch „Bundesrepublik Deutschland" und die Übersetzungen „Federal Republic of Germany" oder „Doitsu Renpô Kyôwakoku" verwendet werden. Die Angabe „Made in Germany" wird vom japanischen Verbraucher ebenfalls verstanden.

Für eine Vielzahl von Produkten (z. B. Nahrungsmittel und Getränke, pharmazeutische und kosmetische Artikel, Textilien, Haushaltswaren, Elektrogeräte) bestehen besondere Kennzeichnungsvorschriften. Bei Nahrungsmitteln müssen ausländische Produzenten seit dem Frühjahr 1995 statt des Produktionsdatum das Verfallsdatum angeben. Dies hat in der Praxis zu Problemen geführt. So verlangt z. B. der Verband der japanischen Konsumgenossenschaften von seinen Lieferanten weiterhin auch die Angabe des Herstellungsdatums. Da die Etiketten zudem in japanischer Sprache abzufassen sind, ist eine genaue Abstimmung mit dem japanischen Importeur unbedingt anzuraten.

1.7 Warenmuster, Werbematerial, Geschenksendungen, Berufsausrüstung

Warenmuster bis zu einem Wert von 5.000 Yen können zollfrei eingeführt werden. Sonstige Muster, die zu keinem anderen Zweck verwandt werden können, dürfen vorübergehend zollfrei eingeführt werden (Wiederausfuhrfrist: ein Jahr).

Werbematerial ist zollfrei. Proben und Muster, die in Schulen, Museen, Forschungseinrichtungen u.ä. ausgestellt werden, sowie Artikel zur wissenschaftlichen Verwendung bleiben zollfrei, wenn sie innerhalb von zwei Jahren nach Datum der Einfuhrgenehmigung verwendet worden sind.

Alle übrigen Muster- und Warenproben können ebenso wie Messe- und Ausstellungsgüter im Carnet-A.T.A.-Verfahren eingeführt werden. Vordrucke sind bei den Industrie- und Handelskammern erhältlich, die auch Auskünfte über die Gebühren für die Ausstellung der abzuschließenden Versicherung erteilen.

Geschenksendungen für eine in Japan ansässige Person sind zollfrei, sofern sie zur persönlichen Verwendung bestimmt sind und einen Gesamtzollwert von 10.000 Yen nicht übersteigen. Dies gilt jedoch nicht für alkoholische Getränke, Tabakwaren und einfuhrverbotene Artikel. Tragbare Berufsausrüstung kann vorübergehend abgabenfrei importiert werden, sofern sie angemessen erscheint.

1.8 Versandmöglichkeiten, Transportversicherung

Der Warenverkehr kann auf dem See- oder Luftweg abgewickelt werden. Über Einzelheiten geben die deutschen Spediteure Auskunft.

2 Nicht-tarifäre Handelshemmnisse

2.1 Sicherheitsbestimmungen, Verbraucherschutz

Die japanische Gesetzgebung und Verwaltungspraxis auf den Gebieten des Umwelt- und Verbraucherschutzes sowie der Sicherheit gehören zu den strengsten der Welt. Die dadurch entstandenen nicht-tarifären Handelshemmnisse hat Japan seit 1982 durch wiederholte und durch ständigen politischen Druck von außen (USA, EU) ausgelöste Marktöffnungsmaßnahmen – wie etwa die Harmonisierung mit Vorschriften westlicher Länder oder Anerkennung ausländischer Prüfergebnisse – stetig abgebaut. So bestehen für Industriegüter nur noch wenige administrative Marktzugangsbeschränkungen. Doch gibt es auch heute noch immer wieder Anlaß für ausländische Unternehmen, Klage über die konkrete Handhabung in der Praxis zu führen.

Als Anlaufstelle für Beschwerden in diesem Zusammenhang steht das Office of Trade and Investment Ombudsman (O.T.O; *Anschrift*: Secretariat of the O.T.O., Coordination Bureau, Economic Planning Agency, 3-1-1 Kasumigaseki, Chiyoda-ku, Tokyo 100-0013; Tel.: 00813/35 81 54 69, Fax: 35 80 33 71) zur Verfügung. Das Büro befaßt sich vorwiegend mit der Vereinfachung der Importverfahren und prüft Klagen wegen langwieriger oder diskriminierender Vorgehensweisen japanischer Behörden.

Es gibt in Japan nicht weniger als 10.000 Gesetze und Verordnungen, die sich in der einen oder anderen Weise mit der Regulierung des Wirtschaftslebens befassen. Nach Ansicht von Kennern sind die Kernpunkte in ca. 160 Gesetzen und Vorschriften enthalten. Einige der wichtigsten Gesetze, die zusammen mit den entsprechenden Kabinetts- und Ministererlassen den Vertrieb regeln, sind nachstehend mit den jeweils zuständigen Ministerien genannt.

Ministry of Agriculture, Forestry and Fisheries (MoA)
1-2-1 Kasumigaseki, Chiyoda-ku, Tokyo 100-0013
Tel.: +81 (3) 3502-8111, Fax: +81 (3) 3508-7321

- Plant Protection Law (soll 1996 modifiziert werden)
- Fertilizer Control Law
- Agricultural Chemicals Regulation Law
- Law Concerning Standardization and Proper Labelling of Agricultural and Forestry Products
- Quarantine Law

Ministry of Health and Welfare (MHW)
1-2-2 Kasumigaseki, Chiyoda-ku, Tokyo 100-0013
Tel.: +81 (3) 3503-1711, Fax: +81 (3) 3508-7527

- Food Sanitation Law
- Drugs, Cosmetics and Medical Instruments Law
- Pharmaceutical Affairs Law (auch MoA)
- Law Concerning the Examination and Regulation of Manufacture etc. of Chemical Substances (auch MITI)

Ministry of International Trade and Industry (MITI)
1-3-1 Kasumigaseki, Chiyoda-ku, Tokyo 100-0013
Tel.: +81 (3) 3501-1511, +81 (3) 3508-7002, +81 (3) 3501-1657, Fax: +81 (3) 3501-1337

- Product Liability Law
- Consumer Product Safety Law
- Haushold Goods Quality Labelling Law

- Industrial Standardization Law (auch MoA, MHW, MoT)
- Electrical Appliance and Material Control Law
- High Pressure Gas Control Law
- Measurement Law

Minstery of Posts and Telecommunications (MPT)
1-3-2 Kasumigaseki, Chiyoda-ku, Tokyo 100-0013
Tel.: +81 (3) 3504-4411, +81 (3) 3508-7276, +81 (3) 3504-4792
Fax: 35 92 92 57, 35 04 08 83
- Telecommunication Law

Ministry of Transport (MoT)
2-1-3 Kasumigaseki, Chiyoda-ku, Tokyo 100-0013
Tel.: +81 (3) 3580-3111, +81 (3) 3508-7148, Fax: +81 (3) 3593-0474
- Road Vehicles Law

Ministry of Labor (MoL)
1-2-2 Kasumigaseki, Chiyodaku, Tokyo 100-0013
Tel.: +81 (3) 3593-12 11, +81 (3) 3508-7505
- Industrial Safety and Health Law.

3 Normen

3.1 Maße und Gewichte: metrisches System

Zwingende Normen, die auf rd. 35 Gesetzen in der Zuständigkeit von einem Dutzend Ministerien und anderen Behörden basieren, bestehen u. a. für Nahrungsmittel, Lebensmittelzusatzstoffe, Arzneimittel, Kosmetika, elektrische Hausgeräte, gasbetriebene Geräte, Meßinstrumente und z. T. Kraftfahrzeuge.

Hierbei müssen ausländische Erzeugnisse, die im Ursprungsland bereits überprüft und genehmigt wurden, in Japan erneut nach den japanischen Regeln getestet werden. Diese unterscheiden sich von den ausländischen Verfahren oft nur wenig oder gar nicht und bedeuten für die Unternehmen erhöhte Kosten für die doppelt durchgeführte Dienstleistung.

Ausländische Lieferanten, deren Fertigungsstätten und Produkte den japanischen technischen Vorschriften entsprechen, können jedoch die Werks- bzw. Typenzulassung bei den zuständigen Ministerien direkt beantragen. Da der Schriftwechsel in japanischer Sprache zu führen ist, empfiehlt es sich, einen erfahrenen Agenten vor Ort mit der Abwicklung des Zulassungsverfahrens zu beauftragen.

Japan erkennt u. a. bei Nahrungsmitteln Prüfergebnisse von in Deutschland nach japanischen Normen durchgeführten Untersuchungen an, wenn sie von zugelassenen Prüfstellen vorgenommen wurden. Eine Liste der anerkannten Labors und Untersuchungsämter liegt den Industrie- und Handelskammern vor.

Beim Einsatz von synthetischen Lebensmittelzusatzstoffen werden hohe Anforderungen gestellt. Ab Mai 1996 dürfen auch natürliche Lebensmitteladditive nur noch verwendet werden, wenn sie in einer entsprechenden Liste aufgeführt sind.

Bei elektrischen Geräten und Materialien werden nach dem gleichnamigen Gesetz Produkte der Kategorie A (elektrische Bauteile) und der Kategorie B (elektrische Geräte) unterschieden.

Für Artikel der Kategorie A ist eine Zulassung des MITI erforderlich. Das Ministerium hat 1995 über 280 Produktgruppen der Kategorie A in die Kategorie B überführt. Die Zahl der verbleibenden A-Erzeugnisse, zu denen in erster Linie Kabel, Stecker, Sicherungen etc. gehören, soll in den nächsten fünf Jahren weiter reduziert werden. Alle Produkte dieser Kategorie sind mit dem dreieckigen T-Zeichen zu kennzeichnen.

Für Artikel der Kategorie B kann der Hersteller freiwillig nachweisen, daß er die japanischen bzw. internationalen Standards (mit speziellen Anforderungen für Japan) einhält. Das bisher gültige runde T-Zeichen wird durch das S-Zeichen ersetzt.

Die notwendigen Werks- und Typenprüfungen können von deutschen Stellen (Technische Überwachungsvereine, VDE-Prüfstelle Offenbach, Landesgewerbeanstalt Nürnberg) vorgenommen werden. Für eine Vielzahl von elektrischen Geräten können die Hersteller jetzt auch eine Selbstzertifizierung nach japanischen Standards vornehmen.

Die wichtigsten freiwilligen Normen sind JAS (Japanese Agricultural Standards), JIS (Japanese Industrial Standards) und SG (Safety Goods). Bei kontinuierlichen Lieferungen sollte bei Konformität des Produktes mit den japanischen Vorschriften die Erlangung einer JAS-, JIS oder SG-Marke angestrebt werden, da der japanische Verbraucher auf solche Qualitätszeichen achtet. Für seine Kaufentscheidung spielt es dabei i.d.R. keine Rolle, ob die Marke amtlich oder privat verliehen wurde.

Das JAS-Zeichen wird für land- und forstwirtschaftliche Produkte, lebende Tiere, Fischereierzeugnisse, verarbeitete Nahrungsmittel, einschl. Öle und Fette, sowie Getränke vergeben. Eine Reihe von JAS-Standards wurde ins Englische übertragen (verbindlich sind jedoch nur die in Japanisch verfaßten). Die Jetro hat eine Broschüre mit dem Titel „Guide to JAS System for Agricultural and Forestry Products" herausgegeben.

Die JIS-Zeichen umfassen Produkt-, Prüf- und Basisstandards. 3.950 dieser Standards liegen in englischer Übersetzung vor. Bei der Vorbereitung und Erörterung neuer JIS wirken u. a. Verbrauchergruppen, Produzenten, Händler und seit einigen Jahren auch ausländische Interessenvertreter mit.

Seit Inkrafttreten des Produkthaftungsgesetzes im Juli 1995 bemühen sich immer mehr Hersteller um das SG-Zeichen.

Insgesamt gibt es rd. 150 Qualitätszeichen (außer den genannten z. B. ST für Spielzeug, G für gutes Design oder BL für hochwertige Haushaltswaren). Neue Zeichen sind u. a. die Eco-Marke für umweltfreundliche Produkte und die Silber-Marke für Konsumgüter speziell für Senioren.

Auf dem Vormarsch befindet sich die Zertifizierung nach ISO 9000 (derzeit rd. 2.000 Unternehmen). War die Zertifizierung anfänglich nur für exportorientierte Firmen interessant, so treten mittlerweile auch andere Motive in den Vordergrund, z. B. Verringerung der Qualitätssicherungskosten, Optimierung des Informationsflusses und in jüngster Zeit Absicherung gegen Ansprüche aus dem Produkthaftungsgesetz. Auch die Zulieferer sehen sich mehr und mehr zur Erfüllung der ISO 9000 ff. genötigt.

Das Umweltaudit nach ISO 14000, das voraussichtlich im August 1996 in Kraft tritt, verspricht schon jetzt, in Japan ein Erfolg zu werden, aber im Wirtschaftsverkehr mit dem Ausland auch neue Hindernisse aufzubauen.

Der TÜV Rheinland Japan hat in Osaka eine Abteilung „Environmental Services" eingerichtet, die in technischen und rechtlichen Fragen des Umweltschutzes und bei der Einführung von Umweltmanagement-Systemen berät sowie bei der Durchführung von CERT-Zertifizierungsverfahren hilft.

Nähere Auskünfte zu Normen und Zertifizierungsfragen erteilen in Deutschland:

- Deutsches Informationszentrum für technische Regeln (DITR) im DIN,
  Deutsches Institut für Normung e.V.
  Burggrafenstraße 6, 10787 Berlin
  Tel.: (030) 2601-2600
  Fax: (030) 2601-2231 (DIN), (030) 262 81 25 (DITR)

- Japanische Außenhandelsorganisation
  Japan External Trade Organisation (Jetro)

  Colonnaden 72, 20354 Hamburg
  Tel.: (040) 3560080, Fax: (040) 346873

  Königsallee 58, 40212 Düsseldorf
  Tel.: (0211) 136020, Fax: (0211) 326411

  Roßmarkt 17, 60311 Frankfurt
  Tel.: (069) 283215, Fax: (069) 283359

  Promenadenplatz 12, 80333 München
  Tel.: (089) 290 8420, Fax: (089) 2908 4289

  Friedrichstraße 95, 10117 Berlin
  Tel.: (030) 2096 3162, Fax: (030) 2643 3165

in *Japan*:

- TÜV Rheinland Japan Ltd.
  Shin Yokohama Daini Center Building, 9 F
  3-19-5 Shin-Yokohama
  Kohoku-ku, Yokohama 222-0033
  Tel.: 00814/54 70 19 50, Fax: 54 73 52 21

- TÜV Rheinland Japan Ltd.
  Osaka Office
  Wakasugi Center Building Honkan, 16 F
  2-9-1 Higashi-Tenma, Kita-ku, Osaka-shi 530-0044
  Tel.: 00816/3 54 85 40, Fax: 3 54 86 36

- TÜV Product Service
  L. Kakuei Sasazuka Building, 3/4 F
  12-18-3 Sasazuka Shibuya-ku, Tokyo 151-0073
  Tel.: 00813/33 72 48 21, Fax: 33 72 16 21

- TÜV Product Service, West Japan
  248-1 Kusube-cho, Ise-shi, Mie 516-0014
  Tel.: 00815/96 23 20 45, Fax: 96 23 74 45

- Jetro Approvals Institute for Telecommunications Equipment (JATE)
  Isomura Building
  1-1-13 Toranomon Minato-ku, Tokyo 105-0001
  Tel.: 00813/35 91 43 00, Fax: 35 91 43 55

- Japanese Standards Association
  4-1-24 Akasaka, Minato-ku, Tokyo 107-0052
  Tel.: 00813/35 83 80 01, Fax: 35 86 20 14

- Ministry of Agriculture, Forestry and Fisheries (s.o.)

3.2 Öffentliches Beschaffungswesen

Ausländische Unternehmen können sich an Ausschreibungen von mehr als 40 Ministerien und Ämtern beteiligen. Allerdings müssen sie sich in den meisten Fällen zuvor als „qualified suppliers" registrieren lassen. Die Anforderungen dafür werden dezentral festgelegt und, im Gegensatz zu den Ausschreibungsunterlagen selbst, nur auf Japanisch veröffentlicht.

3.3 Zoll

Japan ist seit 1.1.95 Mitglied der WTO. Der Zolltarif basiert auf dem Internationalen Übereinkommen über das Harmonisierte System zur Bezeichnung und Codierung der Waren und enthält überwiegend Wertzollsätze, daneben auch spezifische Zollsätze. Für Waren aus Deutschland wird bei der Zollberechnung der niedrigste Satz (ausgenommen Präferenzzollsatz gegenüber Entwicklungsländern) zugrunde gelegt.

Die mehrwertsteuerähnliche Verbrauchsteuer (consumption tax) beträgt derzeit 5 Prozent. Ausgenommen von der Steuer sind bestimmte Arten von Gütern und Dienstleistungen. Es bestehen Alkohol- und Mineralölsteuern.

Nähere Einzelheiten zu Zollfragen enthält die folgende BfAI-Publikation über Japan: *Tips für die Zollbehandlung gewerblicher Wareneinfuhren*, Bestell-Nr. 4146, 80 S., 35,– DM.

4 BfAI-Veröffentlichungen über Japan

Eine Liste sämtlicher BfAI-Publikationen über Japan kann unter der Telefon-Nr. (0221) 2057-264 angefordert werden.

Deutsches Institut für Japanstudien (DIJ) der Philipp-Franz-von-Siebold-Stiftung, Tokyo

Mit dem Namen Philipp Franz von Siebold (1796–1866) verbindet sich nicht nur eine zurückliegende Epoche der Erforschung des fremden und exotischen Japan. Er steht auch für ein Stück moderne Japanwissenschaft. Siebold ist Namensgeber der Stiftung des Deutschen Instituts für Japanstudien (DIJ) in Tokyo. Das 1988 gegründete und aus dem Haushalt des Bundesministeriums für Bildung, Wissenschaft, Forschung und Technologie (BMBF) finanzierte Institut leistet heute in gewisser Weise das, was Siebold zu seiner Zeit getan hat: einen Wissenstransfer von Japan über Japan nach Deutschland. Daß diese Leistung in einem anderen Kontext, mit anderen Methoden und unter anderen Fragestellungen erfolgt, versteht sich von selbst.

1 Aufgaben

Forschungsauftrag. Das DIJ reiht sich in die lange Tradition deutscher wissenschaftlicher Auslandsinstitute ein. Die Stiftungssatzung nennt als Zielsetzung des Instituts die Vertiefung der Kenntnisse über das gegenwärtige Japan in den Bereichen Kultur, Gesellschaft, Wirtschaft und Politik. Einen weiteren Forschungsbereich bildet die Geschichte der deutsch-japanischen Beziehungen. Der mit diesem Programm festgelegte multidisziplinäre Charakter unterscheidet das DIJ nicht nur von den anderen Auslandsinstituten des BMBF, sondern auch von den üblichen, auf einzelne Wissenschaftsgebiete spezialisierten Forschungseinrichtungen in Deutschland.

Stipendien. Ebenfalls zu den Aufgaben des Instituts zählt die Förderung des wissenschaftlichen Nachwuchses. Das DIJ verfügt über ein eigenes Stipendienprogramm. Finanziert und betreut werden Forschungsaufenthalte im Rahmen japanbezogener Promotionsvorhaben. Die Laufzeit der Stipendien beträgt maximal ein Jahr. Je nach Stipendiendauer reichen die verfügbaren Mittel zur Finanzierung von drei bis sechs Stipendien im Jahr.

Bibliothek. Das DIJ unterhält eine Bibliothek, die einerseits die Forschung in den Arbeitsbereichen des Instituts durch die Bereitstellung von Bibliographien und Nachschlagewerken unterstützt, andererseits dem Auftrag verpflichtet ist, japanbezogene Literatur in deutscher Sprache möglichst vollständig zu sammeln. Besucher können die Bibliothek während der Öffnungszeiten des Instituts nutzen.

2 Organisation

Stiftungsrat. Die Philipp-Franz-von-Siebold-Stiftung ist eine Stiftung privaten Rechts mit Sitz in Bonn. Im Stiftungsrat vertreten sind das BMBF, das Auswärtige Amt, die MINERVA Gesellschaft für Forschung mbH, eine Tochter der Max-Planck-Gesellschaft, und die Alexander von Humboldt-Stiftung. Den Vorsitz führt der zuständige Staatssekretär im BMBF.

Beirat. In seiner wissenschaftlichen Arbeit ist das Institut unabhängig. Sein Forschungsprogramm erarbeitet es in Absprache mit dem Beirat. Dieser setzt sich zusammen aus Vertretern der deutschen Wissenschaft, der deutschen Wirtschaft in Japan sowie des öffentlichen Lebens in Japan.

Mitarbeiter. Das 1988 gegründete Institut wird seit Oktober 1996 von Professor Dr. Irmela Hijiya-Kirschnereit geleitet. Es beschäftigt vor Ort zur Zeit 22 Mitarbeiter: 13 im wissenschaftlichen Bereich (einschl. Direktorin), 2 in der Bibliothek und 7 in der Verwaltung. Mit den 13 wissenschaftlichen Stellen werden aktuell sechs Disziplinen abgedeckt: Geschichte, Politikwissenschaft, Wirtschaftswissenschaften, Geographie, Erziehungswissenschaften und Literaturwissenschaft.

Die wissenschaftlichen Mitarbeiterstellen sind auf maximal fünf Jahre befristet. Einstellungsvoraussetzung sind neben der Promotion in einem den Arbeitsbereichen des Instituts verwandten Fachgebiet hinreichende Kenntnisse der japanischen Sprache und Forschungserfahrung in Japan.

Verbindungsbüro Berlin. Das Verbindungsbüro unterstützt das DIJ durch Recherchen und Besorgungen in Deutschland. Es leistet organisatorische Unterstützung bei Veranstaltungen in Deutschland und dient als Kontaktstelle für alle, denen die Kommunikation mit dem „fernen" Tokyo zu schwer fällt.

3 Spektrum der Institutsaktivitäten

Forschungsprojekte und Arbeitsschwerpunkte. Das DIJ ist bei der Auswahl seiner Forschungsthemen darum bemüht, Fragen aufzugreifen, die aus europäischer Perspektive für ein Verständnis Japans einen besonderen Erkenntniswert versprechen. Ein erstes, 1994 abgeschlossenes Forschungsprojekt befaßte sich mit dem Wertewandel im Japan der Nachkriegszeit. Folgeprojekte vertiefen das Thema des Wandels in den Bereichen Wirtschaft sowie Staat und Familie, wobei hier nicht mehr Werte oder Einstellungen, sondern Strukturen und Verhaltensweisen im

Mittelpunkt der Untersuchung stehen. Im Herbst 1996 wurde als neuer längerfristiger Forschungsschwerpunkt „Japan in Asien" aufgenommen, der sich mit der verstärkten Hinwendung Japans zu Asien seit den 90er Jahren befaßt.

In eher kurzfristigen, auf den Zeitraum eines Jahres beschränkten Arbeitsschwerpunkten werden aktuelle Entwicklungen aufgegriffen und analysiert. Zur Zeit geschieht dies in den folgenden drei Bereichen: (1) Arbeitsmarkt und Beschäftigungssystem, (2) Technologie und Innovationssystem sowie (3) politisches System.

Publikationen. Die regelmäßig vom DIJ herausgegebenen Publikationen umfassen: das Jahrbuch *Japanstudien*, die Reihe *Monographien aus dem Deutschen Institut für Japanstudien*, die Reihe *Bibliographische Arbeiten aus dem Deutschen Institut für Japanstudien* und eine Serie *Miscellanea*. Darüber hinaus nutzen Mitarbeiter die Möglichkeit, in Form von *Arbeitspapieren* über Zwischenergebnisse ihrer Forschung zu informieren und in Austausch mit Fachkollegen zu treten.

Symposien. Das Institut veranstaltet Symposien in Japan und Deutschland, in deren Rahmen Themen aus den Forschungsprojekten und Arbeitsschwerpunkten aufgegriffen bzw. diesbezügliche Ergebnisse präsentiert und zur Diskussion gestellt werden. Größere Veranstaltungen werden in der Regel in Kooperation mit anderen Organisationen durchgeführt.

Ausstellungen. Das DIJ hat insgesamt vier Ausstellungen mit Sammlungen deutscher und europäischer Japanforscher organisiert und betreut, darunter auch die Sammlungen von Philipp Franz und Heinrich von Siebold.

Forschungszentrum vor Ort. Das DIJ verfügt über gute Kontakte zu japanischen Institutionen und Wissenschaftlern und arbeitet eng mit in Japan vertretenen deutschen und europäischen Organisationen zusammen.

In der Organisation von Workshops und mit der 1997 neu eingerichteten Vortragsreihe „DIJ-Forum" leistet das Institut einen wichtigen Beitrag zum Austausch zwischen japanischen und nicht-japanischen Wissenschaftlern. Eine weitere Dienstleistung, die das Institut am Rande immer wieder erbringt, besteht darin, Delegationen aus Deutschland über aktuelle gesellschaftliche, wirtschaftliche und politische Entwicklungen zu „briefen".

Aktuelle Informationen. Über die Arbeiten und Planungen des DIJ informieren der seit Mitte 1997 dreimal jährlich erscheinende *Newsletter* sowie das einmal jährlich erscheinende *Bulletin*. Laufend aktualisierte Informationen enthält die dreisprachige Homepage (deutsch, englisch und japanisch) des DIJ im Internet (http://dijtokyo.twics.com).

Adresse

Deutsches Institut für Japanstudien
Nissei Kojimachi Bldg. 2F
3–3–6, Kudan-Minami
Chiyoda-ku
Tokyo 102-0074 Japan
Tel. +081 (3) 3222-5077 Fax. +081 (3) 3222-5420
E-mail: dijtokyo@twics.com
Internet-Homepage: http://dijtokyo.twics.com

OAG Tokyo (Deutsche Gesellschaft für Natur- und Völkerkunde Ostasiens)

Die Deutsche Gesellschaft für Natur- und Völkerkunde Ostasiens (OAG), Tokyo, wurde 1873 durch deutsche Kaufleute, Gelehrte und Diplomaten gegründet. Ihr Ziel ist es, die Länder Ostasiens, insbesondere Japan, zu erforschen und Kenntnisse darüber zu verbreiten.

Diese wissenschaftliche Aufgabe verbindet sie mit einer geselligen Funktion. So sind neben Vorträgen und der Veröffentlichungstätigkeit Ausstellungen, Feiern, Exkursionen und Reisen Bestandteil der Gesellschaftstätigkeit. Die OAG ist ein zentraler gesellschaftlicher Treffpunkt für Deutschsprachige in Tokyo. Für die in Westjapan wohnenden Mitglieder führt seit 1954 die Zweiggruppe Kobe-Osaka ein eigenes Veranstaltungsprogramm durch.

Seit 1950 besteht die OAG Hamburg, eine rechtlich und organisatorisch unabhängige Gesellschaft, deren Wirken sich auf Veröffentlichungen konzentriert und die mit der OAG in Tokyo in freundschaftlicher Verbindung steht. Die Mitgliedschaft in einer der OAGs schließt nicht die Mitgliedschaft in der anderen Gesellschaft ein.

Die OAG hat sich seit 125 Jahren aus eigenen Mitteln erhalten und ist bestrebt, auch in Zukunft ihre Unabhängigkeit zu bewahren. Sie finanziert sich durch die Vermietung von Räumen im OAG-Haus, durch Mitgliedsbeiträge und den Vertrieb ihrer Veröffentlichungen. Zur Erfüllung ihrer Ziele und lebendigen Gestaltung ihrer Aktivitäten lebt die OAG zu einem nicht geringen Teil von den Anregungen und der Mitarbeit ihrer Mitglieder.

Veranstaltungen. Monatlich, außer im Juli und August, sind zwei Vorträge traditionell an Mittwochabenden vorgesehen, die in der Regel durch weitere Veranstaltungen ergänzt werden.

Außerdem veranstaltet die OAG Seminare ostasienkundlichen Inhalts, Symposien, Exkursionen und Reisen im In- und Ausland. Im Herbst findet jährlich ein Einführungsseminar für Neuankömmlinge in Tokyo statt. 1988 organisierte die OAG den ersten deutschsprachigen Japanologentag in Japan, der seither im Zweijahresrhythmus wiederholt wird.

Die OAG verfügt auch über ein reichhaltiges Kursangebot: Japanischkurse, zwei verschiedene Schulen von Ikebana, und ein Sumie-Kurs (Tuschmalerei) gehören ebenso dazu, wie die Go-Abende, die jeweils am zweiten Dienstag des Monats stattfinden.

Die Einrichtungen der OAG. Für regelmäßig stattfindende größere Veranstaltungen verfügt die OAG über einen großen Saal (250 Plätze), die regulären Vorträge finden in der mit einem Multimedia-tauglichen Projektionssystem ausgerüsteten OAG-Bibilothek statt. Die OAG-Ausstellungen werden im großzügigen Foyer durchgeführt und für das gemütliche Zusammensein nach den Veranstaltungen gibt es das OAG-Clubrestaurant „Kreisel" mit hervorragender deutscher Küche.

Die OAG-Bibliothek enthält ca. 5.000 Werke und zahlreiche Zeitschriften in deutscher und englischer Sprache. Neben den Standardwerken zum Themenkreis der OAG finden sich hier vor allem Neuerscheinungen, aber auch seltene Werke aus früheren Jahrhunderten.

Publikationen. Das Publikationsprogramm der OAG umfaßt neben Monographien die Reihe OAG Taschenbuch, welche den Mitgliedern kostenlos zugestellt wird. Mitglieder erhalten auf alle Veröffentlichungen Rabatt.

Über das Veranstaltungsprogramm der OAG und sonstige Vereinsnachrichten werden die Mitglieder durch monatliche Rundschreiben unterrichtet, die außerdem auch Buchbesprechungen enthalten.

Informationen über die Veranstaltungen sowie die lieferbaren Publikationen der OAG sind auch auf der OAG-Home Page im Internet (http://www.iac.co.jp/~oagtokyo/) abrufbar.

Mitgliedschaft. Der Gesellschaft kann man als Ordentliches bzw. als Förderndes Mitglied beitreten. Der Mitgliedsbeitrag schließt die Familie des Mitglieds mit ein. Für Studenten wird eine erhebliche Beitragsermäßigung gewährt. Weitere Auskünfte erteilt gern das

Büro der OAG   Tel.:   +81 (3) 3582-7743
OAG-Haus   Fax :   +81 (3) 5572-6269
7–5–56 Akasaka   e-mail: oagtokyo@iac.co.jp
Minato-ku, Tokyo 107-0052

Deutsche Schule Tokyo Yokohama

1 Struktur der Schule

Seit 1991 verfügt die Deutsche Schule Tokyo Yokohama (DSTY) über eine großzügige Schulanlage in verkehrsgünstiger Lage zu den Städten Tokyo, Yokohama und Kawasaki. In Konzeption und Ausstattung bietet sie alle Voraussetzungen für zeitgemäßen Unterricht und abwechslungsreiche Freizeitgestaltung. Alles findet sich hier unter einem Dach:

- der Kindergarten für Drei- bis Sechsjährige,
- die Grundschule mit den Klassen 1 bis 4,
- die Orientierungsstufe mit den Klassen 5 und 6,
- die Sekundarstufe I mit den Klassen 7 bis 10 und
- die Oberstufe mit den Klassen 11 bis 13.

Die DSTY ist eine anerkannte deutsche Auslandsschule. Sie wird von der Bundesrepublik finanziell und personell gefördert. An Bildungsqualifikationen werden neben dem Abitur auch der Realschul- und Hauptschulabschluß vermittelt. Die Unterrichtssprache ist Deutsch. Die Schülerinnen und Schüler stammen überwiegend aus deutschen, schweizerischen, österreichischen und japanischen Familien; der Anteil bikultureller Familien liegt bei 25 Prozent.

Die Schule ist als „Offene Ganztagsschule" organisiert. Dies bedeutet, daß zum Pflichtunterricht ein breites Wahlangebot an Arbeitsgemeinschaften, Wahl- und Förderunterricht sowie Hausaufgabenbetreuung tritt. Schulträger ist die „Stiftung Deutsche Schule Tokyo Yokohama", ihr gehören vor allem Schülereltern an.

2 Das Unterrichtsprogramm

Die Lehrpläne und die Stundentafeln der DSTY orientieren sich auf allen Schulstufen an den Unterrichtsvorgaben des Bundeslandes Nordrhein-Westfalen. Für Hauptschüler und Realschüler wurden gesonderte pädagogische Richtlinien entwickelt, die auf eine binnendifferenzierende Unterrichtsgestaltung ausgerichtet sind.

Die Ergebnisse der Unterrichtsarbeit sind denen innerdeutscher Schulen gleichzusetzen. Der Übergang von Schulen in der Bundesrepublik, der Schweiz und Österreichs an die DSTY und zurück gelingt im allgemeinen ohne große Schwierigkeiten. Wo dies notwendig ist, gewährt die Schule den Neuankommenden Nachholfristen.

Die Sprachenfolge ist so geregelt:

1. Fremdsprache: Englisch (ab Klasse 5)
2. Fremdsprache: Französisch oder Japanisch (ab Klasse 7)
3. Fremdsprache: Latein (ab Klasse 9 als Alternative zum Fach „Naturwissenschaften")

Zusätzlich wird in der Grundschule auf altersgemäße Weise Japanisch unterrichtet, in den Klassen 5 und 6 wird dieser Unterricht als Wahlfach fortgesetzt.

Die Oberstufe ist seit kurzem neu geordnet: Deutsch ist nun verpflichtendes Fach der Abschlußprüfung, eine Aufteilung in Grund- und Leistungskurse wird nicht mehr vorgenommen.

3 Das reichhaltige Zusatzangebot

Die DSTY ist mehr als nur ein Ort des Lernens. Ein vielfältiges Freizeitprogramm steht den Schülerinnen und Schülern zur Auswahl: z. B. sportliche Arbeitsgemeinschaften wie Fußball, Volleyball, Basketball, Tennis, Leichtathletik, Jazz Dance und Schwimmen. Wer mag, kann Kochen lernen, Schach spielen, im Internet surfen, sich in Origami und Ikebana üben, ein Musikinstrument erlernen, im Schulchor oder Schulorchester mitmachen, Theater spielen, sein malerisches Talent vervollkommnen, töpfern, Fotographieren oder Filmen lernen. In der Schulbibliothek gibt es ein sich ständig vergrößerndes Angebot an Büchern, Zeitschriften, Videos, CDs und Kassetten. Klassenfahrten führen zu unterschiedlichen Zielen in Japan. Auch neue Formen des Unterrichts wie Projektwochen bringen Abwechslung in den Schulalltag.

4 Das Kulturzentrum DSTY

Ein Ort der Begegnung ist die neue Schulanlage auch außerhalb des Unterrichts. In der Aula mit ihrer hervorragenden Akustik finden Theateraufführungen, Schulkonzerte und Kammermusikabende statt. Von Zeit zu Zeit gastieren dort auch bekannte Musikerinnen und Musiker. Dichterlesungen werden in Zusammenarbeit mit dem Goethe-Institut veranstaltet.

Sprachkurse in Japanisch und Deutsch werden für Erwachsene in den Räumen der Schule vom „Deutschen Seminar" organisiert.

Eltern nutzen die schulischen Einrichtungen für eigene Aktivitäten mit sportlichen, sprachlichen, technischen, musischen und karitativen Zielsetzungen. Die Sportanlagen der Schule sind Schauplatz von Wettkämpfen und Turnieren mit japanischer und internationaler Beteiligung.

Die Schulfeste, vor allem das Oktoberfest, wurden zu einem beliebten Treffpunkt der Schulfamilie mit japanischen und internationalen Gästen.

5 Die Schulfamilie

Elternvertretung. Die Eltern wirken an allen wichtigen Entscheidungen der DSTY mit:

- Über die Mitgliedschaft in der „Stiftung Deutsche Schule Tokyo Yokohama" läßt sich Einfluß auf den Vorstand der Stiftung nehmen. Dieses gewählte Gremium von 12 Damen und Herren ist u. a. verantwortlich für den Schulhaushalt und zuständig für Personalentscheidungen.
- Klassenpflegschaften und die Schulpflegschaft sind Vertretungsorgane der Eltern, die sich vor allem um das menschliche Miteinander bemühen. Sie stehen gerade auch neuankommenden Familien mit Rat und Tat zur Seite.
- Ohne die ehrenamtliche Mithilfe der Eltern z. B. in der Schulbibliothek, in der Mensagruppe, im Busdienst und bei Veranstaltungen ließe sich manches nicht verwirklichen.

Schülervertretung. Zu einer demokratisch orientierten Schule gehört auch eine aktive Schülervertretung, die Mitverantwortung für die Gestaltung des Schullebens übernimmt und Schülerinteressen in den schulischen Gremien vorträgt.

Lehrkräfte. Das Kollegium der DSTY besteht nur aus Lehrkräften mit abgeschlossener Ausbildung und Unterrichtserfahrung. Sie werden von der Bundesrepublik entsandt oder vor Ort angeworben.

Verwaltung. In der Verwaltung der DSTY arbeiten deutsche und japanische Angestellte. Sie organisieren den Schulbus- und Mensabetrieb, verwalten das Rechnungswesen, leisten Übersetzerdienste und sind für die Instandhaltung der schulischen Einrichtungen zuständig. Das Sekretariat der Schule ist bemüht, den Familien in allen mit der Übersiedelung nach Japan zusammenhängenden Problemen zu raten und zu helfen. Das konstruktive Zusammenwirken von Eltern, Schüler- und Lehrerschaft sowie der Verwaltung zeichnet die DSTY aus.

6 Das Selbstverständnis der DSTY

Bildung und Erziehung. Die Schule will allen Schülerinnen und Schülern ermöglichen, einen ihren Fähigkeiten entsprechenden Bildungsweg einzuschlagen. Sie hat deshalb die Aufgabe, ihnen Wissen und Fertigkeiten zu vermitteln, sie zu selbständigem Urteil zu führen und die persönliche Entfaltung und soziale Entwicklung zu fördern. Die DSTY will „zur Selbstbestimmung in Verantwortung vor den Mitmenschen, zur Anerkennung ethischer Normen und religiöser Werte, zu Toleranz und zur Achtung vor der Überzeugung anderer erziehen." (Auszug aus der Schulordnung)

Integration und Begegnung. Die Schülerschaft der DSTY ist nach sprachlicher Herkunft und nationaler Zugehörigkeit bunt gemischt. Zudem ist die Zahl der Zugänge und Abgänge pro Schuljahr relativ hoch. Auf diese Situation ist das Unterrichtskonzept abgestimmt: mit Förderunterricht, der Gewährung von Nachholfristen und flexiblen Unterrichtsverfahren. In der Vielfalt sieht die DSTY zugleich eine Chance für interkulturelles Lernen.

Anschrift:	2-4-1 Chigasaki-Minami, Tsuzuki-ku, Yokohama 224-0037 Tel. +81 (045)-941-4841 Fax: +81 (045)-941-4481 E-mail: dsty@dsty.ac.jp Internet: http://www2.gol.com/users/dsty
Schulträger:	Stiftung Deutsche Schule Tokyo Yokohama
Geschichte:	1904 Gründung in Yokohama 1923 Umzug nach Tokyo 1953 Neugründung 1991 Umzug nach Yokohama
Anzahl der Klassen und Schüler:	420 Schülerinnen und Schüler, davon 80 im Kindergarten (Stand: 01.06.97)

Deutsche Schule Kobe

1 Zielsetzung und Struktur

Die Deutsche Schule Kobe, als zweitälteste deutschsprachige Auslandsschule in Asien, blickt auf eine bald 90jährige Tradition zurück. Unsere Schule ist eine von der Bundesrepublik Deutschland geförderte „Deutschsprachige Auslandsschule", die sich – bei gleichzeitiger Förderung nichtgymnasialer Schüler – in ihren Lehrplänen ab Klasse 5 an innerdeutschen Gymnasien orientiert. Dem Unterricht in allen Schulstufen ist der Bildungsplan des Landes Baden-Württemberg zugrunde gelegt. Der Unterrichtstag gleicht zeitlich dem von innerdeutschen Schulen.

Die Deutsche Schule Kobe als einzige deutschsprachige Auslandsschule in Westjapan hält es darüber hinaus für notwendig, den allgemeinen Bildungs- und Erziehungsauftrag, auf dem das pädagogisch-didaktische Vorgehen beruht, zu erweitern durch die Zielsetzung, sowohl den deutschen als auch unseren österreichischen und Schweizer Kindern einen Unterricht zu bieten, der eine reibungslose Reintegration in den gewünschten Schultyp des jeweiligen Landes gewährleistet. Rückmeldungen von Schulen aus den verschiedenen Bundesländern, aber auch aus der Schweiz und Österreich beweisen, daß die Deutsche Schule Kobe dieser Forderung in der Vergangenheit mehr als gerecht geworden ist. Zusätzlich zu den regulären Fächern bietet unsere Schule außerdem

- Japanisch-Kurse für bilinguale Kinder
- Deutsch-Förderunterricht für bilinguale Kinder (2 Wochen)
- Frühenglisch ab Klasse 1 (1 Wochenstunde) ab Klasse 3 (2 Wochenstunden)
- Native English (1 Wochenstunde zusätzlich) für die Klassen 1-6
- Informationstechnische Grundbildung (Informatik) (je eine Wochenstunde zusätzlich in den Klassen 5 und 6).

Über den Rahmen des verbindlichen Unterrichts hinaus bietet die DSK zahlreiche Arbeits- und Interessengemeinschaften – vorwiegend im sportlichen, musischen und naturwissenschaftlichen Bereich – für Schüler und Schülerinnen aller Klassenstufen an, die von den Kindern stets gerne und in Vielzahl angenommen werden.

2 Pädagogisch-didaktische Aspekte

Die Schüler werden an der DSK in kleinen Unterrichtsgruppen betreut, die sowohl klassenhomogen als auch jahrgangsübergreifend organisiert werden. Das ermöglicht einen äußerst effizienten binnendifferenzierten Unterricht. Handlungsorientierter Unterricht steht im Vordergrund unseres didaktischen Bemühens. Dies hat zur Folge, daß sich Unterricht nicht nur im Klassenzimmer abspielt, sondern das gelernte auch vor Ort verifiziert werden kann. Unterrichtsgänge z. B. in die nahen Berge, zum Fluß oder an den Hafen sind deshalb fest im Schulalltag verankert. Die alljährliche Klassenfahrt gibt den Kindern die Möglichkeit, sich in landschaftlich schöner Umgebung im sozialen Verband zu erproben.

Unterricht als zentrales Anliegen und Hauptaufgabe der Schule ist untrennbar mit der Person des Lehrers verbunden. In der DSK unterrichten qualifizierte Lehrkräfte des Grundschulbereichs und der Sekundarstufen I und II. Der engagierte Einsatz, das ideenreiche und schülergerechte Umsetzen unterrichtlich festgeschriebener Bildungsinhalte sowie die Fachkompetenz der Lehrkräfte sind wesentliche Garanten für den Unterrichtserfolg. Acht Ortslehrkräfte und eine durch das Bundesverwaltungsamt – Zentralstelle für das Auslandsschulwesen – vermittelte Lehrkraft unterrichten zur Zeit an der DSK.

3 Bauliche Voraussetzungen, Ausstattung und Verwaltung

Die Deutsche Schule Kobe verfügt über ein schönes, helles und stabiles Gebäude aus Stahlbeton. Das schwere Erdbeben von 1995 hat das Gebäude unbeschadet überstanden. Die Fach- und Klassenräume sind mit deutschen Schulmöbeln und Unterrichtsmitteln / Medien ausgestattet. Neue Computer mit Internetanschluß werden von den Schülern sehr gern angenommen. In jedem Klassenzimmer gibt es eine altersgemäße kleine Bibliothek; eine gut bestückte Bibliothek für Erwachsene steht den Eltern unentgeltlich zur Verfügung. Der Schule vorgelagert ist ein für Basketball geeigneter kleiner, eingezäunter Schulhof mit Tartanbelag. Ein mit japanischen Strohmatten (Tatami) ausgelegter Gymnastikraum ist ebenfalls vorhanden.

Die Schule ist schön gelegen und gut mit öffentlichen Verkehrsmitteln zu erreichen. Für unsere Kleinsten haben wir einen eigenen Schulbus, der auch für gemeinsame Ausflüge genutzt wird. Die Schulanlage wird betreut von einem japanischen Hausmeisterehepaar, das in der Einliegerwohnung wohnt. Unsere japanische Schulsekretärin spricht fließend deutsch.

4 Kindergarten

Der Schule angegliedert ist ein Kindergarten. Er ist hervorragend ausgestattet und wird von zwei ausgebildten Erzieherinnen (Diplompädagoginnen) vortrefflich betreut. Eine Vorschulgruppe bildet stets den Kern der jeweils kommenden 1. Klasse. Der Kindergarten ist fester Bestandteil der schulischen Feste, auf denen er stets mit eigenen Beiträgen in Erscheinung tritt. Auch der Kindergarten der Deutschen Schule Kobe genießt einen sehr guten Ruf in der gesamten Region.

5 Außerunterrichtliche Aspekte

Die DSK ist eine aktive, bindungsgebende Institution für die in Kobe / Osaka lebende deutschsprachige Gemeinde. Zahlreiche Aktivitäten der Familien laufen hier zusammen oder finden von hier aus ihren Ursprung. Es besteht u. a. eine monatlich erscheinende Elternzeitschrift und ein Film-Club. Aber die DSK ist gleichermaßen eingebunden in die internationale Gemeinde Kobes und die sie umgebenden japanischen Gruppierungen. Die Deutsche Schule ist sich der damit verbundenen Verantwortung bewußt. Eine Vielzahl kultureller deutsch-japanischer Begegnungen sowohl auf Schüler- als auch auf Erwachsenenebene werden von hier aus initiiert und von allen Beteiligten gerne unternommen.

6 Das Schuljahr

Das Schuljahr beginnt am 1. August eines jeden Jahres und endet am 31. Juli des darauffolgenden Jahres. Der Unterricht eines neuen Schuljahres beginnt jeweils nach den Sommerferien. Die Ferienordnung sieht vor:

- Herbstferien   etwa eine Woche (Anfang November)
- Weihnachtsferien   drei Wochen
- Osterferien   mehrere Tage
- „Goldene Woche"   zwei Wochen (Ende April bis Anfang Mai)
- Sommerferien   von Anfang Juli bis Anfang September

7 Trägerschaft und Kooperationen

Der Schulträger ist die „Stiftung Deutsche Schule Kobe". Die Familien deutscher Firmenangehöriger werden in Kobe / Osaka in jeder Hinsicht bestens betreut. Die deutschsprachige Gemeinde hier ist jedoch noch vergleichsweise sehr klein und einzig deshalb führt unsere Schule gegenwärtig nur bis zur 7. Klasse. Bei entsprechender Schülerzahl sind wir in der Lage, heute schon bis Klasse 10 und wenn erforderlich in Zukunft bis zum Abitur auszubilden.

Für ältere Schüler nach der Klasse 6 ist bislang die internationale Schule „*Canadian Academy*" unser Partner. Dort werden die Kinder englischsprachig in allen Fächern unterrichtet. Für die spezielle Betreuung in den Fächern Deutsch und Latein sind die deutschsprachigen Schüler dann nachmittags wieder in Kursen an unserer Schule. Die Reintegration in das deutsche Schulsystem kann somit gewährleistet werden. Für Schüler, die in Japan das deutsche Abitur ablegen möchten, verweisen wir dann auf das Internat der Deutschen Schule Tokyo-Yokohama. An der Canadian Academy kann das IB (International Baccalaureat) abgelegt werden.

Adresse

Deutsche Schule Kobe
3-22, Sowa-cho 1 chome
Nada-ku
Kobe 657-0063
Japan

Tel.: +81 (78) 851-6414
Fax.: +81 (78) 851-9684

Evangelische Gemeinde Deutscher Sprache Tokyo Yokohama

Seit 113 Jahren gibt es die Deutsche Evangelische Gemeinde Deutscher Sprache in Tokyo/ Yokohama, heute eine Gruppe von etwas mehr als hundert Familien und Einzelpersonen. Es sind vor allem deutsche, schweizerische und japanische Christen. Dazu kommen immer einige Besucher aus anderen Ländern, Kulturen und Religionen, die sich sehr für die deutsche Sprache und/oder für den deutschen Protestantismus interessieren. Viele evangelische Richtungen fließen hier zusammen; und trotzdem ist diese Auslandsgemeinde in vieler Hinsicht eine „normale" Gemeinde. Auf dem Veranstaltungskalender stehen der regelmäßige sonntägliche Gottesdienst, Kindergottesdienst, Kreise für verschiedene Altersgruppen, Angebote für Frauen, Konfirmandenunterricht und -fahrten, Bibelkreise, Seminare, Ausflüge, der jährliche Adventsbasar u.v.m.. Selbst eine Kantorei, ein überkonfessioneller Chor, gehört seit über 40 Jahren mit dazu.

In mancher Hinsicht ist die Gemeinde jedoch ganz anders! Am auffälligsten ist sicher die schnelle und große Fluktuation unter den Mitgliedern. Nur ein kleiner Teil von ihnen bleibt für längere Zeit in Japan. Anders auch die Organisationsstruktur. Sie liegt fernab der gewohnten Volkskirche. Freiwilligkeitsgemeinde nennen wir uns und sind es auch, da nur Mitglied sein kann, wer schriftlich seinen Eintritt bekundet. Auch nach japanischem Recht ist die Gemeinde eine anerkannte Körperschaft, die auf die Mitgliedsbeiträge der Gemeindemitglieder angewiesen ist. Der Pfarrer oder die Pfarrerin wird immer durch die Gemeinde gewählt, allerdings durch das Kirchenamt der EKD in Hannover gut vorbereitet und unterstützt.

Wichtig für eine Gemeinde im Ausland ist natürlich das Umfeld. So pflegt die Evangelische Gemeinde die Kontakte zum National Christian Council of Japan (NCC/J) und unterstützt schon lange Zeit diakonische Projekte hier in Japan.

Hervorzuheben ist vor allem die gute ökumenische Verbindung zur katholischen Gemeinde St. Michael. Die Kirchenvorstände wie die Mitglieder beider Gemeinden sehen eher das Verbindende als das Trennende in den Konfessionen. Vieles wird daher gemeinsam gemacht: Familiengottesdienste, regelmäßiger Kanzeltausch, gemeinsame Fahrten der Konfirmanden und Firmlinge, die großen Feste und Veranstaltungen. Zu erwähnen ist auch der ökumenisch erteilte Religionsunterricht an der Deutschen Schule Tokyo/Yokohama (DSTY) durch die Gemeindeleiterin der katholischen Schwestergemeinde und durch den Pfarrer der Evangelischen Gemeinde. Ich selbst sehe in dieser Zusammenarbeit wie auch in den anderen Strukturen ein Stück „Kirche der Zukunft".

Ein paar Worte zur Geschichte: gegründet hat die Gemeinde im Oktober 1885 ein Schweizer Missionar in zwei Etappen, zuerst den Teil Tokyo und im Januar des darauffolgenden Jahres den Teil in Yokohama, so daß von Anfang an die Deutsche Gemeinde diese beiden Städte umfaßt hat. Der Schwerpunkt lag, besonders in den Anfängen, in der Hafenstadt Yokohama.

Seit der Gründung ist es bereits die dritte Kirche, in der die Gemeinde sich zum Gottesdienst trifft. Die erste Kirche wurde durch das Erdbeben im September 1923 zerstört, die zweite brannte in der Endphase des letzten Weltkriegs ab. Seit 1959 treffen sich die Gemeindeglieder in der Kreuzkirche, einer in japanischen Stil gebauten, schönen Holzkirche, oder im angebauten Pfarrhaus in einem Gemeinderaum. Die Kreuzkirche mag für den europäischen Betrachter zuerst überraschend wirken, überzeugt aber bald durch ihre Architektur, die eine große Wärme ausstrahlt.

Das Kirchengrundstück liegt innerhalb von Tokyo recht verkehrsgünstig und ist von den Yamanote-Line-Bahnhöfen Gotanda, Ohsaki und Shinagawa jeweils gut zu Fuß zu erreichen.

Eckhard Korthus, Pfarrer

Adresse:

Evangelische Gemeinde Deutscher
Sprache Tokyo / Yokohama
6–5–25, Kita-Shinagawa, Shinagawa-ku
Tokyo 141-0001
Japan

Tel. +81 (3) 3441-0673
Fax +81 (3) 3441-0704

Deutschsprachige katholische Kirchengemeinde St. Michael, Tokyo

Die Urspünge von St. Michael liegen schon in den zwanziger Jahren dieses Jahrhunderts. Damals schon versammelten sich Deutsche, Österreicher und Schweizer zum deutschsprachigen Gottesdienst in der von Jesuiten gegründeten Sophia Universität in Tokyo. 1960 wurde der erste offizielle Pfarrer berufen und 1962 auf dem seinerzeit dem Franziskaner Orden gehörenden Grundstück in Nakameguro die Kirche St. Michael eingeweiht. Als das Eigentum am Grundstück 1987 in die Hände des Ordens „Von der göttlichen Vorsehung" überging, wurde ein langjähriger Nutzungsvertrag über die Kirche zwischen dem Orden und dem eigentlichen Träger der Gemeinde St. Michael, dem Vereins der Förderer der deutschsprachigen katholischen Kirchengemeinde St. Michael, Tokyo, geschlossen.

Die Gemeinde erfreut sich der starken personellen und finanziellen Unterstützung seitens des Auslandssekretariats der Deutschen Bischofskonferenz. Anders wäre die Gemeindearbeit nicht aufrechtzuerhalten, da der Mitgliedsbeitrag des Fördervereins, der anstelle der Kirchensteuer gezahlt wird, die entstehenden Kosten nicht deckt. Der Bischofskonferenz ist insbesondere die Ernennung eines Pfarrers und die Entsendung einer Pastoralreferentin als Gemeindeleiterin zu verdanken. Für die Gemeindearbeit steht auch ein Gemeindehaus und ein Pkw zur Verfügung.

Nach dem sonntäglichen Gottesdienst um 11.30 in der Kirche St. Michael halten sich die Gemeindemitglieder in aller Regel noch bei Getränken und Kleinigkeiten zum Essen im Garten hinter der Kirche auf. Auf dem Kirchengelände finden auch auf jährlicher Basis Erstkommunionfeiern, Firmungen und Gemeindefeste statt. Die Vorbereitungen dazu und viele andere Aktivitäten, wie Meßdienerschulung, Vorstandssitzungen des Fördervereins, Gesprächs- und Arbeitskreise erfolgen im Gemeindehaus mit eingerichtetem Büro. In den letzten Jahren ist eine enge Zusammenarbeit mit der deutschsprachigen evangelischen Gemeinde in Tokyo zu verzeichnen. Es bestehen aber auch Beziehungen zu lokalen katholischen Gemeinden.

Adressen: Pfarrer P. Hollerich SJ
SJ-House
7-1 Kioicho
Chiyoda-ku
Tokyo 102-0094
Japan
Tel. +81 (3) 3238-5111
Fax. +81 (3) 3238-5056

Gemeindehaus St. Michael und Gemeideleiterin Frau Lydia Bölle
1–12–6 Todoroki
Setagaya-ku
Tokyo 158-0082
Japan

Tel./Fax. +81 (3) 3702-1530

Informationen zu den Autoren

Peter Baron, *Dr. rer. pol.*
Geboren 1944. Studium der Wirtschaftswissenschaften (Diplom-Volkswirt) an der Rheinischen Friedrich-Wilhelms-Universität Bonn. Studium der japanischen Sprache und Forschungsaufenthalt in Sapporo und Tokyo als Forschungsstipendiat der Stiftung Volkswagenwerk. Danach Promotion an der Universität Bonn. 1974 Übernahme der Leitung der Fernostpräsenz der Bayerischen Vereinsbank mit Sitz in Tokyo. 1982–1987 Direktor der Filiale Düsseldorf der Bayrischen Vereinsbank. Ab 1987 General Manager und seit Ende 1996 Executive Director Japan und General Manager der Bayerischen Vereinsbank Tokyo. Seit 1987 Lehrbeauftragter an der Universität Duisburg. Seit 1997 dort Honorarprofessor und Lehrbeauftragter an der Universität Bonn. 1991/92 Lehrbeauftragter an der Waseda Universität, Tokyo.

Christian Braden, *Dipl.-Ing.*
Geboren 1965 in Bad Kreuznach. Studium der Nachrichtentechnik an der Universität Kaiserslautern. Diplom 1992. Trainee-Programm der Deutschen Telekom AG. 1994 bis 1995 Forschungs- und Entwicklungszentrum der Deutschen Telekom AG in Darmstadt im Bereich der internationalen Standardisierung von Mobil- und Festnetzen. Seit 1995 Assistent des Präsidenten der Deutschen Telekom K.K., Tokyo.

Thilo Graf Brockdorff, *Dr. rer. pol.*
Geboren 1934. Studium der Wirtschafts- und Rechtswissenschaften in Hamburg, Bonn, Genf, Tokyo (Sophia Universität) und Wien. 1963 Promotion in Wien. 1955–1958 Exportagent der A.C. Töpfer in Hamburg und Kolumbien. Danach Direktionsassistent bei der petrochemischen Firma Heinrich Koppers GmbH Essen, für die er auch in Japan und Italien tätig war. 1964 Eintritt in den auswärtigen Dienst: Auslandsposten in Frankreich, Tanzania und Ostafrika (EAC), Indien, Japan. Aufgabenbereiche waren Völkerrecht, Osteuropafragen, Sicherheitspolitik (NATO) und EG-Integration. Seit 1985 Generalsekretär des Japanisch-Deutschen Zentrums Berlin.

Martin Detje, *Dr. rer. nat.*
Geboren 1961 in Lübeck. Physikstudium in Marburg an der Lahn. Diplom 1988, Doktorarbeit am Max Planck Institut für Kernphysik in Heidelberg. Promotion 1992. Gruppenleiter am MPI für Kernphysik. Seit Mitte 1993 bei der Omicron

Vakuumphysik GmbH Manager für technischen Support in Japan. Seit 1994 in Japan stationiert. Aufbau des Service und technischer Vertrieb, Gruppenleiter.

Daniel Dirks, *Dr. rer. pol.*
Geboren 1964 in Heidelberg. Nach einer Ausbildung zum Bankkaufmann Studium der Wirtschaftswissenschaften an der Universität Witten/Herdecke von 1985–1990. Studienaufenthalte in den USA (1989) und Japan (Kobe University 1989–1990). Im Anschluß wissenschaftlicher Mitarbeiter am Takeda-Institut der Wirtschaftswissenschaftlichen Fakultät der Universität Witten/Herdecke bis Ende 1994. Dissertation zum interkulturellen Management am Beispiel japanischer multinationaler Unternehmen. Seit Dezember 1994 wissenschaftlicher Mitarbeiter am Deutschen Institut für Japanstudien Tokyo, seit November 1997 Leiter der Wirtschaftsabteilung und stellvertretender Direktor des Instituts. Arbeitsgebiete: Anpassungsverhalten japanischer Unternehmen an wirtschaftliche Krisen und Internationalisierung der japanischen Wirtschaft

Günther Distelrath, *Dr. phil.*
Geboren 1959: studierte von 1984 bis 1990 Japanologie an der Universität Bonn. 1987–1990 Japan-Consultant bei der Firma Sejas in Düsseldorf. Seit 1990 wissenschaftlicher Mitarbeiter am Japanologischen Seminar in Bonn. 1991–1992 Forschungsaufenthalt an der Keio-Universität, Tokyo. 1996 Promotion an der Universität Bonn. Hauptpublikation: „Die japanische Produktionsweise – Zur wissenschaftlichen Genese einer stereotypen Sicht der japanischen Wirtschaft" (München 1996). Gegenwärtig Lehr- und Forschungstätigkeit im Bereich der japanischen Wirtschaft und Gesellschaft, der Wirtschafts- und Wissenschaftsgeschichte Japans.

Alfred Felder, *Dr. Ing.*
Leiter der Technologie- und Forschungs-Außenstelle der Siemens AG in Tokyo/Japan. Davor vierjährige Tätigkeit in der Mikroelektronik Entwicklungsabteilung der Siemens AG in München. Schwerpunkt: Entwicklung von integrierten Höchstfrequenzschaltkreisen bei Datenübertragungsraten bis 40 Milliarden Bit/Sekunde für zukünftige optische Weitverkehrssysteme. Zahlreiche Fachveröffentlichungen in internationalen Fachzeitschriften. Studium der Elektrotechnik/Nachrichtentechnik an der Technischen Universität Wien, Österreich.

Robert Günther
1964 in München geboren, studierte an der Fachhochschule Betriebswirtschaft mit den Themenschwerpunkten Marketing und Außenhandel. Anschließend war er für mehrere Jahre im Vertrieb des Getriebeherstellers „Hurth Maschinen und Zahnräder" an den Standorten Deutschland und USA tätig. Seinen beruflichen Werdegang setzte er in Japan fort, finanziert durch ein einjähriges Sprach-und Praxisprogramm der Carl Duisberg Gesellschaft. Seit 1995 ist er bei TÜV Rheinland Japan Ltd. als Marketing Manager für den Dienstleistungsbereich Femac verantwortlich.

Hans-Olaf Henkel, *Dr.-Ing. E.h.*
Geboren 1940 in Hamburg. Kaufmännische Lehre und Studium an der Hochschule für Wirtschaft und Politik, Hamburg. Zweijähriges Ausbildungsprogramm bei IBM Deutschland. Ab 1964 bekleidete er verschiedene Linien- und Stabspositionen in den USA, Ostasien, Deutschland und der europäischen Zentrale in Paris. 1982 wurde Henkel zum Vice President der IBM Europa und 1987 zum Vorsitzenden der Geschäftsführung der IBM Deutschland ernannt. 1993 erfolgte seine Ernennung zum President der IBM World Trade Europe / Middle East / Africa Corporation und 1994 zum Chairman of the Board und zum Président Directeur Général der IBM Europa. Von Januar 1995 bis April 1997 war er Vorsitzender, seit Mai 1997 ist er Mitglied des Aufsichtsrats der IBM Deutschland GmbH (Holding). 1992 erhielt Henkel die Ehrendoktorwürde (Dr.-Ing. E.h.) der Technischen Universität Dresden. Voraussichtlich bis 1998 BDI-Präsident.

Robert Horres, *Dr. phil.*
Geboren 1962 in Bardenberg. Studium der Japanologie, Volkswirtschaftslehre und Vergleichenden Religionswissenschaften an der Universität Bonn. Studienaufenthalte in Tokyo (Waseda Universität 1986) und London (SOAS 1989). 1990 M.A.. 1991-1993 Forschungsaufenthalt Keiô Universität, Tokyo. 1993–1995 wissenschaftlicher Mitarbeiter am Japanologischen Seminar der Universität Bonn. 1995 Promotion an der Rheinischen Friedrich-Wilhelms-Universität Bonn. 1995-1996 wissenschaftlicher Mitarbeiter am Deutschen Institut für Japanstudien, Tokyo. Seit 1996 wissenschaftlicher Mitarbeiter am Japanologischen Seminar der Universität Bonn. Gegenwärtig Forschungs- und Lehrtätigkeit im Bereich der japanischen Wirtschaft, Gesellschaft und Technik. Arbeitsgebiete: Forschungs- und Technologiepolitik in Japan. Interdisziplinäre Technikforschung.

Edzard Janssen
Geboren 1965; seit 1987 Studium an der Universität Bonn mit dem Hauptfach Japanologie und den Nebenfächern Wirtschaftsgeschichte und Geographie. 1989/1990 Studium an der staatlichen Universität Kumamoto, Japan. Praktika in japanischen Industrieunternehmen. 1994 Examen an der Universität Bonn. Danach bis Ende 1996 wissenschaftlicher Mitarbeiter am Deutschen Institut für Japanstudien, Tokyo. Diverse Publikationen mit Schwerpunkt japanischer Telekommunikationssektor. Seit 1997 bei der Deutschen Telekom K.K., Tokyo.

Josef Kreiner, *Dr. phil.*
Geboren 1940 in Wien, Österreich. Studierte Ethnologie, Cultural Anthropology und Japanologie in Wien und Tokyo. Dr. phil. 1964, Habilitation Wien 1968. Professor in Wien (1971–1977) und Bonn (seit 1977), Gründungsdirektor des Deutschen Instituts für Japanstudien, Tokyo und der Philipp-Franz-von-Siebold-Stiftung (BMBF) 1988–1996. Gegenwärtig Direktor des Japanologischen Semi-

nars der Universität Bonn. Arbeitsgebiete: Geschichte des europäischen Japanbildes, deutsch-japanische Beziehungen, Gesellschaft und Religion auf Ebene der Volkskultur, Regionalität von Kultur und Gesellschaft, Okinawa-Studien. Zahlreiche Publikationen in deutscher, japanischer und englischer Sprache, u.a.: The Impact of Traditional Thought on Present Day Japan (1996), Japanese Culture and Society - Models of Interpretation (gem. mit H. D. Ölschleger, 1996). Deutsche Spaziergänge in Tokyo (1996).

Ingo Mayer
Geschäftsführer der Karl Mayer Textilmaschinenfabrik GmbH in Oberhausen, in die er nach Abschluß des Maschinenbaustudiums 1967 eintrat. Er war stark beim Aufbau des 1968 gegründeten Zweigwerks Nippon Mayer Ltd. in Fukui involviert, wo er heute Mitglied des Managing Board of Directors ist.

Heinrich Menkhaus, *Dr. jur.*
Rechtsanwalt, Jura-Studium in Münster. 1987–1988 Stipendiat der Alexander von Humboldt-Stiftung im Rahmen des Japan Society for the Promotion of Science-Programms am Institut für Rechtsvergleichung der Chûô-Universität Tokyo. 1989-1993 wissenschaftlicher Mitarbeiter des Deutschen Instituts für Japanstudien in Tokyo, 1994-1995 Geschäftsführer der European Association for Japanese Studies in Leiden. Seit September 1995 Leiter der Abteilung Recht und Steuern der Deutschen Industrie- und Handelskammer in Japan, Tokyo. Lehrbeauftragter an der juristischen Fakultät und der Rechtsgraduiertenschule der Universität Chûô, Tokyo (*Daigakuin hôritsu kenkyûka*).

Hendrik Meyer-Ohle, *Dr. phil.*
Geboren 1965. Studium der Betriebswirtschaftslehre und der Japanologie/Sozialwissenschaftliche Richtung an der Philipps-Universität Marburg. Diplom-Kaufmann 1991, M. A. 1992. 1993 Stipendiat am Deutschen Institut für Japanstudien. 1994 wissenschaftlicher Mitarbeiter am Japan-Zentrum der Philipps-Universität Marburg. Dort Ende 1994 Promotion mit einer Arbeit über die Dynamik im japanischen Einzelhandel. Seit Februar 1995 wissenschaftlicher Mitarbeiter am Deutschen Institut für Japanstudien. Forschungsschwerpunkte: Distribution, Marketing, Dienstleistung, Veröffentlichungen zu japanischer Binnenhandelspolitik, Einzelhandel, Hersteller-Handelsbeziehungen, Dienstleistung.

Johann Müllauer
Geboren 1950 im Salzburger Land, Österreich. Nach der Lehre Ausbildung zum Elektroingenieur in Salzburg. Seit 1974 bei Brown Boveri, Mannheim, heute ABB, im Schaltanlagenbau. Zwölf Jahre lang für BBC im Großanlagenbau tätig, davon sechs Jahre in Führungspositionen in Süd-Asien (z. B. Pakistan). Seit nun etwa elf Jahren bei Osram, zunächst als Regionalverkaufsleiter in der Osram-Zentrale in München, dann 1990 Geschäftsführer (Präsident) von Osram in Korea. Seit knapp drei Jahren Präsident der J. V.-Gesellschaften Osram-Melco Ltd. und

Mitsubishi Electric Osram Ltd. in Japan. Für ein weiteres Jahr bestätigt. Dreizehn Jahre in führender Position für deutsche Unternehmen in mehreren asiatischen Ländern und deshalb Kenner und genauer Beobachter der „asiatischen Szene" sowie des wirtschaftlichen Aufschwungs in Süd-Ost Asien.

Shigeru (Sam) Nakane
Graduierte 1971 als Bachelor of Science im Elektroingenieurwesen an der Tokyo Science University. Verschiedene Stellungen im Management von IBM, so als Manager in der Zweigstelle Tokyo, als regionaler Manager für Distribution in Japan, als Exekutivassistent des Präsidenten von IBM Asia Pacific und als Direktor der Abteilung Planung und Kontrolle von IBM Japans Marketing Operations. Ab 1993 Präsident von CEO und SAP Japan. Stellvertretender Vorsitzender des Direktoriums für Großchina, Aufsichts- und Ausführungsposition. Nakane war über 20 Jahre bei IBM beschäftigt, davon vier Jahre in der IBM Hauptgeschäftsstelle in New York. Mitglied von The Forum und den Vereinigungen der Foreign Capital CEO. Vor kurzem wurde er zum Managing Direktor der Japanischen Management Accounting Association ernannt.

Hans Dieter Ölschleger, *Dr. phil.*
Studium der Ethnologie, Soziologie und Alt-Amerikanistik an der Universität Bonn. M.A. 1982. Zwischen 1983 und 1987 Mitarbeiter in einem Forschungsprojekt des Japanologischen Seminars der Universität Bonn zur Aufnahme der Sachkultur der Ainu und Okinawas in westeuropäische Museen (Projektleiter: Prof. Dr. Josef Kreiner). 1988 bis 1995 zuerst als Stipendiat, dann als wissenschaftlicher Mitarbeiter am Deutschen Institut für Japanstudien, Tokyo. Seit Dezember 1996 wissenschaftlicher Mitarbeiter am Japanologischen Seminar, Bonn. Arbeitsgebiete: Moderne japanische Gesellschaft, soziale Mentalität im Prozeß der Modernisierung, japanische Einwanderer in Nord- und Südamerika.

Werner Pascha, *Dr. rer. pol*
Geboren 1957, Studium der Volkswirtschaftslehre an der Universität Freiburg i. Br., an der London School of Economics and Political Science sowie an der Universität Nagoya, Japan. Diplom 1981, Promotion 1985, Habilitation 1991 in Freiburg. Diverse Studien- und Forschungsaufenthalte in Japan und anderen Ländern Ostasiens, zuletzt 1996 als Japan Foundation Fellow an der Universität Kyoto. Seit 1992 o. Professor für Ostasienwirtschaft an der Mercator-Universität Duisburg, seit 1996 geschäftsführender Direktor des dortigen Instituts für Ostasienwissenschaften. Ehrenamtliche Tätigkeiten u. a. als Vorstandsmitglied der European Association for Japanese Studies, der Deutschen Gesellschaft für Asienkunde und der Deutsch-Japanischen Gesellschaft am Niederrhein sowie als Mitglied des wissenschaftlichen Beirats des Deutschen Instituts für Japanstudien.

Jörg Raupach, *Dr. rer. pol.*
Geboren 1961. Studium der Japanologie an der Universität München und der Keio Universität Tokyo. 1985–1991 Studium der Wirtschaftswissenschaften an der Universität München und der Ruhr-Universität Bochum, Abschluß als Diplom-Ökonom. 1991–1995 Senior Consultant bei Roland Berger / Partner, Tokyo. 1995 Promotionsstipendium des Deutschen Institut für Japanstudien Tokyo und 1997 Promotion an der Universität Duisburg zum Thema „Anpassungsstrategien des japanischen Maschinenbaus". Seit Ende 1996 Executive Managing Director bei der Trumpf Corporation Yokohama.

Heinz Riesenhuber, *Dr. rer. nat., MdB*
Geboren 1935 in Frankfurt. Studium der Naturwissenschaften (Hauptfach Chemie) und Volkswirtschaft in Frankfurt und München. 1961 Diplom-Chemiker. 1965 Promotion zum Dr. rer. nat.. 1966 bei Erzgesellschaft im Hause Metallgesellschaft, ab 1968 als Geschäftsführer. 1971–1982 Geschäftsführer bei Synthomer Chemie in Frankfurt. Seit 1976 Mitglied des Deutschen Bundestages. 1982–1993 Bundesminister für Forschung und Technologie. Co-Vorsitzender des Deutsch-Japanischen Kooperationsrates für Hochtechnologie und Umwelttechnik und des Deutsch-Amerikanischen Akademischen Konzils (DAAK). Professor an der Universität Frankfurt.

Christian Thoma
Geboren im Jahre 1955 in Passau. Studium der Wirtschafts- und Organisationswissenschaften an der Hochschule der Bundeswehr in München. Von 1981 bis 1984 bei Wella Japan beschäftigt, von 1982-1984 Mitglied der Mitsubishi Bank Foundation. 1985 Wechsel zu Triumph International mit Tätigkeiten in Deutschland, der Schweiz und Hongkong. Von 1986 bis 1994 Marketingmanager bei Triumph International Japan. Seit 1994 Mitglied des Vorstandes von Triumph International Japan verantwortlich für Einkauf und Marketing.

Klaus-Dieter Vöhringer
Geboren 1941. Seit April 1997 Mitglied des Vorstandes der Daimler-Benz AG und verantwortlich für das Ressort Forschung und Technologie. Nach dem Studium des Maschinenbaus an der TH Darmstadt 1967 Eintritt in die Daimler-Benz AG als Betriebsingenieur im Werk Gaggenau. Es folgten verantwortliche Tätigkeiten in verschiedenen Bereichen der Entwicklung, Planung und Produktion des Konzerns. Vöhringer war zuletzt stellvertretendes Mitglied des Vorstandes der Mercedes-Benz AG und leitete die Sparte Antriebsstrang Europa im Geschäftsfeld Nutzfahrzeuge.

Ruprecht Vondran *Dr. jur. Dr.-Ing. E.h.*
Geboren 1935 in Göttingen. Nach Abschluß des Abiturs 1955 begann Vondran sein Studium der Rechts- und Staatswissenschaften an den Universitäten Göttingen (AStA-Vorsitzender), Bonn und Würzburg. Er verbrachte ein Jahr (1961–1962) als Stipendiat an der Johns Hopkins University in Bologna. 1966 promovierte er über

ein völkerrechtliches Thema und wurde Assessor in München. 1967 erhielt er ein Forschungsstipendium der NATO. Seit 1967 war er bei der Wirtschaftsvereinigung Stahl in Düsseldorf beschäftigt, wo er zunächst Assistent der Hauptgeschäftsführung war, dann Leiter der Büros in Brüssel und Tokyo, Hauptgeschäftsführer und schließlich 1988 Präsident wurde. Vondran war 1987–1994 Mitglied des Deutschen Bundestages (Finanzausschuß, Wirtschaftsausschuß, Verkehrsausschuß). 1988–1995 war er als stellvertretender Vorsitzender der CDU-Wirtschaftsvereinigung Nordrhein-Westfalen tätig. Weiterhin ist er seit 1995 Mitglied im Bundesvorstand der Mittelstands- und Wirtschaftsvereinigung der CDU/CSU. 1996 erhielt Vondran die Ehrendoktorwürde (Dr.-Ing. E.h.) der TU Bergakademie Freiberg.

Horst Waesche
Geboren 1940 in Lüneburg. Studium der Tropischen und Subtropischen Landwirtschaft. 1966 Eintritt in die Hoechst AG. Nach weiteren Stationen in Singapur, Kuala Lumpur, Frankfurt, Lagos, Bangkok ab 1981 in Tokyo. Nach 25 Jahren Auslandsaufenthalt in Asien kehrte er 1995 nach Frankfurt zurück und wurde in den Vorstand der Hoechst AG berufen. Im Vorstand ist er derzeit verantwortlich für den Bereich Pharma/Diagnostik und China

Horst Wittmoser
Geboren im Jahre 1946. Studium der Rechtswissenschaften von 1965 bis 1970 an den Universitäten Heidelberg, Lausanne/Genf (Schweiz), Mannheim und Münster. Grundstudium der Volks- und Betriebswirtschaftslehre an den Universitäten Regensburg und Darmstadt von 1970 bis 1972. Nach dem Referendariat 2. Juristisches Staatsexamen 1974. Danach für AEG-Telefunken/Frankfurt im Lizenzwesen tätig. 1981 Wechsel zur Robert Bosch GmbH/Stuttgart, zuletzt verantwortlich für den Zentralbereich Lizenzen, Patente und Warenzeichen. Seit April 1993 Präsident der Bosch K.K. (Yokohama/Japan) und Verwaltungsratsvorsitzender der Bosch Korea Ltd. (Seoul/Südkorea), gegenwärtig außerdem Verwaltungsratsmitglied mehrerer japanischer Unternehmen sowie Mitglied des Vorstandes der Deutschen Industrie- und Handelskammer in Japan.

Druck: Mercedesdruck, Berlin
Verarbeitung: Buchbinderei Lüderitz & Bauer, Berlin